新世纪高等学校教材
心理学基础课系列教材

普通心理学学习手册

（第2版）

General Psychology Study Guide

彭聃龄　陈宝国◎主编

北京师范大学出版集团
BEIJING NORMAL UNIVERSITY PUBLISHING GROUP
北京师范大学出版社

图书在版编目(CIP)数据

普通心理学学习手册/ 彭聃龄，陈宝国主编. —2 版 .—北京：北京师范大学出版社，2023.12(2025.7 重印)

ISBN 978-7-303-29356-8

Ⅰ. ①普… Ⅱ. ①彭… ②陈… Ⅲ. ①普通心理学—高等学校—教材 Ⅳ. ①B84

中国国家版本馆 CIP 数据核字(2023)第 151935 号

PUTONG XINLIXUE XUEXI SHOUCE

出版发行：北京师范大学出版社 https://www.bnupg.com
北京市西城区新街口外大街 12-3 号
邮政编码：100088

印　　刷：三河市兴达印务有限公司
经　　销：全国新华书店
开　　本：787 mm×1092 mm　1/16
印　　张：20.25
字　　数：362 千字
版　　次：2023 年 12 月第 2 版
印　　次：2025 年 7 月第 14 次印刷
定　　价：46.00 元

策划编辑：周雪梅　　责任编辑：宋　星
美术编辑：陈　涛　李向昕　　装帧设计：陈　涛　天放禾城
责任校对：陈　荟　　责任印制：马　洁

第二版前言

“普通心理学”是心理学专业的基础课程，在心理学人才培养方面发挥着重要作用。承蒙读者的厚爱，30多年来，由彭聃龄教授主持编写的《普通心理学》教材历经多次修订，已经出版了200余万册，得到了广大读者的肯定，产生了广泛的社会影响。

经过编写组成员的共同努力，2023年《普通心理学》第六版正式出版。由于第六版教材在教材体系和内容等方面进行了重大修订，而原《普通心理学学习手册》是在第五版教材的基础上编写的，已不再适合第六版教材的配套使用，因此我们启动了《普通心理学学习手册》第二版的编写工作。

《普通心理学学习手册》第二版(以下简称《手册》)被定位为教与学的辅助用书，目的在于帮助老师和学生更好地使用第六版教材。为了达到这一目的，我们重点在以下几个方面进行了修订。

第一，对第六版教材中增加的内容以及难点内容进行了解释。

第六版教材增加了很多知识。例如，“语言”一章增加了双语加工的抑制控制机制等的相关内容。一些教师对增加的内容比较陌生，使教学难度增加，因此，《手册》通过“解释概念”“解答问题”等形式对这些知识进行了比较详细的解释，目的在于帮助教师和学生更好地理解相关的内容。

第二，对第六版教材中一些比较重要但难以展开的内容进行了补充论述。

由于篇幅所限，教材不可能对所有的内容都进行详细论述。例如，“人格”一章概括性地介绍了遗传、环境和教育等因素对人格形成和发展的影响。《手册》以“解答问题”的形式，深入论述了家庭环境和学校教育在人格形成和发展中的作用以及基因与环境如何交互作用于人格的形成与发展。又如，启动实验范式已成为心理学研究的重要范式，被广泛应用于心理学各研究领域，教材概括性地介绍了启动实验范式，而《手册》以“知识链接”的形式比较详细地介绍了启动实验范式。

第三，更新了知识以弥补教材内容相对滞后的问题。

近年来心理学迅猛发展，新的研究成果层出不穷，而教材无论怎么修订都难以做到实时更新以反映心理学研究的最新成果。为了弥补教材内容相对滞后的问题，我们以“知识链接”的形式增加了对近年来一些科研成果的介绍。例如，在“意识”一章，我们介绍了发表在《科学》上的有关睡眠影响记忆的研究；在“思维”一章，我们介绍了发表在《美国科学院院报》上的有关创造性的研究。另外，为了激发读者的兴趣，我们通过“知识链接”的形式增加了一些有趣的知识点。总之，我们力图引进心理学新的研究成果和已有的重要研究成果，扩展教学内容，增强趣味性。

第四，把“拓展练习”中的题型修改成了“单选题”和“多选题”。

为更好地配合教材内容的学习，同时也为了读者准备相关的考试，我们删除了原手册中的填空题，在“单选题”的基础上增加了“多选题”，题目也进行了更新。

总之，编写《手册》是为了教师和学生更好地使用《普通心理学》第六版教材，两者各有侧重，相得益彰。

为与《普通心理学》第六版教材的编写内容保持一致，《手册》的编写分工如下：彭聃龄教授(第一、第三、第四章)，丁国盛教授(第二、第五章)，陈宝国教授(第六、第七章)，卢春明教授(第八、第十三章)，郭德俊教授(第九、第十章)，黎坚教授(第十一章)，王振宏教授(第十二章)，刘艳副教授(第十四章)。

由于编写者的能力有限，《手册》在编写过程中肯定有不足之处，诚请广大读者批评、指正。

编者

2022 年 10 月

目　录

第一章 心理学的研究对象和方法

一、解释概念

（一）心理学

心理学(psychology)一词由 psycho 和 logy 两个部分组成。前者源于希腊文 psyche，意思是心智（mind）或灵魂（soul）；后者源于 logos，意思是研究（study）。因此，psychology 这个词的原意就是对心智或灵魂的研究。

在不同时代和学科发展的不同阶段，不同学者对心理学研究对象和任务的理解是不同的。在心理学脱离哲学成为一门独立科学之后，心理学家对它的看法也在不断改变。早期的心理学家主张，心理学是研究意识或心理现象的科学。很快又有人主张，心理学是研究意识和无意识的科学，特别强调无意识的研究。随后有心理学家又抛弃了意识，主张心理学研究行为。随着学科的发展，大家的认识逐渐趋向一致。心理学是研究心理现象和行为的科学。心理现象和行为是心理学的研究对象，它的基本任务是揭示心理现象和行为发生与发展的规律，从而对心理现象和行为进行科学的描述、解释、预测和有效的控制。心理学以人的心理现象和行为为主要研究对象，也研究动物的心理现象和行为。

知识链接

心理学研究什么?

冯特：一切科学的研究对象都是经验，自然科学的研究对象是间接经验，而心理学的研究对象是直接经验。他说，一块石头、一株植物、一种动物的声音等，作为自然现象来说，乃是矿物学、植物学、动物学等的研究对象。可是若就这些自然现象同时都是我们的观念来说，它们也就成为心理学的研究对象。

詹姆斯：心理学是关于心理生活现象及其条件的科学。这些现象就是被我们称为感觉、愿望、情绪、认识、推理、决心、意志等的意识状态。心理学的任务就是要对心理现象或意识状态进行描述和解释。

华生：心理学应该成为研究行为的科学。意识不可捉摸，心理学必须放弃对意识的一切参照的时代已经到了。

格式塔学派：心理学的研究对象是意识的直接经验。从现象学出发，认为直接经验是自然而然观察到的经验，反对构造主义把经过分析的感觉元素作为直接经验的基本单位。

布伦塔诺：心理学是研究心理现象的科学。心理现象是人的心理动作，而不是静止的心理状态；心理动作是经验的活动过程，人可以通过内省体验到这种内部活动。

津巴多：心理学是一门涵盖多个专业领域的科学，但就其根本而言，心理学是一门研究行为和心理过程的科学。心理学的研究领域不仅包括我们只能间接观察到的内部心理过程(如思维、情感和欲望)，而且还包括可以被直接观察到的行为(如对话、微笑和奔跑)。

费尔德曼：心理学是对人的心理活动和行为进行研究的科学。心理活动和行为的表达有很多方面，它不仅涵盖人们正在做的事情，而且还包括他们的思维、情绪、知觉、推理过程、记忆以及维持身体功能的生理活动。

资料来源：李汉松，1988；津巴多等，2016；费尔德曼，2016。

(二)哲学心理学

哲学心理学思想指在心理学成为独立科学之前，古今中外的学者所提出的心理学思想，包括西方哲学史上著名的哲学家、思想家和教育家如柏拉图、亚里士多德、洛克等的心理学思想，以及中国哲学史上著名的哲学家、思想家和教育家如孔子、孟子、荀况等的心理学思想。这些思想都是基于哲学家的观察和思辨提出来的，内容涉及对心理现象本质的认识、心理现象的基本分类等。这些思想对科学心理学的诞生和发展产生了重要影响。

（三）唯理论

唯理论（rationalism）是17世纪著名的哲学流派之一，代表人物是法国著名的哲学家笛卡儿（René Descartes，1596—1650）。笛卡儿只相信理性的真实性，认为只有理性才是真理的唯一尺度，后人称他的哲学为唯理论哲学。在身心关系的问题上，他承认灵魂与身体有密切的关系，认为某些心理现象如感知觉、想象、某些情绪活动，离不开身体活动。笛卡儿把人体和动物看成自动的机械，它们的活动受力学规律的支配。他还用反射（reflex）的概念解释动物的行为和人的某些无意识的简单行为。他认为，用身体的原因不足以解释全部的心理活动，为了引起心理活动，还必须有灵魂参加。这样，笛卡儿就把统一的心理现象分成了两个方面，其中一个方面依赖身体组织，而另一个方面独立于身体组织之外。笛卡儿还相信天赋观念，即人的某些观念不是由经验产生的，而是由人的先天组织所赋予的。笛卡儿关于身心关系的思想推动了动物和人体解剖学及生理学的研究，这对现代心理学的诞生有直接的影响。他对理性和天赋观念的重视也影响到了现代心理学的理论发展。

知识链接

反射和反射弧

反射和反射弧是笛卡儿的重大发现。虽然他没有提出“反射”这个术语，但他相当明确地勾画出了反射和反射弧的轮廓。笛卡儿从机械唯物主义的观点出发，根据力学原理和解剖实验，以及受哈维关于血液循环的机械解释的启发，提出了动物是机器的著名论断，提出了刺激—反应的假设，揭示了反射和反射弧的本质。依据笛卡儿的推测，动物和人的神经及肌肉的反应，都是由感觉器官的刺激引起的，有内导和外导两种特殊机制。

资料来源：高觉敷，1982。

（四）经验论

经验主义（empiricism）起源于英国哲学家霍布斯（Thomas Hobbes，1588—1679）和洛克（John Locke，1632—1704）。前者被认为是经验主义的先驱，后者被认为是经验主义的奠基人。

霍布斯认为，世界是物质的，物质的根本特性是广延性。他反对笛卡儿的天赋观念说，主张一切心理现象都是物质运动的结果。知识起始于感觉，这是外界物体作用于人的感官的结果。霍布斯还是联想主义的先驱，他没有用过“联想”一词，但基于自己的观察，用联想解释了人的想象和思维。

洛克在《人类理解论》一书中，系统批判了笛卡儿的天赋观念说，提出了白板说。在他看来，人的心灵最初像一张白纸，没有任何观念。一切知识和观念都是从后天经验中获得的。洛克把经验分为外部经验与内部经验两种。外部经验叫感觉，它的源泉是客观的物质世界。物质世界的属性或特性作用于外部感官，因而产生外部经验，如颜色、声音、大小、形状、运动等。内部经验叫反省，它是人们对自己的内部活动的观察，如思维、怀疑、信仰、意愿、爱憎等。

知识链接

观念论

观念论是洛克哲学心理学思想的核心。洛克虽然承认一切感觉观念都是由外物刺激引起的，但是他并不认为一切感觉观念都是外物的“真正映象”。他把感觉观念分为两类：一类叫第一性质的观念，即关于物体的体积、广延、形状、运动、静止等的观念，它们同自己的原型是相似的，是这些性质的“真正映象”；另一类叫第二性质的观念，即关于事物的颜色、声音、气味等的观念，它们完全根据主体的变化而变化，没有与之相符的原型，至多只有引起这些感觉的原因。于是，洛克就认为，温暖和疼痛、红色和白色等关于性质的观念并不是客观事物的映象，而是主体接受第一性质的作用后的一种主观感受。

资料来源：高觉敷，1982。

（五）构造主义

构造主义（structuralism）的奠基人为冯特，代表人物为铁钦纳（E. B. Titchener，1867—1927）。这个学派主张心理学研究人们的直接经验即意识，并把人的经验分为感觉、意象和情感三种元素。感觉是知觉的元素，意象是观念的元素，而情感是情绪的元素。所有复杂的心理现象都是由这些元素构成的。在研究方法上，构造主义重视内省，这是一种自我观察的方法，但主张将内省与实验法结合起来。在他们看来，了解人们的直接经验，要依靠实验过程中被试对自己经验的观察和描述。

知识链接

冯特的贡献

冯特，德国心理学家，实验心理学的创建者。1875 年，冯特转任莱比锡大学的哲学教授，长达 40 多年，致力于心理学方面的研究和著述工作，并于 1879 年创立了世界上第一个心理实验室，采用自然科学的实验法对人的心理进行研究。这是心理学从哲学中分化出来成为一门独立科学的标志。冯特的学识渊博，著述丰富，主要著作有《对感官知觉学说的贡献》《人与动物心理学讲演录》《生理心理学原理》《心理学大纲》《民俗心理学》(叶浩生，2007)。

冯特在《心理学大纲》里提到心理学是一门严格的实验的科学。也就是说，心理更依赖经验者本身的经验，因此要研究它，得靠“内省”，即德文原意的“自我观察”。内省法在冯特的心理学体系中占有重要地位，这使不少人把冯特的心理学称为内省心理学。冯特在内省问题上的贡献在于他对内省进行了改造，使传统内省发展成实验内省。在冯特看来，心理现象作为一个过程比物理现象更具有不稳定的特点，为了能把握心理现象，并加以精确观察，只有使内省与实验结合起来，它们才能成为研究心理现象的主要工具。

资料来源：高觉敷，1982。

(六)机能主义

机能主义(functionalism)的创始人是美国著名心理学家詹姆斯(William James，1842—1910)，其代表人物还有杜威(John Dewey，1859—1952)和安吉尔(James Angell，1869—1949)等人。机能主义主张研究意识。但是，它不把意识看成个别心理元素的集合，而是看成川流不息的过程。意识是个人的、永远变化的、连续的和有选择性的。意识的作用就是使机体适应环境。如果说构造主义强调意识的构成成分，那么机能主义则强调意识的作用与功能。以思维为例，构造主义关心什么是思维，而机能主义则关心思维在人类适应行为中的作用。机能主义的这一特点推动了美国心理学面向实际生活的过程。20 世纪以来，美国心理学一直都比较重视心理学在教育领域和其他领域的应用，这和机能主义的思潮是分不开的。

知识链接

意识流

詹姆斯在《心理学原理》一书中提出了"意识流"这个概念，用来反对冯特的构造主义心理学思想。在他看来，意识是一个整体，如同河流川流不息，因而也叫思想流或者意识流。意识有5个特征：①它是以个人的形式存在的，思想之中的这种差异是自然界中最绝对的差异；②意识在不断变化之中，某种特定的心理状态一旦消失就不可能重现；③意识是连续不断的，它存在过渡状态和实体状态，从一种实体状态到另一种实体状态的过渡非常迅速；④意识始终在处理独立于它本身之外的客体，"知道一件事"和"知道我知道这件事"都是意识的内容，两者本质上没有区别；⑤意识具有选择性，通过注意选择一些事物，并抑制其他事物。在意识流学说的影响下，20世纪，一种基于现代心理学的文学流派——意识流文学——崭露头角。这种流派的作家吸收了詹姆斯的心理学思想，以独特的技巧注重描绘人物意识的流动状态，也包括无意识、梦幻意识，在文学史上取得了非凡的成就。

资料来源：荆其诚，傅小兰，2009。

（七）行为主义

1913年，美国心理学家华生(John Watson，1878—1958)发表了《在行为主义者看来的心理学》，宣告了行为主义的诞生。行为主义有两个重要特点：①反对研究意识，主张心理学研究行为；②反对内省，主张用实验法。在华生看来，意识是看不见、摸不着的，因而无法对它进行客观研究。心理学的研究对象不应该是意识，而应该是可以观察的事件，即行为。华生说过，在一本心理学书中，"永远不使用意识、心理状态、心理内容、意志、意象以及诸如此类的名称，是完全可能的……它可以用刺激和反应的字眼，用习惯的形成、习惯的整合以及诸如此类的字眼来加以实现"。行为主义者也是环境决定论者，认为人的行为由与生俱来的非习得行为和后天的习得行为组成。只要可以决定培养方法和环境，人就可以把一个健康的婴儿训练成任何一种专家。行为主义产生后，在世界各国心理学界产生了很大的反响。行为主义重视可以观察到的行为，这对心理学走上客观研究的道路有积极作用。但是由于它的主张过于极端，不研究心理的内部结构和过程，否定研究意识的重要性，因此限制了心理学的健康发展。

（八）格式塔心理学

格式塔心理学(gestalt psychology)

的创始人有韦特海默(Max Wertheimer，1880—1943)、苛勒(Wolfgang Köhler，1887—1967)和考夫卡(Kurt Koffka，1886—1941)。格式塔(gestalt)在德语中的意思是“整体”，代表这个学派的基本主张和宗旨。格式塔心理学反对把意识分析为元素，而强调心理作为一个整体、一种组织的意义。这是和构造主义和行为主义大相径庭的。格式塔心理学认为，整体不能还原为各个部分、各种元素的总和；部分相加不等于全体；整体先于部分而存在，并且制约着部分的性质和意义。例如，一首乐曲包含许多音符，但它不是各个音符的简单结合，因为一些相同的音符可以组成不同的乐曲，甚至可能成为噪声。因此，分析个别音符的性质，并不能了解整个乐曲的特点。格式塔心理学很重视心理学实验，在知觉、学习、思维等方面开展了大量的实验研究，这些研究资料至今仍是心理学的重要财富。

(九)精神分析

精神分析是奥地利维也纳精神病医生弗洛伊德(Sigmund Freud，1856—1939)创立的一个学派。它的理论主要源于治疗精神病的临床经验。如果说构造主义、机能主义、行为主义和格式塔心理学主要关注正常人的心理，精神分析学派则重视异常行为的分析，并且强调心理学应该研究无意识现象。这是该学派对心理学的主要贡献。精神分析学派认为，人类一切个体的和社会的行为，都根源于心灵深处的某种欲望或动机，特别是性欲的冲动。欲望以无意识的形式支配人，并且表现在人的正常和异常的行为中。欲望或动机受到压抑，是导致精神疾病的重要原因。精神分析是指一种临床技术，通过释梦和自由联想等手段，发现患者潜在的动机，使精神宣泄，从而达到治疗疾病的目的。

知识链接

对弗洛伊德的评价

弗洛伊德的调查方法完全不能代表现代心理学家是如何进行研究的。弗洛伊德根据他得到的数据(个案研究和内省)建立了一套精细的理论，而这些数据并不足以支持此套理论；他专注于建构复杂的理论框架，但没有像许多现代心理学家那样，保证这些理论建立在可靠、可重复的因果关系之上。

资料来源：斯坦诺维奇，2014。

（十）生理学取向

生理学取向是当代心理学的一种重要取向，主张用生理学的观点和方法研究心理现象和行为。它关心心理现象和行为的生物学基础，把生理学看成描述和解释心理功能的基本手段，认为我们所有的高级心理功能(如知觉、记忆、注意、语言、思维和情绪等)都和生理功能，特别是脑的功能有密切关系。研究的问题主要有：①脑与心理的关系，即不同的心理功能是由哪些脑区或神经网络来完成的；②心理免疫学(psycho-immunology)，即人的思想和情感与身体健康的关系；③遗传在行为中的作用。近年来，各种脑成像技术被广泛应用于认知神经科学的研究，对探讨视觉、听觉等基本认知过程和语言、情绪等高级心理过程的脑机制发挥了巨大的作用。

（十一）认知心理学

认知心理学是当代心理学的一种重要的研究取向，出现于 20 世纪初，在 50 年代以后得到迅速发展。早期的认知心理学以瑞士著名心理学家皮亚杰(Jean Piaget，1896—1980)为代表。20 世纪 40 年代末，由于各门科学的迅猛发展，产生了科学间横向联系的需要，这种需要推动了信息论、控制论和系统论的诞生。“三论”对现代心理学特别是认知心理学产生了深远的影响。20 世纪 50 年代末 60 年代初，心理学界涌现出一股研究认知过程的潮流。在知觉、记忆、语言和问题解决等领域中，出现了一些新的理论。这些理论把人看成信息加工者；具有丰富的内在资源，并能利用这些资源与周围环境发生相互作用的、积极的机体。在这些理论看来，环境因素不再是说明行为的最突出的因素了。环境提供的信息固然重要，但它是通过支配外部行为的认知过程对其加以编码、存储和操作，并进而影响人类的行为的。1967 年，美国心理学家奈瑟(U. Neisser)出版了《认知心理学》一书。书中指出，认知是指感觉输入受到转换、简化、加工、存储、提取和使用的全部过程。这本书的出版标志着现代认知心理学的诞生。现代认知心理学除了应用心理学的一般研究方法之外，还发展了自己特有的一些研究方法，如反应时记录法、口语报告法、计算机模拟等。

知识链接

认知神经科学

认知神经科学(cognitive neuroscience)这一领域是 20 世纪 70 年代在纽约市一辆出租车的后座上被命名的。当时加扎尼加(M. S. Gazzaniga)正与杰出的认知心理学家米勒(G. A. Miller)一同乘车去参加晚宴。那个晚宴是来自洛克菲勒大学和康奈尔大学的一批科学家举办的。那时他们正通力合作致力于研究大脑如何产生心智，这是一个尚未命名的学科。走下出租车，“认知神经科学”这一术语就诞生了。它来自“认知”(cognition)和“神经科学”(neuroscience)这两个词，“认知”是认识的过程(也就是那些产生意识、感知和推理的东西)，而“神经科学”则是研究神经系统的科学。这个术语似乎是对“有形大脑的功能如何产生无形心智的思维和想法”的完美描述。因此，这个术语得到了科学界的认可。

资料来源：Gazzaniga et al.，2015。

（十二）人本主义

在人本主义的影响下，心理学家开展了另一个方向的研究，即人本主义的研究。在心理学领域，人本主义被称为第三势力，它是在行为主义和精神分析学派后出现的另一种现代研究取向。人本主义认为，人具有自由的意志，可以自由选择自己的命运，还会通过自身的努力，实现自身的价值，即充分展示个人的潜能，争取自我实现。马斯洛和罗杰斯是该研究取向的代表人物。今天，人本主义已发展成为一种心理治疗的方法，它注重自我理解和自我修养。

在人本主义的影响下，积极心理学诞生了。它主张心理学应该关注个体和团体的积极因素，如积极人格、积极情感和积极的社会组织系统等；心理学应该关心个体的发展、社会的繁荣，并预防问题的出现。

（十三）进化心理学

受达尔文进化论，特别是自然选择理论的影响，一些心理学家试图从生物进化的角度探讨各种心理现象的起源和本质，即人类为什么会有某些心理现象，它们和人类自身的生存环境有什么关系，如人为什么喜欢吃甜的食物，不喜欢吃苦的食物，为什么见到蛇会害怕，择偶中的性别吸引是怎么回事等。男女关系是进化心理学研究的领域之一。

知识链接

对进化心理学的评价

近年来，进化心理学作为一种有影响力的理论视角出现。进化心理学家认为，物种的行为方式与其解剖特征一样，都是进化的产物。

进化心理学的基本前提是自然选择偏好那些能提高繁殖概率的行为，即能将基因成功传递给下一代的行为。它也对人类行为的进化基础进行分析。正如研究者所述，“自然选择塑造了人类的心理活动，这个进化的官能正是心理学的研究对象”(La Cerra & Kurzban，1995)。

早在一个多世纪以前，詹姆斯及其他机能主义者就受到了达尔文自然选择概念的影响。但直到20世纪80年代，情况才有所改观。由戴维·巴斯(David Buss)等人带领的一批不断壮大的进化心理学家发表了一系列研究，并被广泛引用。这些主题包括交配偏好、嫉妒、攻击、性行为、语言、决策、人格和发展。

和所有心理学的主要理论视角一样，进化心理学也受到了批评。批评者称，许多进化观点的假设是无法被检验的，并且进化角度的解释方法是对明显行为现象原因的事后猜想。

资料来源：韦登，2017。

二、 解答问题

（一）心理和行为的关系是什么?

心理学是研究心理现象和行为的科学。那么心理现象和行为的关系是什么?

心理是物质的属性，即脑的属性。脑是世界上最复杂的一种物质，脑如何产生心理，至今仍是一个科学的难题。心理现象是一个复杂的系统，由复杂程度不同的许多心理现象组成。它既是客观的，又是主观的。它看不见，摸不着，不具有物质的特性(即广延性)，没有体积和形状。心理现象是一个开放系统，受到外部环境的影响。外部环境不同，产生的心理现象也不同。心理现象还存在异常复杂的个体差异。人心不同，各如其面。每个人都是独特的个体。行为是身体做出的简单的或复杂的反应系统，可以观察，可以触摸，也可以直接测量。

行为不同于心理，但又和心理有着密切的联系。心理支配行为，又通过行为表现出来。由于行为能显示人的心理活动，因此，我们可以通过观察和分析行为来客观地研究人的心理活动，即打开“黑箱子”。

心理和行为的密切相关还表现为，心理学以心理现象为主要研究对象，它研究行为，是为了研究支配行为的心理现象，而不是行为本身。例如，心理学研究不同的人在不同行为中的动机，而不是研究学生、工人、科学家所从事的具体的职业活动。我们把心理学定义为研究心理现象和行为的科学，是希望通过对行为的客观记录、分析和测量，揭示人的心理现象的规律。

（二）如何科学地研究心理学问题?

心理学是一门科学。它不仅有自己

特定的研究对象和研究领域，而且和其他学科一样，也有自己的客观的、科学的研究方法。

心理学的科学研究通常要经过下面一些重要的步骤。①发现科学问题：问题的提出既可以直接源于研究者对人类行为和心理现象的观察，也可以源于阅读已有的研究文献。科学问题的选择非常重要，常常决定着一个研究的成败和意义的大小。②提出研究假设：这是对科学问题的可能的回答。假设要有依据，要经得起逻辑的检验。③审慎设计研究和选择方法。科学问题和假设是否得到了证实或证伪，设计研究和选择方法是至关重要的。这包括选择不同的被试，采用适合研究目的的方法，选择不同的仪器设备等。④收集数据，分析结果，得出研究结论。这个过程也就是研究的执行过程。⑤撰写和发表论文。研究的最后一步是撰写和发表论文。撰写论文不是简单地复述研究的过程和结果，而是一个“再创造”的过程，包括重新审视提出的科学问题和研究假设，采用适合的数据表达方法，进一步挖掘数据的意义，阅读更多相关的文献并进行比较，指出研究的不足和进一步改进的方向，提出新的研究问题等。

（三）心理学的基本任务是什么?

探索心理现象和行为发生与发展的规律是心理学的基本任务。这个任务是通过以下几个方面的研究来实现的。①描述心理现象和行为，对它们进行科学的分析和分类。②对各种心理现象进行科学的解释，说明某种现象为什么会发生，一种现象的发生会受到哪些内外因素的影响，心理现象发生的内在机制是什么等。③预测与控制心理现象和行为，指导人们的实践活动。

国外的心理学教材很少用到“规律”这个词，也很少提及心理现象和行为的规律。根据我们的理解，科学的任务就是要揭示支配现象的规律，即现象之间的本质关系。对心理学来说，这包括心理现象和行为与脑的关系、心理现象和行为与环境的关系、心理现象和行为之间的关系等。只有揭示了这些规律，才能科学地描述、解释、预测、控制心理现象和行为的发生、发展。

（四）如何认识认知和情绪的关系?

人的心理可以分为认知和情绪两个系统，这两个系统分别具有不同的功能，同时又是相互联系、相互作用的。20 世纪 80 年代以前，人的情绪被看成认知系统的“副现象”，认为情绪在认知的基础上产生，但对认知没有什么作用。自 20 世纪 80 年代以来，随着心理学研究的进展，这种看法逐渐被另一种看法代替。情绪作为一种内部驱力或动力，对认知有着巨大的调节作用。人们凭借内省和观察，很容易发现情绪对认知活动的巨大影响。心理学家通过实验能更细致、深入地揭示情绪在认知中的作用，这些发现常常是通过内省和观察无法得到的。同样，认知在情绪调节中也有重要作用。人的情绪受到注意、记忆和语言等多种认知功能的影响。其中语言对情绪的调节作用受到了研究者更多的关注。总之，认知和情绪之间是双向调节的，这就是认知和情绪的关系。

（五）如何理解“科学的进展是和方法学的进展相联系的”？

冯特在《对感官知觉学说的贡献》中提出了这个著名的论断：“科学的进展是和方法学的进展相联系的”，这个论断不仅适合整个自然科学，而且适合心理学。整个自然科学的起源都来自方法学上的革命，心理学也是这样的。心理学从哲学中分离出来，走上独立发展的道路，是和方法学上的革命分不开的。心理学从采用观察和内省，到采用实验法和测验，正是它走上独立发展道路的重要标志。近半个世纪以来，心理学采用计算机模拟和脑成像技术，进一步推动了自身的发展，取得了一系列重要的研究成果。这些都说明，心理学“在取得了巨大成果的地方，都是以先进方法的改进和或者以新的方法的发现为前提的”。认识到这一点，对让心理学工作者跟上心理学的发展步伐，做出更有价值的研究成果，具有重要意义。

（六）什么叫实验性内省？

我们知道，内省和观察是哲学心理学时期许多哲学家、思想家研究人的心理现象的主要方法。在心理学成为独立科学后，冯特和铁钦纳由于主张心理学是研究直接经验或意识的科学，因此在研究方法上仍主张采用内省法，认为这是研究直接经验的一种有效的方法。但是，作为科学心理学或实验心理学的创始人，冯特认为，必须对内省法进行改造，因而提出了“实验性内省”。它主要有两层意思：其一是内省法必须与实验法结合使用，换句话说，除了内省法之外，还必须使用科学的实验法；其二是对参与内省的被试要进行科学的训练，这样借助内省才可能获得有效的研究资料。

（七）心理学研究中的因果关系和相关关系的联系和区别分别是什么？

心理学有两类基本研究。一类是探索心理现象的因果关系，它关心心理现象是在什么条件下产生的，哪些因素制约着心理现象的发生和发展。例如，知觉的整体性受到哪些因素的影响，为什么会有知觉恒常性，面孔失认症出现的原因是什么，有些儿童为什么会出现阅读障碍等。另一类是关心一种心理现象与另一种心理现象的关系，如每天看电视的时间与阅读成绩的关系，吸烟年龄、数量与肺癌的关系，看暴力电影与儿童暴力行为发生的关系等。相关关系不等于因果关系，阅读成绩的好坏与许多因素有关，如儿童的识字量、从字形提取语音和语义的时间、字符命名的流畅性等，而看电视太多会影响阅读成绩，但它不是阅读成绩不好的真正原因，可能是通过上述因素起作用的。在一个实验中，既可以研究变量间的因果关系，也可以研究变量间的相关关系。

知识链接

相关研究

当力图探讨两个变量、特质或者属性关联到什么程度时，心理学家会使用相关的方法进行研究。相关不意味着因果关系，不意味着一个事件可以导致另一个事件的发生，它可能会反映一部分因果关系，也可能根本不会反映因果关系。例如，压力和工作效率之间可能存在相关关系：压力的大小会影响工作效率的高低，但是它们都可能受到工作环境中噪声的影响，噪声通过增加压力改变了工作效率，或噪声降低了工作效率而增加了职工的压力。

资料来源：格里格，津巴多，2003。

（八）实验中的变量有哪些？ 它们是什么关系？

在控制条件下对某种心理现象进行观察的方法叫实验法，可以分为实验室实验和自然实验两种。在实验研究中，心理学家通常面对着一系列在质和量上变化的因素，这些因素叫变量。其中能够引起心理和行为变化的主客观因素(条件)，叫自变量或独立变量，而由自变量引起的心理和行为的变化被称为因变量。换句话说，自变量是研究者控制的实验条件，而因变量是研究者希望看到的实验结果。例如，为了研究电视的暴力镜头对儿童暴力行为的影响，研究者可以在自己的实验中控制暴力镜头的数量(多和少)，并观察儿童在收看这些镜头后对同伴表现的暴力行为。其中暴力镜头的数量就是自变量，儿童的暴力行为就是因变量。但是在实验时，除了这些变量之外，还要考虑另外一些可能的影响因素，如儿童的年龄、性别、受教育程度等。这些因素与研究者要探讨的问题无关，因而被称为无关变量。实验中应该排除这些因素的影响，它们可能会影响或混淆实验的结果，因而也被称为混淆变量。在实验中，研究者要小心处理无关变量和混淆变量，以保证实验结果是由自变量引起的。

知识链接

实验中的期望效应和安慰剂效应

当研究者或观察者向被试暗示他所预期的行为，并由此引导出期望的反应时，期望效应便发生了。在这种情况下，真正诱发的反应是实验者的预期，而不是实验设置的自变量。例如，将一些老鼠随机分给两组学生，但告诉其中一组学生，他们分到的老鼠擅长走迷宫；告诉另一组学生，他们分到的老鼠不会走迷宫，让他们记录老鼠走迷宫的成绩。实际上，两组老鼠走迷宫的本领没有差别。研究结果是，第一组的成绩显著高于第二组，这说明两组成绩的差异不是由老鼠自身的差异引起的，而是实验者的预期对结果产生了明显的影响。

安慰剂效应的概念源于医学中的一种现象，当患者接受了无效的药物或无针对性的治疗后，他的身体康复了。安慰剂效应是指由于个体对治疗会产生良好效果的信念而引起的健康的改善。心理学研究中也存在安慰剂效应。被试仅仅因为他意识到自己正在被观察或被测验而改变了自己的行为。

资料来源：格里格，津巴多，2003。

(九)心理学研究中要注意哪些伦理道德问题?

由于心理学的研究对象是人，因此研究中必须遵循某些伦理学的要求，要知道哪些事情能做，哪些事情不能做。这些要求主要有：①要尊重和保护被试的知情权，有些实验在进行前，要让被试签订知情同意书，如果被试是儿童，则需由他们的保护人或监护人签订知情同意书；②要保证被试不会受到伤害，包括可能的伤害；③被试有随时退出研究的自由；④要保护被试的隐私，不得泄露被试的私人信息和数据资料。

知识链接

知情同意

知情同意是心理学研究的重要伦理标准之一。在参与实验之前，被试必须签署一份文件来证实已被告知了研究的基本情况，明白参与过程都包括什么、实验可能存在的风险，并了解一个重要事实：他们的参与完全出于自愿，并且可以在实验的任何阶段终止退出。另外，在参与研究后，必须再次询问被试是否需要被给予所参加的研究及整个过程的说明。只有在实验风险极小时，如在公共场所的纯粹的观察性研究中，才可以忽略知情同意和执行汇报。

资料来源：费尔德曼，2016。

（十）如何认识心理学成为独立科学后派别纷争的局面？

心理学走上独立发展的道路后，出现了众多派别，不同学派在心理学的研究对象、研究领域和研究方法上产生了不同的看法，甚至出现了相互否定的趋势。心理学不是一个统一的大家庭，而是分崩离析、各持一端的。有人把这种现象称为心理学的危机，其原因是不同学派有其不同的哲学背景，学派的争论反映了哲学上的分歧。但是，这种看法忽视了一个重要的事实，即学派的争论对推动心理学的发展产生的重要作用。例如，在学派纷争时，有些人主张，心理学应该研究人的直接经验，有些人主张研究意识，有些人主张研究无意识，有些人主张研究行为。这些争论从不同的侧面提出了心理学要研究的问题，其结果有助于得到一个共识：心理学是研究心理现象和行为的一门科学。在学派纷争时，有些学派对感知觉的研究做出了贡献，有些学派对思维的研究做出了贡献，有些学派对学习和记忆的研究做出了贡献，它们从不同的侧面丰富和发展了心理学。

三、 设计活动

活动一

试列表（见表 1-1）说明构造主义、机能主义、格式塔心理学、行为主义和精神分析在代表人物、研究领域、基本主张和研究方法上的差异。

表 1-1　各心理学派的内容

学派	代表人物	研究领域	基本主张	研究方法
构造主义				
机能主义				
格式塔心理学				
行为主义				
精神分析				

活动二

为了研究室温对学习成绩的影响，有人随机抽取了两组学生当被试，把一组安排在高温下学习，把另一组安排在低温下学习，并比较了他们的学习成绩，这个设计对不对？是否符合心理学实验设计的要求？

提示：实验研究中要注意哪些变量？有没有要注意的伦理方面的问题？

活动三

1974 年，心理学家进行了一个有名的实验，被试 45 人，被分成 5 个小组，实验时给被试先后观看 7 个短片，每个短片都描述了一起交通事故。不同被试观看短片的顺序不一样。短片结束后，要求被试先描述看到的事故，并判断车辆的速度。研究者在提出的问题中分别使用了不同的动词：猛撞、碰撞、撞击、撞到、碰到，被试根据自己看到的指导语对车速做出判断。结果显示，被试看到的动词不同，对车速的平均估计值也不同。猛撞时的平均估计值最快，其次是碰撞，再次是撞击和撞到，碰到时的平均估计值最慢。在这个实验中，哪些是自变量，哪些是因变量？有没有无关(混淆)变量？如果有，研究者是如何控制的？

提示：在这个实验中，哪些是自变量，哪些是因变量，哪些是无关变量？为什么要控制无关变量？

活动四

下面是心理学家皮亚杰对他的儿子洛朗的一次观察："洛朗两个月大时，我透过摇篮的顶棚观察他，我总在某个固定点出现，当我离开他的视线时，洛朗就盯住那个点看，急切地希望我再次出现。孩子的目光仅限于物体消失的那个地方，如果没有别的东西再次出现，那么在他的脑海里只会留下对物体知觉的一些感受，他不会再去探求物体的去向。"

基于这些观察，皮亚杰认为1～4个月的婴儿还没有出现物体永久性的概念，还不会主动寻找消失了的物体。如果物体不再出现，他们会将注意力转移到别的物体上。

提示：皮亚杰的观察有什么特点？为什么他能得出上述结论？

活动五

我们在网站上经常会看到一些文章说，调查结果显示，食用动物脂肪，会导致疾病，甚至罹患癌症，因而提倡素食，劝告大家只食用植物脂肪。这种说法对不对？

提示：注意区分相关关系与因果关系。

活动六

据美国媒体报道，一项历时多年的研究对三大主要心理学期刊所刊登的100项研究成果进行了重新验证。结果显示，超过一半的研究成果都站不住脚。这项研究是由心理学研究者完成的，他们中的很多人自愿去验证自己认为重要的研究成果。他们发表在《科学》上的报告证实了科学家们多年来的担忧，即这一领域需要大幅纠正。

请思考分析为什么心理学研究的可重复性较差，如何避免？

提示：在科学中犯错误是正常的，对于科学的进步来说，真正的危险是人类有一种固有的倾向，即避免让其信念暴露在可能被证明是错误的情境之中。在科学上，犯错并不是罪过。被证伪的假设为科学家们提供了信息，他们可以以此来调整理论，使理论更紧密地与数据相联系(斯坦诺维奇，2014)。

四、 拓展练习

（一）单选题

1. 研究神经系统(特别是脑)损伤引起的行为和心理变化的科学被称为(　　)。

A. 健康心理学　B. 神经心理学

C. 变态心理学　D. 医学心理学

2. fMRI 英文缩写表示的脑成像技术是(　　)。

A. 功能性磁共振成像

B. 正电子发射断层扫描

C. 事件相关电位

D. 脑磁图

3. 在心理学实验中，实验者操作的变量叫作(　　)。

A. 因变量　B. 自变量

C. 混淆变量　D. 无关变量

4. 如果一个学生在不同时间接受同一测验，所得的成绩相当或相同，那么说明该测验具有较高的(　　)。

A. 信度　B. 效度

C. 自由度　D. 兼容度

5. 下面 4 个相关系数中，(　　)代表的相关程度最高。

A. ＋0.6　B. ＋0.4

C. －0.5　D. －0.7

6. 实验中的双盲控制不能排除(　　)。

A. 被试的个别差异

B. 主试的期望

C. 安慰剂效应

D. 无关变量

7. 用磁共振成像可以测量脑组织的(　　)。

A. 葡萄糖的代谢

B. 血流量的变化

C. 生物电信号

D. 磁场的变化

8. 布洛卡发现运动性失语症采用的方法为(　　)。

A. 个案法　B. 调查法

C. 实验法　D. 心理测验法

9. 最早提出“灵魂不能无意向而思维”的思想家是(　　)。

A. 柏拉图　B. 笛卡儿

C. 韦特海默　D. 亚里士多德

10. 世界上第一部论述各种心理现象的著作《论灵魂》的作者是(　　)。

A. 苏格拉底　B. 柏拉图

C. 亚里士多德　D. 希波克拉底

11. 白板论的提出者是(　　)。

A. 洛克　B. 霍布斯

C. 休谟　D. 缪勒

12. 世界上第一个心理实验室创立于(　　)。

A. 1789 年　B. 1798 年

C. 1879 年　D. 1897 年

13. 提出意识流学说的心理学派是(　　)。

A. 行为主义　B. 格式塔学派

C. 机能主义　D. 精神分析学派

14. 构造主义的代表人物是(　　)。

A. 铁钦纳　B. 苛勒

C. 勒温　D. 斯金纳

15. 第一部认知心理学著作的作者是(　　)。

A. 西蒙　　B. 奈瑟

C. 斯佩里　　D. 马斯洛

16. 心理学的第三势力是指(　　)。

A. 行为主义　　B. 人本主义

C. 认知心理学　　D. 进化心理学

17. 20 世纪 60 年代风行的程序教学的理论基础是(　　)。

A. 认知心理学　　B. 新行为主义

C. 新精神分析　　D. 积极心理学

18. 2002 年曾获诺贝尔经济学奖的心理学家是(　　)。

A. 奈瑟　　B. 西蒙

C. 卡尼曼　　D. 阿克塞尔

19. 积极心理学的创始人是(　　)。

A. 马斯洛　　B. 塞利格曼

C. 皮亚杰　　D. 桑代克

20. 1992 年，首次当选为国际心理科学联合会副主席的中国心理学家是(　　)。

A. 张厚粲　　B. 陈立

C. 荆其诚　　D. 潘菽

(二)多选题

1. 心理学的基本任务是(　　)。

A. 分类　　B. 解释

C. 控制　　D. 预测

2. 18 世纪英国联想主义的主要代表人有(　　)。

A. 詹姆士·穆勒

B. 约翰·穆勒

C. 培因

D. 贝克莱

3. 构造主义认为，直接经验构成的元素有(　　)。

A. 感觉　　B. 知觉

C. 意象　　D. 情感

4. 机能主义强调，意识是(　　)。

A. 以个人的形式存在的

B. 在不断变化中的、具有连续性的

C. 有结构的、由观念等元素构成的

D. 有选择性的

5. 格式塔心理学主张(　　)。

A. 心理是一个整体，是有组织的

B. 整体可以简单还原为各个部分

C. 整体构成的意识是一个川流不息的过程

D. 整体相加大于部分，并且制约着部分的性质和意义

6. 新行为主义的代表有(　　)。

A. 斯金纳　　B. 华生

C. 托尔曼　　D. 马斯洛

参考答案

(一)单选题

1. B　2. A　3. B　4. A　5. D　6. A　7. B　8. A　9. D　10. C　11. A　12. C　13. C　14. A　15. B　16. B　17. B　18. C　19. B　20. C

(二)多选题

1. BCD　2. ABC　3. ACD　4. ABD　5. AD　6. AC

第二章
心理与行为的脑神经基础

一、 解释概念

（一）静息电位

静息电位是指神经元在静息状态下，存在于细胞膜内外的电位差。一般而言，细胞膜内为负，细胞膜外为正，膜外电位比膜内电位高 70～90mV。

静息电位的产生受两个因素的影响。①细胞膜内外离子的分布和浓度不同。就正离子来讲，膜外 Na^+ 浓度较高，膜内 K^+ 浓度较高。就负离子来讲，膜外以 Cl^- 为主，膜内则以有机负离子为主。②细胞膜在不同的情况下，对不同离子的通透性不同。在静息状态下，细胞膜对 K^+ 的通透性较好，对 Na^+ 的通透性较差，对膜内有机负离子则无通透性。

由于细胞膜内外存在 K^+ 浓度上的差别，而且在静息状态下，细胞膜对 K^+ 有较好的通透性，对 Na^+ 的通透性较差，因此一部分 K^+ 外流。膜内带负电荷的大分子有机物，由于电荷异性相吸的作用，也随 K^+ 外流，但因不能透过细胞膜而被阻止在膜内，致使膜外正电荷增多，膜内外之间便形成了电位差，即静息电位。

（二）动作电位

动作电位是指神经元受到刺激时，在静息电位的基础上发生短暂的电位变化过程。动作电位是神经元兴奋的标志，其产生过程是：当神经元受到刺激时，细胞膜对离子的通透性发生了改变，细胞膜对 Na^+ 的通透性增强，对

K^+的通透性减弱，因此 Na^+ 迅速向细胞膜内扩散，导致膜内正电荷迅速上升，并高于膜外电位，这一电位变化过程被称为动作电位。

知识链接

成年人的大脑神经元可再生吗?

成年人的大脑是否会产生新的神经元？这一问题自神经科学刚发展起来时就备受争议。科学家们关于这一问题做了一系列探索，证据支持了“成年人的大脑神经元可再生”这一假说。

近年来，研究者们又开始关注“神经元再生问题”。发表在《自然》上的一项研究表明，人类大脑中新生神经元的数量会随着发育急剧下降，成年人则不会产生新的神经元。

然而，有研究者提出了相反的观点，成年人的大脑中存在丰富的新生神经元，并且可以在阿尔茨海默病这一领域来探讨新生神经元的作用。

发表在《自然》上的一项研究表明，成年小鼠的脊髓损伤后，皮质脊髓束可在移植的脊髓源性神经祖细胞的刺激下再生出新的轴突。同时，对应的皮质脊髓神经元细胞也在损伤的状态下逆转为不成熟的发育状态以支持皮质脊髓束的增生。这一结论进一步证实了神经元的发育状态可能会发生逆转。但是这一结果是损伤后神经元处在一种增生活跃的状态下被发现的，因此也存在局限性。

关于成年人的大脑是否会再生出新的神经元这一问题是一个研究热点，目前尚无定论。若是成年机体可以源源不断地产生新的神经元来解决衰老、病变的问题，那么困扰人类的许多问题或许就都可以迎刃而解了。也许在未来，在科学家们的不断探索中，我们会得到一个更确切的答案。

资料来源：Sorrells et al.，2018；Moreno-Jiménez et al.，2019；Poplawski et al.，2020。

（三）不应期、绝对不应期和相对不应期

动作电位的发放频率不能无限增加，因为当一次动作电位被诱发时，神经元会有一小段时间对刺激停止反应，被称为不应期。在兴奋发生后的最初一段时间内，无论施加多强的刺激都不能使神经元再次兴奋，这段时间被称为绝对不应期。在绝对不应期之后，细胞的兴奋性逐渐恢复，受到刺激后可产生兴奋，但刺激必须大于原来的阈限，这段时期被称为相对不应期。不应期现象与

细胞膜内外的钠离子状态有密切关系。

（四）神经冲动传导的“全或无”规则

每个神经元都有一个刺激阈值，对阈值以下的刺激不做出反应；对阈值以上的刺激，无论其强弱均给出同样幅值的神经脉冲的发放，这被称为神经冲动传导的“全或无”规则。也就是说，神经冲动只存在发放或者不发放两种状态，不存在介于两者之间的中间状态。当刺激强度达到或超过了阈值时，神经元就会产生神经冲动。

（五）突触

突触是神经元和神经元之间彼此接触的部位，由突触前成分、突触间隙和突触后成分三个部分组成。借助突触可以实现神经元之间信息的传递。

根据突触的接触部位可分为不同的类型：轴突—树突突触，即一个神经元的轴突末梢与另一个神经元的树突相接触；轴突—胞体突触，即一个神经元的轴突末梢与另一个神经元的胞体相接触；轴突—轴突突触，即一个神经元的轴突末梢与另一个神经元的轴突末梢相接触。

（六）神经递质

神经递质是指在突触中传递信息的特定化学物质。当神经元的动作电位到达轴突末梢的突触小体时，突触小体释放神经递质进入突触间隙。有些神经递质很快与突触后神经元中树突上特定形状的受体相结合。每种类型的神经递质都有其特定的分子形状，每种受体也都有其特定的形状。这就好像一把钥匙开一把锁，一个特定的受体只能被一种特定的神经递质激活。当神经递质在突触后神经元中找到了正确的受体位置后，它与受体相结合，从而引发了突触后神经元电位的变化。

知识链接

脑内几种重要的化学递质

神经递质是神经元间传递信息的化学信使，对大脑和躯体功能的发挥具有重要作用，神经递质的缺失或者过量都会引起严重的心理或者行为障碍。

乙酰胆碱在觉知、意识以及记忆中扮演着非常重要的角色。例如，阿尔茨海默病患者脑内乙酰胆碱的含量低于正常人，这说明乙酰胆碱和记忆有关。

多巴胺影响运动、学习、注意和动机。它通过影响诸如性、吃饭、愉快感或者奖赏感来影响动机。由多巴胺释放引起的愉快感或许在药物成瘾方面发挥了一定的作用。例如，帕金森病患者脑部多巴胺的分泌不足。

5-羟色胺这种神经递质在诸如睡眠、觉醒、情绪、饮食和疼痛知觉等方面发挥着重要作用。脑中缺乏5-羟色胺与许多心理和行为方面的混乱有关，如抑郁。

内啡肽能够阻断疼痛信息，当它释放时，我们会较少感知到疼痛，并有愉快感。内啡肽在饮食和使人快乐方面也发挥着一定的作用。运动锻炼后的快乐感可能与锻炼促进内啡肽的分泌有关。

资料来源：帕斯托里诺，多伊尔-波蒂略，2013。

（七）神经回路

神经回路是大量神经元之间通过突触建立的神经通路或网络，可以传递神经信号和进行复杂的信息加工与处理，从而实现特定功能。最简单的神经回路是反射弧，是由感受器、传入神经、神经中枢、传出神经以及效应器组成。研究大脑的神经细胞回路是如何处理信息的，可以揭示大脑在执行各种认知功能如知觉、记忆、思维时，脑内不同的核团之间如何进行信息交流。

知识链接

突触脉冲的强度与突触大小直接相关

神经细胞通过突触彼此交流。研究显示，突触越大，传递的信号就越强。

新皮质是大脑的一部分，人类用它来处理感官印象、存储记忆、给肌肉发出指令以及计划未来。这些计算过程之所以能成为可能，是因为每个神经细胞都是一个高度复杂的微型计算机，可以与大约10000个其他神经细胞进行通信，这种交流是通过突触的特殊连接进行的。

这项研究首次证明，突触的大小决定了其信息传输的强度。在这项研究中，研究人员首先测量了两个相连的神经细胞之间突触的电流强度。他们准备了小鼠的大脑切片，在显微镜下将玻璃微电极插入相邻的新皮质神经细胞中。这使得研究人员可以人工激活其中一个神经细胞，同时测量另一个神经细胞产生的突触脉冲的强度。研究人员发现，突触脉冲的强度与突触的大小直接相关。这种相关性可以根据测量到的突触大小来判断信息传递的强度。研究人员解释说，这可以让科学家们使用电子显微镜来精确绘制新皮质的“线路图”，然后在电脑上模拟并解释这些线路图中的信息流。这类研究将有助于更好地理解大脑在正常情况下是如何运作的，以及“线路缺陷”是如何导致神经发育障碍的。

该研究团队还解决了神经科学领域另一个长期存在的难题。到目前为止，传统的理论认为，当突触被激活时，只有一个充满神经递质的囊泡被释放。研究人员使用一种新的数学分析方法证明了每个突触实际上都有几个位点，可以同时释放囊泡，这意味着突触要复杂得多。因此，整个大脑皮层的计算能力和存储能力似乎比以前认为的要强大得多，可以更动态地调节信号强度。

资料来源：Holler et al.，2021。

（八）大脑

大脑是脑中最为复杂的部分。大脑半球的表面被大量的神经细胞、神经纤维网、神经胶质细胞等覆盖着，呈灰色，被称为灰质，即大脑皮层。灰质主要用于处理接收的信息。大脑内侧面由大量神经纤维的髓质组成，被称为白质。白质主要用于传递信息。大脑负责知觉、计划、决策、语言等高水平的认知活动。人类的大脑皮层高度褶皱，褶皱的结构使得大脑皮层的面积更大。人类的大脑皮层分为四个脑叶，分别是额叶、顶叶、枕叶和颞叶。这四个脑叶是左右半球呈对称的结构，具有不同的功能。

（九）割裂脑

为防止癫痫病的恶化，防止病变从脑的一侧蔓延到另一侧，医生切断了连接大脑两半球之间的纤维束——胼胝体，从而形成了各自进行独立活动的左右半球。这时的脑被称为割裂脑。割裂脑技术是研究大脑两半球各自功能的一种有效手段。利用这种技术，研究者发现了大脑两半球功能的不对称性。

（十）边缘系统

边缘系统位于大脑内侧面的深处，包括广泛的大脑组织，如扣带回、胼胝体下回、海马回、眶回、脑岛、颞极、杏仁核、丘脑、下丘脑、海马以及乳头体等。边缘系统的主要部分环绕大脑两半球内侧形成一个闭合的环，因此得名。边缘系统与神经系统其他部分也有广泛的联系，参与内脏活动的调节，并与情绪、行为、学习和记忆以及本能活动等密切相关。

（十一）网状结构

在脑干的区域有一种由白质和灰质交织混杂的结构，其中神经纤维纵横交错呈网状，因此被称为网状结构。按照功能，网状结构可以分为上行激活系统和下行激活系统。上行激活系统负责维持大脑皮层的觉醒状态，下行激活系统能加强或者减弱肌肉的活动。网状结构对睡眠和觉醒，以及躯体运动和内脏活动起到重要的调节作用。

（十二）脑功能定位说

脑功能定位说主张脑的功能定位在

一定的区域，特定的区域完成某种特定的功能，如布洛卡区主管言语运动，威尔尼克区主管口语理解等。脑功能定位说有一定的合理性，但是它只是对脑的功能做出静态的、局部的描述，因此有其局限性。

（十三）拉什利的总体活动原理和均势原理

美国生理心理学家拉什利于1929年在其专著《大脑机制与智能》中系统地阐述了大脑功能的两大原理：总体活动原理和均势原理。

总体活动原理：拉什利在实验中采用脑损毁技术对白鼠进行了一系列的走迷宫实验。首先教会动物学习走迷宫，然后切除大脑皮层的不同部位，把它重新放回迷宫中。结果发现，白鼠不能完成学会的任务；经过训练，白鼠能重新学会走迷宫。学习的效率与大脑损伤的面积大小成反比，即切除的面积越大，学习的效率越低，这种关系与切除的部位无关。根据实验，拉什利认为，大脑是以整体方式活动的，学习效率与大脑损伤的面积成反比，与损伤的部位无关，即学习与记忆不依赖大脑中的特定部位，而是依赖整个大脑。

均势原理：大脑皮层的不同部分几乎以均等的程度对学习发生作用。大脑的每一个部位都和任何其他部位一样重要。如果把大脑的一些部位切除，其他部位也能够继续发挥它们的功能。

总体活动原理和均势原理对于解释学习与记忆这些复杂活动的脑机制有一定的启发作用。但是脑各区域有其特殊的功能，脑不是一个原始、未分化的组织，因此该理论有很大的局限性。

（十四）脑功能模块说

20世纪80年代中期，在认知科学和认知神经科学中出现了一种重要的理论，即脑功能模块说。其主要观点是，人脑在结构和功能上是由高度专门化并相对独立的功能模块组成的，如人脑存在面孔识别模块和物体识别模块。不同的模块有不同的功能，模块的结合能够保证认知功能的完成。脑功能模块说既强调脑的整体运作的特性，也强调不同的模块有不同的功能。

（十五）神经网络说

神经网络说的基础和依据是神经元学说。神经元学说认为，神经元是人脑的结构与功能的基本单元，而人脑有数百亿个神经元，它们之间通过神经纤维相互联系，构成了复杂的神经回路和网络。以神经元学说为基础，20世纪80年代，在认知科学和人工智能领域兴起了神经网络分析技术，并发展出了相应的认知建模方法及人工智能算法。在脑科学兴起后，神经网络分析技术也被应用于脑功能与脑结构的研究中，是探讨脑的奥秘的重要手段和途径。

神经网络说认为，脑功能的实现依赖一组功能单一的神经元所构成的复杂的神经网络。这里的神经元是一个抽象的信息处理单元，又称节点。巨量的节点以特定的方式相互联系，形成复杂的网络。脑的认知功能，如知识的存储，是通过大量节点之间的联系权重和联系方式来实现的。

（十六）脑指数

脑的相对大小可以说明脑的进化水平。脑指数是指脑的实际大小与预期的脑大小的比值，是脑的相对大小的度量。其计算方法是，脑指数＝脑的实际大小(克)/预期的脑大小(克)。预期的脑大小(克)＝0.12 × 体重(克)$^{2/3}$，其中0.12和2/3次方，都是经验常数，即脑指数＝脑的实际大小(克)/［0.12 × 体重(克)$^{2/3}$］。

（十七）皮层指数

皮层指数是指新皮层的实际大小与预期的脑大小的比值，可以反映哺乳动物新皮层的大小和进化程度。人类新皮层远大于非人类灵长类动物新皮层的容积，这使得人类发展出了更为高级的认知能力。

知识链接

人类大脑发育的非同步性

大脑的发育是儿童认知发展的基础。大脑由表面的灰质和深层部分的白质等成分组成，可分为额叶、顶叶、枕叶和颞叶等不同的脑区。研究发现，儿童大脑的发育存在非同步性。主要表现在以下方面。

首先，大脑发育的非同步性体现在不同的皮层区域上。最先发育成熟的是一些初级皮层区，如枕叶的视觉皮层，最后成熟的是整合初级皮层功能的高级联合区，如前额叶。大脑遵循“由后到前”的渐进式的发育成熟原则。

其次，大脑发育的非同步性体现在灰质和白质上。研究发现，大脑灰质的体积随着年龄的增长呈现倒U形的发展轨迹，到青春期的时候体积达到峰值，之后随着年龄的增长呈现缓慢下降的趋势。而白质的体积从儿童期一直到成人初期都是持续增加的，之后，变化的趋势逐渐趋于平稳。灰质体积的减小可能与选择性的突触修剪有关，白质体积的增加与髓磷脂的持续生长有关，两者的变化似乎都能提高大脑的工作效率。

最后，基于皮层厚度的定量研究发现，越是与高级功能相关的脑区，如语言、决策等，其细胞构筑越复杂，并且具有更为复杂的发育轨迹。例如，对于5～11岁儿童而言，双侧顶枕等脑区的皮层厚度随年龄的增长变薄，但一些语言功能相关脑区的皮层厚度随着年龄的增长变厚。

研究大脑皮层发育的规律，不仅有助于了解人生发展过程中大脑发展变化的规律，而且有助于了解人类心智的起源和各种脑部疾病的起因，因此对于认识脑和保护脑都具有非常重要的意义。

资料来源：董奇，2012。

二、 解答问题

(一)什么是神经元？ 它的基本功能是什么？

神经元也称神经细胞，是神经系统结构和机能的单位，它的基本作用是接收和传送信息。神经元是具有细长突起的细胞，由胞体(soma)、树突(dendrite)和轴突(axon)三个部分组成。胞体的形态和大小有很大的差别，有圆形、锥体形、梭形和星形等几种。胞体最外侧是细胞膜，内含细胞核和细胞质(cytoplasm)。细胞质介于细胞膜与细胞核之间，是一种透明的胶状物。其中包含维持细胞正常生理功能的各种具有特定形态的细微结构，被统称为细胞器。树突较短，长度只有几百微米(1 微米＝1/1000 毫米)，形状就像树的分枝，其作用类似于电视的接收天线，负责接收刺激，将神经冲动传向胞体。轴突的长度范围很大，从几百微米到 1 米不等。通常每个神经元只有一根轴突。在轴突主干上有时会分出许多侧枝，与其他神经元相联系。轴突的作用是将神经冲动从胞体传出，到达与它联系的各种细胞。轴突通常比较细长，呈纤维状，所以又被称为神经纤维。

神经元有各种不同的形态。神经元的轴突和树突被统称为突起。按突起的数目，神经元可以分为单极细胞、双极细胞和多极细胞。单极细胞只有一个突起，双极细胞有两个突起，多极细胞则有两个以上的突起。人脑中的神经元主要是多极细胞，按功能可以分为感觉神经元(传入神经元)、运动神经元(传出神经元)和中间神经元。感觉神经元收集并传导身体内外的刺激，使其到达脊髓和大脑；运动神经元将脊髓和大脑发出的信息传到肌肉和腺体，支配效应器官的活动。中间神经元(interneurons)介于感觉神经元和运动神经元之间，起联络作用。

(二)什么是胶质细胞？ 它的作用是什么？

在神经元与神经元之间有大量胶质细胞(glial cells)，总数在 1000 亿以上。胶质细胞为神经元提供支持和保护。

胶质细胞的第一个作用是为神经元的生长提供方向，就像葡萄架引导着葡萄藤的生长一样。在发育后期，它为成熟的神经元提供了支架，并在脑细胞受到损伤时，帮助其恢复。

胶质细胞的第二个作用是在神经元

周围形成绝缘层，使神经冲动得以快速传递。这种绝缘层叫髓鞘（myelin sheath)，由某些特异化的胶质细胞组成。这些细胞在个体出生后不久，就在具有长轴突的神经元周围被覆盖起来。髓鞘有绝缘的作用，能防止神经冲动从一根轴突扩散到另一根轴突。在个体发育的过程中，神经纤维的髓鞘化是行为分化的重要条件。髓鞘受到损害后，可引起复视、震颤、麻痹等鞘膜性疾病。

胶质细胞的第三个作用是给神经元输送营养，清除神经元间过多的神经递质。血脑屏障(blood-brain barrier)就是由胶质细胞与毛细血管壁构成的，能够阻止某些有害物质由血液进入脑组织。

（三）神经冲动的电传导和化学传导是如何进行的?

神经冲动的电传导是指神经冲动在同一细胞内的传导。神经冲动的电传导与动作电位的产生有密切的关系。具体来说，当动作电位产生时，神经纤维的某一局部会出现电位的变化，表现为细胞膜外由静息状态的正电位转变为负电位，膜内由负电位转变为正电位。但是邻近部位没有受到刺激的细胞膜，膜外仍为正电位，膜内仍为负电位。这时在细胞膜的表面，兴奋部位和未兴奋部位出现了电位差，于是就产生了由未兴奋部位的正电荷向兴奋部位的负电荷流动的电流。同样，细胞膜内的兴奋部位和未兴奋部位也出现了电位差，形成了反方向的电流，构成了一个电流的回路。这种局部电流使得邻近未兴奋部位的细胞膜的通透性发生改变，并产生动作电位，这种作用反复进行，使得兴奋从一处传向另一处，完成神经冲动的电传导。

神经冲动的化学传导是指神经元和神经元之间信息的传导。这种传导是借助神经递质来完成的。当前一个神经元的神经冲动到达轴突末梢时，有些突触小泡内存储的神经递质在突触前膜的张口处被释放出来。这种神经递质经过突触间隙后作用于突触后膜，并与突触后神经元内的另一种化学物质(受体)联系在一起，从而改变了膜的通透性，并引起突触后神经元的电位变化，实现了神经兴奋或者抑制的传递。这种以化学物质为媒介的突触传递，是脑内神经元信号传递的主要方式。

（四）为什么说没有大脑就不会有人类复杂的心理与行为?

人的大脑分为左右两个半球，体积占中枢神经系统总体积的一半以上，重量为脑总重量的 60%左右。从进化论的观点来看，大脑比脑干出现得晚，是各种心理活动的中枢。大脑半球的表面凹凸不平，隆起的部分被称为脑回，凹下去的部分被称为沟，较深的沟被称为裂。这些沟裂将半球分为额叶、顶叶、枕叶和颞叶几个区域。大脑半球的表面被大量神经细胞和无髓鞘神经纤维覆盖着，呈灰色，叫大脑皮层。大脑皮层的内侧面由大量神经纤维的髓质组成，被称为白质。

人类的各种心理和行为与大脑不同区域的功能密切相关。例如，枕叶是视觉的中枢，接收由视神经传入的神经冲动，产生初级形式的视觉；颞叶的颞横回是听觉中枢，接收由听神经传入的神经冲动，产生初级形式的听觉；顶叶的中央后回是感觉中枢，接收由皮肤、肌肉和内脏器官传入的感觉信号，产生触压觉、温度觉、痛觉和内脏感觉等。额叶的中央前回是躯体的运动中枢，其主要功能是发出运动指令，支配和调节身体在空间的位置、姿势及身体各部分的运动。额叶除了与运动有关之外，还与注意、记忆、思维等高级心理活动有关。语言区主要定位于大脑左半球。额叶的布洛卡区负责言语的产生，颞叶的威尔尼克区负责言语理解，特别是口头语言的理解。颞枕叶交界处的角回负责书面和口头语言的转换等。联合区在大脑皮层中起着联络、综合的作用，面积约占大脑皮层面积的80%。它是大脑皮层执行高级心理功能的部位，主要整合来自各感觉通道的信息，对输入的信息进行分析、加工和存储。

总之，我们之所以能够看、听、体验到饥寒冷暖，能够运动，能够集中注意力、记忆、思考、使用语言等，都是因为有一个健康的大脑，没有大脑就不会有人类复杂的心理与行为。

知识链接

大脑研究的新方法

人类一直都对大脑的结构和功能非常感兴趣，但由于研究方法和技术方面的限制，先前对大脑的结构和功能的认识是不全面的，甚至是错误的。20世纪中晚期之后，随着新研究方法，特别是脑成像技术的发展，对大脑的结构和功能的认识取得了重要进展。以下是几种在医疗和科研上应用比较广泛和成熟的脑成像技术。

脑电图(electroencephalography，EEG)：测量头皮各点脑电波的变化，得到脑部激活模式的信息。它是通过电极从头皮上将脑部的自发性生物电位加以放大记录而获得的图形，也是研究脑功能常用的一种方法。

脑磁图(magnetoencephalography ，MEG)：目前先进的磁源成像技术，通过捕捉头皮表面的微弱的磁信号来探测大脑的神经活动，具有极高的时间分辨率和很高的空间分辨率，并具备完美的无创性。

经颅磁刺激(transcranial magnetic stimulation，TMS)：一种利用脉冲磁场，作用于大脑的中枢神经系统，改变大脑皮层神经细胞的膜电位，使之产生感应电流，影响脑内代谢和神经电活动，从而引起一系列生理、生化反应的磁刺激技术。

功能性近红外光谱成像（functional near-infrared spectroscopy，fNIRS）：利用认知活动中脑局部的血红蛋白浓度的变化导致的光学变化来获得与大脑功能相关的脑活动信号。

正电子发射断层扫描（positron emission tomcgraphy，PET）：把具有微弱放射性元素的葡萄糖注入人体。当人从事某种活动时，计算机记录人脑哪个区域消耗的葡萄糖最多，以及这种消耗随时间变化的信息，从而推测脑的不同区域的功能。

磁共振成像（magnetic resonance imaging，MRI）：磁场使体内的原子兴奋，根据这些原子释放的能量，计算机建构出有关脑结构的精确图像。

功能性磁共振成像（functional magnetic resonance imaging，fMRI）：通过检查脑局部血氧含量的变化来考察某一时刻哪些区域神经元的激活强度最强，从而研究脑功能；空间分辨率非常高，能够对脑功能进行精确定位。

资料来源：帕斯托里诺，多伊尔-波蒂略，2013。

（五）割裂脑为什么可以用来研究大脑功能的偏侧化优势？大脑两半球有哪些不同的功能？

由于眼睛和大脑之间的神经传导的特点，左视野和右视野的信息分别被投射到右半球和左半球，在胼胝体被切断后，左右半球之间不能彼此交换信息，因此可以利用割裂脑研究左右半球功能的偏侧化优势。

1967年，斯佩里（Sperry）等人对割裂脑的患者进行了详细的研究，他们让一位被切断了胼胝体的患者坐在屏幕前面，从屏幕的另一面用幻灯机向屏幕上投射物体，要求患者注视屏幕中央的一个点，然后分别向这个点的左侧（即患者的左侧视野）或右侧（即患者的右侧视野）投射字词或实物图形。由于投射的时间很短，患者来不及转动眼睛，图形便消失了。这样被投射在左侧视野的刺激通过视神经传导到右半球进行加工；被投射在右侧视野的刺激在左半球进行加工。研究发现，如果把一个单词投射到患者的右侧视野，即由左半球来加工，患者可以立刻说出单词是什么。但如果把单词投射在患者的左侧视野，即由右半球来加工，患者就说不出看到了什么，但可以从屏幕前面摆放的物体中用手拿出看到的物体。实验结果说明，大脑左右半球的功能是不同的，左半球有助于个体说出事物的名称，而右半球有助于个体识别该物体，但个体说不出来。

通过割裂脑的研究发现，大脑左右半球具有不同的功能，左半球主要负责言语、阅读、书写、数学运算和逻辑推理等，右半球主要负责知觉物体的空间关系、情绪、音乐和艺术欣赏、舞蹈、雕塑等。在正常情况下，两半球既分工又合作，完成复杂的活动。但是应该注意的是，大脑两半球的功能一侧化并不是绝对的，两个半球功能上的差异只是程度有所不同，正如斯佩里所言，“大脑左右半球功能独立说是一种很危险的想法”。

（六）边缘系统的结构及功能有哪些？

在大脑内侧面最深处的边缘，包括扣带回、海马、海马旁回、齿状回等组成了一个环状的结构，被称为边缘叶。边缘叶在进化上要早于上述其他大脑皮层。边缘叶连同附近其他大脑皮层，如眶额皮层、岛叶、颞根，以及一些在功能上密切联系的皮层下组织，如下丘脑、杏仁核、中脑内侧被盖等，共同形成了边缘系统(limbic system)。

从进化的角度看，边缘系统出现于古哺乳动物，早于其他大脑皮层，其功能非常复杂，包括调节呼吸、血管及内脏反应，对感觉信息处理及情绪反应的调节等。例如，刺激边缘系统的某些部位，可以调节或改变人或动物的血压高低、肠胃活动的强弱等。

边缘系统中的海马在记忆功能中有重要作用。海马受损患者的空间信息记忆和时间编码功能将受到破坏。他们不能回忆刚看过的东西的位置，也不能回忆刚学过的词的顺序。边缘系统与情绪也有密切的关系。表情面孔、彩色情绪图片或情绪词等都能引起边缘系统中杏仁核的显著激活。在边缘系统中，扣带回的作用也受到人们的关注。研究发现，扣带回与多种功能有关（Rolls, 2019)。其中前扣带回与情绪、注意监控等有密切的关系。在有意注意时，当执行有冲突的任务或任务难度增加时，扣带回都有显著的激活。后扣带回由传出神经投射到海马，在记忆中扮演着重要角色。

（七）脑干的组成部分及功能有哪些？

脑干(brain stem)包括中脑、脑桥和延脑。

中脑(midbrain)位于间脑和脑桥之间。它的形体较小，结构也较简单，主要由顶盖和被盖构成。中脑顶盖位于中脑的背部，由上下两对小丘构成，被称为上丘和下丘。上丘是皮层下视觉反射中枢，下丘是皮层下听觉反射中枢，它们和丘脑、下丘脑是不同的脑组织。中脑被盖在中脑顶盖下部，其中有黑质与红核，它们是运动系统的重要结构，与随意运动有关。如果黑质受损，手脚的动作协调将受到破坏，面部表情将显得呆板。

脑桥(pons)在中脑的下方，中脑与延脑之间，是中枢神经与周围神经之间传递信息的必经之地。它与睡眠、觉醒、做梦等活动有关。

延脑(medulla)又称延髓，在脑桥的下方，背侧覆盖着小脑，是一个狭长的结构，全长4厘米左右。延脑与机体的基本生命活动有密切的关系，支配着呼吸、排泄、吞咽等活动，因而又叫“生命中枢”。

在脑干各段的广大区域，有一种由白质与灰质交织混杂的结构，叫网状结构或网状系统(reticular system)。它主要包括中脑部分、脑桥的被盖和延髓的中央部位。网状结构按功能可分为上行系统和下行系统两个部分。上行网状结构也叫上行激活系统，控制着机体的觉醒或意识状态，与保持大脑皮层的兴奋性、维持注意状态有密切的关系。如果上行网状结构受到破坏，动物将陷入持续的昏迷状态，不能对刺激做出反应。下行网状结构也叫下行激活系统，它对肌肉紧张有兴奋和抑制两种作用，即增强或减弱肌肉的活动。

(八)脑功能模块说和脑功能定位说有什么区别?

脑功能模块说是 20 世纪 80 年代中期在认知科学和认知神经科学中出现的一种重要理论。它的主要观点是，人脑在结构和功能上是由高度专门化并相对独立的功能模块组成的，这些功能模块负责加工不同类型的刺激。例如，有的功能模块负责加工面孔，有的功能模块负责加工物体；有的功能模块负责加工非动物范畴的概念，有的功能模块负责加工动物范畴的概念。此外，在视觉功能上存在背侧通路和腹侧通路，分别完成物体的空间位置的确认和物体的识别等。

脑功能模块说与脑功能定位说不同。脑功能定位说强调某种脑的功能定位在某个脑区，是对脑功能的一种静态的、局部的描述。脑功能模块说认为，任何一个功能模块的功能并不仅仅局限于单一的功能，还要和其他模块相结合完成其他认知活动。因此，脑功能模块说是有关脑功能如何发挥作用的一种动态的、全局的描述。各功能模块的相互结合保证高级认知功能的发挥。

(九)如何认识脑的机能系统学说?

脑的机能系统学说由苏联心理学家鲁利亚提出。第二次世界大战期间，鲁利亚对脑损伤的患者进行康复训练，积累了大量的临床经验，并在临床和脑机能恢复训练的基础上提出了脑的机能系统学说。该学说认为，心理是复杂的机能系统，依赖大脑不同部位的协同活动，其中每个部位执行相对特殊的功能，对整个机能系统的运作做出特殊的贡献。具体来说，脑可以分为三个紧密联系的机能系统。

第一机能系统：调节激活和维持觉醒状态的动力系统。其基本功能是保持大脑皮层的觉醒状态。该系统定位在网状结构和边缘系统。当它受损时，大脑的激活水平下降，影响对外界信息的加工和调节。

第二机能系统：信息接收、加工和存储系统。该系统接收来自内外环境的感觉信息，对它们进行加工、存储。这些机能定位在皮层的枕叶、颞叶和顶叶以及相应的皮下组织。这些皮层组织区域又可以分为三个亚区域：一级区是刺激的直接投射区，具有高度特异化的功能，即这些区域只对特定的刺激做出反应；二级区是对信息进行综合的脑区，对一级区加工过的信息进行综合，反映事物的整体特性；三级区是对信息进行空间和时间的整合，反映事物之间的关系，位于枕叶、颞叶和顶叶的交界处。

第三机能系统：也称行为调节系统，负责编制行为的程序、调节和控制行为的系统。定位在大脑皮层前部，主要是前额叶。这些皮层组织区域又可以分为三个亚区域：一级区位于中央前回，是运动的直接投射区，大脑的指令通过这个区域调节身体运动；二级区位于运动区的前面，实现对运动的组织，制订运动的程序；三级区位于前额叶，主要作用是产生活动的意图，实现对复杂行为的调节和控制。

脑的三个机能系统的作用虽然不同，但它们并不是孤立地起作用的，因为心理活动是一种复杂的机能系统，每一种机能并不是定位在狭隘孤立的区域之中的，它们相互作用，协调活动。

脑的机能系统学说的主要贡献在于：①改变了人们对心理机能的理解。传统的脑功能定位说把心理机能与大脑严格限定的部位联系起来。鲁利亚认为，任何的心理活动都应被理解为复杂的、动态的机能系统，这种机能系统的实现靠一系列脑器官的协同活动。②可用于定位诊断和机能恢复。即找出与特定心理或行为障碍有关的脑损伤部位，借助机能改造的方法使得被破坏的机能得以恢复(叶浩生，2000)。

总之，脑的机能系统学说更进一步地揭示了心理活动的生理机制，丰富和发展了脑功能的理论，受到了心理学家和生理学家的普遍重视。

知识链接

腹内侧前额叶与多种社会、认知和情感功能有关

腹内侧前额叶(ventromedial prefrontal cortex，vmPFC)在三个方面发挥着重要作用。

第一，在奖赏与决策方面，vmPFC 损伤的患者在常规的智力测验中表现良好，但是在决策任务中存在严重缺陷。大量的动物研究和人类脑成像研究表明，在各种决策任务中，vmPFC 的活动与个体对价值和奖赏的加工和表征都有关联。从连接的层面来讲，vmPFC 的奖赏和决策的功能在很大程度上依赖腹侧纹状体和杏仁核的相互作用。

第二，vmPFC 还能调节负性情绪。很多研究都表明杏仁核对恐惧情绪的产生至关重要，而刺激 vmPFC 会抑制杏仁核的活动。在恐惧任务中，vmPFC 和杏

仁核在恐惧情绪的消退和负性情绪的主动抑制过程中是负相关的，这也说明vmPFC通过抑制杏仁核来调节恐惧反应。除此之外，vmPFC可能通过安慰剂或者调控预期来减轻疼痛。一项元分析研究表明，安慰剂效应和对疼痛减轻的预期会增强vmPFC的活动，同时与厌恶性或伤害性刺激相关的区域(如杏仁核、岛叶和背侧前扣带皮层)的脑活动会降低。

第三，除了奖赏与决策和调节负性情绪之外，vmPFC也与社会认知及与“自我”相关的信息加工有关。在道德认知的磁共振成像研究中，vmPFC被持续激活，该区域的损伤会导致道德判断的异常。还有一些研究表明，vmPFC促进了与“自我”有关的信息加工，比如说判断一种人格特质是否符合自己、想象自己在某种情景中的感觉和回忆一段自传体记忆等。当vmPFC完成与“自我”相关的任务时，vmPFC与默认网络(default mode network)中的脑区相互作用，包括背内侧前额叶、后扣带皮层和楔前叶等。

资料来源：Hiser & Koenigs，2017。

(十)神经系统是如何进化的?

高等动物神经系统的进化经历了漫长的时间，其进化过程可以大致分为以下几个时期。

1. 神经系统的发生阶段

最低等的动物是原生动物，它们由单个细胞组成，没有神经系统，由单个细胞执行各种功能。从单细胞动物到多细胞动物是动物进化史上的一个飞跃。多细胞动物开始出现网状神经系统，这是神经系统的最初形态。但在网状神经系统中，细胞之间没有突触连接，没有中枢，神经兴奋可以向任何方向传导。

2. 无脊椎动物的神经系统

环节动物出现了链状神经系统，它们能够对多种信号刺激进行反应，初步具有了感觉能力。到了节肢动物阶段，它们有了节状神经系统，神经系统由三个部分组成：头部神经节(脑的雏形)、胸部神经节和腹部神经节。节肢动物的行为比环节动物复杂，能够分辨声音、颜色等，但一些节肢动物不能利用感官的协同活动对外界事物做出反应。

3. 低等脊椎动物的神经系统

低等脊椎动物出现了管状神经系统，后来发展出五个独立的脑泡：前脑、间脑、中脑、延脑和小脑；两栖类动物的前脑发展成为两个半球；爬行类动物开始出现大脑皮层。

4. 高等脊椎动物的神经系统

动物进化到了哺乳动物阶段，神经系统更加完善，大脑半球开始出现沟、回，扩大了皮层的面积，动物的行为和心理也更加复杂化了。

（十一）从低等脊椎动物到高等脊椎动物，脑的进化表现出哪些特点？

从低等脊椎动物到高等脊椎动物，脑的进化呈现出下面的特点。

①脑重占体重的比例增加。若用脑指数来衡量，随着进化阶梯的上升，脑指数是逐渐上升的。

②大脑新皮层的容积不断增大。人类新皮层的容积是非灵长类动物新皮层容积的3倍多。

③脑的结构和功能更加复杂化。例如，松鼠有4个视觉区，猫有12个，而人有20个左右。这说明随着动物的不断进化，脑的结构和功能越来越复杂化。

知识链接

脑功能的性别差异

男女之间的大脑有差别吗？这是一个有趣又十分复杂的问题。研究表明，男性和女性在脑的结构和功能方面有很多相似的地方，也存在许多差异。

从结构上看，男性脑的平均容积大于女性，但当控制了脑的容积因素之后，女性灰质所占百分比大于男性，而男性白质所占百分比大于女性。

从功能上看，男性和女性也存在一定的差别。研究发现，当人们说话时，男性和女性布洛卡区的激活都明显增强，但是男性被试更多激活左半球，大多数女性被试的左、右两个半球同时被激活。这说明男性和女性在使用语言时，大脑两半球的活动方式是不同的。女性同时使用两个半球进行言语加工是一种优势，它使得女性言语能力受到损伤后更容易得到恢复。另一项研究发现，女性被试在语义加工时，两个半球均起作用，而男性被试更多是左半球的参与(Baxter et al.，2003)。王川红等人(2005)的研究也发现，女性在加工语言时更可能有双侧的优势，而男性主要采用左半球进行加工。

一项研究考察了当男女被试在听恐怖小说时大脑的激活模式。结果发现，男性和女性被试的左侧颞叶区域的激活非常明显，但与男性不同的是，女性右侧颞叶的激活也相当明显(Phillips et al.，2001)。这说明女性加工信息时更倾向于使用双侧大脑，而男性更倾向于使用左脑。

这些研究均说明，男性和女性在完成语言任务、判断情绪情感等方面的大脑功能可能存在一定的差异。

资料来源：Coon et al.，2004；Baxter et al.，2003；王川红等，2005。

（十二）后天经验对大脑结构和功能可塑性的影响有哪些?

所谓脑的可塑性，是指在后天经验的影响下，脑的结构、功能等方面发生了一定程度的变化。大量研究表明，后天经验会影响大脑的可塑性。

在罗兹维格等人的研究中，他们把出生后不久的同一胎雄鼠饲养在三种不同的环境中(Rosenzweig et al.，1972)。第一种是普通的环境，标准的实验室的笼子，有足够大的空间，有适量的水和食物；第二种是贫乏的环境，笼子被放置在单独隔离的空间里，有适量的水和食物；第三种是丰富的环境，笼子里面有各种玩具、水和食物等。

经过一段时间的饲养，研究者对老鼠的大脑进行解剖。结果发现，相对于普通的环境和贫乏的环境，生活在丰富的环境中的老鼠的大脑皮层更重，灰质厚，皮层在脑中的比重大，乙酰胆碱(能使神经冲动传导得更有效)的活性更高等。这一研究结果说明，后天经验会影响大脑结构和功能的可塑性。

语言作为人类特有的功能，具有非常复杂的脑机制，不同语言经验脑机制的研究，为脑的可塑性提供了更多的证据。通过双语者与单语者的比较，聋、哑、盲人与正常被试的比较，或者通过对个体进行语言训练，并比较训练前后脑结构和功能的变化，都可以研究后天经验对大脑可塑性的影响。例如，王玥等人的研究训练8位美国被试学习汉语普通话的声调。在两个星期的训练后发现，训练前未激活的两个脑区——左半球BA42(左侧颞上回)和右半球BA44区(右侧额下回)，训练后得到了激活(Wang et al.，2003)。他们认为，这是由于声调学习使大脑皮层进行了重新组织。另外，其他脑成像的研究也表明，每日的训练能够引起大脑皮层功能的重组。例如，盲人触摸盲文的手指，其大脑皮层支配它的面积比常人要大。这些研究均说明后天经验会影响大脑结构和功能的可塑性。

（十三）语言与脑的塑造关系是什么?

人类文化依赖人的强化学习，而且是一代一代通过语言文字传递下去的。文化是人类的产物，在某种意义上也可以说是脑的产物。脑的进化为人类文化的产生奠定了物质基础。人脑创造了文化，又在这种文化的影响和熏陶下得到了发展。语言是进化过程的产物，是脑和神经系统进化到高级阶段后产生的。在许多低等动物身上，我们能看到各种不同的交际手段，如蚂蚁用触须和同伴交际；蜜蜂用舞蹈动作向其他蜜蜂通知食物的方向；鸟类的声音交际有高度的发展，形成了“鸟语”；许多高等动物，特别是灵长类动物身上，不仅发展了躯体交际、表情交际和声音交际的能力，而且在人的训练下，能学会使用少量的词和人类交际。但是，除了人类之外，至今还没有一种动物能学会真正意义上的人类语言。近年来，研究者通过比较人类、猩猩和恒河猴的皮层连接发现，非人类灵长类动物没有或只有较小的弓状束—颞叶投射，而这种投射在人类大脑中是显著存在的。在人类中，左半球的额叶皮层通过弓状束与颞中回和颞上回(威尔尼克区的腹侧和前端)建立很强的联结，而猩猩和恒河猴没有这种联结。在恒河猴中，这个区域主要由纹外视觉皮层组成，而人脑的这个区域表征着词义。人脑的这种特异性可能与语言的进化有关(Rilling，2008)。

在人脑的进化中，语言的确起了重要的作用。研究表明，出现在200～30万年前的智人，因脑容量的增加和环境复杂性的增强，它们具备了操纵和使用语言符号的能力，这使他们从其他物种中分离出来。也就是说，脑的变化与语言的出现有着密切的关系。迪肯(1997)提出了语言与脑交互进化的观点。他认为，脑和语言都是为了解决认知和感觉运动方面的问题而进化的。随着前额叶面积的变大，处理符号发展成为人类的重要能力。人类为了处理符号发展了语言技能以及相应的脑组织结构，而这些脑组织结构反过来又促进和发展了更高级的语言能力。一些研究发现，正是阅读和数学使人脑的某些脑区产生了处理文字信息和数学符号的能力，这不仅表现为脑功能的变化，而且表现为脑结构的变化(Deheane，2007)。

知识链接

聪明人的大脑结构有何特点?

聪明人的大脑结构什么特点，研究者(Haier et al.，2004)对这一有趣的问题进行了研究。他们首先对被试进行智力测验，测量被试的智力，然后利用脑成像技术对被试的大脑进行结构扫描。通过计算大脑某些区域灰质和白质的密度和智力分数的相关，考察脑的结构特征和智力的关系。

研究结果发现，大脑少数几个脑区灰质和白质密度的差异解释了相当大程度的个体智力的差异，即聪明人的某些脑区的灰质和白质的密度更高。对于灰质而言，这些区域包括额叶(布鲁德曼10区、46区和9区)、顶叶(布鲁德曼3区和43区)、颞叶(布鲁德曼21区、37区、22区和42区)和枕叶(布鲁德曼19区)。而白质的差异主要体现在右侧顶叶，即靠近布鲁德曼39区的地方。

研究者认为，顶叶处白质密度的增加，使得感觉信息能够更快地传递到额叶，而额叶灰质密度的增加导致了对信息更好地加工。这一研究揭示，几个脑区灰质和白质体积的差异解释了相当程度的智力差异。

进一步的研究发现(Colom et al.，2009)，背外侧前额皮层、布洛卡区和威尔尼克区、躯体感觉区以及视觉联合区等区域都是与智力活动密切相关的脑区。

资料来源：Haier et al.，2004；Colom et al.，2009。

三、 设计活动

活动一

在互联网上下载一幅脑的结构图，给你的同学讲一讲，脑的不同区域有哪些不同的功能。

活动二

请一位右利手的朋友用右手握住一支铅笔，不要说话，在纸上不停地敲击一分钟，请你记下敲击了多少次。休息一分钟，再让这位朋友用左手敲击一分钟，请你记下敲击了多少次。稍许休息后，再让你的朋友边讲话边敲击(分左手敲击和右手敲击)，一分钟后请你记下敲击了多少次。比较哪个手敲击的速度变慢。

提示：对于大多数右利手的人来说，在讲话时右手敲击的速度会变慢，这可能是敲击和说话这两种活动同时使用左半球，它们之间存在竞争所致的。

活动三

有人认为“人类只使用了大脑功能的十分之一”，你同意这种观点吗？为什么？

提示：这种说法是不正确的。人类的联合区约占大脑皮层总面积的 4/5，这些区域不接收感觉系统刺激的直接输入，不直接支配身体的运动，但对初级区加工过的信息进行进一步加工，并不等于这些区域没有被使用。

活动四

拿出纸和笔，尝试同时进行“左手画圆，右手画方”，可以完成吗？如果不能，想一想原因是什么。

提示：胼胝体连接着左右两个半球，通过它的连接，左右脑才能很好地配合。在这样的情况下，左右脑之间基本无法同时向两只手传达不同的指令。

活动五

请你回忆以前自己处于生气、竞争或者应激状态时的生理反应，并回答为什么会出现这些生理反应。

提示：你可能会出现心跳加快、血压升高、出汗等生理反应。这是因为人处于生气、竞争或者应激状态时，自主神经系统的交感神经发挥了作用。交感神经系统的功能就像汽车的加速器，会使人产生一系列生理反应，包括瞳孔放大、心跳加快、支气管扩张、血糖升高、消化腺的活动水平下降等。生理变化能为人体提供充足的能量，以便更好地应对环境的变化。

活动六

有人认为“大脑越重的人越聪明”，你同意这种观点吗？为什么？

提示：这种说法是不正确的。有人研究了狗的脑重与智力的关系，结果显示，两者的相关很小。对人类来说，我们无法精确测量每个人的脑重，对智力的理解和测量也有不同的看法，这些情况都使我们无法对脑重与智力的关系做出精确的判断。另外，研究也显示，成年女性的脑重比成年男性的脑重约轻10%，但没有任何证据说明，女性的智力比男性低。大家也都知道，爱因斯坦的脑的大小与普通人一样，但他的智力超群，这也说明了人脑的大小(重量)与智力没有确定的相关。可见，用脑指数来说明脑的进化水平是合理的，但用脑重来预测同一物种的行为和智力就不准确了。

四、 拓展练习

(一)单选题

1. 神经系统最基本的结构和功能单位是(　　)。

A. 反射弧　　B. 神经元

C. 突触　　D. 神经纤维

2. 神经元和神经元之间彼此接触的部位被称为(　　)。

A. 突触　　B. 髓鞘

C. 胞体　　D. 细胞器

3. 接收来自其他神经元的神经冲动的部分被称为(　　)。

A. 细胞器　　B. 细胞质

C. 轴突　　D. 树突

4. 负责传出神经冲动到其他神经元的部分被称为(　　)。

A. 突触　　B. 胞体

C. 轴突　　D. 树突

5. 将脑和脊髓发出的信息传到肌肉和腺体的神经元被称为(　　)。

A. 感觉神经元　　B. 运动神经元

C. 中间神经元　　D. 中枢神经元

6. 神经冲动的传导遵循的原则是(　　)。

A. 平行法则　　B.“全或无”规则

C. 强化法则　　D. 弱化法则

7. 将大脑半球分成枕叶、颞叶以及顶叶和额叶的三个沟裂分别是(　　)。

A. 中央沟、中央前沟、纵裂

B. 纵裂、外侧裂、顶枕裂

C. 中央沟、外侧裂、顶枕裂

D. 中央前沟、外侧裂、顶枕裂

8. 一般认为，皮层的不同部位具有不同的功能，中央后回主管(　　)。

A. 感觉联合　　B. 躯体感觉

C. 躯体运动　　D. 初级运动

9. 大脑皮层中央前回损伤，将会引起(　　)。

A. 视觉障碍　　B. 听觉损伤

C. 温度觉丧失　　D. 运动障碍

10. 大脑皮层的颞叶损伤，将会引起(　　)。

A. 视觉障碍　　B. 运动障碍

C. 听觉损伤　　D. 温度觉丧失

11. 视觉中枢位于大脑皮层的(　　)。

A. 额叶　　B. 顶叶

C. 颞叶　　D. 枕叶

12. 人体的躯体感觉中枢位于(　　)。

A. 枕叶　　B. 颞叶

C. 顶叶　　D. 额叶

13. 对裂脑人进行研究，揭示大脑两半球功能的不对称性，获得诺贝尔奖的学者是(　　)。

A. 斯波林　　B. 斯佩里

C. 艾宾浩斯　　D. 弗洛伊德

14. 有关大脑功能偏侧化的研究表明，大多数人的言语活动中枢在(　　)。

A. 大脑左半球　　B. 大脑右半球

C. 边缘系统　　D. 杏仁核

15. 1874 年，(　　)报道了一种失语症，表现是语言产生能力保持完好，但语言理解存在困难，无法听懂别人所说的话，脑损伤部位是左侧颞上回的后部。

A. 威尔尼克　　B. 潘菲尔德

C. 布洛卡　　D. 弗洛伦斯

16. 在危险紧急的情况下，处于活跃状态的神经系统是(　　)。

A. 躯体神经系统

B. 交感神经系统

C. 副交感神经系统

D. 脊神经

17. 心率和呼吸的反射中枢在(　　)。

A. 小脑　　B. 丘脑

C. 延髓　　D. 网状结构

18. 在保持机体的觉醒中发挥重要作用的是(　　)。

A. 小脑　　B. 丘脑

C. 下丘脑　　D. 网状结构

19. 除嗅觉外，感觉信息传入大脑皮层前的最后一个中转站是(　　)。

A. 丘脑　　B. 脑桥

C. 海马　　D. 下丘脑

20. 在维持身体平衡和协调动作中发挥重要作用的中枢组织是(　　)。

A. 延髓　　B. 脑桥

C. 小脑　　D. 中脑

（二）多选题

1. 胶质细胞的作用是(　　)。

A. 为神经元的生长提供方向和支架

B. 在神经元周围形成绝缘层，使神经冲动得以快速传递

C. 给神经元输送营养

D. 清除神经元间过多的神经递质

2. 当神经元处于安静状态时，以下说法错误的是(　　)。

A. 膜内外无电压差

B. 神经元在安静状态下产生的电位为动作电位

C. 细胞膜对所有的离子都具有相同的通透性

D. 细胞膜内外保持着一定的静息电位

3. 大脑皮层上的初级感觉区包括(　　)。

A. 视觉区　　B. 听觉区

C. 前额区　　D. 机体感觉区

4. 左半球主要负责(　　)。

A. 阅读　　B. 空间知觉

C. 音乐　　D. 数学

5. 自主神经系统包括(　　)。

A. 中枢神经系统

B. 躯体神经系统

C. 交感神经系统

D. 副交感神经系统

6. 中枢神经系统包括(　　)。

A. 脑

B. 植物性神经系统

C. 脊髓

D. 躯体神经系统

7. 下面属于周围神经系统的是(　　)。

A. 脑神经

B. 脊神经

C. 自主神经系统

D. 脊髓

8. 下面属于脑干部分的是(　　)。

A. 延脑　　B. 间脑

C. 中脑　　D. 脑桥

9. 鲁利亚提出的脑的机能系统包括(　　)。

A. 动力系统

B. 行为调节系统

C. 平衡系统

D. 信息接收、加工和存储系统

10. 以下选项中，已发展出大脑皮层的为(　　)。

A. 爬行动物　　B. 哺乳动物

C. 环节动物　　D. 节肢动物

参考答案

(一)单选题

1. B　2. A　3. D　4. C　5. B　6. B　7. C　8. B　9. D　10. C　11. D　12. C　13. B　14. A　15. A　16. B　17. C　18. D　19. A　20. C

(二)多选题

1. ABCD　2. ABC　3. ABD　4. AD　5. CD　6. AC　7. ABC　8. ACD　9. ABD　10. AB

第三章 感 觉

一、 解释概念

（一）感觉

人脑需要从环境中获取各种各样的信息，维持人与环境的信息平衡。人对客观世界的认识是从感觉开始的，也就是从人的不同感觉器官接收各种刺激传递的信息开始的。例如，光作用于眼睛，可以引起明暗和颜色的视觉；声音作用于耳朵，可以引起音高、音响和音色的听觉；不同的化学物质作用于口腔，可以引起酸甜苦咸等不同的味觉。为了获取外部世界的信息，人的感觉器官必须将不同的物理能量转化为神经冲动，并在头脑中形成外部世界的特性和属性的主观映象，这就是感觉（sensation）。

感觉依赖刺激的特性，也依赖感觉系统的性质，包括外周感官和大脑感觉中枢的性质。同样是眼睛，鹰的视力比人要强许多；同样是耳朵，狗的听力比人要敏感许多。感觉系统不同，感觉也是有区别的。

知识链接

什么是感觉?

机体的感觉系统像一个永不关闭的生物电脑。每一个感觉过程都起始于感觉器官，都需要经过一系列过程最终由大脑完成。感觉的过程是收集、转换、分析、编码的过程，把数据源源不断地向大脑发送。我们把这种信息输入的过程称为感觉(Coon et al.，2007)。

感觉是指通过感官从环境中获取信息。每一分钟你都会受到大量感觉信息的“狂轰滥炸”。如果你刚刚停下来思考一分钟，无论你往哪儿看，远处和近处物体的表面都会反射光线，大量的声音试图进入你的耳朵，身体的各部分与不同的物体接触，空气中弥漫着各种各样的气味。如果你使自己的注意力离开这本书一会儿，并将它集中于你的感觉，每次一种，你就会开始理解在意识水平之下的感觉输入了。实际上，如果你现在这样做，就会意识到你的大脑在嗡嗡作响，一辆轿车从窗外驶过，一扇门“砰”地关上，墙上挂有一幅画，天空中有一片浮云，桌上的灯发出亮光，等等，然而仅仅几秒钟前，你并没有这些感觉。我们不断地过滤收到的信息，只用其中很小的部分。如果你的感觉过滤机制突然停止工作，这个世界就会变得极其混乱，并让你感到崩溃，甚至无法继续生活。

资料来源：霍克，2010。

(二)心理物理学

心理物理学是研究心理量和物理量之间关系的一门学科。1834 年，在实验心理学正式诞生前 40 多年，德国生理学家和解剖学家韦伯在其研究触觉的著作中就讨论了重量感觉的差别阈限和皮肤上两点距离感觉的差别阈限(两点阈)，提出了著名的韦伯定律。1860 年，德国物理学家费希纳出版了《心理物理学纲要》一书，进一步讨论了心理量和刺激的物理量之间的关系，提出了费希纳定律，因而成为心理物理学的创始人。心理物理学的研究表明，通过测查物理量的变化，对心理现象进行客观研究成为可能。这些研究对推动心理学从哲学中分离出来，并成为一门实验科学有重要影响。

(三)感受性与感觉阈限

感受性是指感觉器官对刺激的敏感度，通常用引起感觉的刺激量来度量。能够引起感觉的最小刺激量，被称为感觉阈限。它分成两种：一种是绝对感觉阈限，指刚刚能够引起感觉的最小刺激量；另一种是差别感觉阈限，指刚刚能够引起两种不同感觉的刺激的最小差异量。感受性与感觉阈限呈反比关系，感觉阈限越低，感受性越高，对刺激越敏感；相反，感觉阈限越高，感受性越低，对刺激越不敏感。

知识链接

不同感觉的感觉阈限

不同感觉的感觉阈限见表 3-1。

表 3-1 不同感觉的感觉阈限

感觉通道	绝对阈限
视觉	明朗的夜晚，看到 30 英里处一根燃烧的蜡烛
听觉	安静条件下听到 6 米远的手表的嘀嗒声
嗅觉	闻到一滴香水扩散到整个三居室房子的香气
味觉	尝到一茶匙糖溶化在 2 加仑水中的甜味
触觉	感觉到一只蜜蜂的翅膀从 1 厘米的高处落在你的脸颊上

（四）韦伯定律

德国生理学家韦伯(1834)在研究触觉的差别阈限时发现，对刺激物的差别感觉取决于刺激物的增量与原刺激量的比值，而不是刺激物增加的绝对数量。例如，如果手上原有的刺激量是 100 克，那么增加 2 克就能感觉到两个重量的差别；如果手上原有的刺激量是 200 克，那么就只有增加 4 克，人们才能感觉到两个重量的差别。之后，在其他感觉中也发现，为了得到差异的感觉，刺激物的增量与原刺激量间存在一种比例关系，这就是韦伯定律。不同感觉的韦伯分数是不同的。例如，重量的韦伯分数是 0.02，而咸味的韦伯分数是 0.2。韦伯分数越大，感觉越不敏锐。

（五）费希纳定律

费希纳是心理物理学的创始人。为了探讨刺激量与感觉量之间的关系，在韦伯定律的基础上，提出了计算两者关系的一个新的定律：对数定律，也就是著名的费希纳定律。其表达式为：$P=K\lg I$。其中 I 指刺激量，P 指感觉量，K 是一个常数或系数。按照这个定律，感觉量是刺激量的对数函数，当刺激量呈几何级数增加时，感觉量只呈算术级数上升。例如，光线从 10 个单位变到 20 个单位，强度增加 2 倍，而明度的增加不是 2 倍，而是 1.3 倍。

（六）信号检测论

信号检测论(signal detection theory, SDT)，是研究噪声背景下如何有效分离信号的一种心理物理理论，是信号论的一个重要分支。它起源于雷达探测技术中的信号检测，后来由特纳和斯威茨(1954)将其引入心理学，并用来分析和解释人的感受性与感觉阈限。按照信号检测论，人对信号的检测不仅依赖他的感受性，而且依赖他所设定的反应标准。反应标准高，做出“是”的反应频率低；标准低，做出“是”的反应频率高。反应标准会受到很多因素的影响。例如，奖励可能会降低反应标准，增加反应频率；而惩罚可能会提高反应标准，减少反应频率。信号检测还受到信号出现的频率的影响。信号出现的频率高，做出“是”的反应频率会较高；信号出现的频率低，做出“是”的反应频率会较低。信号检测论为我们提供了一条从信息加工的角度重新审视感觉、知觉过程的途径。它告诉我们，人类对客观世界的感觉、知觉是外部刺激和内部状态交互作用的结果。

（七）感受器的换能作用

人的感受器是一种生物学的换能器，能够将物理的或化学的能量转换成另一种能量，即神经冲动。人脑不能直接分析物理的或化学的信号，而只能接收和分析转换后的神经冲动。例如，光是引起视觉的物理刺激，但它只有在眼睛中经过能量转换，才能被传送到大脑视觉中枢的相应部位，成为视觉信号，在大脑中引起视觉。视觉的发生必须先经过能量转换。这种转换是在视觉感受器的视杆细胞和视锥细胞中完成的。当光线作用于视觉感受器时，视杆细胞与视锥细胞中的某些化学物质(视觉色素)的分子结构发生变化，它所释放的能量，能激发感受细胞发放神经冲动，这就是视觉感受器的换能作用。视觉器官借助换能作用将光能转换成视神经的神经冲动，即神经电信号。这个过程也可以被称为视觉编码过程。其他感觉器官也都存在特定的生物学换能器，可以将不同的能量转化为神经冲动，使人产生不同的感觉。

知识链接

感受器的换能作用

视觉系统与其他感觉一样，也是一个数据筛选系统。它会选择、分析和过滤外界输入的信息，直到最重要的信息得到保存。某种筛选的发生是由于我们的感觉接收器是生物转换器。转换器是将一种能量转换成另一种能量的装置。例如，电吉他的原理是将琴弦的振动转换为电信号，放大后通过扩音器发出声音。拨动琴弦，扩音器就会发出音响。不能引起琴弦振动的刺激，就无法发出声音。类似，人体的各种感受器对一定范围内的、某一特定的能量最敏感，负责将这种能量转换成神经冲动。

资料来源：Coon et al.，2007。

（八）特征觉察器

生理学家胡伯和维泽尔在研究视觉感受野时发现，视觉系统中存在某些神经细胞，它们对视网膜上出现的刺激特征敏感，如边界、直线、运动、方向、角度等，被称为特征觉察器。当视野中出现某种特征时，研究者可以记录到某个或某群神经元的电活动。特征觉察器的发现为感知觉的研究提供了神经生理学的依据，说明物体识别是从特征分析开始的。

（九）浦肯野现象

浦肯野效应是由捷克学者浦肯野（J. E. Purkyně，1787—1869）首先发现的一种现象。人眼在不同的视觉状态下，对不同光谱的敏感程度是不同的。在明视觉的条件下，人眼对 560 纳米左右的光波最敏感；而在暗视觉条件下，人眼对 510 纳米左右的光波最敏感。当人们从明视觉转向暗视觉时，眼睛的光谱敏感性会从 560 纳米向 510 纳米转变。这种变化解释了人在黄昏时，为什么会觉得黄绿色的东西更亮一些。

（十）色盲

色盲(color blindness)，也叫色觉障碍，是一种先天障碍。色盲者不能分辨自然光谱中的所有颜色或其中的某些颜色，分为全色盲和局部色盲两类。全色盲完全失去了颜色视觉，很少见，在人口中只占 0.001%。局部色盲又分为红绿色盲和黄蓝色盲等。局部色盲与视网膜上缺少某种视锥细胞有关。如果红色视锥细胞或绿色视锥细胞不起作用，患者将出现红绿色盲，不能感知红色和绿色，看到的世界基本上都是蓝色、黄色和不同灰色的。如果蓝色视锥细胞不起作用，患者看到的世界基本上都是红色、绿色和不同灰色的。如果视网膜上完全没有视锥细胞，就成了全色盲。色盲和色弱有区别。后者是指对颜色的辨别能力变差。色弱者虽然能看到正常人所看到的颜色，但辨认颜色的能力迟缓或很差，在光线较暗时，有的几乎和色盲差不多。色盲是遗传的，男性患者远多于女性患者。

知识链接

色盲的提出

世界上第一个发现色盲症存在的人，既不是医学家，也不是生物学家，而是英国著名的化学家、物理学家、原子论的提出者约翰·道尔顿。据说他发现色盲跟一双“棕灰色”的袜子有关。一年圣诞节，道尔顿想要买件礼物送给母亲，便选了一双“棕灰色”的袜子。然而母亲收到礼物时却笑着说：“这双樱桃红色的袜子太过鲜艳，我年纪大了怎么穿呀？”这让道尔顿很不解，明明是棕灰色的，怎么母亲却说是樱桃红色的。他便向身边人求证，除了弟弟和自己的答案相同之外，其他人都认为袜子是樱桃红色的。经过一系列对比分析，道尔顿发现自己和弟弟的视觉异常，于是道尔顿便开始总结和研究色盲的特征。在1794年，他发表了一篇文章《关于颜色视觉的特殊例子》，成为世界上第一个发现色盲的人。后人为了纪念道尔顿，也将红绿色盲称为"道尔顿症"。这个故事来源和真实性虽然难以考究，但可以确认的是，道尔顿是最早研究色盲症的人。

资料来源：科普圈，2021。

基因与色盲

色盲是由基因改变引起的。这些基因控制着视锥细胞上的红、绿、蓝色素。红绿色盲是隐性的，随性别遗传。这种基因位于X染色体上。女性有两个X染色体，因此如果她们仅接收到一种有缺陷的颜色基因，仍有正常的颜色视觉，但她们的男性后代可能是色盲。因为男性仅有一个X染色体，母亲一方的这种缺陷会遗传给他们，但其母亲通常不会表现出色盲的症状。

资料来源：Coon et al.，2007。

（十一）视敏度

视敏度(visual acuity)是指视觉系统分辨最小物体或物体细节的能力。医学上称之为视力。视敏度的大小通常用视角的大小来表示。所谓视角，就是物体通过眼睛节点所形成的夹角。视角的大小取决于物体的大小及物体离眼睛的距离。当你能够看清一个物体或物体间的距离时，视角越大，视力越差；视角越小，视力越好。测量视敏度最常用的方法是测量最小间隔敏度，如E形视标。在距离恒定时，人们能看清楚的间距越小，视力越好。

（十二）后像

刺激物对感受器的作用停止以后，感觉现象并没有立即消失，而是能保留短暂的时间，这种现象叫后像(after image)。后像分两种：正后像和负后像。后像的品质与刺激物相同，叫正后像；后像的品质与刺激物相反，叫负后像。例如，在注视电灯光之后，闭上眼睛，眼前会出现灯的一个光亮形象，位于黑色背景之上，这是正后像；之后可能看到一个黑色形象，出现在光亮背景之上，这是负后像。颜色视觉也有后像，一般是负后像。如果用眼睛注视一朵绿花，约一分钟，然后将视线转向身边的白墙上，那么在白墙上将看到一朵红花；如果先注视一朵黄花，那么后像将是蓝色的。

（十三）听觉共鸣理论

听觉共鸣理论(resonance theory)是赫尔姆霍茨(H. L. F. von Helmholtz)提出的一种听觉理论。这种理论认为，由于基底膜的横纤维长短不同，靠近蜗底较窄，横纤维短；靠近蜗顶较宽，横纤维长，就像一部竖琴的琴弦一样，能够对不同频率的声音产生共鸣。声音的频率高，短纤维发生共鸣；声音的频率低，长纤维发生共鸣。人耳基底膜有16000～24000条横纤维，它们分别对不同频率的声音做出反应。基底膜的振动引起听觉细胞的兴奋，因而产生高低不同的音调。共鸣理论强调基底膜的振动部位对音调听觉的作用，因而也叫位置理论(place theory)。

老年人可能保存了较好的低频听觉，但高频听觉退化严重。这种对于高频的听觉能力的衰退是由基底膜前端附近的神经退化引起的。这一发现支持了位置理论关于不同频率的声音与基底膜不同的位置产生共振的假设(Wever，1949)。

共鸣理论主要根据基底膜的横纤维具有不同的长短，因而能对不同频率的声音产生共鸣。但人们之后发现这种根据并不充分。人耳能够接受的频率范围为20～20000赫兹，最高频率与最低频率之比为1000∶1，而基底膜上横纤维的长短之比仅为10∶1。可见，横纤维的长短与频率的高低并不对应。因此，用基底膜前端附近的神经退化也不足以解释老年人高频听觉的严重退化。这个问题还需要进一步研究。

（十四）联觉

联觉指一种感觉有时能伴随产生另一种感觉的现象，也叫跨通道感觉，如人在听到声音时，能“看到”这种声音的颜色，“尝到”这种声音的味道，它说明了感觉的相互联系。联觉只出现在少数人身上，与基因有很大关系。女性联觉者多于男性。

知识链接

绿色星期三

少数非“正常”人具有一种叫联觉的感觉，这种感觉使他们跨越感觉通道来感受世界。有的人能“尝”出形状，如梨尝起来是“圆的”，葡萄柚尝起来是“尖的”(Cytowic，1993)。还有的联觉把日期和颜色联系在一起，如星期三是“绿色的”，星期四是“红色的”。这些感觉特征都是把一种感觉与另一种感觉联系在一起。研究表明，这种能力通常在同一个家族中出现，即可能受到基因的影响。研究还表明，联觉更可能发生在创造力高的人身上(Holden，2004)。

联觉是怎么产生的呢？很明显，加工不同感觉的脑区发生了信息的沟通——通常是大脑皮层中位置相近的脑区。脑成像研究推断这和颞-顶-枕联合区域有关，它位于颞叶、顶叶和枕叶的交界处(Ramachandran & Hubbard，2003)。这个区域同时加工来自不同通道的信息。

资料来源：津巴多等，2016。

二、解答问题

（一）感觉在人类生活中有什么意义？

首先，感觉提供了内外环境的信息。通过感觉，人能够认识外界物体的颜色、明度、气味、软硬等。其次，感觉保证了机体与环境的信息平衡。人们从周围环境获得必要的信息，是保证机体正常生活所必需的。信息超载或不足，都会破坏信息的平衡，给机体带来严重的不良影响。最后，感觉还是一切较高级、较复杂的认知活动的基础，也是人的全部心理现象的基础。人的知觉、记忆、思维等复杂的认识活动必须借助感觉提供的原始资料。人的情绪体验也必须依靠人对环境和身体内部状态的感觉。

（二）什么叫神经特殊能量说？如何评价？

19世纪德国著名生理学家缪勒(Johannes Müller，1801—1858)提出了一种关于感觉编码的学说，叫神经特殊能量学说(theory of specific nerve energy)。该学说认为，每种感觉神经都具有自己特殊的能量，在性质上是相互区别的。每种感觉神经都只能产生一种感觉，而不能产生另外的感觉，如视神经受到刺激产生视觉，听神经受到刺激产生听觉等。感官的性质不同，感觉神经具有的能量不同，由此引起的感觉也不同。从现代神经生理学的发现来看，大脑不能直接接收和加工物体发出的各种能量，而只能加工经过感受器的换能作用后产生的神经冲动，在这个意义上，缪勒的主张是对的。感觉是由感官的性质或感官的特殊能量决定的。这个过程是一个感觉编码的过程。但是，缪勒从感觉神经具有特殊能量出发，进一步得出了认识论上的某些结论，认为我们感觉到的东西不是外界的物体，而是我们自己的神经就不对了。人脑对神经信号的加工是一种译码(或解码)过程，能揭示这种神经信号所代表的现实刺激物的特性，帮助人们获得关于外部世界的知识。从进化的观点来看，人类具有视觉、听觉等各种不同的感觉，是机体适应环境的结果。感觉不是把人与外界隔离开来，而是让人能更好地接收外界的信息。

（三）视杆细胞和视锥细胞的结构和功能的差异是什么？

从数量上看，人的视网膜上约有1.2亿个视杆细胞和600万个视锥细胞。视杆细胞的数量远远多于视锥细胞的数量。由于数量上的差异，两种细胞的感受野投射到外侧膝状体和皮层细胞上的投射比率有很大差异。

从形态上看，两种细胞有明显的区别。视杆细胞细长，呈棒状，长度为0.04～0.06毫米，直径为0.002毫米。视锥细胞短粗，呈锥形，长度为0.028～0.058毫米，直径为0.0025～0.0075毫米。

从分布的位置上看，两种细胞在视网膜上的分布不同。在视网膜的中央凹，只有视锥细胞，没有视杆细胞，这是视网膜上对光最敏感的区域。离开中央凹，视杆细胞急剧增加，在 16°～20°视角处最多。在视网膜边缘，只有少量的视锥细胞。

从功能上看，视杆细胞和视锥细胞的功能也有显著区别。视杆细胞是夜视器官，在昏暗的照明条件下起作用，主要感受物体的明、暗；视锥细胞是昼视器官，在中等和强的照明条件下起作用，主要感受物体的细节和颜色。

（四）什么叫感觉适应？ 研究感觉适应的意义是什么？

感觉适应指感受性由于刺激的持续作用而出现提高或降低的变化。以视觉为例，当我们从阳光照射的室外进入电影院，或在夜晚由明亮的室内走到室外，都会出现适应过程。开始时觉得一片漆黑，什么也看不见，经过一段时间，眼睛开始能看清黑暗中的物体，这说明视觉感受性提高了。这种适应被称为暗适应。相反，当我们看完电影，从电影院出来时，开始觉得光线耀眼，但很快就恢复了正常状态，即感受性下降了，这种适应被称为明适应。暗适应所需的时间通常较长，而明适应所需的时间很短。

除视觉外，在听觉、嗅觉、味觉和皮肤觉中，我们也能观察到明显的适应现象。俗话说："入芝兰之室，久而不闻其香；入鲍鱼之肆，久而不闻其臭"，就是一种嗅觉的适应现象。

感觉适应提高或降低了我们对刺激的敏感性，因而有利于人与环境的平衡，对个体的生存和发展具有重要意义。

适应既发生在感受器中，如视杆细胞和视锥细胞中，也发生在大脑皮层的相应区域。例如，在重复呈现某种视觉刺激，如文字或图片时，大脑皮层活动水平下降的情况也会出现，这是皮层水平的适应。

知识链接

感觉适应

尽管感觉适应降低了我们的感受性，但是对我们非常有利：它可以使我们关注环境中丰富多样的信息变化，而不受外表、气味和都市噪声等单调、持续刺激的吸引。我们的感受器对新奇的事物很警觉，重复出现会使人感到厌烦。如此一来，我们可以注意到更重要的信息。这再次证明了一个基本原理：我们不是按照世界的原貌来认识它的，而是按照它们对我们的作用来认识它的。

资料来源：迈尔斯，2007。

（五）视觉三色理论及其发展是什么？

视觉三色理论是由英国科学家托马斯·杨在19世纪初提出的一种解释颜色视觉的学说。该理论假定，人的视网膜有三种不同的感受器。每种感受器都只对光谱的一种特殊成分敏感。当它们分别受到不同波长的光刺激时，就会产生不同的颜色经验。1860年，赫尔姆霍茨发展了这个理论，认为每种感受器对各种波长的光都有反应，而不只对一种波长敏感，但对其中的一种最敏感，如红色感受器对长波更敏感，绿色感受器对中波更敏感，蓝色感受器对短波更敏感。因此，当光刺激作用于眼睛时，将在三种感受器中引起不同程度的兴奋。各种颜色经验是由不同感受器按相应的比例活动产生的。

三色理论得到了一些实验结果的支持。研究发现，视网膜上存在三组不同的视锥细胞，第一组视锥细胞能吸收波长约450纳米的光(蓝)，第二组能吸收波长约540纳米的光(绿)，第三组能吸收波长约577纳米的光(近似于红光)。这些感受器分别叫作短波、中波和长波感受器。

这个理论也有明显的缺陷。例如，它不能解释红绿色盲。红绿色盲的患者把光谱的短波部分看成蓝色，把长波部分看成黄色，因而没有红、绿经验。按三色理论，这种患者应该缺乏感红和感绿的视锥细胞。由于三色理论假定黄是由红、绿混合产生的。因此，缺乏感红和感绿感受器的患者不应该具有黄色的经验，这和患者的实际色觉经验不符。

之后，科学家提出了对立过程理论，用红绿、黄蓝、黑白等对立过程机制来解释颜色视觉，这个理论也得到了实验结果的支持。现代色觉理论倾向于将前面的两种理论统一起来，假定在视网膜上存在三种视锥细胞，它们分别对不同波长的光敏感。换句话说，在视网膜水平上，色觉是按三色理论提供的原理产生的。在视觉系统更高级的水平上，存在功能对立的细胞，颜色的信息加工表现为拮抗过程。

知识链接

颜色拮抗加工的神经机制

大量神经生理学研究表明，视觉系统在视网膜水平上采用了拮抗加工的方式，对神经节细胞和外侧膝状体神经元活动的记录显示，有些神经元在一定波长的光刺激中央凹时可被激活，而在受到另外波长的光刺激时，处于抑制状态。

有研究者发现，金鱼的神经节细胞对白光可产生“开”“闭”反应，但是如果受到单一波长的光刺激作用，一个特定的神经节细胞表现为对某一段波长的光刺激做兴奋或“开”反应，对另一段波长的光刺激做抑制或“闭”反应。也就是说，一个神经节细胞的“开”“闭”反应因光刺激波长的不同而不同。

有研究者把微电极插入恒河猴外侧膝状体的单个神经元，记录神经元对不同波长的光刺激的反应。发现对于有些神经元，所有波长的光刺激都可以引发其电兴奋的增强或减弱，但是存在一种对抗性神经元，其神经电活动发放的频率因光刺激波长的不同而发生变化。某些波长的光刺激可诱发其兴奋，而另一些波长的光刺激则诱发其抑制。总体显示放电频率与光刺激的波长有关。例如，一类神经元对长波的红光产生兴奋反应，对中等波长的绿光产生抑制反应，被称为＋红－绿对抗细胞。

现代脑成像研究的结果显示，存在以对抗方式对红绿、黄蓝刺激做出反应的脑细胞。这类神经元对光谱一端的波长产生兴奋反应，对另一端的波长产生抑制反应，以兴奋和抑制方式完成对颜色信息的编码(Engel，1997)。这样我们可以把颜色信息在视觉系统的加工分成两个阶段，首先颜色信息在视网膜水平的三种感受器中得到初步加工，然后颜色信息被传送到视觉系统更高水平的颜色对抗神经元中。

资料来源：高湘萍，2011。

(六)什么叫马赫带？ 它是怎样产生的？

马赫带是指人们在明暗变化的边界上，常常在亮区看到一条更亮的光带，在暗区看到一条更暗的光带。在观察影子的时候，在轮廓线的两侧也会看到这种现象。暗的地方更暗，亮的地方更亮。实际上，亮区的刺激强度是一样的，暗区的刺激强度也是一样的，因此我们看到的一亮、一暗的光带不是由刺激强度的实际分布造成的，而是神经网络对视觉信息进行加工的结果。

马赫带可用侧抑制来解释，图 3-1 说明了马赫带是怎样产生的。在强刺激(假定为 100 个单位)的作用下，亮区一侧的细胞 A 分别接收了来自两侧的抑制(假定为 10%)，其数值都是 10 个单位，结果它的输出为 80 个单位；而细胞 B 来自亮区一侧的抑制为 10 个单位，来自暗区一侧的抑制为 2 个单位，结果它的输出为 88 个单位，这样就在亮区一侧出现了一条更亮的光带。同样在弱刺激(假定为 20 个单位)的作用下，暗区一侧的细胞 C 接收了来自亮区一侧的抑制(10 个单位)和来自暗区一侧的抑制(2 个单位)，结果它的输出为 8 个单位，而细胞 D 接收的两侧抑制(假定为 10%)都是 2 个单位，结果它的输出为 16 个单位，这样就在暗区一侧出现了一条更暗的光带。马赫带说明了刺激强度和亮度的复杂关系。强度是一个物理量，亮度是一个心理量。亮度会随强度的变化而变化，但两者的关系不是线性的。在马赫带中，强度以阶梯的方式变化，由强逐渐变弱，而亮度并不同步变化。这种变化有利于物体轮廓的形成。

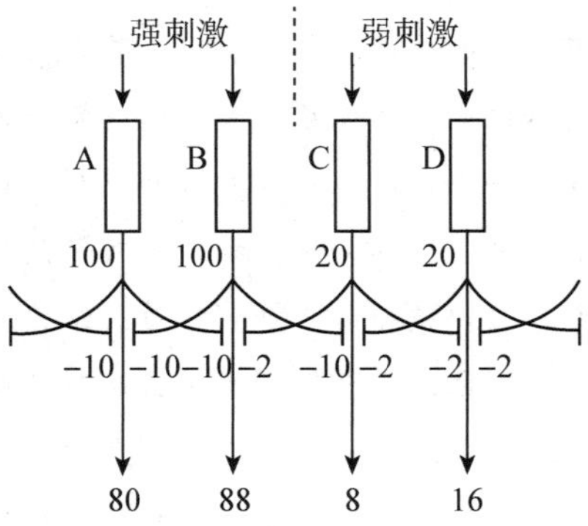

图 3-1　马赫带的产生

（资料来源：Goldstein，1984）

（七）什么是听觉感受器?

听觉感受器是附着在柯蒂氏器上的毛细胞。这些细胞的纤维长短不一样，短纤维对应高频的振动，长纤维对应低频的振动，因而对不同频率的声音敏感。在这里完成能量的变换，由声音的物理能量转换为神经冲动，并将这种冲动传到大脑的听觉中枢，从而产生听觉。

（八）噪声会怎样伤害你的听觉?

噪声对听觉的影响与它的强度有关，也与噪声的持续时间有关。不同强度的声音对听力的损伤程度是不同的。超过 140 分贝的强烈噪声几乎能立即损害你的听力；即使是相对弱些的噪声，如果持续时间过长(如几小时)，也会损害听力。

知识链接

毛细胞的作用

听觉部分最奇妙的是毛细胞。大多数听力丧失都是由毛细胞的受损造成的。霍华德-休斯医学研究所的一份关于“颤抖的毛细胞来使我们产生听觉”的报告中提到，对这些毛细胞的“高敏感性和极快的速度”感到惊奇。一个耳蜗有 16000 个毛细胞，如果不将它与我们的眼睛所包含的 1.2 亿个光感受器相比，这听起来也是很多的。让我们再来看看毛细胞的敏感性。将毛细胞尖端细小的纤毛束偏离一个原子的宽度，相当于把埃菲尔铁塔的顶部移动半英寸，敏感的毛细胞就会引发神经反应。此外，它们以最高的知觉频率每秒开启或关闭神经电流 1000 次，你可能也会预料到，它们虽然如此敏感，但却非常脆弱，用连续并不断的冲击钻或耳机的声音伤害毛细胞，它们的纤毛会逐渐枯萎或断裂。

资料来源：迈耶尔，2007。

知识链接

喧闹噪声的干扰

现代生活中聒噪的交通的轰鸣声、工厂机器的喧闹声、冲击钻劈开公路的声音不绝于耳。所有这些噪声的强度都引发了这样一个问题，在短时间内接收极度强烈的声音，如靠近耳朵的炮火声、震耳欲聋的音乐，都会损害感受细胞和听神经。

噪声不仅会损害我们的听觉，而且会影响我们的行为。当慕尼黑新建的国际机场启用后，已经关闭的旧机场附近学生的阅读和长时记忆成绩有了改善，而新机场附近学生的成绩却出现了微弱的降低。一直生活在噪声环境下的工人、住在机场附近的居民和住在铁路和高速公路旁的居民，更可能患有与压力相关的失调障碍：高血压、焦虑和无助感是常见的症状表现。

资料来源：迈耶尔，2007。

（九）嗅觉起什么作用?

嗅觉研究常常被人们忽视，而且人的嗅觉也被认为比其他哺乳动物差。但研究证明，人的嗅觉并不比其他哺乳动物差，它处在哺乳动物的中间水平。嗅觉在人类生活中有重要作用。它的主要作用是：①寻找有益的食物，避开有害的食物；②在人际关系和社会交往中，避开有害或不利的气味；③是诊断和治疗某些疾病的有效依据。

知识链接

新型冠状病毒感染引起的嗅觉丧失

新型冠状病毒感染(以下简称新冠病毒感染)会造成多方面的后遗症，其中一个最常见的后遗症是嗅觉丧失。有研究人员统计了美国亚马逊网站对某款熏香的评价，结果显示，在此种病毒大流行之后，消费者对该熏香的评价显著降低，其差评包括“味道很淡”“没有之前的效果好”等。《自然神经科学》首发了新冠病毒可以通过嗅觉系统入侵大脑，但其对嗅觉系统的具体影响并没有进一步阐释，其感染是否和嗅觉丧失直接相关，也没有给出直接证据。法国巴斯德所的研究人员首次详细研究了新冠病毒感染对嗅觉系统造成的影响，为我们应对新冠病毒感染所造成的嗅觉丧失提供了重要指导。

为了研究新冠病毒感染与嗅觉丧失的关系，该团队招募了多名新冠病毒感染患者。这些患者在确诊后两周内均发生了嗅觉丧失，部分患者伴随着味觉的变化。这些患者被定义为“急性嗅觉丧失”。患者均为轻症，不需要入院治疗。该团队首先检测了黏膜系统中的病毒载量，发现在大部分患者嗅觉系统中均能检测到较高水平的病毒存留。为了进一步研究其感染情况，研究者采集样品进行了免疫荧光的染色。结果表明，在嗅觉细胞（OMP＋）、免疫细胞（Iba1＋）和支持细胞（CK18＋）等细胞中均能检测到病毒蛋白。进一步的分析表明，伴随着新冠病毒感染，嗅觉黏膜系统中的局部炎症反应有一定程度的激活，但在不同患者中激活程度的差异很大。总体来说，新冠病毒感染对嗅觉黏膜系统可以无差别地进行攻击，因而造成一定程度的局部炎症反应。

资料来源：前沿科学与文化，2021。

（十）味觉的种类和差异有哪些？

味觉是由化学物质激发舌头表面乳突内的感受器引起的。大部分味觉都和食物有关，味觉的丧失会严重影响我们的生活质量。味觉不仅能给我们带来愉悦的心情，而且能使我们识别食物中的有毒物质。味觉具有适应的意义，有助于我们补充营养，避开有毒食物。

味觉的感受器是味蕾，它存在于舌头表面的乳突内，每种味蕾中的神经元都会对不同类型的刺激做出反应，但大多数神经元只对特定的味觉敏感。味觉反映的只是众多神经元的整体活动的模式。此外，舌头中央没有味觉感受器，这有些类似于视网膜上的盲点。我们不能感觉到舌头上的盲区，是因为感觉信息会自动填补这个区域。

味觉的基本类别有酸、甜、苦、咸、鲜5种，其中“鲜”是后来被发现的。它存在于鸡汤、金枪鱼、海带、奶酪和大豆制品中，也存在于人类的母乳中。随着食物气味、质地、温度的变化，五种味觉产生出成千上万种味道，我们所知道的各种味道，都是经过整个舌头的加工产生的。

味觉存在明显的群体和个体差异。不同种族对食物的偏好有明显的不同。人群中还有一些超级味觉者（supertaster），他们的味蕾数量比普通人多很多倍。

（十一）肤觉对人类生活的影响是什么？

肤觉的重要意义表现在：①通过肤觉可以认识物体的软硬、粗细、轻重等特性。②通过肤觉和视觉等其他感觉相联合，能认识物体的大小和形状，因此在对事物的空间特性的认识中有重要意义。③在视觉、听觉损伤的情况下，肤觉起着重要的补偿作用。盲人用手指认字、聋人靠振动觉欣赏音乐，都是利用了肤觉来补偿视觉和听觉的缺陷。④肤觉对维持机体与环境的平衡也有重要作用。如果人们丧失痛觉和温觉、冷觉，就不能回避各种伤害人体的危险，也不能实现对自身体温的调节。

知识链接

肤觉与人际交往

肤觉在人类关系中扮演重要角色的一个方面是抚摸。通过抚摸，你可以和他人进行交流，这个人是你渴望给予或接受安慰、支持、爱的人。得到抚摸和抚摸他人是不同的。抚摸还对生存起着重要作用。例如，在医院中如果每天抚摸早产婴儿 45 分钟，不仅会使他们比没有受到抚摸的婴儿成长得快，而且他们的智力发展也会得到促进。对白鼠类似的研究也表明，在出生早期获得抚摸的幼鼠在健康的很多方面都得到了改善。与控制组相比，获得抚摸的幼鼠抵抗压力的能力更强，成长得更为健康。

资料来源：格里格，津巴多，2003。

（十二）疼痛有哪些类型?

当机械的、物理的、化学的、温度的以及电刺激等任何一种刺激对机体具有损伤或破坏作用时，都能引起痛觉。疼痛有不同的类型，通常可以分为内脏疼痛和躯体疼痛。由内脏器官受损引起的疼痛，被称为内脏疼痛，如胸肌疼痛、胃痛、肝疼等。由皮肤、肌肉、肌腱、关节等受损引起的疼痛，被称为躯体疼痛，如手脚痛、膝盖疼、头部受外伤引起的疼痛等。

疼痛也可以分为由大型神经纤维传导的疼痛和由小型神经纤维传导的疼痛。前者属于身体的报警系统，警告人们遭受到某种伤害或即将遭受到某种伤害，是敏锐而迅速的。后者属于提醒系统，它是柔和而缓慢的，提醒人们避免受到进一步的伤害。

三、 设计活动

活动一

刺激的持续作用会引起感受性的变化，这种现象叫感觉适应。但是，在日常生活中，当你持续看一个物体、一张面孔或一组词语时，并没有发现物体视觉、面孔视觉或文字视觉出现显著的变化，为什么？

提示：这和看东西时眼睛的一种运动(微动)有关系。如果用稳定视网膜上图像的技术消除这种眼动，那么你看到的就不同了：先看到物体或面孔的完整轮廓，然后完整的轮廓一点点消失，词语也是这样的。这种眼动对视觉有什么意义，可参看迈尔斯的《心理学》(黄希庭等译，2007)的感觉一章，并做出回答。

活动二

在心理学中，感觉适应和习惯化是经常用到的两个概念。明适应和暗适应，以及“入芝兰之室，久而不闻其香；入鲍鱼之肆，久而不闻其臭”，这是视觉适应和嗅觉适应；而持续听到喧闹的噪声，久而久之，就不觉得吵闹了，这是听觉的习惯化。请你和同学讨论一下，这两个概念有没有区别，区别在哪里。可阅读切卡莱丽和怀特主编的《心理学入门：日常生活中的心理学》(张智勇等译，2016)的感觉一章，并进行思考。

活动三

测一测同学皮肤的感受性，并比较差别。

提示：找一根牙签，在面部、指尖、上肢和小腿处轻触，分别测量身体不同部位的触觉感受性，并比较它们之间的差异。对照书上的描述，体会皮肤的不同部位具有不同的触觉感受性。面部是身体对压力最敏感的部位，其次是躯干、手指和上下肢。女性的阈限分布与男性相似，但比男性略微敏感。

活动四

请列表(见表 3-2)说明人类感觉系统的基本特征。

表 3-2　人类感觉系统的基本特征

类别	适宜刺激	感官	感受器	中枢部分
视觉				
听觉				
皮肤觉				
嗅觉				
味觉				

四、 拓展练习

(一) 单选题

1. 感受器是一种生物(　　)，负责将一种能量转换为另一种能量。

A. 换能器　　B. 接收器

C. 收纳器　　D. 交接器

2. 刚刚能够引起感觉的最小刺激量，被称为(　　)。

A. 绝对感觉阈限

B. 差别感觉阈限

C. 绝对感受性

D. 差别感受性

3. 在安静的环境下，听力正常的人能听到(　　)远的手表的嘀嗒声。

A. 2 米　　B. 4 米

C. 6 米　　D. 8 米

4. 韦伯的实验发现，重量的差别阈限为(　　)。

A. 0.01　　B. 0.02

C. 0.03　　D. 0.06

5. 20世纪50年代，斯蒂文斯研究刺激强度与感觉大小采用的方法为(　　)。

A. 最小变化法　B. 恒定刺激法

C. 数量估计法　D. 量表法

6. 在信号检测中，奖励的作用是(　　)。

A. 降低反应标准，增加反应频率

B. 降低反应标准，降低反应频率

C. 增加反应标准，降低反应频率

D. 增加反应标准，增加反应频率

7. 可见光的频率范围是(　　)。

A. 430～650纳米

B. 520～1010纳米

C. 380～780纳米

D. 330～700纳米

8. 颜色的三个特性是(　　)。

A. 红、黄、蓝

B. 红、绿、蓝

C. 色调、明度、饱和度

D. 色调、亮度、饱和度

9. 研究细胞侧抑制最早使用的动物是(　　)。

A. 猫　　B. 马蹄蟹

C. 小鼠　　D. 水母

10. 赫尔姆霍茨假定在视网膜上存在三种颜色感受器，它们分别是(　　)。

A. 红、绿、蓝　B. 红、黄、蓝

C. 红、橙、绿　D. 橙、黄、蓝

11. 黄昏时，人眼最敏感的颜色是(　　)。

A. 红褐色　　B. 蓝绿色

C. 绛紫色　　D. 黄绿色

12. 在黑林的四色说中，两对拮抗的颜色是(　　)。

A. 红—绿，橙—黄

B. 红—蓝，绿—黄

C. 红—绿，黄—蓝

D. 红—黄，绿—蓝

13. 消防员夜晚执勤时在室内最好佩戴的眼镜的颜色为(　　)。

A. 红色　　B. 黄色

C. 黑色　　D. 紫色

14. 将一个灰色正方形贴在红色背景上，由于对比，正方形将略显(　　)。

A. 红色　　B. 黄色

C. 绿色　　D. 蓝色

15. 次声是指频率低于(　　)赫兹的声音。

A. 26　　B. 54

C. 120　　D. 20

16. 人耳最敏感的声音频率范围是(　　)。

A. 500～1000赫兹

B. 800～2000赫兹

C. 1000～4000赫兹

D. 1000～8000赫兹

17. 开始引起痛觉的声音刺激强度为(　　)。

A. 80分贝　　B. 100分贝

C. 120分贝　　D. 140分贝

18. 听觉共鸣理论的提出者是(　　)。

A. 赫尔姆霍茨　B. 拉瑟福德

C. 贝克西　D. 韦弗尔

19. 戴耳机收听高分贝(100 分贝)音乐，大约需要(　　)分钟会造成听力的损伤。

A. 5　B. 10

C. 30　D. 50

20. 生理零度是指(　　)。

A. 口腔内的温度

B. 腋下的温度

C. 前额的温度

D. 皮肤表面的温度

21. 研究发现，人除了 4 种基本味觉之外，还有一种味觉叫(　　)。

A. 辣觉　B. 鲜觉

C. 麻觉　D. 联觉

(二)多选题

1. 发现视觉感受野的学者有(　　)。

A. 胡伯

B. 斯佩里

C. 维泽尔

D. 加扎尼加

2. 有关视锥细胞和视杆细胞，下列观点正确的有(　　)。

A. 在视网膜中央凹，只有视锥细胞，没有视杆细胞

B. 离开中央凹，视杆细胞急剧增加

C. 视杆细胞负责颜色知觉

D. 在视网膜边缘，只有少量的视锥细胞

3. 感觉适应是指感受性由于刺激的持续作用而出现的提高或下降的变化，它经常出现在(　　)中。

A. 视觉　B. 味觉

C. 嗅觉　D. 痛觉

4. 皮肤觉包括(　　)。

A. 温度觉　B. 触觉

C. 动觉　D. 痛觉

5. 感染新冠病毒后常出现(　　)丧失。

A. 视觉　B. 听觉

C. 嗅觉　D. 味觉

参考答案

(一)单选题

1. A　2. A　3. C　4. B　5. C　6. A　7. C　8. C　9. B　10. A　11. B　12. C　13. A　14. C　15. D　16. C　17. D　18. A　19. C　20. D　21. B

(二)多选题

1. AC　2. ABD　3. ABC　4. ABD　5. CD

第四章
知　觉

一、 解释概念

（一）知觉

知觉(perception)是比感觉复杂的一种心理现象，是对感觉信息的解释和整合，并赋予感觉信息某种特定的意义。与感觉相比，知觉具有整体性和意义性。如果说对个别颜色、音符的认识属于感觉，那么对绿叶、乐曲的认识就是知觉。这种区别不是绝对的，而是相对的。过去的知识经验在知觉中有重要作用。知觉整合了感觉提供的各种信息和知识经验，形成了对某个客体的整体映象或客体所处的状态(运动或静止)的认识。

在心理学中，关于知觉的定义，有两种不同的主张：一种是认知心理学的主张，我们在本书中就采用了这种主张；另一种是知觉的直接理论，这是以吉布森为代表的一种主张，认为知觉是由刺激的特性直接决定的。

知识链接

知觉的定义

为了在头脑中构筑外部世界的景象，我们首先必须觉察环境中的物理能量，之后将其编码成神经信号，这就是传统意义上的感觉。不仅如此，我们还必须对感觉信息进行选择、组织和解释，这就是传统意义上的知觉（迈尔斯，2007）。

知觉的认知理论：知觉不是简单地由刺激模式决定的，而是对有效的资料或数据能动地寻找最好的解释。这种资料是感觉信号，也是关于物体的许多其他特性的知识。经验对知觉的影响有多大，在什么意义上我们必须学会看东西，这是难以回答的问题。我们可以说，对物体的知觉是一种假设，它由感觉的资料提出，并用感觉的资料加以检验。知觉系统先接受一种假设，然后接受另一种假设。由于没有最好的答案，知觉系统就永远没有一个结论。当一种知觉假设，即一种知觉出现错误时，我们就会出现错误的印象，正如一种错误的理论使我们看到一个被歪曲的世界一样，使我们在科学上误入歧途。知觉和思维并不是无关的，“我看到了你所指的意思”，这样说并不是一个傻里傻气的相关语，而是指明了一种非常真实的联系（格列高里，1965）。

知觉的生态光学理论：詹姆斯·吉布森（1966，1979）和埃莉诺·吉布森提出了研究知觉的一个非常有影响的方法。他们认为可以通过对现时周围环境（或生态）的分析更好地理解知觉。特别是他们的生态光学理论把注意集中在外部刺激的属性上而不是你知觉刺激的机制上。这种观点与先前所有的理论有很大不同。这种思想强调感知是对环境的一种积极的探索。生态光学理论试图确定对一个移动着的观察者的眼睛有用的环境信息。按照吉布森的观点，“我们如何认识这个世界”这个问题的答案其实很简单，你可以直接提取来自环境的感觉信息中的不变性或稳定性（格里格等，2003）。

（二）远刺激和近刺激

格式塔学派的著名心理学家考夫卡在《格式塔心理学原理》(1935)一书中提出，刺激可以分成远刺激和近刺激两种。远刺激是指来自物体本身的刺激，如一定波长的光线、一定频率的空气振动等；而近刺激是指直接作用于感觉器官的刺激，如物体在视网膜上的投影等。远刺激是属于物体自身的，因而不会有很大变化；而近刺激是感觉器官直接接收到的刺激，每时每刻都在变化。我们通常认为，感觉是刺激直接作用于感觉器官引起的；而考夫卡认为，这种看法混淆了远刺激和近刺激的关系。我们的感觉是由近刺激引起的。例如，苹果是圆的，这是苹果本身的特性，因而是远刺激；但我们看苹果时，有时从它的正面看，有时从它的侧面看，这样它在视网膜上的投影时常在改变；苹果表面的反射率是不变的，我们既可以在白光下看到它，也可以在蓝光下看到它，这时我们得到的近刺激也在变化。了解远刺激和近刺激的关系对我们研究知觉有重要意义(Dember & Warm，1979)。

知识链接

为什么要区分远刺激和近刺激?

格式塔原理提供了人们怎样组织视觉输入的一些指标，但是科学家仍然不明白这些被组织起来的知觉怎样产生了真实世界的表征。要了解这个问题，就需要区别两种刺激：远刺激和近刺激(Hochberg，1988)。远刺激处在我们的眼睛接触不到的地方。你的眼睛能接触的只是光线模式落在视网膜上的图像。这些图像才是近刺激，它直接作用于感官的接收器。这个区别很重要，因为在你知觉的客体和表征这些客体的刺激能量间存在巨大的差异。在图 4-1 中，如果桌面上的一张正方形纸片正对着你的眼睛(a)，那么远刺激和近刺激都将是一个正方形；如果你移动这张正方形的纸片(b，c)，那么近刺激就将逐渐变成一个梯形，但是我们仍然会把它知觉为一个正方形。

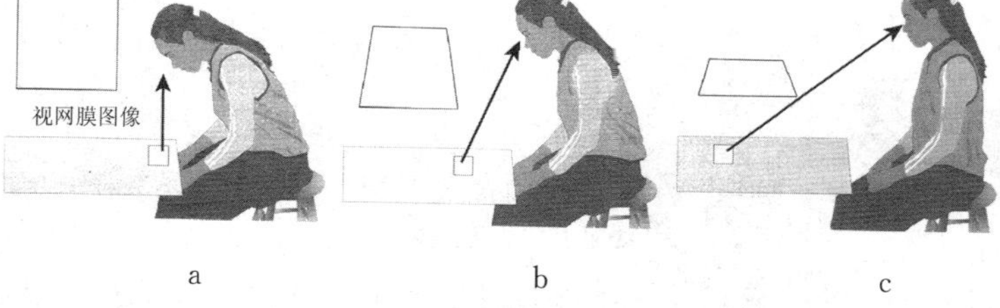

图 4-1　远刺激和近刺激的区别

资料来源：Weiten，2010。

（三）自下而上的加工和自上而下的加工

认知心理学认为，信息加工有两种，即自下而上的加工和自上而下的加工。自下而上的加工也叫数据驱动加工，是由外界刺激直接引起的加工过程。例如，人的面孔识别受到面部轮廓的影响，文字识别受到字母或汉字笔画的影响，音乐听觉受到声音高低的影响等。刺激性质的改变会直接引起知觉经验的变化。自上而下的加工也叫概念驱动加工，是指已有的知识和经验对知觉的影响。在人群中，我们会很容易识别出朋友的面孔；在文字阅读中，我们对母语的识别要快于对第二语言(二语)的识别，这都是由于过去经验的帮助。在通常情况下，人的知觉是自下而上和自上而下两种加工交互作用的结果。当刺激的输入不足时，自上而下的加工将会起更大的作用。

（四）特征分析和整体优先效应

知觉是始于特征分析，还是整体特性，这是知觉研究领域很重要的一个理论问题。一些研究发现，知觉是从特征分析开始的，先有特征分析，然后经过特征捆绑，将特征整合起来，形成知觉。这是一种传统的知觉理论。一些研究支持了这种理论。

但是另一些研究发现，事物的整体特性是先于个别特征被知觉到的，这就是整体优先效应。在实验中，被试的反应有两种：局部反应和整体反应(Navon，1977)。在局部反应中，要求被试判断小字母(“H”或“S”)；在整体反应中，要求被试判断大字母(“H”或“S”)。结果发现，当要求被试进行局部反应时，如果小字母与大字母不一致，他们的反应时就会变慢；而当要求被试进行整体反应时，他们的反应时不受组成的小字母的影响，这便证明了存在整体优先效应，即整体水平的加工先于局部水平的加工。陈霖的实验也发现，被试对拓扑性质的感知先于对个别特征的感知。

知识链接

知觉的拓扑性质理论

该理论认为，决定图形与背景分离的最基本的知觉加工是对两者拓扑性质的辨别。陈霖(1982)的经典实验以每次呈现5毫秒的方式向被试呈现3对图形(见图4-2)。从拓扑性质的角度看，实心正方形、实心圆和三角形是拓扑等价的，而圆圈因为有一个洞，与其他图形不同。实验要求被试辨认每次呈现的两个图形是否相同。结果显示，拓扑性质不同的圆圈和实心圆的分辨率最高，与其他两对刺激的结果都达到了显著差异水平，而且差异产生的原因不能用刺激间的其他几何特征的不同来解释。

正确反应/%

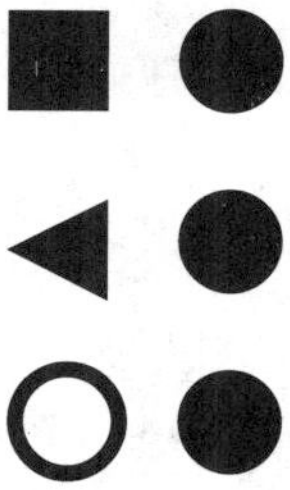

43.5

38.5

64.5

图 4-2　经典实验图形

资料来源：高湘萍，2011。

（五）隐匿图形

隐匿图形是心理学家设计的一种图形，用来研究知觉的特性，如理解在知觉中的作用。这些图形中常常隐藏着另一些图形，通过对隐匿图形的识别和分辨，可以在一定程度上检测到人的图形识别能力，进而探测人格的某些特点。

（六）知觉恒常性

我们的周围世界是不断变化的，而我们的知觉映象并不随着观察条件的变化而变化，而是保持着相对的稳定性，这就是知觉恒常性。知觉恒常性常见于视觉，如形状恒常性、颜色恒常性、明度恒常性、大小恒常性等。简单来说，它是视觉变化中的一种相对不变的特性。知觉恒常性对我们认识周围世界非常重要，它说明人的知觉依赖知识经验，也是人的认识具有能动性的一种表现。如果我们对颜色、形状、大小、明度的知觉每时每刻都随着环境的变化而变化，那就很难对世界形成稳定的认识。

知识链接

知觉恒常性

知觉恒常性是指我们的感觉在发生巨大变化时，我们知道的物体特性仍将保持不变。形状恒常性是一种知觉恒常性。如果你站起来绕着椅子走一圈，椅子投射在你的视网膜上的映象（感觉）会随着你的步伐而变化，然而你会觉得椅子的形状并没有变化。如果你知觉的所有物体都随着你视角的变化而变化，那么你的世界将会变得很混乱。

资料来源：霍克，2010。

（七）特征捆绑

如果说形状知觉起始于特征分析，那么人们自然会提出一个问题，就是人脑如何将不同的特征联合在一起，在神经科学和心理学中叫特征捆绑问题(feature binding problem)。有人假定，人脑中还有一个“小人”负责将相关特征整合起来，这种假设显然不可靠。现代研究认为，在特征整合中注意起着非常重要的作用。在没有注意参与时，特征可能是游离的，因而可能出现错误的结合，即“捆绑错误”(Treisman，1998)。在注意的参与下，人才能知觉到事物的整体。

（八）知觉定势

定势是在知觉、运动和思维研究中经常遇到的一种现象。例如，我们从楼梯上下来，一个台阶一个台阶地往下走，这就形成了一种往下走的定势。当走到最后一个台阶时，如果我们事先没有准备，就会有一种行为受阻的感觉。这就是运动定势引起的。形状知觉中也会有定势，是指前面的视觉经验对后来知觉的影响，或者说发生在前面的视觉经验直接影响到后来的知觉，产生了对后续知觉的准备状态。

知识链接

什么决定了我们的知觉定势？

我们通过经验形成概念或图式，它们能够帮助我们组织和解释我们所不熟悉的信息。我们头脑中先前就有的一些图式，如吹萨克斯管的男子或女性面孔，都会影响我们用自上而下的加工方式对模糊的感觉信息做出解释。

资料来源：迈耶尔，2007。

（九）主观轮廓

主观轮廓，也叫错觉轮廓，即当客观上不存在刺激的梯度变化时，人在一片同质的视野中也能看到的轮廓。有人认为，主观轮廓表现了视觉系统的一个特点：当视野中出现不完整因素时，视觉系统倾向于把它们变得完整，变成一个比较简单、稳定、正规化的图形。也有人认为，主观轮廓是由明度对比产生的。

（十）大小距离不变假设

人们在知觉物体的大小时，似乎不自觉地解决了大小与距离的关系。人不仅根据视网膜上投影(网像)的大小来判断物体的大小，而且还要考虑距离的大小，即知觉物体的大小＝网像大小×知觉到的距离。这就是大小距离不变假设。在距离相等时，网像大，说明物体大；网像小，说明物体小。这个过程是在不知不觉中完成的，因而是一个无意识推理过程。

（十一）双眼视差

人的两眼间有一定的距离，这样物体在左右眼睛上的成像是有差异的，左眼看物体的左边多一些，右眼看物体的右边多一些，物体在左右眼睛上的视网膜像的差异叫作双眼视差。双眼视差是判断深度和距离的重要线索。

（十二）时间知觉

人的知觉不仅能探测到物体的空间大小和运动，而且能探测到事件发生的连续性和顺序性，即它们的起点和终点，这就是时间知觉。时间知觉主要包括时序知觉、时距知觉和时间点知觉三种。我们能够分辨事件发生的前后顺序，就是时序知觉；能够估计事件存在的持续时间，就是时距知觉；能够确认某个事件发生的具体时间，就是时间点知觉。时间知觉是多种感知系统联合活动的结果，视觉、听觉、皮肤觉和触觉都能知觉到时间。

（十三）知觉定位和定位系统

知觉定位是指对物体的空间关系、位置和对机体自身所在空间位置的知觉。它是多种感觉协同活动的结果。其中视觉、听觉和触觉起重要作用，包括视觉定位、听觉定位、触觉定位等多种形式。20世纪70年代，美国科学家奥基夫记录了小鼠脑内海马的一些神经元活动，发现不同的神经元对应空间中的某一个位置区域。当小鼠处于某个空间位置时，相应的神经元会得到最大程度的激活。这种神经元被称为“定位细胞”。2005年，挪威心理学家和神经科学家莫泽夫妇(May-Britt Moser & Edvard Moser)又发现脑内存在另一种神经细胞，可以产生一种坐标体系，从而使精确定位与路径搜寻成为可能。他们称之为“网格细胞”。这些发现有助于揭示“我们如何知道自己在哪里”“怎样找到一条路径从一个地点到达另一个地点”“我们如何存储这些信息，在下次需要寻找路径时，能立即利用它们”这样三个重大科学问题，从而解决许多世纪以来困扰哲学家和科学家的一个重大问题：大脑如何创造出周围的空间信息。由于这一贡献，上面三位科学家共享了2014年诺贝尔生理学或医学奖。

（十四）运动知觉

人的知觉系统能探测到物体运动的特性，就是运动知觉，包括真正运动知觉和似动。运动知觉对动物和人的适应性行为有重要意义。人们怎样获得关于物体运动的信息呢？有两种可能性：当物体运动时，人眼的视网膜将依次受到连续的刺激，这是运动知觉信息的一种来源；人自身的运动也能提供物体运动的信息，这是由中枢神经系统发出的动作指令。这种信息与视网膜映象流汇合在一起，共同决定着人的运动知觉。心理学家发现，人还能知觉到生物体运动(Johanson，1975)。在一间漆黑的房间内，把灯光放置在表演者身体的一些关节上。如果表演者一动不动地站在那里，观察者就难以知道这些灯光代表什么；但是只要表演者一开始走动，观察者就能知觉到一个人在运动。之后的研究还发现，当表演者行走时，观察者还能根据灯光的移动比较准确地判断表演者的性别(Kozlowski & Cutting，1978)。

知识链接

生物运动

通过在人体的一些重要关节处贴上信号灯来拍摄在人体运动过程中这些关节的运动轨迹，由此得到的光点序列虽然只保留了身体的外部轮廓和运动特征，但反映了个体固有的一些生理特征和行为特征。我们对于这种特殊的运动模式的识别具有特殊性。例如，自动性，即使存在光源的干扰，我们也仍然可以辨别目标物体；精确性，我们可以根据这些光点识别性别、朋友、动物、情绪状态等；专家化，人类只擅长识别人类的生物运动等。这一现象的价值在于，即使我们有时(由于遮挡、烟雾、远距离、低亮度等)难以获得物体的全部信息，我们也仍然可以通过运动识别物体。

资料来源：周仁来等，2013。

(十五)似动

似动(apparent movement)是指在一定的时间和空间条件下，人们在静止的物体间看到了运动，或者在没有连续位移的地方看到了连续的运动，包括动景运动、诱发运动、自主运动和运动后效。格式塔心理学家韦特海默最早发现了动景运动。当两条直线按60毫秒的时距先后呈现时，就能看到从一条线到另一条线的运动。当时距低于30毫秒或高于200毫秒时，这种运动就消失了。一些研究者认为，似动可能依赖低水平的方向选择细胞(direction selective cell)的活动，这些细胞对具有低空间频率的图像运动敏感。

二、 解答问题

(一)知觉是先天的还是后天习得的?

知觉是先天的还是后天习得的，这是知觉研究中争论已久的一个问题。有些心理学家认为，知觉是先天的，是一种与生俱来的能力。例如，吉布森的研究发现，在视崖实验中，婴儿爬行到视崖的边缘时就不继续向前爬行了，说明他们似乎生来就具有判断高度或深度的能力。也有研究发现，让出生3天的婴儿在相同的亮度下看彩色的方形光斑或灰色的方形光斑，发现所有婴儿观看彩色光斑的时间都长于观看灰色光斑的时间，这种对彩色的偏好似乎也是与生俱来的。但也有许多研究支持了知觉是后天习得的、与经验有关的观点。例如，在一项研究中，让小猫在黑暗的环境中长大，它们只能看到垂直或水平的线条，之后把它们从黑暗的环境中放出来。结果发现，在垂直线条环境中生活过的小猫只对垂直线条有反应，而在水平线条环境中生活过的小猫只对水平线条有反应(Blakemore & Cooper，1970)。这说明早期的生活环境造成了视觉的特异性损伤，而且这种损伤是不可逆转的。

（二）什么是知觉的无意识推理理论?

1866年，赫尔姆霍茨提出了基于经验(或后天)的知觉理论。该理论认为，知觉是一个无意识推理过程，知觉中有许多不能直接体验到的刺激，但可以根据以往的经验通过推理附加在知觉上。这种推理是无意识的，在不知不觉中进行。例如，人判断物体的大小，实际上在头脑中已经计算了物体的距离和它在视网膜上成像的大小。如果一个物体在视网膜上的投影小，且距离远，而另一个物体在视网膜上的投影大，且距离近，它们仍可能被知觉为相同大小的物体，这个过程是一个无意识推理过程。无意识推理由经验产生，也可以由经验消除。例如，通过学习可以消除某些错觉现象，这就是经验对无意识推理的影响。

（三）哪些现象能说明经验在知觉中的作用?

许多知觉现象都能说明经验在知觉中的作用。例如，人在知觉过程中，不是被动地认识知觉对象的特点，而是以过去的知识经验为依据，力求对知觉对象做出某种解释，使它具有一定的意义，即知觉的理解性。在这个意义上，知觉过程也可以被看成“假设检验”的过程(格列高里，1966)。理解不仅能帮助人们将对象从背景中分出来，而且还有助于知觉的整体性。人把自己理解和熟悉的东西容易当成一个整体来感知。相反，在不理解的情况下，知觉的整体性常受到破坏。理解还能产生知觉期待和预测。人们已有的知识结构在当前的感知中起重要作用。人的知觉恒常性、知觉适应、知觉定势等也都说明了经验在知觉中的作用。

知识链接

知觉适应

心理学家证实，人们可以适应其他类型的颠倒，研究者邀请了4名日本学生在左右颠倒的视觉环境中生活一个月(Sekiyama，2000)。开始时他们感到自己分不清方向，甚至头晕恶心。然而，几个星期之后他们便可以骑自行车了。当实验结束后，他们又能很快恢复。可见，他们已经具备了双知觉的能力。

资料来源：迈耶尔，2007。

（四）如何认识知觉中对象与背景的关系？

人在知觉客观世界时，总是有选择地把少数事物当成知觉的对象，而把其他事物当成知觉的背景，以便更清晰地感知一定的事物与对象。知觉时，对象和背景是可以相互转化的，在注意的选择作用下，原来的背景有可能成为对象，而原来的对象有可能成为背景。对象与背景相互依赖。也就是说，人对对象的知觉会受到对象所处的背景的影响。在不同背景下，人们对同一对象的知觉可能是不同的。因此，准确地说，人们的知觉是由对象与背景的相互关系来决定的。当对象与背景的界线模糊时，对象的知觉将变得非常困难，所谓隐形人，就是减小对象与背景的差异，从而把人“隐藏”起来。

（五）人如何知觉到物体的形状？

多数心理学家认为，人对物体形状的知觉一般要经过以下几步。首先是特征分析，即提取物体形状的个别特点或特征，如线条和角度。其次将这些整合在一起，提取它们的轮廓，把它们从背景中区别出来，这个过程叫“特征捆绑”。其中注意起很大的作用，这个过程也就是眼睛注视的过程。最后把人的知识经验整合进去，形成物体的现状。前两步被称为自下而上的加工，最后一步被称为自上而下的加工。形状视觉和所有知觉一样，都是两种加工交互作用的结果。整个过程是在瞬间完成的，常常是人意识不到的。

知识链接

介绍一种新的视觉理论

特瑞斯曼提出了注意在视觉加工中的作用，认为在注意之前，特征是游离的，注意像胶水一样，它把这些特征结合起来，即“特征捆绑”，这种看法得到了某些实验结果（错觉结合）的支持。大量的研究证据显示，信息加工中存在一个“瓶颈”装置，即在大量的初级视觉信息中，只有小部分可以得到进一步加工。换言之，在视觉加工中，对初级视觉信息的选择是一个重要环节。特瑞斯曼的模型对这一信息选择的机制没有充分重视。

李在结合神经计算建模和动物视觉机制研究的基础上，提出了一个新的视觉加工框架，强调了信息选择环节的重要性（Li，2019）。在她的框架中，视觉信息处理包括编码、选择和解码三个阶段。其中在编码阶段相当于“看”的阶段，视觉输入会通过视网膜进行编码或处理，并采用一种数据压缩机制，通过视神经将信息传递给视觉皮层。在这一阶段，视觉信息并没有实质性的损失。而信息选择的神经过程开始于视觉 V1 区，神经元按照视觉图形的局部差别形成一个自下而上的视觉显著图，并指导进一步眼跳的位置或空间注意的分配。在选择阶段，只有少量的视觉信息会被选择，从而得到进一步处理。这是信息不断“抽象”的过程。解码阶段相当于“见”的阶段，是完成物体或刺激识别的过程。

信息选择从视觉 V1 区开始，并传向更高级的视觉脑区，包括 V2 区、V3 区、V4 区等。而视觉的高级过程对低级过程也有反馈，通过综合分析，个体能得到较好的信息解码，即识别。总之，视觉是自下而上加工与自上而下加工交互作用的结果。

资料来源：Li，2019。

知识链接

面孔加工系统的特异性

来自 fMRI 和 PET 等神经影像学方面的研究结果，为面孔特异性的神经机制提供了更为直观的证据。研究发现，面孔识别和物体识别所激活的脑区不同。与识别物体相比，在识别面孔时，大脑梭状回的激活强度更高。研究者将该区域称作梭状回面孔区(fusiform face area，FFA)，认为它主要负责面孔识别。它是基于对面孔的更高反应而确定的，如面孔＞身体、物体、场景等，主要包括梭状回面孔区、枕叶面孔区(occipital face area，OFA)和颞上沟(superior temporal sulcus，STS)。来自电生理方面的研究发现，在猴脑的整个颞下回皮层中都有面孔神经元，面孔神经元对面孔的位置、大小和朝向具有固定的反应。来自事件相关电位(ERP)方面的研究发现，面孔刺激可特异地诱发出潜伏期 150～200 毫秒的正电位或负电位。

有理论认为，面孔识别采用整体编码，物体识别采用部分编码，所以我们对倒置的面孔的识别会差于正立的面孔。倒置的面孔可能破坏了面孔的整体结构，因此倒置的面孔由一般的物体知觉系统来加工，这就是著名的面孔识别的倒置效应。

资料来源：PsyBrian，2020。

面孔识别的新发现

人如何识别熟悉的面孔？这是神经科学历史上的一个重要问题。从 20 世纪 60 年代以来，科学家一直就假定有一种脑细胞，它可以解释我们对祖母以及与祖母有关的人的认识，因而被称为“祖母神经元”(grandmother neuron)，后来又有面孔识别单元(face recognition unit)的假定，但这些假定都没有得到证实。

现在研究者证实了“祖母神经元”的确是存在的。研究团队用磁共振成像技术在恒河猴中做了以下实验：让它们看4种刺激：熟悉的面孔(人脸和猴脸)、不熟悉的面孔(人脸和猴脸)、物体(熟悉和不熟悉)和灰色背景，并记录它们在前颞区和颞极等脑区的反应。结果发现，在恒河猴看到熟悉的面孔和不熟悉的面孔时，大脑颞极区的神经细胞会对熟悉的面孔做出反应。研究发现，颞极区域的神经元具有高度选择性，在看到图像后，能够迅速区分熟悉和不熟悉的面孔，对熟悉的面孔的反应比不熟悉的面孔更强烈，而对其他刺激没有反应。

这项研究揭示了大脑中的确存在一种脑细胞，它能将感觉、知觉和记忆连接起来。这种脑细胞既具有感觉细胞的功能，对视觉刺激有可靠和快速的反应，也能像记忆细胞一样，只对大脑以前见过的刺激做出反应。

资料来源：Landi et al.，2021。

（六）格式塔心理学在知觉领域的主要贡献是什么？

在理论上，心理学家提出了知觉的格式塔原理，也叫知觉的整体性原理，即强调知觉的整体特性大于个别感觉经验的相加，从而为建立格式塔心理学派奠定了基础；在具体研究上，提出了图形组织的一些原则，如接近、相似、良好连续、共同命运等。他们还发现了似动现象，并研究了影响似动的因素。这些研究不仅具有理论意义，而且具有实践意义。

（七）人为什么会有知觉恒常性？

知觉恒常性是和人的知识经验有关的。在实际生活中，人建立了大小与距离、形状与观察角度、明度与物体表面反射系数的联系。当观察条件改变时，人们利用生活中已经建立的这些联系，就能保持对客观世界较稳定的知觉。人在知觉事物时，环境中的各种参照物会提供物体距离、方位和照明条件的信息，也就是各种视觉线索，这些信息对维持知觉的恒常性有重要意义。如果消除环境中的视觉线索，恒常性就会受到破坏。

知识链接

他为什么把水牛看成了昆虫？

人类学家特恩布尔在刚果的一次经历说明了知觉恒常性与经验的关系(Turnbull，1961)。一位刚果青年肯格(Kenge)陪同他去伊尚戈国家自然公园参观，看到一群野牛正在几英里外吃草。在那样的距离下，野牛投射到肯格视网膜上的视觉映象非常小。肯格问特恩布尔，它们是什么昆虫。特恩布尔回答说，那是野牛，这些野牛可能比肯格以前在丛林中看到的还要大。肯格立刻笑起来，认为特恩布尔在开玩笑，再次问那是什么昆虫。他还自言自语说特恩布尔不够聪明，竟然把蚂蚁一样的昆虫说成野牛。肯格从小生活在丛林中，没有走出过丛林，没有见过遥远的物体，因而没有形成物体大小的恒常性。特恩布尔的发现说明了我们是如何获得知觉恒常性的。知觉恒常性不仅是经验习得的结果，而且这些经验还会受到我们居住地区的文化和环境的影响。

资料来源：霍克，2010。

（八）人是如何知觉到深度和距离的?

人眼知觉深度和距离依靠一定的线索，已知的深度和距离线索有：①肌肉线索，如调节和辐合；②单眼线索，如对象的遮挡、线条透视、空气透视；③双眼线索。不同线索在深度和距离知觉中的作用不一样。其中，双眼线索起作用的范围可达 1300 米。当距离超过 1300 米，两眼视轴平行时，双眼线索对判断距离就不起作用了。

（九）运动视差和运动透视的区别在哪里?

运动视差和运动透视都是深度和距离知觉的重要线索。两者都发生在物体和人(知觉者)处于相对运动的过程中。其中，运动视差是在观察者移动自己的头部或观察者随运动着的物体做平行移动时，由两眼视网膜上投影位置的变化引起的，远处的物体在视网膜上移动的距离小，近处的物体在视网膜上移动的距离大，因而提供了深度和距离的线索。运动透视是在观察者向前运动时，由远处物体和近处物体在视网膜上运动速度的相对大小引起的，即近处物体的流动速度大，远处物体的流动速度小，因而提供了深度和距离的线索。我们坐在前进的火车上，看到窗外远处的山峦和近处的树木在以不同的方向运动，便是由运动视差引起的。而我们坐在飞机或汽车上，看到迎面而来的地面或物体具有不同的运动速度，便是由运动透视引起的。在观察者快速向前运动时，近处的物体会“逼近”观察者，显得越来越大，这也提供了距离的线索。

（十）为什么把吉布森的生态光学理论称为直接理论?

吉布森是知觉直接理论的提出者。在他看来，知觉是人对环境的一种积极探索。当观察者在环境中移动时，视网膜上的刺激形式在时间和空间上都在不断变化。这些变化模式为我们认识不断变化的世界提供了直接的线索。世界是变化的，但来自环境的这些感觉信息却保持着相对的不变性或稳定性。例如，我们在“运动透视”中提到，由于远近物体在视网膜上引起的运动速度不同，近物会“逼近”观察者，这些线索都是由环境直接提供的。吉布森的主张与传统的知觉理论形成了鲜明的对比。按照知觉的无意识推理理论或知觉的认知理论，人的知觉是一个无意识推理的过程，或者是一个假设检验的过程。在知觉中，观察者的经验对感觉信息的解释具有重要作用。按照吉布森的观点，“我们如何认识这个世界”这个问题的答案其实很简单，你可以直接提取来自环境的感觉信息中的不变性或稳定性。

（十一）影响时间知觉的因素有哪些？

许多因素都可能会影响人对时间的知觉。①感觉通道的性质。在判断时间的精确性方面，听觉最好，触觉其次，视觉较差。时间知觉的阈限也会受感觉通道的影响，听觉优于视觉。②在一定时间内，事件发生的数量越多，人倾向于把时间估计得越长；而事件的数量越少，人倾向于把时间估计得越短。③注意的作用。对于需要付出较大努力的活动，或者需要高度集中注意的活动，我们会意识不到时间的流逝，因而觉得时间过得很快。相反，对于某些单调、乏味、不需要注意努力的任务，我们对时间的意识反而较强，觉得时间过得很慢。④年龄差异。随着年龄的增长，人的时间知觉和体验是不断变化的。年纪越大，个体会觉得时间过得越快。这种现象也可能与人体内某些生物化学成分的变化有关。例如，神经递质多巴胺的释放量随年龄的增长逐渐减少，这可能是时间知觉随年龄发生变化的原因（Mangan et al.，1997）。⑤疾病。有些疾病会影响人的时间知觉。例如，抑郁症患者会觉得时间过得很慢，他们对未来的时间不敏感；精神分裂症患者会出现丧失时间的现象，觉得时间似乎凝固了，可能只记得住院治疗以前的时间，而不记得住院后的时间；大多数躁狂症患者在发病期间，报告时间过得很快。⑥空间知觉。由于刺激物的时距加大，被试觉得刺激物的空间距离也增大了。相反，刺激物的空间距离也会影响时间知觉。

（十二）人的运动知觉是怎样产生的？

当物体运动时，人们怎样才能获得关于物体运动的信息呢？

一个假设为网像运动系统假设，认为一个运动着的物体移过视网膜时，它将依次刺激视网膜上的一系列感受器，并使相邻感受器受到连续的激发，从而提供运动的信息。另一个假设为头—眼运动系统假设，认为运动知觉还需要关于自身运动的一种特殊形式的信息，即由中枢神经系统发出的动作指令。这种信息与视网膜映象流汇合在一起，共同决定着人的运动知觉。当物体运动而人眼静止时，视网膜上出现的映象流没有被中枢神经系统发出的动作指令抵消，因而人能看到运动着的物体。同样，当人眼追踪运动着的物体时，只有中枢神经系统发出的动作指令，而无视网膜映象流与它抵消，因而人也能看到运动着的物体。如果物体静止，而人移动自己的眼睛，那么，人不仅能得到来自视网膜映象流的视觉信息，而且也能得到来自中枢神经系统发出的动作指令的非视觉信息。这两种信息相互抵消，人看到的物体就是静止的。

（十三）研究错觉有什么意义？

研究错觉具有重要的理论意义。错觉虽然奇怪，但不神秘。产生错觉不仅有客观的原因，而且有主观的原因。在主客观环境的相互作用下，人可能不会真实地认识世界。研究错觉的成因有助于揭示人们正常知觉客观世界的规律。

研究错觉还有实践意义。从消极方面讲，它有助于消除错觉对人类实践活动的不利影响。从积极方面讲，人们可以利用某些错觉为人类服务。例如，我们熟悉的动景运动，实际上是一种运动错觉。人们掌握了动景运动的规律，就可以从连续呈现的静止图片中获得清晰的运动景象。人类利用错觉，还可以创造虚拟的世界。

知识链接

日常生活中的错觉

错觉是人们日常生活的基本组成部分。想一下你每天关于地球的经验，尽管你知道太阳肯定永远都是太阳系统的中心，但是你每天还是会看到“日出”和“日落”。你能理解对于哥伦布和其他航海家而言，依靠勇气去否定地球是平地的错觉，并乘船驶向表面上的边界是多么非凡的业绩。类似，当月亮在头顶上时，尽管你知道月亮没有在追你，但它看起来还是无论你走到哪里总是跟在你的背后，这是由月亮远离你而造成的错觉。当月光到达地球时，它们本质上是平行的，无论你走到哪里，都与你的运动方向垂直。

人们能够通过控制错觉来获得期望的效果。建筑师和室内设计师利用知觉的原理来创造空间中比其自身更大或更小的物体。对于一间较小的居室，如果墙壁上涂上浅颜色，在屋子中间放上一些较低的沙发、椅子和桌子，房间也会看起来很宽敞。美国宇航局为航天项目服务的心理学家设计太空舱内部的环境，使之在知觉上有一种更愉快的感受。电影院和剧场中的布景和光线方向也被有意识地设计以产生电影和舞台上的错觉。

资料来源：格里格，津巴多，2003。

三、 设计活动

活动一

你见到过哪些现象能说明经验在知觉中的作用？

提示：可参见迈尔斯著、黄希庭等人译的《心理学》，并做出回答。他列举的现象有知觉定势、情景效应等。知觉定势，是指前面的知觉经验能影响随后的知觉。情景效应，是指知觉受到前后关系的影响，或上下文的影响。除此之外，你还能补充一些现象吗？

活动二

检测一下你的深度知觉能力。

提示：请你找一位朋友和你面对面站着，你们手中都拿着一根筷子，平举在自己的正前方，让你的朋友先用单眼，后用双眼完成任务(用筷子的尖端碰对方的筷子的尖端)，然后比较在不同条件下出现了什么现象。如果发现单眼和双眼的差异，请解释其原因。

活动三

你邀请一个同学在非常安静的环境中闭目坐下，然后在他周围用手指发出响声，请他判断声音来自哪个方向，并记录判断的正确率。你将发现，对于那些从正前方、正后方、正上方或正下方发出的声音，他判断的正确率较低。请解释其原因。

提示：人对声音方向的定位依赖声音到达两耳的时间和强度，即时间差和强度差。由于来自这些方向的声音没有时间和强度的差异，因此个体会判断不准确。

活动四

上网查询：心理学或认知神经科学关于生物运动的研究有哪些新的进展。

活动五

举例说明错觉现象在日常生活中的运用。

提示：在建筑业、影视业中的运用。

活动六

根据下面这两张儿童画(见图 4-3)，你能说说儿童知觉有哪些特点吗？

图 4-3 儿童画

四、 拓展练习

（一）单选题

1. 灯光下课桌的颜色与日光下课桌的颜色看上去差不多，是因为(　　)。

A. 在不同光源下，桌子表面的反射光差不多

B. 颜色知觉具有恒常性

C. 人具有暗适应

D. 人具有明适应

2. 下面右图中穿白衬衫的男子比左图中同一个男子看上去小，而在同一张图(左图)内，两人看上去差不多，其原因是(　　)。

A. 实际大小不同

B. 与旁边的男子大小对比不同

C. 距离线索不同

D. 个体经验不同

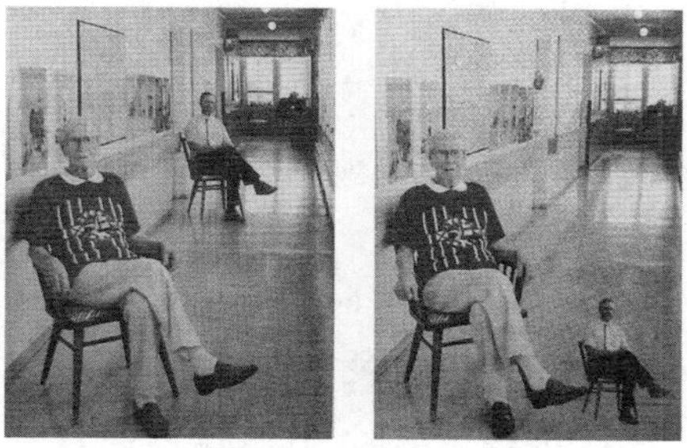

3. 在知觉恒常性中，知觉到的映象与物体的关系是(　　)。

A. 两者完全一样

B. 两者完全不同

C. 接近实际物体

D. 接近视网膜上的映象

4. 前面的知觉经验对后面知觉的影响叫(　　)。

A. 知觉定势　　B. 知觉后效

C. 知觉对比　　D. 知觉恒常性

5. 人换眼镜后，开始觉得不舒服，过了半天或一天，这种感觉才消失，这种现象叫(　　)。

A. 知觉定势　　B. 知觉学习

C. 知觉适应　　D. 知觉后效

6. 下面这张图说明了(　　)这一图形组织原则。

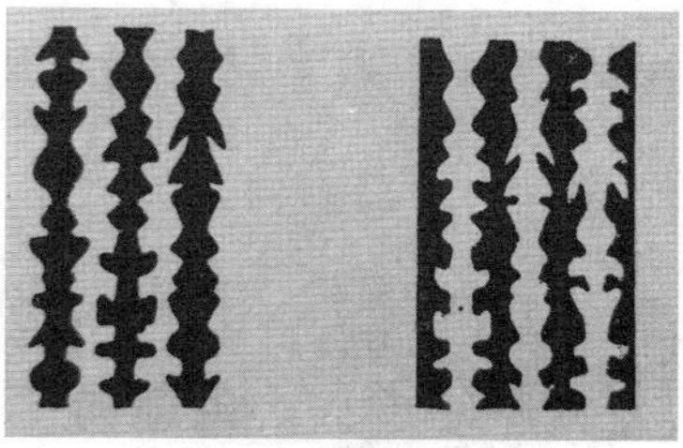

A. 邻近性　　B. 相似性

C. 良好连续　　D. 对称性

7. 近年来面孔识别受到了广泛关注，它涉及广泛的脑区，其中不参与的脑区可能是(　　)。

A. 梭状回　　B. 缘上回

C. 额下回　　D. 顶叶

8. 视觉词形区位于(　　)。

A. 左侧额叶的布洛卡区

B. 左半球颞叶缘上回

C. 左侧楔叶

D. 左侧梭状回

9. 新近的研究发现，脑的祖母神经元主要位于(　　)。

A. 颞叶缘上回　　B. 枕叶

C. 前额叶　　D. 颞极

10. 在特征捆绑中发挥重要作用的是(　　)。

A. 注意　　B. 记忆

C. 思维　　D. 想象

11. 知觉直接理论的提出者是(　　)。

A. 吉布森　　B. 华生

C. 奥基夫　　D. 卡尼曼

12. 知觉拓扑学理论的提出者是(　　)。

A. 特瑞斯曼　　B. 奈瑟

C. 陈霖　　D. 陈立

13. 下面这幅图主要显示了(　　)这一距离线索。

A. 运动透视　　B. 线条透视

C. 运动视差　　D. 相对高度

14. 深度的双眼线索主要依赖(　　)。

A. 运动视差　　B. 运动透视

C. 空气透视　　D. 双眼视差

15. 2014 年，挪威心理学家莫泽夫妇因发现了(　　)而获得诺贝尔生理学或医学奖。

A. 定位细胞　　B. 运动细胞

C. 网格细胞　　D. 定时细胞

16. 主张运动透视在深度和距离知觉中发挥重要作用的是(　　)。

A. 吉布森　　B. 特瑞斯曼

C. 韦特海默　　D. 冯特

17. 双眼视差的有效范围一般是(　　)。

A. 1300 米以内　　B. 1500 米以内

C. 1700 米以内　　D. 1900 米以内

18. 人的运动知觉的下阈为(　　)。

A. 0.22 米/秒　　B. 0.66 毫米/秒

C. 0.88 毫米/秒　　D. 0.99 毫米/秒

19. 动景运动发生的有效时距约为(　　)。

A. 60 毫秒　　B. 100 毫秒

C. 150 毫秒　　D. 200 毫秒

20. 缪勒—莱耶错觉也叫(　　)。

A. 铁轨错觉　　B. 垂直水平错觉

C. 箭形错觉　　D. 月亮错觉

21. 冯特错觉属于(　　)。

A. 形状和方向错觉

B. 大小错觉

C. 运动错觉

D. 明暗错觉

(二) 多选题

1. 知觉作为一种活动过程，包含的相互联系的几种作用有(　　)。

A. 觉察　　B. 确认

C. 分辨　　D. 推理

2. 陈霖的视觉拓扑学理论属于(　　)。

A. 特征分析理论

B. 成分识别理论

C. 整体加工理论

D. 早期知觉加工理论

3. 深度的单眼线索包含(　　)。

A. 对象重叠　　B. 运动视差

C. 双眼视差　　D. 运动透视

4，时间知觉可以分成(　　)。

A. 时序　　B. 时距

C. 时间回忆　　D. 时间点

5. 听觉的方位定向主要依赖声音的(　　)。

A. 时间差　　B. 频率差

C. 强度差　　D. 音色差

参考答案

(一)单选题

1. B　2. C　3. C　4. A　5. C　6. D　7. C　8. D　9. D　10. A　11. A　12. C　13. B　14. D　15. C　16. A　17. A　18. B　19. A　20. C　21. A

(二)多选题

1. ABC　2. CD　3. ABD　4. ABD　5. AC

第五章 意 识

一、 解释概念

（一）意识

意识是一个非常复杂的概念，通常被定义为“我们对自身或环境的主观觉知”。从心理学研究的角度看，意识可从下面几个角度来理解。首先，意识是一种觉知，意味着你觉察到了什么。这种当前对自己或者他人或者环境的觉知就是意识。其次，意识是一种高级的心理功能。意识可以对自己的行为起到统合、管理和调控的作用，这种能动性对完成当前的活动具有重要意义。最后，意识是一种心理的状态。从无意识到意识是一个连续体，在意识水平上也存在觉知水平的不同，如警觉、觉醒和迷迷糊糊三种状态的觉知水平就存在差异。

（二）无意识

无意识是指个体不曾觉察到的心理过程。根据弗洛伊德的观点，无意识包括大量的观念、欲望、冲动等，这些观念、欲望、冲动多数与本能有关，和社会伦理道德存在冲突而被压抑到无意识或者潜意识中。但是在精神分析理论中，有关无意识含义的外延较窄。无意识除了包括弗洛伊德所讲的欲望、冲动等之外，还包括以下几个方面。①阈限下知觉。环境刺激只有达到一定的强度，或在一定的范围内才能引起感觉和知觉，从而进入意识。当刺激强度未达到阈限时，尽管个体意识不到刺激的存在，但对其行为会产生影响，这被称为阈限下知觉。②盲视。具体见后面对盲视的解释。③非注意视盲。当注意力分散或注意被其他活动占用时，一些本来能够意识到或显而易见的刺激或事物，却没有被意识到，这种现象被称为非注意视盲。④无意识的行为。例如，对于上课时你做出的许多小动作，你可能并没有意识到，但它确实发生了。总之，无意识是个体不曾觉察到的心理活动，它是存在的，并会影响我们的心理和行为。

（三）盲视

盲视是指患者不能有意识地觉察视觉刺激，但仍能进行视觉辨别。在一项个案研究中，唐（Ton）患有严重的头痛病，为治好头痛，右侧枕叶的一部分被切除了。由于右侧枕叶接收人脑左侧视野传递来的信息，因此患者看不到左侧视野中呈现的部分物体。但实验发现，唐能用左手的食指指出左侧视野呈现的圆点的位置。患者对出现在左视野和正常的右视野圆点的定位几乎一样准确。患者还能猜测盲视野中出现的直线是水平还是垂直的，是字母 X 还是字母 O。重要的是，患者报告他看不到呈现的刺激，只是在猜。

这说明盲视的患者在没有意识到刺激的情况下，仍然能够指出呈现在盲视野内的刺激。盲视可能的机制是，当视觉皮层损伤后，尽管从视网膜到视觉初级皮层的主要视觉通路被破坏了，但是从脑干的上丘到联合皮层的次级通路是完好的，因此患者还可以进行一定形式的视觉分析。盲视现象表明，人们对视觉信息的辨认并不一定依赖对视觉刺激的有意识的觉知，同时也证明了无意识现象的存在。

（四）生理节律

生理节律是指人体的基本生理活动、过程和心理状态的周期性变化。这种周期性的变化会对我们的生活产生重要影响。飞行时差典型地说明了生理节律的作用。在时差的影响下，人们容易感到困倦、懒散和食欲不振。原因很简单，你的生物钟影响着你的睡眠时间和睡眠习惯，当你形成的生物钟告诉你现在是睡觉时间，而你飞行的目的地却正艳阳高照，因此你会在白天感到困倦。同样，你的目的地此时已是深夜，但你的生物钟告诉你现在是白天，因此你会彻夜难眠。研究表明，位于丘脑的视交叉上核对生物钟起着重要作用。这种神经核的活动能够促进或者抑制松果体的活动。而松果体能分泌一种被称为褪黑素的激素，起到镇静的作用，可以诱导机体进入睡眠状态。白天褪黑素的水平降低，而黑暗能促进褪黑素的分泌。这就是机体白天、黑夜精力发生交替变化的机制。

知识链接

倒夜班与生理节律

人的生理活动是有节律的。如果遵循这个生理节律，那么白天人就会精力充沛，工作、学习效率高。但有些情况下，人正常的生理节律会被打乱。例如，很多职业会要求倒夜班。如果周日和周一是晚上工作，而周二到周四是上午工作，你的身体就很难重新设置生理节律，而这会对你的思维和健康产生消极的影响。

倒夜班的职工通常会出现更多的睡眠紊乱，更多的事故、伤害和疾病以及认知水平的下降。如果倒夜班有规律，那么机体就会适应这种新节律；但是，如果倒夜班没有规律，生理节律就会被打乱。这时，人们会觉得昏昏沉沉的，精力不集中，也更易出现判断错误和失误。例如，交通事故更容易发生在凌晨这段时间，这是人在这段时间非常困乏、注意力不集中等原因造成的。

资料来源：帕斯托里诺，多伊尔-波蒂略，2013。

（五）外源性注意和内源性注意

按照引起注意的线索来源不同，注意可以分为外源性注意（exogenous attention）和内源性注意（endogenous attention）两种。外源性注意是指由外部刺激或信息引起的注意，引起注意的线索来自外部，是一种被动的、不随意的、不费心神的注意。内源性注意是由个体的行为目标或意图引起的注意，引起注意的线索来自内部，是一种主动的、积极的、费心神的注意。

（六）选择性注意、持续性注意和分配性注意

选择性注意是指个体在同时呈现的两种或者两种以上的刺激中选择一种进行注意，而忽略其他刺激。例如，穿行在人车混杂的马路上，我们通常会把注意力更多指向机动车。持续性注意是指在一定时间内把心理活动持续保持在某个刺激或者活动上，它是衡量一个人注意品质的重要指标。分配性注意是指个体在同一时间对两种或两种以上的刺激进行注意，或者将注意在同一时间内分配在不同的活动中。例如，一边看电视一边织毛衣。

（七）正启动和负启动

启动现象是指先前呈现的刺激对后续刺激的加工产生的影响。启动可分为正启动和负启动。正启动是指先前呈现的刺激对后续刺激的加工的促进作用。例如，先呈现词语“护士”比先呈现词语“树木”，能加速对词语“医生”的识别。因为“护士”和“医生”两者之间具有语义上的联系，而“树木”和“医生”之间不存在语义上的联系。负启动是指先前呈现的刺激对后续刺激的加工产生的不利影

响。在经典的负启动研究范式中，要求被试对其中某一类刺激做出反应(目标刺激)，而忽视另一类刺激(分心刺激)。若第 N 个试次中要求被忽略的分心刺激在随后的第 $N+1$ 试次中成为目标刺激时，对该刺激的反应时比对照条件要长。例如，第 N 个试次中要求被试忽略的是字母“B”(分心刺激)，如果下一次“B”成为要识别的字母(目标刺激)，那么其识别的时间比其他字母要长，这就是负启动现象。

(八) 双耳分听

双耳分听是一种研究注意加工的实验范式。在这种范式中，主试通过耳机向被试的两耳同时呈现不同的刺激，然后要求被试完成某些任务。在选择性注意的实验中，被试只需要注意呈现给一只耳朵的信息，该耳被称为追随耳，忽视呈现给另一只耳朵的信息，该耳被称为非追随耳。在分配性注意的实验中，被试需要同时注意两耳的信息。通过双耳分听实验，研究者可以考察影响选择性注意和分配性注意的因素，以及注意对信息的选择发生在信息加工的哪个阶段等问题。

(九) 注意的认知资源理论

该理论认为，注意是一组对刺激进行识别和处理的有限的认知资源。对刺激的识别需要占用认知资源，刺激越复杂或者任务越复杂，占用的认知资源越多。如果一种活动占用了大量的认知资源，其他刺激或者活动就不能得到有效的加工，在这种情况下难以进行注意的分配。但如果一种活动是自动化的，需要的认知资源很少，那么人们就可以同时完成两种或者多种活动。认知系统内有一个机制负责注意资源的分配，这一机制是灵活的，可以受人的控制，人们可以把认知资源分配到重要的活动上。

(十) 自动化的加工和受意识控制的加工

谢夫林等人提出了双加工理论，认为人的认知加工可以分为两种：自动化的加工和受意识控制的加工。自动化的加工是指不受认知资源的限制，不需要注意，是自动进行的。这种加工过程由适当的刺激引发，发生较快，也不影响其他认知加工过程。受意识控制的加工是指受认知资源的限制，需要注意的参与，可以随环境的变化而不断进行调整的加工。自动化的加工和受意识控制的加工可以解释很多注意现象。例如，我们之所以能够进行注意的分配，是因为其中有一种活动是自动化的加工；之所以不能进行注意的分配，是因为从事的两种活动都是受意识控制的加工。经过大量的练习，受意识控制的加工能够转变为自动化的加工。因此，对某种活动多练习，有助于注意的分配。

(十一) 快速眼动睡眠

快速眼动睡眠是睡眠中的一个特殊阶段。在这一阶段，δ 波消失，出现高频、低幅的脑电波，与个体清醒状态下的脑电波相似。睡眠者的眼球开始快速上下左右转动，并通常伴随着梦境；呼吸、心跳变得不规则，肌肉松弛，很难被唤醒。第一次快速眼动睡眠持续5～10分钟，经过90分钟左右的睡眠周期，进入第二次快速眼动睡眠，持续时间更长。后来持续的时间会变得越来越长。在快速眼动睡眠阶段，多数人会报告在做梦。快速眼动睡眠的功能还存在一定的争议。

知识链接

快速眼动睡眠的功能及其相关脑区

快速眼动睡眠有一定的意义，尽管这些意义还没有达成共识。例如，在婴儿期，快速眼动睡眠负责建立眼睛运动神经和它支配的肌肉之间的通路。快速眼动睡眠也许使脑中的某些功能结构建立起来，如那些涉及学习和运动技能的结构。快速眼动睡眠可能会在心境和情绪的保持过程中发挥一定的作用。被剥夺了快速眼动睡眠的人比没有被剥夺的人更难回忆起白天所学习的复杂的信息；快速眼动睡眠被剥夺者还报告在醒来后难以集中注意力。这说明快速眼动睡眠可能与记忆的巩固和注意等心理活动有关。快速眼动睡眠似乎会帮助我们“抛弃”那些没有价值或者不太重要的信息。

研究显示，和慢波睡眠相比，快速眼动睡眠状态下的边缘系统会得到激活，如杏仁核、扣带回前部等区域，同时伴随着背侧前额叶激活水平的下降。背侧前额叶通常与理性的思考和决策有关。另外，初级视觉区处于抑制状态，而视觉联合区处于激活状态。这种激活的特点或许解释了为什么在快速眼动睡眠阶段，人们做梦会伴有栩栩如生的视觉意象。

资料来源：格里格，津巴多，2003；帕斯托里诺，多伊尔-波蒂略，2013。

二、 解答问题

（一）意识的剧院模型是什么?

意识的剧院模型(theater model)，也称全局工作空间理论(global workspace theory)，由美国认知心理学家巴尔斯(Baars，1998)提出，后来法国认知神经科学家狄汉(Dehaene)将其扩展到意识的神经机制研究中。该理论强调意识是一个容量有限的全局(公共)工作空间，在这里可以对各种并行分布的加工过程(通常是无意识进行的)进行信息交换和协调控制。为了形象地说明意识产生的机制，巴尔斯把意识的产生比喻成剧院中的一场演出，工作记忆相当于舞台，意识便是舞台上聚光灯照亮的部分。自我相当于导演，可以对舞台上的各部分心理活动进行主动控制，并能控制接下来让什么进入意识。该模型为研究者理解意识提供了一个形象的理论框架，直观地说明了意识的工作机制，在意识研究领域产生了广泛的影响。

（二）意识的整合信息理论包括哪些内容?

美国神经科学家托诺尼(Tononi，2004)提出了整合信息理论，认为意识经验的形成源自人脑在进行信息处理时产生的一种特殊的信息结构：整合信息。意识经验在任何时候都是作为一个整体而存在的，无法被分解为各部分，同时又有着极为丰富的存在状态和变化形式。换句话说，意识经验同时具有高度整合性和高度分化性的特征。人脑在处理相关信息时，神经结构的各部分之间则有大量的、复杂的相互作用，形成了整合信息。这种整合信息的形成依赖各部分神经结构的共同参与，如果拿掉其中一部分神经结构，所产生的整合信息就会被彻底改变。因此，整合信息是不能被分解为各部分的。同时，整合信息的存在状态和形式又是极为丰富多样的，刺激输入和神经系统状态的细微变化都会产生不同形式的整合信息。整合信息的不可分解性和多样性可以解释意识经验的高度整合性和高度分化性。

与意识的剧院模型一样，整合信息理论也在意识研究领域产生了广泛的影响，并催生了大量实验或模拟计算研究，相关理论还在不断发展中。

知识链接

全球六个实验室启动意识研究的理论验证

2019年年底，关于意识研究的国际“打赌”项目在芝加哥正式启动。该项目题为“加速意识研究：合作验证全局神经工作空间理论和整合信息理论两个意识理论的相抵预测”，试图通过全新的思路和手段来加速对人类意识的理解。全局神经工作空间理论由巴尔斯的全局工作空间理论发展而来，提出者是法国认知神经科学家史坦尼斯勒斯·狄汉。他认为负责高阶认知过程的脑区在意识产生中起着核心作用。进入大脑的各种信息在高级皮层被选择和优先级排序，最终被选中的信息会在大脑中被进行全局广播，激活多个认知系统，进而产生意识。整合信息理论的提出者是托诺尼教授，他认为意识的产生并不依赖高级皮层的“决定”，甚至不依赖感觉输入，而是来自大脑网络的相互连接，是认知网络的一种内在属性。该理论提出，大脑后部负责感觉信息处理的脑区之间相互作用的复杂度决定了意识水平。

这是一个为期三年的项目，旨在对全局神经工作空间理论和整合信息理论这两个主流理论进行检验。项目将组织这两个理论的提出者进行正面交锋和讨论，并检验这两个理论在一定实验下所产生的不同预测。该项目计划邀请六个实验室用不同的脑成像技术（功能性磁共振成像、脑电图、脑磁图、颅内脑电图）对其进行独立验证。这六个实验室分别是：美国哈佛大学的加布里埃尔·克里曼（Gabriel Kreiman）实验室、美国耶鲁大学的哈尔·布卢门菲尔德（Hal Blumenfeld）实验室、英国伯明翰大学的奥尔·詹森（Ole Jensen）实验室、北京大学的罗欢实验室、荷兰的唐德斯（Donders）研究所的弗洛里斯·德朗（Floris de Lange）实验室、德国马普研究所的露西亚·梅洛尼（Lucia Melloni）实验室。

该项目的最终目的并不是给出论断来确定两个理论谁是谁非，而是希望通过这样的平台提升大家的共识和科学研究的透明性，推动意识研究的加速发展，鼓励和引领一种全新的科研合作方式。

资料来源：北京大学新闻网，2019。

（三）生理节律对人的心理和行为的影响是什么？

生理节律是指人体的基本生理活动、过程和心理状态的周期性变化。这种周期性的变化会对人的心理和行为产生重要影响，体现在当我们的行为活动适应生理节律的变化时，活动的效率提高；反之违反生理节律，在一定程度上会降低工作的效率，并对人的心理造成消极影响。

例如，工厂里安排工人的倒班制就涉及生理节律的问题。如果时间安排不好，就会发生内部节律失调，不仅使人感到烦躁、焦虑，而且影响工作的效率。例如，《科学》杂志曾发表了一项有关倒班时间对心理与行为的研究（张厚粲，2001）。把实验被试分为 A、B 两组，A 组被试的上班时间由上午 8 点推迟到下午 4 点，即时间往后推；B 组被试由原来的下午 4 点上班提前到上午 8 点，即时间往前提。两组被试各有一半是一周倒一次班，一半被试三周倒一次班。几个月后，结果发现，时间往后推的那一组比时间往前提的那一组感觉要好，不满意的相对较少。三周倒一次班的工人觉得倒班对他们的影响不大，但一周倒一次班的工人感觉心情不舒畅。该实验很好地说明了生理节律对人的心理和行为的影响。

当然，生理节律并不是绝对有规律的，有很多因素会影响人的生理节律，如疾病、药物，以及某些外界环境的线索。由于遗传的差异，人与人之间的生理节律会有很大的不同。因此，掌握自己的生理节律，并利用这些特点安排自己的工作和休息，将会使自己从中受益。

知识链接

植物人有意识吗?

醒着，但没有意识，这种状态过去常被用来形容植物人。传统上认为，植物人虽然保留了下丘脑和脑干的自主性功能，但是大脑皮层的认知功能丧失，完全缺乏对自我和环境的觉知。这种观点正确吗?

脑成像的研究结果表明，尽管植物人对产生疼痛性的刺激没有外显的反应，但是疼痛刺激激活了躯体感觉中枢，还激活了脑岛和扣带回前部等区域。

植物人虽然不能区分外界的物体，但是视觉刺激引发了他们初级视觉皮层和梭状回的激活。听觉刺激引发了双侧初级听觉皮层的激活，但和正常人相比，缺乏更为高级的听觉联合皮层的激活，而且与听觉加工相关的各脑区之间的连接较弱。

同样，植物人能够加工言语刺激，言语刺激激活了颞上回和颞中回等与言语加工相关的脑区。植物人同样能够加工情绪刺激。例如，和陌生的声音相比，植物人在听到自己母亲的声音时，杏仁核、脑岛和额下回等区域的激活更强。

上述这些研究都说明，植物人对外界刺激是有感知的，他们的大脑能够对外界刺激做出反应，只是他们不能给予明确的描述或者无法表达出来而已。这可能是由于植物人一定的认知功能模块虽然完好，但是皮层的各功能模块的连接出了问题，因此不能把主观体验表达出来。

资料来源：Monti，2012。

(四)不随意注意和随意注意的影响因素分别有哪些?

不随意注意又称外源性注意，主要受刺激自身的特点和人的主观因素两个方面的影响。刺激自身的特点包括刺激的强度、刺激的对比关系、刺激的新异性和刺激是否运动变化等。一般来说，刺激新颖独特，刺激强度大，刺激和周围的背景对比鲜明，在静止的背景中出现了运动变化都会引起人的不随意注意。在相同外界刺激的影响下，不随意注意也受人本身状态的影响。例如，人的情绪的状态，需要的强弱以及对某事物是否有兴趣等也会影响人的不随意注意。

随意注意又称内源性注意，是有注意的目的、需要意志努力的注意。影响随意注意的因素有以下几种。

①活动的目的和任务。活动的目的和任务越明确，越容易集中注意力。

②兴趣。感兴趣的事物容易引起人们的随意注意，因此可以利用人们对事物或者活动的直接兴趣维持随意注意，也可以利用人们对活动结果感兴趣的间

接兴趣维持随意注意。

③活动的组织。在活动过程中，正确地组织自己的活动有利于随意注意的维持。例如，把从事的智力活动和外部的书写活动相结合可以更好地维持人的注意。

④知识经验。个体拥有相应知识经验的事物更容易引起随意注意。

⑤人格特征。顽强、坚毅、坚持性强的人易于克服困难，维持随意注意；反之意志薄弱的人更容易受到无关刺激的干扰，使得注意离开当前需要注意的事物或者活动。

（五）注意的过滤器理论的主要观点及其支持证据有哪些?

过滤器理论又称过滤器模型，是一种用于解释选择性注意的工作机制的理论，由英国心理学家布罗德本特于1958年提出。该理论的主要观点是：来自外界环境的信息是大量的，但人的信息加工能力有限，人在同一时间内不可能同时加工全部的信息。为了避免信息超载，需要过滤器加以调节，选择一些信息进入高级的意义分析阶段，而其余的信息则被完全阻断在高级的意义分析阶段之前，并迅速消退。通过过滤器的信息受到进一步的加工而被识别和存储。

作为一个信息的过滤器，注意是一种“全或无”的工作方式，即通过过滤器的信息进入高级的意义分析阶段(负责意义分析)，未通过过滤器的信息则完全被阻断在高级的意义分析阶段之前。换句话说，只有经过注意选择的信息才能进入高级的意义分析阶段。

注意的过滤器理论得到了双耳分听实验的支持。在双耳分听实验中，彻里(1953)等人同时给被试的双耳呈现听觉刺激，并要求被试复述事先规定的那只耳朵听到的信息，利用复述使被试尽可能只注意一只耳朵的信息(追随耳)，而不注意另一只耳朵的信息(非追随耳)。实验结果表明，被试能很好地回忆追随耳的信息，但对非追随耳的材料则不能很好地报告；甚至当非追随耳的刺激从法语变为德语时，被试也不知道。这一实验支持了注意的过滤器理论。

（六）注意衰减理论的主要观点及其支持证据有哪些?

注意衰减理论又称注意衰减模型，由美国心理学家特瑞斯曼于1964年提出，用于解释选择性注意。该理论承认人的信息加工能力的有限性，承认有对信息进行过滤的装置，但认为过滤装置不是按“全或无”的方式工作的，它既允许信息从注意的通道(追随耳)通过，也允许信息从非注意的通道(非追随耳)通过，只是非注意通道的信息受到衰减，强度减弱了，一些信息仍可得到高级的意义加工。

特瑞斯曼将阈限的概念引入高级的意义分析阶段。她认为，已经存储的信息在高级的意义分析水平上有不同的激活阈限。追随耳的信息通过过滤器时没有受到衰减，而是保持原来的强度，可以顺利地激活有关信息，从而得到识别。非注意通道的信息由于受到衰减，强度减弱，常常不能得到识别。但有些信息，如自己的名字、火警的电话等，激活阈限较低，即使刺激强度低，也可以得到激活。影响阈限变化的因素有刺激的意义、熟悉度、上下文、指示语等。注意衰减理论得到了双耳分听等一些实验的支持。

鸡尾酒会效应可以用注意衰减理论的观点来解释。所谓鸡尾酒会效应，是指在聚会中，当你专注于和某人谈话时，你对周围人们的谈话内容是不能识别的，但却对偶然传来的你的名字能够识别。根据该模型的观点，不仅受到注意的信息能进入高级的意义分析阶段，而且非注意的信息也能进入高级的意义分析阶段，只是强度受到了一定程度的衰减。注意衰减理论认为，受到衰减的信息能否得到识别取决于头脑中这些信息激活的阈限。在鸡尾酒会上，由于你的名字的激活阈限较低，因此即使你没有注意某些人的谈话内容，但在他们提到你的名字时，你也仍然可以觉察到。

（七）双加工理论如何解释注意分配的现象？

注意分配是指在同一时间内对两种或者两种以上的活动进行加工。有时人们可以进行注意的分配，有时又难以进行注意的分配。这些现象可以用双加工理论进行解释。

双加工理论把人的信息加工分成自动化加工和受意识控制的加工。按照这种理论，能否将注意进行分配主要取决于所从事的两种或者多种活动的自动化的程度。如果其中一种活动已经变成了自动化的加工，那么完成这种活动所需要的注意资源就会很少，或者几乎不需要，因此就可以在同时进行的两项活动中进行注意的分配。但如果同时进行的两种或者多种活动都没有达到自动化加工的程度，即都需要意识控制的加工，那么就很难进行注意的分配。

知识链接

睡眠——大脑的记忆调控方式

人类为什么每天都需要睡眠？睡眠的作用是什么？如果不睡觉会造成什么影响？2021 年，《科学》专栏发表了一篇综述，总结了睡眠对学习记忆影响的相关研究。

记忆的形成过程对大脑来说是一个具有挑战性的过程，大脑决定哪些新的体验可以被存储以及整合到已有的记忆里，从而得以持续和校正。记忆形成于清醒状态下，睡眠之后，大脑在没有外部刺激的干扰下去分类和增强新编码的记忆的过程叫记忆的巩固。记忆的巩固进而促进长时记忆的产生或者记忆痕迹(这个过程在清醒时期用于支持信息的再提取)的形成。

非快速眼动睡眠阶段对于学习和记忆的巩固尤为重要，大部分关于长时记忆巩固的理论涉及海马和新皮层的相互交流，海马—皮层的协同发生在非快速眼动睡眠阶段。针对快速眼动睡眠的研究多与人类的生动梦境有关，针对其与学习和记忆的影响的相关研究较少。虽然目前大部分关于睡眠模式和记忆巩固的研究都集中在海马和皮层之间，但是其他结构在记忆的形成中也是参与的，如腹侧纹状体、伏隔核等。除此之外，根据突触稳态假说，睡眠时会下调突触重量来防止突触饱和，从而允许在接下来的清醒时期能够上调突触重量并形成新的记忆，这一机制在稳态调节中起着关键作用。

睡眠和记忆之间的关系是一个非常复杂的研究领域。首先，睡眠不是同质化的，可以分为根据不同的节律和模式分类的亚阶段。其次，记忆有很多种，不同类型的记忆依赖不同的却偶有重叠的结构网络。最后，事件记忆不是完全地真实反映实际事件的。事件记忆的形成包含信息的最初编码、修正和其他记忆整合，甚至遗忘。在日新月异的研究方法和睡眠的记忆功能相关理论的不断更迭下，科学家们正在探索“睡眠与记忆学习”的奥秘。

资料来源：Girardeau & Lopes-Dos-Santos，2021。

（八）睡眠的功能有哪些?

1. 功能恢复

睡眠的功能是使工作了一天的大脑和身体得到休息、休整和恢复。从神经元的层面来说，在清醒期间，细胞的新陈代谢会消耗大量能量，产生一些对神经元有害的代谢物质。在睡眠期间，神经元可以修复自己，清除有害的代谢产物，同时修剪或削弱未使用的神经纤维。

2. 自我保护

睡眠是在长期的生存斗争中通过生物进化形成的一种适应机制，能够使个体减少能量消耗和避免受到伤害。例如，我们的祖先不适应在黑暗中觅食，而且夜幕降临后还可能受到老虎、狮子等大型肉食动物的威胁，所以要在夜里躲到安全的地方睡觉。随着生物的进化，睡眠逐渐演变为生理功能周期性变化的一个中性环节，是正常的脑功能变化的一部分。

3. 促进身体发育

在深度睡眠期间，脑垂体腺细胞开始活跃并释放一种生长激素，这种激素对身体发育非常重要。因此，幼儿和青少年需要有充足的、高质量的睡眠来保证其成长和正常发育。

4. 巩固和重建记忆

睡眠可以帮助人们巩固学习的知识和技能。研究发现，睡眠期间，神经的记忆痕迹得以加强和巩固，而且更多的睡眠能够帮助更好地记忆最近学习的材料。

5. 激发灵感和创造性思维

科学家、文学家或艺术家从睡梦中得到启发的例子并不罕见。例如，我们比较熟悉的有化学家凯库勒在睡梦中受到启示，从而发现了苯环结构的故事。人们在工作中遇到问题时，睡上一觉比一直保持清醒更有可能提出创造性的解决方案。因此，睡眠有助于激发灵感和创造性思维。

除了上述功能之外，还有人认为睡眠有助于维护机体的免疫功能，改善心情等。这些不同的观点都得到了相应实验证据的支持，这可能意味着睡眠的功能不是单一的，而是具有多种功能。

（九）睡眠阶段及其特点有哪些?

根据脑电波的变化和一些行为方面的变化，睡眠可以分为不同的阶段。

第一阶段：出现频率和波幅都较低的脑电波，这个阶段处于浅睡状态，呼吸变慢，身体放松，持续的时间约为10分钟。

第二阶段：出现频率更低的波，偶尔有“睡眠锭”的脑电波，这种脑电波的频率高，波幅较大，持续时间约为20分钟。

第三阶段：脑电波的频率继续降低，波幅变大，出现δ波，持续时间约为40分钟。δ波的出现标志着深度睡眠的开始。

第四阶段：几乎完全为频率低，波幅大的δ波，即进入深度睡眠。第三、第四阶段的睡眠被称为慢波睡眠。

以上四个阶段的睡眠被称为非快速眼动睡眠，持续时间约为90分钟。此后，睡眠反向经历非快速眼动睡眠的第三、第二阶段，然后进入快速眼动睡眠阶段。睡眠者在快速眼动睡眠阶段，眼球开始快速上下左右转动；呼吸、心跳不规则，肌肉松弛。第一次快速眼动睡眠持续5～10分钟，经过90分钟左右的睡眠周期，进入第二次快速眼动睡眠，持续时间更长。在快速眼动睡眠阶段，多数人会报告在做梦。在整夜睡眠中，随着时间的推移，深度睡眠的时间减少，快速眼动睡眠的时间增加。

知识链接

失眠障碍的五种新亚型

目前，睡眠障碍已经成为全球常见的精神障碍。据世界卫生组织统计，全球27%的人存在睡眠问题。同样，中国睡眠研究会的数据显示，我国24.6%的居民睡眠存在问题，其中成年人失眠的发生率为38.2%。

睡眠障碍与失眠存在区别，失眠只是睡眠障碍的一种类型，不同的睡眠障碍的表现形式不同，失眠表现为入睡困难、睡眠维持困难、早醒、睡眠较浅、夜间多梦等。白天表现为昏沉，整体精神状态未得到恢复。荷兰神经科学研究所开展了一项大规模研究，基于多维度的生物学特征，运用数据驱动的方式来探索失眠亚型。失眠障碍可以基于情感、人格和生活史特质等划分为5种较为确切的亚型。(1)高度痛苦，该亚型被视为“高度痛苦”的失眠障碍患者，有三个维度和对照组的差异较大。①睡前唤醒水平很高；②负性情感水平很高；③主观幸福感水平很低。(2)中度痛苦，对奖赏敏感(对愉悦体验的反应完好)，类似于传统意义上的“心理生理性失眠”，痛苦程度为中度。(3)中度痛苦，对奖赏不敏感(对愉悦体验的反应受损)，与亚型(2)的突出区别在于正性情感及正性反刍减少。(4)轻度痛苦，高度反应性(生活事件后长期持续失眠)，痛苦程度较轻，遭遇生活事件后失眠的时间更长，与对照组相比更大程度地经历过童年期创伤以及感到疲乏。(5)轻度痛苦，轻度反应性，痛苦程度较轻，与亚型(4)的差异在于反应性较低，失眠的时长更短，严重度更低，童年创伤史不显著。

这些亚型在随访期内保持稳定，可以在另一个非重叠样本中得到复制，并且不同亚型的个体的确存在临床意义的差异。

资料来源：Blanken et al.，2019。

（十）梦的理论解释有哪些？

关于梦的成因多年来一直都是令研究者感到困惑的问题，也是研究者非常感兴趣的问题。至今为止没有一个理论能够完满地解释梦产生的机制。下面介绍三种比较流行的理论解释，并对它们加以评价。

1. 精神分析的观点

精神分析学派的创始人弗洛伊德认为，梦是一种被压抑的愿望的表现形式，被压抑的愿望以其他形式出现在意识中。因为有些欲望在意识状态下不可接受，倘若在梦中被表达出来，会引发个体的焦虑。而在睡眠中，意识的警惕性放松，这些欲望和冲动就会以改头换面的形式在梦中表现出来。因此，弗洛伊德认为，梦是被压抑的潜意识或者欲望的表现形式。梦有显梦和隐梦之分。显梦是梦到的内容，相当于谜语的谜面；隐梦是无意识的愿望和想法，相当于谜语的谜底。通过对梦的解析能够揭示无意识的内容或者被压抑的愿望和冲动。

2. 认知的观点

认知的观点认为，梦有一定的认知功能。睡眠中我们的认知系统依然对已经存储的知识进行检索、整合等，这些活动一部分会进入意识，成为梦境。认知的观点在一定程度上解释了“日有所思，夜有所梦”的现象，即梦的内容往往与个体在现实生活中所考虑和经历的事情有关。例如，学生经常做有关考试的梦，女性比男性更多梦到孩子、家庭成员、家庭用品和一些在室内发生的事情。一些问题受梦的启发而得到解决，这也说明梦具有一定的认知功能。

3. 激活—整合假设

霍布森提出的激活—整合假设是近几十年来非常有影响的理论。根据激活—整合假设，睡眠时，脑桥还在周期性地活动，产生随机的神经冲动，这些神经冲动被传到大脑，激活思维、想象等脑区，人脑整合这些冲动，对神经冲动进行解释，便产生了各种各样的梦。因此，激活—整合假设认为，梦是大脑对随机的神经活动的主观解释。近年来，在修订的理论假设中，他们又考虑了认知神经科学研究的结果。把杏仁核的激活看成梦到情绪内容的生理基础，并用前额皮层的激活来解释梦的荒诞和非逻辑性。

上述三种理论在一定程度上分别解释了梦的某些现象，但每种理论都有一些不足之处。

精神分析理论认为，梦是有一定意义的，这得到了大多数心理学家的认可。但是它对梦的解释比较主观，也没有方法来验证其解释的科学性，因此，精神分析理论对梦的解释是令人怀疑的。

认知的观点具有一定的合理性，确实我们梦到的内容与白天从事的活动有一定的关系。但是有人对梦具有解决问题能力的观点提出了怀疑。另外，为什么梦有时那么荒诞、不合逻辑，也不能完全由认知的观点来解释。

激活—整合假设也受到了一些批评。按照该理论的观点，所有的梦都应该是支离破碎的、荒诞不稽的，但是有些梦是连贯的、充满幻想的故事。它也不能很好地解释“日有所思，夜有所梦”这种现象。有研究者发现，梦中的认知活动和我们清醒时的认知活动非常相似，也就是说梦中经历的事件与在清醒时经历的有相似之处。如果认为梦只是大脑对随机的神经活动的主观解释，这显然不能解释这种现象。

知识链接

催眠术的起源及其作用

催眠术的起源与18世纪奥地利的医生麦斯麦有关。麦斯麦认为，宇宙间充满着磁气，这种磁气会对人体产生影响。当人体内的磁气失去平衡的时候，人就会生病。如果给他通磁，重新调整他体内的磁气，使其平衡，身体就会康复。

根据这一想法，他发明了一种治病的方法，叫通磁术。

在治疗的过程中，患者聚集在一起，中间放一个木桶，木桶内放很多磁铁屑和化学品，木桶中间有一根金属棒竖起来。然后从金属棒上牵出很多根铁丝，围成一圈的人每个人手里都牵着一根铁丝。然后关灯，放背景音乐，在轻柔的音乐中，人们进入了一种很放松的状态。随后，麦斯麦身着紫袍飘然而至。他手持一根铁棒，通过触碰、做手势等方法给患者通磁。这种方法治好了一些疾病。虽然后来麦斯麦的“动物磁气”理论被否定，但这种治疗方法包含现代催眠术有关的技术。19世纪，英国的外科医生布雷德最先使用了催眠这一术语，并对催眠现象做了解释，认为催眠是一种特殊的类似于睡眠的状态，其发生既是神经疲劳的结果，又是心理暗示的作用。之后催眠术开始在欧洲各国兴起与发展。

催眠能做些什么？为将事实从错误的认识中分离出来，心理学家研究了催眠的作用。目前为止，催眠能够做到的是以下几点。

1. 降低疼痛。在催眠的情况下，人们可以通过放松自己来减轻疼痛。催眠不是降低对疼痛的感受性，疼痛依然存在，只是改变了人们对疼痛的主观体验，从而使疼痛变得更易忍受。

2. 治疗成瘾。催眠疗法可以用于治疗戒烟、咬指甲、暴食、酗酒等成瘾行为。

3. 恢复记忆。处于放松的状态有助于回忆特定情境下发生的事情。但是，被催眠的人所回忆的事实并非完全真实可靠。

4. 强化体能。在催眠的情况下，人的体能会在一定程度上变强。

5. 减少焦虑，强化心理治疗的效果。

资料来源：帕斯托里诺，多伊尔-波蒂略，2013。

（十一）什么是催眠？如何解释催眠？

一般来说，催眠是一种以对暗示有特殊的反应能力，并在知觉、记忆、思维、自我控制等方面发生变化为特征的意识状态。由于催眠是一种非常复杂的心理现象，因此如何解释仍然存在较大的争论。

意识分离理论由美国心理学家希尔加德(Hilgard)提出。他认为催眠是一种意识状态的分离，即心理的一部分独立于其意识而独立地工作。许多处于催眠状态下的人，其心理的大部分受到催眠师暗示的影响，自愿按照催眠师的暗示去做。然而还有一部分是隐蔽的观察者，它们只是处于观察状态并不参与。隐蔽的观察者能够监控周围发生的事情，包括被催眠者无意识觉知到的事件。这种理论把催眠看作改变了的意识状态。

角色扮演理论认为，催眠只是反映了催眠师和被催眠者之间的一种特殊关系。被催眠者扮演着一个特殊的社会角色——被催眠的人，无条件地接受催眠师的指挥，因此会产生催眠反应。具体来讲，被催眠者愿意与催眠师配合，被催眠者期待催眠有塑造他们行为的力量，这种动机和期望导致了催眠的发生。这种理论认为，受催眠影响的行为是一种由较高的动机和目标驱动的社会行为，不是一种特殊的意识状态。

综上所述，这两种理论围绕催眠是否是一种特殊的意识状态展开了争论。为更好地理解催眠现象，催眠的理论解释仍然需要进一步探讨。

（十二）什么是冥想？ 冥想对身心健康有哪些帮助？

冥想是通过意识觉察或专注练习来进行自我身心调节和心理训练的一类方法的总称，可以提升个体的自我觉察能力和对心理过程的控制能力，进而提升整体的心理幸福感，培养出诸如平和、专注等心理特征。其中正念是一种非常受欢迎的冥想形式，其特点是个体全身心地关注自己当下的体验，并对体验持一种非评判性的接受态度。

研究显示，在生理方面，练习冥想能够有效缓解慢性疼痛、提升免疫力、缓解患者临床症状等；在心理方面，冥想可以降低抑郁症的复发率、缓解抑郁和焦虑情绪、缓解上瘾等，还可以提升人们的幸福感和活力。总之，冥想对身心健康的积极调节作用已经有很多研究证据，但其发挥作用的原理和机制还需要进一步探索。

三、 设计活动

活动一

请观察和记录自己一天中什么时候工作和学习的效率较高，什么时候效率较低。坚持记录一段时间，了解自己的生理节律。

活动二

当你逛完街后，仔细想一想，大街上的哪些事物被你无意地注意到了，为什么这些事物会被你无意地注意到。根据这些再仔细想一想影响不随意注意的因素都有哪些。

提示：往往是那些刺激强度大、对比鲜明、新异以及运动变化的事物或者符合你的需要、兴趣的事物容易引起你的不随意注意。

活动三

找一篇比较长的英文文章，请你把文章所有遇到的字母“t”都用“＼”划出来。记录完成这一任务所需要的时间。仔细检查课文，看完全准确无误地划出“t”的时间大约是多少？大约什么时候开始出现漏划或者错划。通过这种活动，了解人高度持续性注意的时间。

提示：上面这种测验被称为划消或者划字测验，能考察一个人持续性注意的时间。什么时候出现漏划或者错划，就说明注意力什么时候开始分散了。

活动四

下面这些活动哪些能同时进行，哪些很难同时进行？想一想为什么有些可以同时进行，有些不可能同时进行。

①一边读书一边听音乐。

②一边数钞票一边心算。

③一边背课文一边写作。

④一边织毛衣一边看电视。

提示：一般来说，①④可以同时进行，因为在从事的这两种活动中，有一种不需要太多的认知资源；②③较难同时进行，因为这两种活动都需要较多的认知资源。

活动五

请你的三位朋友同时和你说话，但你全神贯注于其中一位朋友的谈话。想一想其他两位朋友的谈话你记住了多少，为什么没有记住他们的谈话。

提示：根据注意过滤器模型的观点，非注意的信息完全被排斥在高级的意义分析阶段之前。因此，一般来说，当你全神贯注于一个朋友的谈话时，其他两位朋友对你说了什么，你是很难听到的。

活动六

在催眠感受性的测量工具中，哈佛群体催眠感受性量表A式(Harvard group scale of hypnotic susceptibility form A，HGSHS-A)能很好地区分被试的催眠感受性，具有良好的信效度，被认为是初步筛选的有效工具。该量表(见表5-1)共12个项目，每个项目进行一种活动，由被试跟随催眠师的暗示去自然完成动作。通过1个项目得1分。

表5-1　HGSHS-A

暗示的活动指示	通过的标准
1. 头向前垂下(垂头)	头向前垂下大于2英寸(约5厘米)记1分，小于2英寸记0分
2. 眼睛感到沉重并闭上眼睛(闭眼)	在暗示左手下沉之前眼睛已经闭上记1分，没有闭上记0分
3. 左臂感到很沉重并往下沉(左手下沉)	左手臂降低大于6英寸(约15厘米)记1分，小于6英寸记0分
4. 右臂感到很沉重并无法移动(右手固定)	右臂移动小于1英寸(约2.5厘米)记1分，大于1英寸记0分
5. 无法分开锁住的双手十指(十指紧锁)	手指没有完全分开记1分，否则记0分
6. 左臂变得僵硬并无法弯曲(左臂僵硬)	左手手臂弯曲小于2英寸记1分，大于2英寸记0分

续表

暗示的活动指示	通过的标准
7. 伸展手臂，双手被结合在了一起(双手手掌结合)	双手之间的距离小于 6 英寸记 1 分，大于 6 英寸记 0 分
8. 对用摇头表示“不”感到困难(交流抑制)	对用明显的摇头来表示“不”感到困难记 1 分，否则记 0 分
9. 赶走令人心烦的苍蝇(苍蝇幻觉)	做出了一些外在的面部难受的反应或者赶走苍蝇的动作记 1 分，否则记 0 分
10. 睁开眼睛感到很困难(睁眼困难)	眼睛仍然是闭着的记 1 分，眼睛睁开了记 0 分
11. 当出现击掌的声音的时候触摸椅子左边的扶手(催眠后暗示)	至少局部地做出了可观察到的触摸椅子左边的扶手的动作记 1 分，否则记 0 分
12. 回忆催眠中的事情暂时感到很困难(催眠后遗忘)	共包括 9 个项目(第 3 至第 11 项)，回忆少于 4 个记 1 分，多于或等于 4 个记 0 分

催眠感受性是指被催眠者接受暗示的难易程度。得分越高，越容易被催眠。催眠感受性因人而异。有实验表明，在人群中，大约有 10%的人容易被催眠，约 10%的人对催眠没有反应。

活动七

请坚持一个星期的时间，每天清晨起来，立即记下晚上你梦到的内容，然后对梦的内容归类，看梦到的内容有哪些。想一想这些梦的内容和你日常的生活是否有关，哪种理论比较适合解释你的梦。

活动八

测一测：随着学习和生活压力的增大，许多人或多或少地出现了睡眠问题，下面是阿森斯失眠自评量表，自评在过去的 1 个月内每个星期在你身上至少发生 3 次，就请圈出相应的自我评估结果。

(1) 睡眠延迟(关灯后到入睡的时间)

0：没有问题；1：轻微延迟；2：显著延迟；3：延迟严重或没有睡觉

(2)夜间苏醒

0：没有问题；1：轻微影响；2：显著影响；3：严重影响或没有睡觉

(3) 比期望的时间早醒

0：没有问题；1：轻微提早；2：显著提早；3：严重提早或没有睡觉

(4) 总睡眠时间

0：足够；1：轻微不足；2：显著不足；3：严重不足或没有睡觉

(5) 总睡眠质量(无论睡觉的时间有多长)

0：满意；1：轻微不满；2：显著不满；3：严重不满或没有睡觉

(6) 白天情绪

0：正常；1：轻微低落；2：显著低落；3：严重低落

(7) 白天身体功能(体力或精神，如记忆力、认知力和注意力等)

0：足够；1：轻微影响；2：显著影响；3：严重影响

(8) 白天思睡

0：无思睡；1：轻微思睡；2：显著思睡；3：严重思睡

选项前面的数字代表相应的分数。将各题得分相加，得出量表总分，即相应的结果。0～4 分：无睡眠障碍；4～6 分：可能有睡眠障碍；6 分以上：有睡眠障碍，需要寻求治疗。

活动九

找一个安静的、不会被打扰的地方坐下来，然后做几次深呼吸，放松身体，接着慢慢闭上眼睛，这时你可以从扫描身体的每一个部位开始，从头到脚，把注意力放到身体的每个部位，脸部放松，肩膀放松，背部放松，手脚放松，细心地去感受每一个部位，整个过程花 1～2 分钟。然后把注意力放到呼吸上面，留意身体的起伏，然后从 1 数到 10，吸气的时候数 1，呼气的时候数 2，如此交替。以这种方式数到 10，然后再重新数过，重复整个过程，直到 10 分钟结束。

四、 拓展练习

(一) 单选题

1. 对人体的生理功能及其心理状态的周期性变化起着关键作用的是(　　)。

A. 视交叉上核

B. 脊髓丘脑前束

C. 杏仁核

D. 海马

2. 人们在大量的信息中仅对其中部分重要的信息做反应，并排除无关信息的干扰，这是注意的(　　)。

A. 调节功能　　B. 维持功能

C. 集中功能　　D. 选择功能

3. 上课时突然有人敲门，我们的注意力不约而同地转向敲门人，这种注意被称为(　　)。

A. 外源性注意　　B. 随意注意

C. 内源性注意　　D. 有意注意

4. 读书时遇到噪声的干扰，但仍能把自己的注意力维持在学习的内容上，这时的注意是(　　)。

A. 不随意注意　　B. 内源性注意

C. 外源性注意　　D. 无意注意

5. 双耳分听实验一般用来研究(　　)。

A. 选择性注意　　B. 持续性注意

C. 稳定性注意　　D. 注意的广度

6. 人根据任务把注意从一个对象转移到另一个对象上，这种现象被称为(　　)。

A. 注意广度　　B. 注意稳定性

C. 注意的转移　　D. 注意的分配

7. 即使集中注意，感觉的清晰程度也会发生周期性、有节律的变化，这种现象叫(　　)。

A. 注意的分配

B. 注意的分散

C. 注意的转移

D. 注意的动摇

8.“眼观六路，耳听八方”可以用来描述(　　)。

A. 注意的稳定性

B. 注意的范围

C. 注意的分配

D. 注意的转移

9. 根据过滤器理论，过滤器的工作方式是(　　)。

A. 减弱　　B. 主动加工

C. 平行加工　　D. 全或无

10. 注意的过滤器理论和衰减理论都认为，注意的信息选择位置位于高级的意义分析(　　)。

A. 之前　　B. 之后

C. 同时　　D. 都有可能

11. 假设五笔打字你已经非常熟悉，打字时根本不需要看键盘，这时打字的活动是(　　)。

A. 自下而上的加工

B. 自上而下的加工

C. 意识控制的加工

D. 自动化的加工

12. 受意识控制的加工的特点是(　　)。

A. 自动化地完成

B. 需要集中注意来完成

C. 能同时进行多项作业

D. 几乎不需要注意的资源

13. 根据注意的认知资源理论，下列说法错误的是(　　)。

A. 注意的资源是有限的

B. 输入刺激本身可以自动占用认知资源

C. 注意的认知资源的多少受到唤醒水平的影响

D. 人们可以灵活地支配注意资源的分配

14. 产生注意的最高部位是(　　)。

A. 大脑皮层

B. 脊髓

C. 丘脑

D. 脑干网状结构

15. 大脑处于清醒和警觉状态下的脑电成分主要是(　　)。

A. α波　　B. β波

C. θ波　　D. δ波

16. 睡眠时出现“睡眠锭”的阶段是(　　)，它是短暂爆发的、频率高、波幅大的脑电波。

A. 第一阶段　　B. 第二阶段

C. 第三阶段　　D. 第四阶段

17. 梦一般发生在(　　)。

A. 深度睡眠阶段

B. 浅睡眠阶段

C. 快速眼动睡眠阶段

D. 慢波睡眠阶段

18. 快速眼动睡眠随年龄的变化趋势是(　　)。

A. 越来越少

B. 越来越多

C. 呈倒 U 形变化

D. 呈 U 形变化

19. 与正常人相比，失眠症患者在睡眠时出现的更多的脑电成分是(　　)。

A. α波　　B. β波

C. θ波　　D. δ波

20. 下列关于催眠的说法中，错误的是(　　)。

A. 有些人很难被催眠

B. 催眠状态时的脑电记录与个体在清醒状态时是相似的

C. 催眠与睡眠状态相同

D. 催眠术的起源与奥地利医生麦斯麦(Mesmer)有关

(二)多选题

1. 以下属于无意识现象的是(　　)。

A. 盲视

B. 阈限下知觉

C. 写字

D. 无意识行为

2. 注意具有两个基本特点，它们分别是(　　)。

A. 指向性　　B. 紧张性

C. 集中性　　D. 警觉性

3. 引起外源性注意的原因是多种多样的，但归结起来主要包括(　　)。

A. 对活动目的的认识

B. 刺激本身的特征

C. 人的需要、兴趣、知识经验等主观因素

D. 个体的行为目标或意图

4. 影响或决定认知资源分配策略的因素包括(　　)。

A. 可用认知资源的总量

B. 对各种活动所需认知资源量的评估

C. 个体自身的特质或倾向

D. 个体当前的意向或意愿

5. 睡眠的功能包括(　　)。

A. 功能恢复

B. 预测未来

C. 巩固和重建记忆

D. 激发灵感和创造性思维

6. 关于梦担负着一定的认知功能的观点，正确的是(　　)。

A. 人在梦中的认知速度更快，体现出的智力水平更高

B. 人们在睡眠中依然对知识进行检索、排序、整合，这些活动一部分进入意识成为梦境

C. 梦的功能是将个体的知觉和行为经验重新编码和整合，使之转化为符号化的、可意识到的知识

D. 对快速眼动睡眠的剥夺会导致学习与记忆能力下降，在某种程度上支持了梦具有认知功能的主张

7. 关于催眠，以下说法正确的是(　　)。

A. 大约 80%的人很容易被催眠

B. 个体在催眠状态时的脑电记录与在清醒状态时的相同

C. 人在催眠状态时，意识仍然是清醒的

D. 催眠就是在催眠师的帮助下快速入眠，是治疗失眠的重要方法

8. 精神活性药物通常通过影响神经递质来发挥作用，主要包括(　　)。

A. 兴奋剂

B. 抑制剂

C. 造影剂

D. 致幻剂

参考答案

(一)单选题

1. A　2. D　3. A　4. B　5. A　6. C　7. D　8. C　9. D　10. A　11. D　12. B　13. B　14. A　15. B　16. B　17. C　18. A　19. A　20. C

(二)多选题

1. ABD　2. AC　3. BC　4. ABCD　5. ACD　6. BCD　7. BC　8. ABD

第六章 记 忆

一、 解释概念

（一）记忆

记忆是在头脑中积累和保存个体经验的心理过程。从信息加工的角度来讲，记忆是人脑对外界输入的信息进行编码、存储和提取的过程。编码是个体对外界信息进行形式转换的过程，相当于记的阶段。例如，我们可以把文字信息转换为语音或者意义形式以更有利于信息的存储。存储是把感知过的事物、体验过的情感、做过的动作、思考过的问题等以一定的形式保持在头脑中。提取是指从长时记忆中查找已有信息的过程，是记忆的最后一个阶段，包括再认和回忆等形式。

（二）感觉记忆、短时记忆和长时记忆

感觉记忆一般是指保持时间在几秒之内的记忆。视觉感觉记忆的时间约为1秒，听觉感觉记忆的时间为5～10秒。感觉记忆主要按照刺激的特征进行编码。

短时记忆对信息的保持时间大约1分钟。它主要采用语音编码或者听觉编码的方式。

长时记忆是指保持时间在1分钟以上的记忆。其保持时间可以是几天、几个月、几年，甚至终生。长时记忆主要采用语义编码的方式。

（三）外显记忆和内隐记忆

外显记忆是指在意识的控制下，过

去的经验对当前的任务产生的有意识的影响。例如，用再认和回忆这两种方法测得的记忆都是外显记忆。由于进行再认和回忆时，个体都需要有意识地回想学习阶段学了哪些内容，因此，这两种方法测量的记忆都是外显记忆。外显记忆也称有意识的记忆。背单词、记忆电话号码等都属于外显记忆。

内隐记忆是指在不需要对特定的过去的经验进行有意识回忆的测验中表现出来的一种记忆。例如，采用词干补笔、速示辨认等方法测量的记忆就是内隐记忆。由于完成这两种任务只需要专注于当前的任务，不需要有意识地回想学习阶段学过的内容，因此，采用类似于这样的方法测量出来的记忆是内隐记忆。内隐记忆也称无意识记忆，是过去的经验对当前的任务产生的无意识的影响。它会影响我们生活的许多方面，如电视广告上频繁出现的商品，虽然我们没有意识到已经记住了这些商品，但在购物时会更容易想到它们。这说明广告利用内隐记忆影响了我们的购买行为。

（四）程序性记忆和陈述性记忆

程序性记忆是指如何做事情的记忆。例如，开车、游泳、滑雪、滑冰等都属于程序性记忆。程序性记忆很难用语言表达出来，需要多次练习才能获得；在利用这类记忆时往往不需要意识的参与。程序性记忆的形成需要大量练习，但一旦形成，将会持续很长时间，甚至终生难忘。例如，学会了游泳，即使你多年不游了，也不会忘记。

陈述性记忆是指有关事实和事件的记忆。它能够用语言表达出来，有时通过语言传授一次就能获得，它的提取往往需要意识的参与。例如，第 24 届冬季奥运会在北京和张家口举行，就属于陈述性记忆。和程序性记忆相比，陈述性记忆容易忘记，除非你不断地复习它。

（五）情景记忆和语义记忆

图尔文（Tulving，1972）将陈述性记忆分为情景记忆和语义记忆。

情景记忆与个人的亲身经历相联系，是指人们对发生在特定时间、地点和情境中的事件的记忆。

语义记忆是指人们对一般知识和规律等方面的记忆。

（六）工作记忆

工作记忆是巴德利（Baddeley）等人在 20 世纪 70 年代提出的一个概念，是指在信息加工过程中，对信息进行暂时存储和加工的容量有限的记忆系统。工作记忆像一个工作平台，在这个工作平台上，材料持续地得到加工。早期的观点认为，工作记忆包括三种主要成分：语音环路、视觉—空间模板和中央执行系统。后来巴德利（2000）增加了情景缓冲器这一成分。但对情景缓冲器这一成分研究得比较少，因此一些书中仍然沿用最初的三成分模型。

语音环路成分用于存储和加工以声音为基础的信息，如背单词、复述电话号码等。它包括语音存储和发音复述过程。视觉—空间模板成分用于存储和加工视觉信息和空间信息。情景缓冲器也是一种存储成分，存储来自语音环路、视觉—空间模板和长时记忆中的信息，这些信息既可以是视觉单维度的，也可以是视觉—听觉等多维度的。它为不同信息间的相互作用提供了一个界面。中央执行系统是一个注意资源有限的控制系统，是工作记忆中的重要成分。它主要负责协调语音环路、视觉—空间模板和情景缓冲器这三种成分的关系，加工这三种成分和长时记忆中传入的信息；注意资源的分配；选择性注意以及在不同的任务中进行转换等。

总之，工作记忆是一个十分重要的概念，与各种复杂认知作业的成绩有关，如问题解决、推理、阅读理解等都受到工作记忆的影响。

知识链接

工作记忆的测量方法

工作记忆的测量方法有很多，下面介绍三种工作记忆的测量方法。

一、阅读广度测验

阅读广度测验要求被试阅读一系列句子，并记住句子的尾词。每套句子阅读完毕后，会呈现一个判断句，被试判断句子的意义是否与刚才阅读句子中的某个句子的意义一致，然后被试按顺序回忆出刚才那组句子的尾词。完成尾词回忆任务后，接着阅读另外一组句子。测试材料最少为2个句子一组，最多为6个句子一组。每组有5套句子。工作记忆容量的得分为整个测验中能够正确回忆出来的单词总数。

二、操作广度测验

操作广度测验要求被试在解决一系列简单数学运算问题的同时，记住后面呈现的字母。例如，首先给被试呈现一个数学计算题目[如$(3\times2)+1=?$]，计算完后，呈现一个字母(如M)，要求记住该字母。测试材料最少为3个数学运算题一组，最多为7个数学运算题一组。每组有3套数学运算题，总共有75个字母和75道数学运算题目，操作广度的得分为被试能够正确回忆出来的字母总数。

三、N-back任务

该任务是呈现一系列的字母等刺激，要求被试判断当前呈现刺激与前面的第N个刺激的异同。N可以是1、2、3等。测验时，一系列字母在屏幕中央依次呈现，呈现一段时间后消失，每个字母呈现在屏幕上时，被试判断当前刺激是否与前面第N个刺激相似。例如，2-back任务是判断当前的刺激是否与其前面第2屏的刺激相同。3-back任务是判断当前的刺激是否与其前面第3屏的刺激相同，依次类推。N-back任务的检测指标主要是各个N级的正确率和反应时。正确率越高，反应时越短，说明工作记忆的容量越大。

（七）长时程增强

长时程增强是指在神经元信息传导过程中，传递信息的神经元和接收信息的神经元之间的突触连接强度增强的现象，是突触传递功能可塑性的反映。突触连接强度的增强意味着神经元之间能够更加高效地传递信息。长时程增强与突触前成分释放更多的神经递质有关，也与突触后成分的反应增强有关。

（八）闪光灯式的记忆

闪光灯式的记忆是指当一个人经历了强烈情感震撼的重要事件时，对事件以及事件发生情景的一种鲜明生动的记忆，好像那一时刻的场景如照相机的影像被深深印在了脑海里一般。

在闪光灯式的记忆中，人们通常记住了事件的要旨，但是有关细节性的内容并不是完全准确的。

（九）组块

在记忆过程中，联合若干个较小的单位成为较大单位的信息加工过程被称为组块化(chunking)，以这种方式形成的记忆单位被称为组块(chunk)。前者把“组块”的概念当作动词使用，是指某种信息加工过程；后者把“组块”的概念作为名词使用，是指一个有意义的信息单元。组块所包含信息量的大小受个人知识经验的影响。例如，CCTV，对于熟悉它的人来说，只是一个记忆的组块；但对于不熟悉的人来说，可能会把一个字母当作一个组块，那么一共就是四个组块。

（十）精细复述

精细复述是指把要记忆的信息和已有的知识经验联系起来进行复述的形式。例如，记忆数字 88251314 时，可以通过其谐音“爸爸爱我一生一世”来帮助记忆，这就是精细复述。研究发现，精细复述是存储信息最有效的方法之一。

（十一）情境依存性记忆和状态依存性记忆

情境依存性记忆是指回忆的情境和记忆编码的情境类似，有助于记忆的现象。例如，在一项研究中，研究者让两组被试在不同的房间里学习单词，然后分别在与学习时相同和不同的房间里回忆单词。结果发现，在相同的房间里回忆单词的成绩好于在不同的房间里回忆单词的成绩，这就是情境依存性记忆。

状态依存性记忆是指当回忆时的内部心理状态和记忆编码时的内部心理状态一致时有助于记忆的现象。例如，高兴时学习的词语，在高兴时回忆的成绩高；悲伤时学习的词语，在悲伤时回忆的成绩高。

情境依存性记忆和状态依存性记忆利用人们编码时的情境或内部心理状态的线索帮助回忆。这说明记忆的效果依赖许多主客观条件。

（十二）记忆的自我参照效应

记忆的自我参照效应是指人们将所

要记的信息和自己相联系时，回忆的效果会更好。一项研究要求被试从词的物理特性、听觉特性、语义特性、自我参照四个角度对词表进行加工。例如，要求被试判断一个特定的词能否用来描述自己，如“善良”，这属于从自我参照的角度来加工词汇。结果发现，当人们把要记忆的词汇和自我联系起来时，词汇的记忆效果会更好。

（十三）错误记忆

错误记忆是指人们对过去事件的报告与事实严重偏离的现象（Roediger，1996），也被称为记忆错觉或者记忆扭曲。20 世纪 30 年代，巴特利特对错误记忆进行了大量研究，其著名的研究是让剑桥大学的学生阅读一篇有关北美印第安民族的民间故事“幽灵之战”。间隔一段时间后让学生回忆故事的内容。结果发现，学生或者简化故事的内容，或者增加一些材料，使故事的内容变得更加合理。这说明学生的文化背景和知识经验影响了对后来事件的记忆。由于“幽灵之战”源于美国印第安人的传说，故事的主题以及语言表达都与剑桥大学的学生所属的文化背景有很大的差异，因此，学生回忆时倾向于利用自己熟悉的知识来剪辑、删减故事的内容。巴特利特的研究说明了个体先前的经验会影响对新信息的记忆，记忆是一个建构的过程。

知识链接

常见的记忆错觉

记忆错觉的类型较多，下面是几种常见的记忆错觉形式。

关联效应。如果后学习或后呈现的材料与先学习或先呈现的材料意义相近，则人们可能会错误地认为后面这些材料在前面出现过。

词语掩蔽效应。在多数情况下，对外部刺激事件进行词语的描述有利于记忆。但是研究发现，当所需记忆的事件难以用言语来描述时，词语描述反而会损害记忆，导致记忆错觉，这就是词语掩蔽效应。例如，一项研究发现，非专业的品酒者在初次品酒时，若借助语言描述白酒的味道，对白酒的再认成绩反而不如那些品酒时进行无关酒味谈话的品酒者。

记忆中的错觉结合。它是指人们记忆由不同特征组成的刺激时，可能出现各特征错误结合的现象。例如，给被试呈现如 handstand、shotgun 等合成词并加以记忆，随后给被试呈现 3 类合成词，一类有一个音节与所学的单词相同（例如，

handmaid），一类有两个音节与所学的单词相同（例如，handgun），还有一类与所学单词无关（控制词），然后要求被试进行再认。结果发现，被试对有两个音节与所学的单词相同的词（例如，handgun）的错误报告率最高。这说明发生了错觉性的结合。

（十四）记忆的错误信息效应

记忆的错误信息效应（misinformation effect）是指个人的记忆容易受到误导性信息的影响而出错。误导性的信息越多，记忆出错的可能性越大。例如，在一项研究中，被试在实验室观看一段与一辆白色赛车有关的交通事故的短片，然后回答一些问题。对于其中一半被试，问题是“白色赛车行驶在乡间道路上，它经过谷仓时的速度有多快”？对于另一半被试，问题是“白色赛车行驶在乡间道路上的速度有多快”？被试一周后返回实验室，并回答了一些问题。其中一个问题是“你是否看见了一个谷仓”？事实上，在交通事故的短片中，并没有出现谷仓。但在前一轮问题中提到谷仓的被试，更多的回答“是”。这说明我们对事件的记忆受到了事后误导性信息的影响。

（十五）DRM 范式

DRM 是 Deese、Roediger 和 McDermott 三个姓氏首字母的组合。该范式由詹姆斯等研究者（James & Deese，1959）首创并用于研究错误记忆，后来的研究者（Henry，Roediger，Kathleen，& McDermott，1995）使用该范式对错误记忆进行了深入研究。于是人们把采用这种范式研究错误记忆的方法统称为 DRM 范式。DRM 范式目前已成为研究错误记忆的常用范式。

在 DRM 范式中，记忆分为学习和测验两个阶段。在学习阶段让被试学习一些语义相关的词语。例如，手枪、机枪、冲锋枪、飞机、大炮、坦克、装甲车、士兵、手榴弹、地雷等与武器相关的词语，测验阶段进行回忆或者再认。结果发现，与上述词语存在意义关系的关键诱饵词（例如，子弹），尽管在学习阶段没有出现过，但被试会很容易错误地认为出现过。这是因为在学习阶段，学习的词语自动激活了语义相关但未出现在学习词表中的词语。因此，到了测验阶段，这些被激活的词语会很容易被错误地再认或者回忆为前面出现过的词语。采用这种范式不仅能够证明错误记忆的存在，而且还能够揭示错误记忆产生的机制以及影响因素等。

（十六）艾宾浩斯遗忘曲线

艾宾浩斯通过实验发现的一种反映记忆保持量和回忆时间关系的曲线，即艾宾浩斯遗忘曲线。为控制过去的经验对记忆的影响，艾宾浩斯采用无意义音节作为实验材料，采用重学节省法作为测量记忆保持量的指标，以自己为被试进行了实验。结果发现，在刚好记住一组无意义音节后，间隔一定的时间会发生遗忘。遗忘的进程是先快后慢，即记住一定的材料后间隔短暂的时间回忆时，遗忘的速度较快，后来遗忘的速度有所降低。

（十七）前摄抑制和倒摄抑制

前摄抑制是指先学习的材料对后学习的材料的干扰作用。例如，先记忆20个英文单词后，接着记忆另外20个英文单词，那么前面学习的单词就会对记忆后面的单词产生干扰，这就是前摄抑制。

倒摄抑制是指后学习的材料对先学习的材料的干扰作用。例如，在上面的例子中，后面学习的单词会对回忆前面的单词产生干扰，这就是倒摄抑制。

（十八）记忆的系列位置效应

记忆的系列位置效应是指在回忆系列呈现的材料时，开头、结尾的材料回忆效果好，中间的材料回忆效果较差的现象。其中最后呈现的材料最易回忆，被称为近因效应；最先呈现的材料较易回忆，被称为首因效应。

记忆的系列位置效应与前摄抑制和倒摄抑制有关。在回忆系列呈现的材料时，回忆开头部分的材料只受到倒摄抑制的影响，回忆结尾部分的材料只受到前摄抑制的影响，而回忆中间部分的材料会受到前摄抑制和倒摄抑制的共同影响，因此中间部分的材料受更多干扰因素的影响导致更多的遗忘。

（十九）集中复习和分散复习

根据在一定的时间内是连续复习，还是间隔一段时间再复习，复习分为集中复习和分散复习两种形式。集中复习是指在一定的时间内连续进行的复习；分散复习是指间隔一定的时间进行的复习。例如，在50分钟之内，你可以连续复习，这是集中复习；你也可以中间休息10分钟再复习，这就是分散复习。很多研究证明，分散复习比集中复习的效果好。

（二十）遗忘症

遗忘症是指某些记忆完全丧失或者减退，但是不伴随其他精神障碍的症状。遗忘症包括不同的类型，如顺行性遗忘症和逆行性遗忘症。这两种遗忘症往往是由脑损伤导致的记忆丧失。通常来讲，记忆是可以慢慢恢复的，不过这种恢复可能会花上好几年的时间，有些记忆可能会永久消失。

知识链接

H. M——一位顺行性遗忘症患者

H. M(姓名的简写)从10岁开始就遭受癫痫病的折磨，而且随着年龄的增长，癫痫发作的次数越来越频繁。尽管使用了药物治疗，但是治疗效果并不明显。为了防止癫痫病的进一步恶化，27岁那年，H. M接受了外科手术，医生损毁了他大脑两半球的海马组织及其周围的一些组织。手术非常有效，H. M的癫痫发作的频率迅速减少。但手术也带来了戏剧性的结果，H. M再也无法形成新的记忆了。在医生离开病房几秒后，他就记不住他了。他不能完整地理解一篇文章，因为读到后面，前面的内容就都忘了。他会一遍又一遍地阅读杂志，因为每次阅读对他而言都是“新”的。但H. M并非丧失了所有的记忆，依然记得手术前发生的一些事情，能够认出老朋友，能够说出他们的名字等。

很显然，H. M无法将手术后新的记忆编码到长时记忆之中，这种遗忘被称为顺行性遗忘。与之相对的是逆行性遗忘，它是指丧失了脑损伤之前的记忆。很明显，H. M患有严重的顺行性遗忘症，因为他丧失的是脑损伤之后的记忆，即不能把新的记忆转入长时记忆中去。H. M的案例揭示了海马在从短时记忆到长时记忆转换过程中的作用。

后来进一步发现，H. M的程序性记忆依然完好。例如，H. M能够学着完成一些知觉运动任务，如跟着镜子中出现的图像画出图像的运动轨迹，能够学习一些新技能。这说明H. M损伤的只是陈述性记忆，程序性记忆是完好的。

资料来源：帕斯托里诺，多伊尔-波蒂略，2013；莱希，2010。

二、 解答问题

(一)感觉记忆、短时记忆和长时记忆的区别有哪些?

三种记忆形式在保持时间、编码方式、容量与功能等方面均存在一定的差异。

首先，三种记忆的保持时间不同。感觉记忆的保持时间非常短暂，大约几秒；短时记忆一般是指保持大约1分钟的记忆；长时记忆一般是指保持1分钟以上，几天、几个月、几年甚至终生的记忆。

其次，三种记忆的编码方式不同。感觉记忆是记忆的开始阶段，主要按照刺激的物理特征进行编码。短时记忆的编码有语音和语义等多种编码方式，但根据康拉德等人的研究，短时记忆以语音编码或者听觉编码为主，即把言语刺激转换为语音帮助记忆。长时记忆的编码方式则以语义编码为主，利用材料的意义把信息保持在长时记忆中。

再次，三种记忆的容量不同。感觉记忆保持的容量较大，根据斯伯林等人的研究，视觉感觉记忆的容量能保持9个左右的字母。短时记忆的容量有限，即我们在短时间内不能同时保持很多信息。根据米勒等人的研究，短时记忆保持的容量为7±2个组块，组块是短时记忆信息存储的单位。长时记忆的容量没有限制，它是一个巨大的信息存储库，能存储大量信息。

最后，三种记忆的功能不同。感觉记忆是记忆的开始阶段，其功能是暂时保持信息以便把信息转入短时记忆。短时记忆起到缓冲器和加工器的作用，即它负责把信息暂时存储起来，并通过进一步的加工把信息转入长时记忆。而长时记忆主要负责存储信息，存储大量信息为我们服务。

（二）海马和前额叶在记忆中的作用分别是什么？

近年来，随着神经心理学和脑成像技术的发展，记忆的生理机制的相关研究取得了重要进展。

20世纪初，拉什利通过训练白鼠走迷宫，并切除脑的不同部分的方法，观察记忆的保持情况。他发现切除的大小比切除的部位对记忆的保持影响更大。因此，他认为记忆不是皮层上某个特殊部位的机能，而是整个脑皮层活动的结果。拉什利的观点强调记忆加工的整体性，有其合理的一面，也有不合理的一面，因为不同脑区的功能存在一定的差异。

大量研究表明，颞叶中部的海马在记忆巩固过程中发挥着重要作用。例如，前面谈到的H. M的案例说明了海马在记忆巩固过程中的作用；海马在空间记忆的形成方面也发挥着作用。例如，在水迷宫测验中，把白鼠放入一个圆形水池中，训练其找到隐藏在水下某个位置的平台。经过多次学习，白鼠能够很快找到水下的平台。这说明白鼠已经形成了空间记忆。但是被损毁海马的白鼠的空间记忆受到了严重影响。

前额叶在记忆中也扮演着十分重要的角色，情景记忆、工作记忆、空间记忆以及时间顺序的记忆都与前额叶的功能有关。例如，前额叶受损的患者分不清事件发生的前后顺序。这说明他们对时间顺序的记忆受到了破坏。前额叶和情景记忆有关。当被试回忆情景记忆的问题，如“上周六做了什么”时，前额叶的激活程度会增加。前额叶还和工作记忆有关。工作记忆是对信息进行暂时存储和加工容量有限的记忆系统。背外侧前额叶在加工和监控信息方面发挥着作用，而腹侧前额叶在存储信息方面发挥着作用(Wager et al.，2003)。

左侧前额叶还与言语记忆有关。例如，研究发现，人脑左侧前额叶的言语运动区受损，将会造成言语记忆的缺陷，患者能记住别人的面孔，但记不住单词。

知识链接

陈述性记忆和程序性记忆加工脑区的分离

陈述性记忆和程序性记忆是两种不同类型的记忆，它们的脑机制是否存在差异？大量脑成像研究表明，两种记忆确实存在不同的加工机制。

例如，正常人在完成陈述性记忆任务中，海马区域的血流量较高，而在程序性记忆任务中并不这样。一项脑成像研究发现，在海马的一定区域，出租车司机要比公交车司机的体积大。伦敦的街道系统古老且复杂，出租车司机必须记住整个城市的交通线路，而不仅仅是一条单一的公交线路。研究还发现，驾龄最长的出租车司机，其海马相关的区域也最大。这些研究结果说明，海马在陈述性记忆中发挥着重要作用。

为了考察大脑程序性记忆的加工过程，研究者让被试完成外显记忆和内隐记忆的任务。结果发现，外显记忆激活了海马区域，但内隐记忆所涉及的所有血流量变化的区域均位于海马区域之外。这说明，海马并不参与内隐记忆和程序性记忆的加工。又如，运动技能记忆似乎依赖小脑。程序性记忆不依赖海马，这就可以解释为什么像 H. M 那样的患者虽然海马受损，但依然能够获得新的技能了。

资料来源：帕斯托里诺，多伊尔-波蒂略，2013。

（三）斯伯林的部分报告法实验是怎样证明感觉记忆的存在的？

斯伯林(Sperling，1960)在实验中以非常快的速度(50 毫秒)给被试呈现写有字母 3×4 矩阵的卡片，即矩阵共有三行，每行有四个字母。呈现后让被试立即回忆卡片上看到的所有字母，即整体报告法。结果发现，被试的平均正确回忆率约为 4.3 个。为什么回忆得这么少？是因为没有全部看到呈现的字母，还是因为看到了更多的字母，但后来回忆时又忘了呢？

为考察这一问题，斯伯林改变了实验程序，采用了部分报告法，即呈现字母矩阵后不是报告所有的字母，而是只报告某一行，具体报告哪一行，由声音给出提示。例如，出现高音时回忆第一行，出现中音时回忆第二行，出现低音时回忆第三行，因此也被称为局部报告法。由于三种声音的出现完全随机，因此被试在声音信号出现前并不知道要回忆哪一行，这样就可以根据被试对某一行的成绩来推测被试对全部字母的记忆情况。结果表明，当字母消失后立即呈现某一声音信号，平均每行能报告约3个字母。据此推测，被试记住的项目平均约为9个，比整体报告法增加了一倍。部分报告法的实验说明，存在一种感觉记忆，这种记忆的容量较大，但是保持时间非常短，大约1秒。在整体报告法中，被试看到了全部刺激，但是回忆几个字母花费了时间，其他字母的映象已经从感觉记忆中消失了。后来在部分报告法的实验中，延迟从字母刺激出现到声音信号出现的时间(例如，延迟1秒出现声音刺激)。结果发现，部分报告法的成绩和整体报告法的成绩是一样的。这样，斯伯林的实验就证明了感觉记忆的存在。

（四）情景记忆和语义记忆的区别是什么?

情景记忆是指人们根据时空关系对某个事件的记忆。它是指人们对发生在特定时间、地点和情境中的事件的记忆。例如，昨天你做了些什么，就属于情景记忆。

语义记忆是指人们对一般知识和规律等方面的记忆，与特殊的地点和时间没有关系。它独立于任何特定的情景。例如，三角形的内角之和等于180度，就属于语义记忆。

两种记忆的区别如下。首先，情景记忆与事件发生的时间、空间有联系，与个人的经历联系在一起；语义记忆不与个人的经历联系在一起。其次，情境因素对情景记忆的提取比较重要，因为情景记忆是和情境联系在一起的；语义记忆的提取对学习情境的依赖较小。最后，情景记忆容易受到各种干扰因素的影响，不容易被提取；语义记忆不容易受到干扰，较容易被提取。

知识链接

情绪对情景记忆的影响

情绪如何影响情景记忆，这是一个非常复杂的问题。先前的研究发现，情绪能够提高对事件核心内容的记忆，减弱对周围环境和周边信息的记忆。例如，某日你在森林里艰难跋涉时遇到一条毒蛇。事后，你记住了自己遇到了一条毒蛇，但却很难想起是在森林的什么地方遇到的。这可能是由于事件的核心内容(毒蛇)占用了你的注意资源，因此周边信息未能得到进一步加工。

后来进一步的研究发现，情绪对情景记忆的影响不仅体现在事件发生的空间背景上，而且还体现在事件发生的时间背景上。在一项研究中，研究者把消极情绪图片或者中性情绪图片随机嵌入一个20秒的短视频中，图片呈现的时间是2秒，短视频的内容是不带情绪色彩的。看完每一个视频后都要求被试判断该视频片段和图片配对联想的容易程度（编码阶段）。看完所有的60个短视频后，把看过的图片和没有看过的图片随机混合，要求被试再认之前看过的图片（再认阶段）。接着让被试判断，以前看过的图片出现在短视频中的时间（0～20秒）（对事件发生时间的判断）。最后，把每一个看过的图片分别和5个短视频中的截图放到一起，让被试指出图片出现在哪一个视频截图中（对事件发生空间的判断）。

研究结果发现：消极情绪图片的记忆效果优于中性情绪图片；在对事件发生时间的判断方面，对消极情绪图片判断得较为准确，而判断中性情绪图片出现的时间比实际出现的时间要晚；更难回忆消极情绪图片出现在什么样的情景中（难以判断消极情绪图片出现在哪一个视频截图中）。

这一研究再次证明了，情绪能够提高对事件核心内容的记忆（例如，消极情绪图片），但损害对周围环境和周边信息的记忆（例如，更难回忆消极情绪图片出现在什么样的情景中）。更为重要的是，情绪提高了对事件发生时间的记忆。也就是说，情绪对情景记忆的影响是非常复杂的，可能会提高对事件核心内容的记忆，损害对事件发生空间背景的记忆，提高对事件发生时间背景的记忆。当然，情绪影响事件发生时间的研究还不多，这一问题还需要进一步研究。

资料来源：Palombo et al.，2021。

（五）沃和诺尔曼的研究如何证明短时记忆的遗忘是由干扰造成的？

衰退说认为，短时记忆的遗忘是由记忆痕迹的消退造成的，遗忘是时间的函数。干扰说则认为，记忆痕迹不会消退，遗忘是在学完一定的材料后，受其他材料或者活动的干扰造成的。由于记忆后的时间因素和干扰因素是交织在一起的，两者很难被截然分开。那么时间因素和干扰因素哪一个对遗忘的影响更大呢？

沃和诺尔曼（Waugh & Norman，1965）设计了一个巧妙的实验试图解决这个问题。在实验中，他们向被试以一定的速度呈现一个数字系列，最后一个数字为探测数字。探测数字出现后伴随一个纯音，而且探测数字在前面数字系列中出现过一次。被试的任务是回忆在探测数字后面出现的数字是什么。例如，呈现的是563492863418702，探测数字是

2，正确回忆的数字是8。从8开始到纯音中间的数字被称为间隔数字，呈现这些间隔数字所需要的时间为间隔时间。

根据衰退说，记忆的保持量将随间隔时间的延长而减少；根据干扰说，保持量将随间隔数字的增加而减少。那么如何把间隔数字和间隔时间这两个因素分开？为了解决这个问题，他们采用两种速度来呈现数字：一种是快速的，每秒呈现4个数字；另一种是慢速的，每秒呈现1个数字。因此，可以在间隔数字不变的情况下，改变间隔的时间。例如，间隔4个数字，快速呈现只需1秒，慢速呈现则需4秒。也可以在间隔时间不变的情况下，改变间隔数字。例如，间隔时间1秒，快速呈现时间隔数字为4个，慢速呈现时间隔数字为1个。这样就可以考察间隔时间相同的情况下，间隔数字的多少对记忆的影响，也可以考察在间隔数字相同的情况下，间隔时间对记忆的影响。沃和诺尔曼的实验结果如图6-1所示。

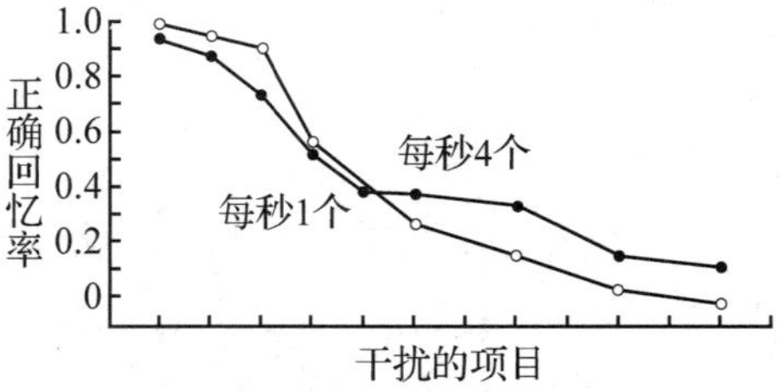

图6-1 实验结果

从图6-1可以看出，无论是快速还是慢速呈现数字，正确回忆率都会随间隔数字的增加而减少，两种呈现速度的实验结果非常接近。这说明正确回忆率并没有受单词呈现速度多大的影响，而干扰数字的影响非常大，表现为间隔的数字越多，正确回忆率越低。显然，沃和诺尔曼的实验支持了短时记忆的干扰说，即短时记忆的遗忘可能主要是记忆受到了其他材料或者活动的干扰造成的。

（六）巴德利等人提出工作记忆理论的研究背景以及工作记忆和短时记忆的区别有哪些？

20世纪60年代，阿特金森和谢夫林(Atkinson & Shiffrin，1968)提出了著名的三阶段记忆模型，该模型阐述了感觉记忆、短时记忆和长时记忆三种记忆系统的关系。根据三阶段记忆模型，外界输入的信息首先进入感觉记忆，然后进入短时记忆。短时记忆既是暂时寄存器，也是信息加工器，即短时记忆作为一种单一的成分既负责存储信息，也负责加工信息。经过短时记忆加工的信息最后进入长时记忆。但是三阶段记忆模型后来遇到了一些无法解释的问题。首先，一些研究发现，短时记忆受损的患者在学习、理解等方面并没有什么问题。但根据三阶段记忆模型，短时记忆受损必然会影响到信息进入长时记忆，因此与长时记忆相关的学习和理解活动会受到消极的影响。其次，如果短时记忆这一成分既负责存储，又负责加工，当存储的空间被占用时，被试完成推理等复杂的认知加工任务就会受到影响。这就好像生产玩具的车间，工人既要在这个车间存储原材料，又要在车间加工玩具。如果车间堆满了原材料，那么就无法腾出空间加工玩具了。但巴德利等人的研究发现，事实并非如此。例如，在一项研究中，他们让被试记住 0～8 个数字的同时，完成语言推理的任务(例如，阅读句子 B does not follows A，然后判断 A→B 是否正确)。结果发现，随着记忆数字的增加(记忆负荷量的增加)，被试完成推理任务的反应时增加，但是推理的正确率并没有受到记忆负荷量的影响。这是三阶段记忆模型难以解释的，因为短时记忆的容量一般是 7±2 个组块，让被试记住 8 个数字，这几乎占满了短时记忆的空间，被试很难再完成推理任务了。但巴德利等人的研究发现，推理的正确率并没有受到记忆负荷量的多大影响。为了更好地解释这些现象，巴德利等人提出了工作记忆的概念，试图取代短时记忆，并强调其在复杂认知加工中的作用。工作记忆和短时记忆的不同表现在以下几个方面。

首先，在阿特金森和谢夫林等人的三阶段记忆模型中，短时记忆是一种单一的成分，既用来存储信息，也用来加工信息，而工作记忆是由语音环路、视觉—空间模板、情景缓冲器和中央执行系统等成分构成的，不同成分的功能不同。语音环路用于存储和加工以声音为基础的信息；视觉—空间模板用于存储和加工视觉信息和空间信息；情景缓冲器用于存储来自语音环路、视觉—空间模板和长时记忆中的信息；中央执行系统负责协调语音环路、视觉—空间模板和情景缓冲器这三种成分的关系，加工由这三种成分和长时记忆传入的信息，分配注意资源等。这就可以解释前文中提到的现象。例如，一些研究发现，短时记忆受损的患者在学习、理解等方面并没有什么问题。这是因为这种患者的记忆存储功能受损，但学习和理解等方面的功能仍可依靠中央执行系统来完成，中央执行系统可以使用长时记忆中的信息完成学习和理解等认知活动。又如，巴德利等人的研究发现的推理的正确率不受记忆负荷量的影响。记忆数字主要是由语音环路来完成的，而推理任务主要是由中央执行系统来完成的，因此，记忆多个数字的同时依然可以完成推理的任务。

其次，和短时记忆相比，工作记忆是一个更加主动的过程，可以负责注意资源的分配，协调各成分之间的关系。它和长时记忆相联系，并能处理由长时记忆传入的信息，更加强调信息的加工过程。

最后，工作记忆更加强调其功能，它为复杂的认知活动提供空间，更加强调工作记忆在复杂认知活动中的作用，而短时记忆则侧重强调对信息的短时存储。

（七）工作记忆在高级认知活动中的作用有哪些?

大量研究表明，工作记忆在许多高级认知活动中，如空间认知、问题解决、语言加工、语言习得等方面，发挥着非常重要的作用，是人类高级认知活动的基础。下面举例说明工作记忆在语言加工和语言习得方面的作用。

研究发现，工作记忆中的语音环路成分能促进语言理解。因为语言理解是一个过程，无论是阅读还是口语理解，都需要在记忆中保持住前面读过或者听到的信息才能形成完整的意义，语音环路在保持信息方面发挥着重要作用。如果在阅读过程中，同时给被试附加一个发音的任务，阻止使用语音环路对阅读的内容进行复述，阅读理解的成绩就会受到影响。例如，有研究者让被试一边阅读课文，一边不断地说“可口可乐”。结果发现，这种条件下阅读理解的成绩比单纯阅读课文条件下的阅读理解的成绩要差。

语音环路在词汇习得方面也发挥着非常重要的作用。例如，语音环路受损(不能很好地复述语音信息)的患者在学习新词或者非词时表现出困难；儿童使用语音环路进行发音复述的能力能够预测其母语或二语的词汇量以及词汇习得的速度等。

中央执行系统负责接收和加工从其他成分传入的信息，协调各成分之间的关系；接收和加工由长时记忆中传入的信息；选择性注意那些需要注意的事物；在不同的任务中进行注意的分配和注意的转换；抑制无关的信息等。来自脑损伤患者的研究表明，中央执行系统的功能主要是由前额叶来完成的，而前额叶受损的患者难以修正语言理解的错误，不能很好地理解暂时句法歧义句(Novick et al., 2009；Vuong & Martin, 2015)。所谓暂时句法歧义句，是指在加工过程中，句法关系暂时存在多种可能性的句子。例如，The soldiers warned about the dangers conducted the midnight raid。在这个句子中，你开始可能把warned当作句子的谓语动词，但当读到动词conducted时才发现这种分析是错误的，因此不得不重新分析句子，把warned当作过去分词做定语修饰名词soldiers，conducted才是真正的谓语动词，最后正确地理解了句子。这种句子就是暂时句法歧义句，也称花园路径句，比喻理解句子就像走花园里的小路，经过一定的曲折，最终到达目的地。上述这些研究说明了工作记忆中的中央执行系统在语言理解中的重要作用。

工作记忆不仅在母语的加工和习得方面发挥作用，而且在二语的加工中发挥着重要作用。例如，研究者(McDonald, 2006)考察了晚期英语二语学习者对英语多种句法结构的加工。他们测量了二语学习者工作记忆的容量，并让被试完成句法判断任务。结果发现，工作记忆容量越大的被试，其语法判断任务的成绩越好。陈宝国等人(2010)采用眼动的方法，考察非熟练晚期的汉英双语者的工作记忆容量对英语暂时句法歧义句加工的影响。他们将在句子阅读过程中，句子不同区域的首次注视时间作为句子即时性加工的指标，将回扫次数和总的注视时间作为句子非即时性加工的指标。结果表明，高工作记忆容量的被试在歧义区和解歧区上的首次注视时间和总的注视时间上均短于低工作记忆容量的被试。研究表明，对于非熟练的晚期汉英双语者，工作记忆容量的差异既影响英语歧义句即时性的加工，也影响非即时性的加工，即工作记忆容量既影响歧义句初始的句法加工过程，也影响句法的重新分析过程。这一研究结果说明了个体工作记忆的容量在二语复杂句法结构句加工中的作用。

（八）长时记忆信息的存储可能会发生哪些变化？为什么？

长时记忆在存储阶段保持的经验并不会一成不变，而会发生一定的变化。这种变化表现在量和质两个方面。

在量的方面，记忆保持信息量会随着时间的推移而逐渐减少，这可能是其他材料的干扰造成的。在质的方面，由于受个体知识经验差异的影响，存储的信息会发生不同程度的变化。表现在：①回忆的内容更加简略和概括，不重要的细节逐渐趋于消失；②回忆的内容变得更加完整、合理和有意义；③回忆的内容变得更加具体或者夸张、突出；④回忆的内容也可能会出现错误。这种质的变化主要是由于个体已有知识经验和保持的信息之间存在相互作用，这种相互作用决定了长时记忆的存储是一个动态的变化过程。因此，回忆出的信息和编码时的信息可能存在差异。

（九）洛夫特斯等人是如何研究目击者的记忆的？有哪些重要发现？

在洛夫特斯等人的研究中，通常是让被试观看一段简短的视频，然后把被试随机分组，通过操纵提问方式或者提问内容，考察被试对视频内容的记忆是否受到提问方式或提问内容的影响。例如，在一项研究中，让被试观看一段交通事故的电影片段，然后把被试随机分组，询问他们与电影片段相关的问题。其中问一组被试“两车撞毁时，车速是多少”时，结果被试对车速的判断平均为 65 千米/小时；问另一组被试，“两车相撞时，车速是多少”时，被试对车速的判断平均为 55 千米/小时。一周后，请被试回忆在上次观看的有关交通事故的电影片段中，汽车车窗的玻璃是否被撞碎了。结果发现，以“撞毁”字眼被提问的被试更多地报告车窗玻璃被撞碎了。实际上，电影片段中的车窗玻璃并没有被撞碎。这一研究说明了提问方式对目击者回忆的影响。

他们通过大量的研究发现，目击者的记忆容易受到提问方式、事后接触到的信息等多种因素的影响，目击者的记忆并不完全可靠。洛夫特斯等人的研究说明，记忆并非录像带，事后的信息会影响对先前事件的回忆。即事件发生后，个体接触到的事后信息(经验)会影响个体对过去发生事件的回忆。记忆是一个建构的过程，在这个过程中，新的信息和旧的信息会进行整合，因而可能使记忆出现错误。

（十）影响遗忘的因素有哪些?

遗忘受很多因素的影响，主要包括以下几个方面。

①识记后的时间。根据艾宾浩斯遗忘曲线，保持和遗忘是时间的函数，遗忘的进程是先快后慢，因此识记后较短时间内遗忘得较快，之后遗忘的速度变慢。

②识记材料的性质与数量。一般来说，记忆形象的材料比记忆抽象材料遗忘得慢；记忆有意义的材料比记忆无意义的材料遗忘得慢；在学习时间相同的情况下，学习的材料越多，忘得也会较快。

③学习的程度。低度学习的材料容易遗忘，而过度学习的材料比恰能背诵的材料记忆效果要好。当然，过度学习有一定的限度，花费在过度学习上的时间太多，会造成精力与时间的浪费，因此要适当地过度学习。

④识记材料的系列位置。在记忆系列呈现的材料时，一般来说，开头和结尾的材料记忆得好，中间的材料记忆得较差。在学习知识的过程中，要对材料的中间部分加强学习。这是因为中间位置的信息容易受到前后信息的干扰发生遗忘。

⑤识记者的态度、兴趣等。符合需要的、感兴趣的材料更容易记住；有明确的识记目的记忆的效果好。

知识链接

表达焦虑提高考试成绩

人人都希望考试能取得好成绩，而考试焦虑会影响正常水平的发挥。那么，在面临重要考试时如何降低考试焦虑提高成绩呢？一项研究结果显示，书写表达焦虑可以提高考试成绩，特别是对于那些习惯性考试焦虑的学生，更是如此。

在研究1中，研究者让大学生被试完成两次数学考试。在第一次考试时没有给被试施加压力，并告诉他们发挥自己的正常水平即可。在第二次考试前，研究者给被试制造了高压力的情境，告诉被试他们的考试成绩会受到老师和同学的评价，他们的考试成绩还决定了其与同伴的奖励水平等。制造这种高压力的情境后，把被试分为两组并完成不同的任务，其中控制组被试安静地坐等10分钟，而实验组被试则需要把他们关于考试的焦虑情绪、想法写出来，如"我害怕考试出错"等，时间也是10分钟。接着让两组被试完成第二次考试。结果发现，实验组和控制组被试的第一次考试(前测)成绩并无差异，实验组被试的第二次考试(后测)成绩好于控制组被试的第二次考试(后测)成绩。具体来讲，控制组被试后测的正确率比前测的正确率降低了12%，而实验组被试后测的正确率比前测的正确率提高了5%。这说明面临压力时写出焦虑的内容可以提高考试成绩。那么，是否任何内容的书写表达都可以提高考试成绩呢？为了回答这一问题，研究者在研究2中增加了一组被试，研究者让这组被试书写一些与考试焦虑情绪、想法无关的内容，时间也是10分钟。结果发现，只有书写的内容与考试焦虑情绪、想法有关时，才可以提高考试成绩。为了增强研究结果的可推广性，研究者进一步采用高中毕业生作为研究的对象，在生物课期末考试的前六周，首先通过考试焦虑量表测量了学生的考试焦虑水平。然后在考试前让一半被试(实验组)写出他们的焦虑情绪，让另一半被试(控制组)写出与考试无关的内容，都是10分钟，接着进行期末考试。结果发现，在控制组被试中，考试焦虑的水平与期末考试成绩负相关，即考试焦虑水平越高，考试成绩越差。但是在实验组被试中，两者并不存在负相关。这可能是由于实验组中高焦虑的被试通过书写降低了他们的考试焦虑水平，使得他们的成绩接近低考试焦虑的被试，因此实验组未表现出考试焦虑水平与期末考试成绩的负相关。进一步分析发现，对于那些考试焦虑水平高的被试，在书写表达干预之前，实验组被试和控制组被试在春季和秋季各学期的期中考试成绩没有差异，但是接受书写表达干预后，实验组被试的成绩高于控制组被试的成绩。而对于考试焦虑水平低的被试，是否进行书写表达焦虑的干预并没有影响他们的考试成绩。

这一研究结果说明，对于习惯性考试焦虑的学生，特别是那些考试焦虑水平比较高的学生，在考试前让他们把考试的焦虑情绪、想法等写出来，将有助于提高他们的考试成绩。

资料来源：Ramirez & Beilock，2011。

（十一）有关长时记忆遗忘的理论解释有哪些？

造成长时记忆遗忘的原因是多方面的，不同的理论对此进行了不同的解释。

衰退说认为，记忆的遗忘是记忆痕迹得不到强化而逐渐减弱、消退的结果。也就是说，我们记忆一定的材料后需要一个巩固的过程，但由于没有及时复述或者复述的次数不够多，因此记忆痕迹(神经元之间联系的通路)没有得到巩固，导致了遗忘。记忆痕迹就好像沙滩上的小路，如果很久没有人行走，小路就会逐渐消失。

干扰说认为，遗忘是记忆受到了其他材料或者活动的干扰造成的，记忆痕迹并没有消失。有关前摄抑制和倒摄抑制的研究表明，干扰能够导致遗忘。因此，记忆的干扰说有大量实验证据的支持。

提取失败说认为，记忆的遗忘是由于提取信息时未找到适当的提取线索，记忆的痕迹并没有消失，如果线索找到了，信息就能提取出来了。我们都出现过舌尖现象，即认为自己知道，但当时就是说不出来。例如，你遇到了一个不常见面的人，当时怎么也想不起他的名字，但过后很快就想起来了，这就是舌尖现象。舌尖现象说明，当时提取不出来的信息存储在大脑中，只是由于某些原因没有提取出来。舌尖现象支持了提取失败说。

压抑说认为，遗忘是由情绪或动机的压抑作用引起的，即有些经验如果进入人的意识会使人感到很痛苦，因此要忘记这些令人痛苦的经验。压抑说考虑到了个体需要、动机、欲望的作用，强调遗忘是主动的遗忘。但是压抑说并没有很多支持性的证据，而且往往是越强烈的情绪事件，记忆越清晰，越不容易遗忘。

总之，不同的理论对遗忘现象进行了不同的解释。每种理论都能部分地解释遗忘现象，但不能解释所有，最好把各种理论综合起来解释遗忘现象。

（十二）什么是前摄抑制和倒摄抑制？前摄抑制和倒摄抑制的大小受哪些因素的影响？

前摄抑制是指先学习的材料对后学习的材料的干扰作用。倒摄抑制是指后学习的材料对先学习的材料的干扰作用。

前摄抑制和倒摄抑制受很多因素的影响，主要有以下几个方面。

①先前学习某材料的次数越多，数量越多，前摄抑制的干扰作用越大。

②先后学习的材料，如果内容既有相似的地方，又有不同的地方，前摄抑制和倒摄抑制的干扰作用最大。

③记忆的巩固程度，即记忆一个材料的巩固程度越低，越容易受到前摄抑制或者倒摄抑制的影响。

根据前摄抑制和倒摄抑制的原理，记忆时要合理安排学习的内容，调整好学习与休息的时间，以使抑制的作用降到最低。

（十三）什么是由提取诱发的遗忘？它产生的机制是什么？

由提取诱发的遗忘是指在记忆过程中，回忆部分先前记过的材料时，会导致对其他材料的回忆率降低。一般的实验程序是这样的：首先，让被试对一些项目进行配对学习，如“水果—香蕉，水果—柠檬，水果—橘子，水果—荔枝；动物—猎豹，动物—棕熊，动物—老虎，动物—狮子”。然后根据字或者词的线索对属于某一范畴的一半项目进行提取练习，如“水果—香?”“水果—柠?”，而对范畴的另一半项目不进行提取练习，如“水果—橘子”“水果—荔枝”。提取练习结束后，让被试对学过的项目全部进行回忆。结果发现，经过提取练习的“水果—香蕉”“水果—柠檬”的回忆成绩最好，而属于同一范畴的未经过提取练习的“水果—橘子”“水果—荔枝”的回忆成绩，要比那些未经过提取练习的另一范畴的项目，如“动物—老虎”“动物—棕熊”的回忆成绩差。这种现象就是由提取诱发的遗忘。

有两种理论解释了由提取诱发的遗

忘。基于抑制的理论认为，在提取练习阶段，与线索相关的非目标项目也被激活了，这些非目标项目的激活与目标项目产生竞争。因此，为了提取目标项目，需要对非目标项目进行抑制，抑制导致了遗忘。例如，当出现提取线索“水果—香?”“水果—柠?”时，“橘子”“荔枝”也被激活了，为了成功提取“香蕉”“柠檬”，需要抑制“橘子”“荔枝”，因此对“橘子”“荔枝”的回忆成绩较差。

基于竞争的理论认为，提取练习导致了一些项目的可提取性增强，这些项目干扰了未经过提取练习的项目的提取，妨碍了未经过提取练习的项目在回忆阶段的成功提取。因此，抑制不是必需的。例如，提取练习导致了“香蕉”“柠檬”的可通达性增强。因此，在回忆阶段，当提取属于同一范畴的“橘子”“荔枝”时，会和前面提取的内容竞争，故回忆的成绩较差。

两种理论目前各有证据的支持，但仍需要进一步研究。

（十四）如何提高记忆的效果?

记忆是人脑对外界输入的信息进行编码、存储和提取的过程。提高记忆能力可从下面几个阶段着手。

1. 编码阶段

在清醒状态下记忆。在清醒状态下，大脑的兴奋水平比较高，有利于记忆。

集中注意力去记忆。注意是感觉记忆转换为短时记忆的前提条件。另外，经过注意的信息才能很好地进行意义层面的加工。因此，集中注意力去记忆有助于信息的长久保持。

进行深层次的意义加工。根据记忆加工水平模型的观点，对记忆材料的加工深度越深，越有助于信息的保持。因此，在理解的基础上记忆，记忆效果会更好。

把记忆的材料形象化和韵律化。记忆形象的材料要比记忆抽象的材料效果好，记忆有韵律的材料要比无韵律的材料效果好。因此，采用一定的方法，如画图、押韵等形式，把要记忆的材料形象化和韵律化，有助于提高记忆能力。

2. 存储阶段

要想使记忆效果好，在记忆的存储阶段，需要组织有效的复习。

及时复习。根据艾宾浩斯遗忘曲线，遗忘的进程是先快后慢，因此要及时复习。

经常复习。复述是短时记忆的内容进入长时记忆的基本条件，需要经常进行复习。

精细复述。把要记忆的内容和已有的经验建立联系，有助于记忆。

分配复习时间。分散复习的效果优于集中复习的效果。因此，复习要有一定的时间间隔。

阅读与回忆交替进行。学习到一定的程度后，尝试回忆所学的内容。在此基础上再次进行学习，这样阅读与回忆交替进行有利于记忆。

适当地过度学习。适当地过度学习有助于信息的保持，提高记忆效率。

3. 提取阶段

利用编码特异性的原则帮助记忆。

编码和提取时的情境(或线索)越相似，回忆效果越好。因此，在提取阶段，尽量利用编码阶段建立的各种线索，如果可行，回到记的地点进行回忆。

利用测试效应帮助记忆。即对记忆过的材料通过再认和回忆测验的方式帮助记忆。例如，对背诵过的单词，自己进行回忆测验，然后再次记忆单词。这种方法比单纯地一遍一遍背诵单词的记忆效果好。

（十五）记忆加工水平模型的观点有哪些?

记忆加工水平模型认为，记忆保持时间的长短与对信息加工的深度有关，加工的深度越深，记忆的效果就会越好。例如，在一项研究中，让被试学习一个词表，每个单词前都呈现一个问题，引发对单词三种不同水平的加工。例如，对于 leopard 这个单词，可以提出三个不同的问题。问题①：这个单词是小写的吗？问题②：这个单词与单词 level 押韵吗？问题③：这个单词是指一种动物吗？这里问题①②③分别引发了对该单词的词形、语音和意义的加工。结果发现，在问题③的提问方式下，单词的回忆成绩最好。这是因为对于词语材料来讲，意义层面比词形和语音层面的加工程度要深。尽管记忆加工水平模型得到了实验证据的支持，但也受到了一些研究者的批评。主要的批评是，记忆加工水平模型并没有给出明确的加工深度的定义，即哪些方面是深层次的加工。

（十六）常用的记忆术有哪些?

记忆术的关键是把要记忆的信息和个体已有的知识经验联系起来。常见的记忆术有以下几种。

位置记忆法。把要记忆的项目和熟悉的位置或者方位联系起来进行记忆的方法，也称记忆宫殿法。

视觉形象记忆法。这种方法把要记忆的材料形成某种形象，或者把要记忆的材料和某种形象联系起来以帮助记忆。例如，你可以把几个要记忆的物品在头脑中形成离奇、夸张的视觉形象。形象越离奇、越夸张，记忆效果往往越好。离奇、夸张的视觉形象可以使要记忆的信息更具独特性，提取起来也更容易。

编故事记忆法。把要记忆的信息编成一个故事，通过编故事，增加对记忆信息的编码深度，从而增强记忆。

首字母缩略词法。通过组合每个词的首位字母，构成词汇或者专有名词的形式来帮助记忆。例如，CCTV 和 WTO 等都是利用首字母缩略词法帮助我们记忆的。

谐音法、韵律法。利用汉字、数字或者字母的谐音帮助记忆或者把要记忆的信息编成顺口溜帮助记忆。

三、 设计活动

活动一

读一遍 NFBDH 这个字母串，然后把你的视线从字母串上移开，开始在头脑中默念“原始森林”5遍。默念后请回忆刚才读过的字母串，你还能回忆起来吗？如果不能，想想为什么。

提示：一般来说，我们是回忆不起来这些字母的，因为短时记忆的时间非常短暂。你读完字母串之后，完成默念任务，是为了阻止对字符串的复述。在没有复述的情况下，短时记忆中的内容很快就忘了。

活动二

请你以大约每秒一个的速度阅读下面的数字，读完一行后按照正确的顺序回忆，看哪一行的数字能够记住。想想为什么。

① 2 5 8 9 5 3

② 3 9 0 2 9 3 7 1

③ 2 0 3 1 6 9 2 5 0 3

④ 3 8 4 0 1 9 4 8 2 3 7 4 8 2 7

提示：第1、第2行能够很容易记住，第3行记起来有些困难，而第4行根本就记不住。这是因为短时记忆的容量有限，为7±2个组块。也就是说，在没有复述的情况下，我们能同时记忆约9个数字，超过9个就容易犯错误或者记不住了。因此对于第4行远远超出我们短时记忆容量的数字，就很难记住了。

活动三

请你把下面的字母读一遍，然后马上按照顺序写下来，看哪一行回忆的字母多，为什么？

①H N P K J M D R U T

②CCTV CHINA USA BBC UN NBA

提示：在第1行中，如果你把一个字母当作一个组块，那么读一遍大约能记9个字母。在第2行中，大多数字母缩写是你熟悉的，每一个字母缩写都可以当成一个组块来记，即使你仅仅记住了三个组块，也比第一行记住得多。因此，记忆时把熟悉的内容当作一个组块来记，能够扩大短时记忆的容量。

活动四

讲一个故事给你的朋友听，一天后让他讲给你听。和你讲的故事做对比，看看他讲的故事有什么特点和变化，为什么？

提示：和你讲的相比，他讲的故事变得更加概括、简略，告诉你大致是一个什么情节，忽略了一些细节部分，或许和你讲的还有一些出入。

首先，长时记忆主要采用语义编码，因此他记住的是故事的大概意思。其次，长时记忆的存储是一个动态的变化过程，在量和质两个方面可能会发生一定的变化。在质的方面，由于受个人知识经验等因素的影响，存储的内容可能会变得更加概括、简略、合理化，也可能会变得更加夸张，甚至“添油加醋”。

活动五

请你逐一判断下面词语中的第二个字的发音是否为四声，然后遮住这些词语进行回忆。注意一定要遮住词语，然后进行回忆。

脆弱、温和、莽撞、热情、责任心、聪明、坚贞、内向、狡猾、勇敢

请你判断下面的词语是否适合描述自己，然后遮住这些词语进行回忆。同样，一定要遮住词语，然后进行回忆。

坚韧、善良、守旧、敏感、深沉、寡言、随和、散漫、活跃、刚强

提示：请你比较上面两种情况的回忆效果。如果不出意外，后面一种情况下的回忆效果好。这就是记忆的自我参照效应。因为当记忆的信息与自我联系时，它能够和先前经验建立更好的联系，进行更为深入、精细的加工，所以记忆效果更好。

活动六

请你把下面的三组词语以每秒一个的速度读出来，然后找一张纸或一本书遮住这些词语。

菠菜、黄瓜、韭菜、葱头、白菜、胡萝卜

西葫芦、土豆、香菜、蒜苗、青椒、辣椒

豆角、苦瓜、生菜、菜花、西红柿、空心菜

遮住这些词语后，请你判断下面这些词语哪些在上面三组中出现过，哪些没有出现过。出现过的打“√”，没有出现过的打“×”。

黄瓜、韭菜、汽车、菜花、油菜、西红柿、土豆、茄子、芹菜、雪碧、手机

提示：在上面的列表中，油菜、茄子、芹菜你是不是至少有一个打“√”了。如果是，就说明错误记忆发生了。上述测试记忆的方法就类似于DRM范式研究错误记忆的方法。之所以会发生错误记忆，是因为上面的三组词语都是有关蔬菜的术语，这些术语激活了头脑中的蔬菜概念的组织框架，使得未出现在上面三组中的蔬菜术语也被认为出现过。

活动七

把下面的词语以2秒一个的速度读给你的朋友听，读完后请他回忆这些单词。然后查看记住的词语和忘记的词语分别在呈现的词语系列的什么位置。想一想为什么记住的和忘记的词语的位置不同。

重量　合适　健康　程度　合成
折扣　条件　天空　委员　时刻
可靠　公开　杂志　顾客　客观
客户

提示：在一般情况下，你更多记住了处在开头和结尾位置的词语，忘记了处在中间位置的词语。这可能是因为，处在开头位置的词语已经进入了长时记忆中，结尾位置的词语还在短时记忆中，而中间位置的词语既没有进入长时记忆，也没有保持在短时记忆中，因此最容易忘记。另外，还可能与干扰因素有关。开头位置的词语只受到倒摄抑制的影响，结尾位置的词语只受到前摄抑制的影响，而中间位置的词语既受前摄抑制的影响又受倒摄抑制的影响，因此回忆成绩最差。

活动八

请你使用下面这些词语编一个离奇的情节或者形成一个离奇的心理图像。

然后过一天回忆这些词语，看是不是都记住了。如果是，想一想为什么这样做容易记住。

大象　门把儿　手枪　橘子　玻璃　桌子

提示：在多数情况下，形成心理图像是建立材料间联系的非常好的一种方法。形成的心理图像或者情节越是离奇、夸张，记住的可能性越大。因为离奇的心理图像可以使信息具有独特性，易于后面的提取。因此，在记忆简单信息的任务中，形成一些离奇的心理图像是帮助记忆的好方法。

活动九

想一想与精细的阅读相比，为什么校对员校对一段文章后，较少能回忆出校对文章的内容。

提示：加工深度是影响记忆效果的重要因素，加工深度越深，记忆的效果越好。精细的阅读更多是对阅读材料的深层次的意义加工，而校对员校对文章是一种较浅水平的加工，即字形或字音水平的加工。因此，校对员校对文章，较少能回忆出校对的内容。另外，这可能还与关注点有关，精细的阅读更多关注意义，而校对更多关注字形、语法等方面。

四、 拓展练习

（一）单选题

1. 记忆是一个过程，最开始记的阶段通常被称为(　　)。

A. 编码阶段　B. 存储阶段

C. 提取阶段　D. 注意阶段

2. 小明周末参加了朋友举行的聚会，聚会的画面至今历历在目。这种记忆属于(　　)。

A. 语义记忆　B. 情景记忆

C. 短时记忆　D. 感觉记忆

3. 五笔打字时，虽然字根规则记不清楚了，但并未影响打字的速度。这说明打字属于(　　)。

A. 情景记忆

B. 语义记忆

C. 陈述性记忆

D. 程序性记忆

4. 与消极情绪记忆有关的脑组织是(　　)。

A. 壳核　B. 基底神经节

C. 杏仁核　D. 小脑

5. 感觉记忆的编码方式是(　　)。

A. 按照刺激的物理特征进行编码

B. 语义编码

C. 语音编码

D. 命题编码

6. 映象记忆保持的时间大约是(　　)。

A. 1 秒　B. 4 秒

C. 7 秒　D. 10 秒

7. 斯伯林(1960)设计部分报告法是为了研究(　　)。

A. 感觉记忆　B. 短时记忆

C. 工作记忆　D. 长时记忆

8. 由感觉记忆转入短时记忆的前提条件是(　　)。

A. 注意　B. 知觉

C. 复述　　　　D. 练习

9. 当你记住了某个验证码准备填写时，这个验证码存储在(　　)。

A. 感觉记忆

B. 短时记忆

C. 长时记忆

D. 内隐记忆

10. 奶奶叮嘱小强到楼下超市购买物品，包括“苹果、香蕉、桃子、葡萄、面包、蛋糕、火腿肠、酸奶、豆腐、八宝粥……”根据米勒(1956)的研究，小强能记住的物品数量是(　　)。

A. 5±2 个　　　　B. 7±2 个

C. 7±4 个　　　　D. 14±4 个

11. 短时记忆的主要编码方式是(　　)。

A. 视觉编码　　　　B. 语义编码

C. 听觉编码　　　　D. 形象编码

12. 由短时记忆转入长时记忆的基本条件是(　　)。

A. 注意　　　　B. 概括

C. 抽象　　　　D. 复述

13. 小明为了记住手机号码，不停地默念数字。此时工作记忆中发挥作用的成分是(　　)。

A. 语音环路

B. 视觉—空间模板

C. 情景缓冲器

D. 中央执行系统

14. 在工作记忆中，负责注意资源的分配的成分是(　　)。

A. 语音环路

B. 视觉—空间模板

C. 中央执行系统

D. 情景缓冲器

15. 下列最早对错误记忆进行研究的学者是(　　)。

A. 艾宾浩斯　　　　B. 图尔文

C. 巴德利　　　　D. 巴特利特

16. 学习一个材料时，开头、结尾部分记得好，中间部分记得差。这种记忆现象被称为(　　)。

A. 学习效应　　　　B. 首因效应

C. 系列位置效应 D. 近因效应

17. 长时记忆最主要的编码方式是(　　)。

A. 视觉编码　　　　B. 语义编码

C. 听觉编码　　　　D. 形象编码

18. 根据艾宾浩斯的研究，假如初学无意义音节词表时需要背诵 30 分钟达到刚能成诵的程度，间隔一些时间再次学习该词表时，只需要 8 分钟便能达到同样的背诵程度。那么节省量是(　　)。

A. 53.3%　　　　B. 63.3%

C. 73.3%　　　　D. 88.3%

19. 研究表明，遗忘进程是不均衡的，表现为(　　)。

A. 时快时慢　　　　B. 开始慢中间

C. 先慢后快　　　　D. 先快后慢

20. 机械复述和精细复述的主要区别在于(　　)。

A. 是否需要意识的参与

B. 个体知识经验参与得多少

C. 复述材料的数量不同

D. 复述材料的性质不同

21. 小明最近修改了邮箱的密码，但接收邮件时仍不自觉地输入了旧密码，这体现了(　　)。

A. 倒摄抑制的影响

B. 前摄抑制的影响

C. 记忆重构的作用

D. 记忆错觉的作用

22. 学习后休息，比学习后继续学习其他材料记忆的效果好，这是由于休息减弱了(　　)。

A. 过度学习的作用

B. 记忆恢复的作用

C. 倒摄抑制的作用

D. 前摄抑制的作用

23. 前摄抑制指的是(　　)。

A. 童年的事件很难回忆

B. 利用提取线索促进回忆

C. 先前获取的信息干扰新获取的信息的提取

D. 新获取的信息干扰先前信息的提取

24. 关注到个体的需要、动机、情绪因素在遗忘中的作用的记忆理论是(　　)。

A. 衰退说　　B. 干扰说

C. 压抑说　　D. 提取失败说

25. 内隐记忆又被称为(　　)。

A. 有意识记忆

B. 无意识记忆

C. 前瞻性记忆

D. 回溯性记忆

(二)多选题

1. 根据阿特金森和谢夫林提出的三阶段记忆模型，记忆包括的三个阶段是(　　)。

A. 感觉记忆　　B. 工作记忆

C. 短时记忆　　D. 长时记忆

2. 与前额叶相关的记忆有(　　)。

A. 空间记忆

B. 工作记忆

C. 语义记忆

D. 有关时间顺序的记忆

3. 工作记忆的成分有(　　)。

A. 语音环路

B. 视觉—空间模板

C. 情景缓冲器

D. 中央执行系统

4. 有关巴德利等人提出的工作记忆概念，下列观点正确的是(　　)。

A. 工作记忆和长时记忆存在联系

B. 工作记忆是由多种成分组成的

C. 工作记忆既负责存储，又负责加工

D. 工作记忆的容量是无限的

5. 下列属于语义记忆的有(　　)。

A. 记住了某个定理

B. 记住了两个变量之间的关系

C. 记住了元素周期表

D. 记住了周末自己滑冰的场景

6. 有关感觉记忆，下列观点正确的有(　　)。

A. 感觉记忆也被称为瞬时记忆

B. 保持时间在 30 秒左右

C. 按照刺激的物理特征进行编码

D. 视觉感觉记忆比听觉感觉记忆保持的时间长

7. 根据洛夫特斯等人对目击者的证词的研究，下列观点正确的有(　　)。

A. 回忆内容受提问方式的影响

B. 记忆是一个建构的过程，目击者的证词受事后信息的影响

C. 目击者的证词并非完全可靠

D. 错误记忆是由人们的错误归因造成的

8. 能够提高记忆效果的方法有(　　)。

A. 及时复习

B. 运用记忆术

C. 适当地过度学习

D. 把阅读和回忆结合起来

9. 测量内隐记忆的方法有(　　)。

A. 再认　　B. 模糊字辨认

C. 词干补笔　　D. 回忆

10. 根据内隐记忆和外显记忆的研究，下列观点正确的有(　　)。

A. 加工深度对内隐记忆的影响更大

B. 干扰因素对外显记忆的影响更大

C. 记忆负荷量对外显记忆的影响更大

D. 在学习和测验阶段呈现方式的改变对内隐记忆的影响更大

参考答案

(一)单选题

1. A　2. B　3. D　4. C　5. A　6. A　7. A　8. A　9. B　10. B　11. C　12. D　13. A　14. C　15. D　16. C　17. B　18. C　19. D　20. B　21. B　22. C　23. C　24. C　25. B

(二)多选题

1. ACD　2. ABD　3. ABCD　4. ABC　5. ABC　6. AC　7. ABC　8. ABCD　9. BC　10. BCD

第七章 思维

一、解释概念

（一）思维

思维是借助语言、概念、表象等实现的，对客观事物概括的和间接的认识。它能揭示事物的本质特征和内部联系，是认识的高级形式。它主要表现为概念形成、推理、问题解决和决策等形式。

知识链接

思维的定义

关于思维的定义，心理学家从不同的角度提出了不同的见解。西方心理学偏重思维过程本身，苏联和我国心理学界偏重思维区别于其他认知过程的特点。

西方心理学界关于思维的定义众说纷纭。布鲁纳(1957)提出，思维是对给出的信息的超越。巴特利特(1958)提出，思维是填补证据间空白的复杂而高级的技能。纽威尔和西蒙(1972)提出，思维是在问题空间中进行的搜索过程。伯恩等人综合各家的学说，对思维做了一个比较完整的描述：思维是一个复杂的、多侧面的过程；思维主要是一个内在的过程，是利用不直接存在的事物或物体的符号表征进行的，但又是由某个外部事件激起的；思维的作用是产生和控制外显行为(Bourne，Ekstrand，& Dominowski，1971)。

苏联和中国心理学界对思维的定义比较一致，即思维是对客观事物间接的、概括的认识，反映的是事物的本质属性和事物之间的规律性联系。所谓本质属性，就是一类事物所特有的属性；所谓规律性联系，就是必然联系。思维一般是借助语言、概念、表象等实现的。

以上对思维的定义从不同的侧面反映了思维的本质和特性。但近年来认知心理学和思维心理学著作中往往回避思维的定义，如斯腾伯格等人(Sternberg & Ben-zeev，2001)虽然没有对思维下定义，但是从内容中我们可以看到，在斯腾伯格心目中，思维包括概念形成、知识的表征与获得、推理、问题解决、决策、言语活动等。其中概念形成、推理、问题解决是思维活动的主要形式。

资料来源：邵志芳，2013。

（二）辐合思维和发散思维

根据思维的方向性，心理学家吉尔福特把思维分为辐合思维和发散思维。

辐合思维是指人们根据已知的信息，利用熟悉的规则解决问题。也就是从给定的信息中，得出合乎逻辑的结论。它是一种有方向、有范围、有条理的思维方式。

发散思维是指人们从多个角度思考问题，重新组织当前的信息和记忆中存储的信息，产生多种解决问题的方法的思维活动。例如，解数学题时的一题多解。

（三）常规思维和创造性思维

根据思维的创新程度，思维可以分为常规思维和创造性思维。

常规思维是指人们根据知识经验，按现成的方法、程序或者方案解决问题的一种思维活动。

创造性思维是指重新对已有的知识经验进行改组，提出新的方案或程序，创造出新成果的思维活动。例如，现金支付是传统的支付方式，而通过微信扫码支付，则是新的支付方式，它需要互联网、微信平台等技术方面的支持，是创造性思维的产物。

（四）想象

想象是对头脑中已有的形象(表象)进行加工改造，形成新形象的过程。想象可以分为再造想象和创造想象。再造想象是根据言语描述或者图形示意形成新形象的过程。例如，阅读《三国演义》时，根据作者的描写，在脑海中浮现出张飞的形象就是再造想象。创造想象是根据一定的目的，在头脑中独立地创造出某种新形象的过程。例如，《三国演义》的作者罗贯中对张飞人物的塑造就是创造想象；古人创造出“嫦娥”“玉兔”等的形象也属于创造想象。

（五）表象

表象是指人在头脑中出现的关于事物的形象。从信息加工的角度来讲，表象是指物体或事件的一种像图画一样的心理表征。表象具有直观性、概括性和可操作性的特点。根据感觉通道的不同，表象可以分为视觉表象、听觉表象、触觉表象和运动表象等。

（六）概念

概念是具有共同属性的一类事物的总称。事物的共同属性是指该类事物所具有的、区别于其他事物的属性。概念包括内涵和外延两个方面。内涵是概念的共同属性，外延是拥有这些属性的事物。概念的内涵增加，外延就变小了。概念可以分为上位概念、基本概念和下位概念。

（七）人工概念和自然概念

人工概念一般是指根据一套规则或者定义性特征来定义的概念，也称正式的概念。所谓定义性特征，是指定义一个概念的必要且充分的特征。例如，三角形就是有三个边和三个角，且内角之和为 180°的封闭的二维图形，不具备这些定义性特征的就不是三角形。又如“鸟”的概念，它是指一种卵生的、无齿有喙、有羽毛、胸部有龙骨突起的脊椎动物，不具备这些定义性特征的就不是鸟。人工概念的内涵和外延都比较清晰，因此，实验室里研究概念的形成过程常常采用人工概念。

在日常生活中自然而然形成的概念被称为自然概念，如“爱”“诚实”“尊严”“幸福”。自然概念的内涵和外延都比较模糊，很难用一套规则或者定义性特征来限定，而是更多使用典型性特征或特有性特征来说明。典型性特征是指一个概念表现出的典型特点，但并非概念的所有成员都具备这一特征。例如，“会飞”是鸟的典型性特征。

（八）原型

原型是指最能代表某种概念的样例或特征组合。正如我们想到“鸟”的概念时，头脑里会想到麻雀和乌鸦，而较少会想到鸵鸟和企鹅。麻雀和乌鸦可以被称为“鸟”的原型。原型也可以是一组典型性特征的组合，如说到汽车，人们会想到由车厢、车轮、方向盘等组成的一个概括的汽车形象，但该汽车可能不属于任何一个特定的品牌。与概念的其他成员相比，原型往往拥有更多概念成员的共同属性。

（九）激活扩散模型

激活扩散模型是由柯林斯等人(Collins & Loftus, 1975)在层次网络模型的基础上提出的。其主要观点是，概念网络以语义相关性为基础，两个概念的语义相关性越强，它们之间的距离(连线)就越短。当概念被激活时，激活可以自动扩散到与之联系的其他概念。激活扩散的强度随着传递距离的增加而降低。

（十）证实倾向

在条件推理的过程中，人们倾向于寻找证据证实某种假设或规则，而很少尝试去证伪它们，这种现象被称为证实倾向。

（十一）问题解决

问题解决是指在一定的情境中，应用各种认知活动、技能，进行一系列的思维操作来达成一定目标的过程。从认知过程来说，问题解决是从问题的初始状态出发，经过一系列的中间状态，最终达到目标状态的过程。例如，在解决数学证明类的问题时，已知条件就是问题的初始状态，求证的结果就是问题的目标状态。解决问题思维操作的过程就是中间状态。

（十二）问题空间

问题空间包括问题的初始状态、目标状态以及由初始状态转化为目标状态采取的操作等。问题解决的过程就是对问题空间进行搜索，进而找到一条从初始状态通向目标状态的通路的过程。

（十三）顿悟

顿悟是指个体突然理解了问题情境中的各种关系，发现了问题解决的方法，从而解决了问题的过程。例如，在苛勒设计的猩猩取香蕉的实验中（Köhler，1927），房顶上悬挂着猩猩够不到的香蕉，地上有几个箱子。猩猩一开始尝试跳起来取香蕉，但是够不到。之后，它不便再盲目跳跃了，而是在房间里走来走去，仿佛在观察房间里的东西。过了一会儿，突然猩猩走到箱子前面，把箱子叠起来，跳到箱子上，取到了香蕉。猩猩突然发现了箱子与香蕉之间的关系，它对认知结构中的已有的知识经验进行了重组，因而找到了解决问题的方法。

知识链接

顿　悟

顿悟是一种独特的、有时看似突然间发生的对于问题或有效解题策略的理解。通常来说，顿悟意味着以全新的方式对问题或策略概念进行重新构想。苛勒发现，在房间里的黑猩猩经过多次尝试不能获得香蕉，在突然的一瞬间表现出顿悟：叠起箱子来就可以够到香蕉（Köhler，1927）。在他看来，顿悟是一个特殊的过程。它涉及的思维活动有别于正常情况下线性的信息加工。梅特卡夫的研究发现，常规问题的解决者通常能够预测自己能否顺利解决问题，而解决顿悟问题时，问题解决者很难在尝试求解之前预测自己能否成功（Metcalfe，1987）。

> 当你无法获得顿悟时，睡觉也许能够帮助你。无论是解答数学问题，还是理解事物背后的规律性，睡眠都被发现有助于提高发生顿悟的概率（Stickgold & Walker，2004；Wagner et al.，2004）。
>
> 资料来源：斯腾伯格，2016。

（十四）算法策略

算法策略是根据一定的规则或者程序等，一步一步地解决问题的方法。算法策略并不是随机地尝试错误，它类似于一些公式和程序，如果运用得当，就能一步一步地解决问题。例如，你有大小不同的10把钥匙，但不知道哪把钥匙能打开房门锁。采用算法策略就是按照一定的规则，如按房门锁由小到大的顺序，逐个尝试，直到打开房门锁。采用算法策略的优点是理论上能够保证问题的解决。但是，当问题复杂、问题空间很大时，这种方法比较费时费力。另外，有些问题没有现成的算法或尚未发现其算法，这时采用算法策略是无效的。

（十五）启发式策略

启发式策略是人们根据一定的知识经验，在问题空间内进行较少的搜索，以解决问题的一种方法。例如，你有大小不同的10把钥匙，但不知道哪把钥匙能打开房门锁。采用启发式策略，你可以根据房门锁的大小选择钥匙进行尝试，也许很快就能成功。启发式策略是一种走捷径的方法，不能保证问题的解决，但相对于算法策略，它提供了一种省时省力的问题解决方案。总之，启发式策略是凭借经验来帮助解决问题的方法。它在问题复杂或者没有现成的算法的情况下较为常用，包括手段—目的分析法、逆向搜索法以及爬山法等。

（十六）功能固着

功能固着是指人们倾向于将物体与某些特定的功能相联系，而忽视物体其他的潜在功能。功能固着会阻碍人们灵活地使用物体的潜在功能来解决问题。克服功能固着需要人们灵活机智地使用已有的物体或工具，使之服务于解决问题的目的。

（十七）决策

决策是指在几种备选方案中进行选择的过程。决策可分为确定性决策和风险决策。确定性决策是在确定的条件下，对备选方案做出选择的过程。例如，我们已经熟知学校各个食堂窗口的食物口味后，在决定午饭吃什么时，根据自己的喜好、健康状况和经济条件选择窗口。风险性决策是在不确定的条件下做出选择的过程。例如，我们在购买股票时，不清楚不同选择的结果，此时做出的决策就是风险决策。

知识链接

决策中的两种系统

研究者提出了决策的两个系统假设，也就是说，我们在决策过程中可以采用两个系统进行决策。这两个系统具有不同的特点。

第一系统是指我们的直觉系统。这个系统是快速的、自动的、无须意志努力的，在很大程度上是无意识的、内隐的决策系统，也有人称之为“快系统”。

第二系统是指我们理性的分析加工系统。这个系统是较慢的、有意识的、需要意志努力的、外显和逻辑性的决策系统，也有人称之为“慢系统”。

在日常决策中，两个系统同时对人们的决策行为产生影响。有研究者认为，在面临决策问题时，第一系统会快速启动，能快速做出决策，但第一系统由于是直觉系统，决策可能会出现偏差或者错误。如果第一系统没有办法做出决策，那么可能就会启动第二系统。但能否有效地启动第二系统，取决于决策者本身的认知需求以及决策场景、时间压力等因素的共同作用。

资料来源：马克斯·巴泽曼，2007。

（十八）期望效用理论

期望效用理论认为，决策者追求效用的最大化。期望效用值是指结果的效用与事件发生概率的乘积。例如，“有80%的概率赚8000元”，那么8000元就是结果的效用，而80%就是发生概率，它的期望效用值就是6400元。期望效用理论认为，人们会倾向于选择期望效用最大的方案。然而，研究发现该理论不能完全解释实际生活中的决策情况。

（十九）前景理论

卡尼曼等人(Kahneman & Tversky, 1979)提出了有关决策的前景理论。他们认为，人在不确定的情况下进行决策往往是非理性的，而且做出的决策偏差是有规律可循的。前景理论的内容非常丰富，其观点包括：大多数人在面临获得的时候是风险规避的；在面临损失的时候是风险偏好的；人们对损失比对获得更敏感。

（二十）框架效应

框架效应是指对于同样的信息，用不同的方式来表达，会影响决策的现象。例如，对于一次投资，你可以说“这次投资赚钱的概率是80%”，也可以说“这次投资赔钱的概率是20%”。这两种表述表达的信息是一样的，但表达方式不同，可能会影响投资方投资的意愿。

知识链接

用外语思考会影响我们的决策吗?

直觉上,我们认为语言不会影响我们的决策,或者认为使用外语带来的认知负担会影响决策的条理性。事实上,许多研究都发现使用外语能够减少决策偏差,使我们更理性地解决问题,减弱框架效应(Keim,2012)。框架效应是指一个问题的两种在逻辑意义上相似但不同的说法导致了不同的决策判断,如“肯定能救活一半人”与“肯定会死一半人”就是相同逻辑意义的两种不同表达方式,前者通常容易被人接受,而后者则让人反感。研究者用四个实验证实了当选择用外语呈现时,这种框架效应就消失了(Keysar et al.,2012)。具体来说,被试在使用母语时,对待获得是风险规避的,对待损失是风险偏好的。随着问题表述方式的改变,被试的决策也会发生变化。但是这种效应在使用非母语时就消失了,即无论表述方式如何改变,被试的决策都不会变化。并且,使用外语可以减少损失厌恶,这被认为是由外语提供了一种有益的“认知距离”,可以促进理性思考,减少无意识的、情绪性的反应。研究者用实验证实了外语确实能够减少情绪的唤起(Lazar et al.,2014)。

资料来源:Keim,2012;Keysar et al.,2012;Lazar et al.,2014。

(二十一)代表性启发法

代表性启发法是指人们估计事件发生的概率时,受它与其所属总体的基本特性的相似性程度的影响。通俗来说,样本与总体的原型越相似,就越容易被归入该总体。例如,在人们的头脑中,艺术家的典型形象通常是“长发”“不修边幅”“自由洒脱”“富有想象力”等。如果一个陌生人符合这样的特点,你就可能会把他看作艺术家,但你的判断忽视了艺术家在人口中所占的比例。实际上,多数具有以上特点的人都不是艺术家。

(二十二)易得性启发法

易得性启发法是指人们倾向于根据事件在记忆中获得的难易程度来评估其发生概率的现象。人们倾向于根据事件在记忆中是否容易提取来判断事件发生的概率。越容易从记忆中提取的事件,判断其发生的可能性越大。例如,看暴力影视作品多的人很容易回忆起暴力场景,因此在判断未来遭受暴力行为的概率时更倾向于高估。

(二十三)锚定和调整启发法

锚定和调整启发法是指人们根据给定的信息做出最初的估计(锚定),之后根据情况对最初的估计做出调整,但是调整的幅度不大。例如,对于一件翡翠,卖家给出 18800 元的价格(这个价格是锚定)。如果允许砍价，那么你可能一次砍掉 2000 元，而不是一次砍掉 8000 元。这是因为人们一旦被某个价格锚定，后来调整的幅度就不会太大。

知识链接

赌徒谬误和热手效应

赌徒谬误是指人们错误地认为，一个给定随机事件的概率受到之前发生的随机事件的影响。例如，一个赌徒连着输了 5 局，相信自己第 6 局肯定会赢，这就是赌徒谬误。实际上，赌博每一局的输赢都是一个独立事件，其输赢的概率相等。投硬币也是一样的，每一次投硬币时，出现正面和反面的概率是相等的，但是人们倾向于认为多次出现正面后，下一次更容易出现反面。由于多重随机事件之间的独立性，出现正面和反面的概率是一样的。

热手效应是人们错误地认为某一事件的过程将会继续下去。例如，许多球迷相信，球员前次投篮成功后再次投篮成功的概率高于前次投篮失手后再次投篮成功的概率，这就是热手效应。但研究发现，前次投篮的表现并不会改变随后投篮的表现。事实上是偶然性或者球员的正常命中率发挥着作用，但我们对连续性仍然抱有错误的观念，认为它会发生。

资料来源：斯腾伯格，2016。

二、 解答问题

(一)思维的含义和特征分别是什么?

思维是借助语言、概念、表象等实现的，对客观事物概括的和间接的认识。它能揭示事物的本质特征和内部联系，是认识的高级形式。

思维具有概括性和间接性。①概括性。人们能够在大量感性材料的基础上，把一类事物的共同特征和规律抽取出来，这体现了思维的概括性。思维的概括性降低了人们对具体事物的依赖，将认识扩展到抽象概括层面。因此，一个人抽象概括的水平越高，其思维水平也越高。此外，概括是概念形成的前提，也是思维活动能够迁移的基础。②间接性。它是指人们借助一定的媒介和一定的知识经验对客观事物进行间接的认识。思维的间接性使我们能够超越感知觉提供的信息，扩大了认识事物的范围。

知识链接

动物有思维吗?

一只乌鸦紧盯着前方一只用橡胶做的蜘蛛，它疑惑地围绕着这个看上去充满威胁的“危险物”绕来绕去……最终，好奇心压倒了一切，它用喙拾起一根树枝，用树枝小心地刺探了一下橡胶蜘蛛，然后立即警惕地向后跳开。当发现这个“危险物”对它的刺探没有做出回应后，这只乌鸦终于获得了足够的信心，它折返回来叼起了橡胶蜘蛛，还瞥了一眼蜘蛛的下腹部。

乌鸦的这一系列行为正好被英国牛津大学行为生态学实验室的乔安娜·维姆潘尼教授观察并记录了下来。她认为，乌鸦的这种行为充分彰显了动物的智慧，因为当人类遇到奇怪或有潜在危险的事物时，也可能会采取类似的行为。不过，这种行为究竟是动物思考后的结果，还是它们的本能，或者说，动物是否具有思维，这个问题一直以来都存在争论。亚里士多德和笛卡儿认为动物的行为纯粹由各种反射行为支配，而达尔文和心理学家詹姆斯则认为动物可能具有复杂的心理活动。

20 世纪 70 年代，美国动物学家唐纳德·格里芬开始较为系统地研究这个问题。他是最早发现蝙蝠回声定位的科学家之一；他发现了海狸可以精确地切割木片来修筑它们的“水坝”，并用不同大小的木片填补水坝的缝隙；他还发现了黑长尾猴可以通过叫声来误导种群中的其他个体。格里芬教授认为，以上这些行为及能力均表明，动物具有一定的思考问题的能力。然而，他的这一观点激怒了对此持怀疑态度的动物学家及人类学研究者，其中包括在佛罗里达大学研究犬科动物认知及行为的科学家克里夫·维尔。后者对此的观点是：“格里芬在他的书中写道，所有的动物都是具有意识的，任何动物的任何一次行为，甚至萤火虫在黑暗中发光这种原始行为，都被他认定为是动物主观意识的产物。这一观点在我看来简直是疯狂的！”

今天已经很少有人认同格里芬的这一“广泛性意识”的观点，但他的相关工作无疑是积极有效的，推动了这一研究的深入。这方面的研究现在已经客观并系统化了许多。考虑到那些巧妙的动物行为，许多生物学家认为，某些生物确实具有初级的思维能力，动物的思维不一定像人类那样复杂，但它们头脑中所想的事情一定比我们最初认定的要复杂很多。如今大家更容易接受的观点是：不同的动物具有不同的思维能力，其跨度可以从最初级的认知到人类丰富复杂的“意识洪流”。

资料来源：崔媛媛，2012。

（二）思维与感觉、知觉、记忆等认知过程的关系如何?

首先，思维不同于感觉、知觉、记忆等认知过程。感觉、知觉是直接接收外界的刺激输入，并对输入的信息进行初级加工，形成感性认识。记忆是对输入的刺激进行编码、存储、提取的过程。而人脑对感性认识的结果不断地加工，特别是经过抽象和概括，逐渐达到对事物本质特征的认识，这就是思维过程。因此，思维是对输入的刺激进行更深层次的加工，是认识的高级形式，它能揭示事物的本质特征和内部联系。从这个角度来讲，思维比感觉、知觉、记忆更深刻、更高级。

其次，思维又离不开感觉、知觉、记忆等认知过程所提供的信息。只有在大量感觉、知觉信息的基础上，在记忆的作用下，人们才能进行推理、问题解决和决策，进而揭示事物的本质特征和内部联系。另外，语言是思维的工具，思维是借助词语等形式进行的，思维的成果也需要靠语言存储和表达。同时，语言又影响思维，如沃尔夫认为，语言影响人们思维以及知觉世界的方式。

知识链接

语言对思维的影响

语言是思维的工具，尤其对于抽象思维而言更是如此。世界上有五六千种语言，各种语言在词汇、语音、语法方面存在很大差异。例如，英语属于印欧语系，它通过词汇的屈折变化表达时态信息(例如，动词后面加 ed 表示过去时，加 ing 表示现在进行时)。汉语属于汉藏语系，没有屈折变化，通过“着、了、过”等助词表达时态信息。那么，语言的差异是否会影响人们的思维和知觉世界的方式呢?

有关这一问题，美国语言学家萨丕尔认为，语言决定思维。人们使用的语言不同，思维和知觉世界的方式也不同。后来，沃尔夫通过研究进一步发展了这一假设。语言决定思维这种观点后来被称为萨丕尔-沃尔夫(Sapir-Whorf)假设，或者沃尔夫假设，或者强的语言相对论假设。

根据这种强的语言相对论假设，母语不同的人其思维和知觉世界的方式也不同。例如，沃尔夫认为，语言以各种相异的方式切分自然界。语言把自然界切分为各种概念范畴，如“天”“地”“山”“水”等。语言自身塑造了一个人基本的思想。由于语言间的差异，使用不同语言的人表达相同的思想是不可能的。这种强的语言相对论假设受到了广泛批评，多数研究者不支持这种观点。后来，随着研究的不断深入，研究者对强的语言相对论假设进行了修订，修订后的假设认为，语言影响思维和知觉世界的方式，而不是决定思维和知觉世界的方式。这就是弱的语言相对论假设(弱的沃尔夫假设)。

弱的语言相对论假设得到了大量研究的支持，其中重要的证据来自颜色范畴知觉效应的研究。所谓颜色范畴知觉效应，是指当人们辨别来自不同范畴的两种颜色时，对它们的知觉、记忆要比在色轮上距离相等且来自同一范畴的两种颜色更具优势。例如，黄和蓝是两种不同范畴的颜色，深绿和浅绿是同一范畴的两种颜色，辨别在色轮上选取的黄、蓝之间的距离与深绿和浅绿之间距离相等的两种颜色。结果发现，对黄、蓝的辨别速度快于对深绿和浅绿的辨别速度，这就是颜色范畴知觉效应。

根据弱的语言相对论假设，颜色术语会影响颜色的辨别。这种观点得到了大量研究的支持。例如，有研究者比较了俄语组被试和英语组被试对蓝色的知觉差异。与英语不同，俄语中的浅蓝和深蓝分别对应两个不同的词。他们用介于浅蓝和深蓝之间的蓝色作为刺激，让被试完成颜色辨别的任务。也就是同时呈现三种颜色的正方形，让被试从下面两个正方形中找出和上面正方形颜色相同的那一个。结果发现，俄语组被试对深蓝和浅蓝表现出了颜色范畴知觉效应，即对来自不同范畴颜色的辨别速度要快于对来自相同范畴颜色的辨别速度。而英语组被试并没有表现出这种效应(Winawer et al.，2007)。

总之，上述研究都支持了弱的语言相对论假设，即人们使用的语言在一定程度上影响了思维和知觉世界的方式。在跨文化交流过程中要充分意识到这一问题。

资料来源：魏晓言，陈宝国，2011。

(三)什么是创造性？它包括哪些心理成分？

创造性是指在问题解决活动中，运用新颖的方式，产生新的、有社会价值产品的心理过程。创造性活动主要体现在问题解决的过程中，但由初始状态向目标状态转变的过程较一般的问题解决更为复杂。

想象是创造性重要的心理成分。形象性和新颖性是想象活动的基本特点。创造想象往往是通过对头脑中已有形象的黏合、夸张、典型化、联想等方式实现的。黏合是把事物中从未结合过的属性、特征结合在一起的过程。夸张是通过改变事物的特征，或者突出某些特征形成新形象的过程。典型化是通过综合一类事物的共同特征并赋予某个个体从而创造出新形象的过程。联想是利用一个事物想到另一个事物，从而创造新形象的过程。

辐合思维和发散思维也是创造性的心理成分。利用发散思维，能够产生多种问题解决的方案，而辐合思维则帮助我们将发散思维的结果与目标任务对照，从而做出正确的选择。在通常情况下，创造性活动需要在辐合思维和发散思维之间循环往复才能完成。

远距离联想能力同样也是创造性的心理成分。它是指人能够根据某些标准，在两个看起来毫无关联的概念之间建立联系的能力。远距离联想能力越高的人，形成新联想的能力越强。

此外，创造性的心理成分还包括人的坚持性、自信心、意志力、责任感等非智力因素。

知识链接

头脑风暴法

头脑风暴法是一种提高创造力的方法，它是指在群体解决问题的过程中，鼓励大家尽可能多地说出自己的观点或者看法，想到什么说什么。头脑风暴法的关键在于把提出观点和评价观点的过程分开，只有到了头脑风暴的最后阶段，群体成员提出的各种观点才会被评价。由于头脑风暴法鼓励大家各抒己见，自由地发表意见，因此会出现相互激发效应，即一位参与者提出的观点会进一步激发他人积极提出自己的观点。

要保证头脑风暴法的成功，需要遵守以下一些原则。

1. 在提出观点的过程中，严禁对参与者提出的任何观点进行评价，评价只能在临近结束时进行。

2. 鼓励参与者修改自己的观点，或者将自己的观点和他人提出的观点相结合。提倡博采众长，不拘泥于任何一种解决问题的框架。

3. 想法多多益善。在头脑风暴法的前期阶段，提出观点或者想法的数量比质量更为重要，提出的观点越多越好。

4. 鼓励出奇制胜。鼓励提出听起来离奇古怪和不着边际的想法，充分发挥参与者的想象力。

5. 完整记录下提出的各种观点或者想法。

6. 改进和完善有价值的观点。

资料来源：郑刚等，2017。

（四）创造性的测量方式

发散生成测验（Guilford，1967）是测量创造性的一种重要方法，其中的一种方式是让参与者在规定时间内尽可能多地说出一个或者几个物品的用途。例如，两分钟之内尽可能多地说出橡皮筋的用途。该测验通过三个维度来测量创造性，分别是发散思维的流畅性、变通性以及独特性。流畅性是指单位时间内发散项目的数量。如果在规定时间内想出数量较多的项目，也就是反应迅速而众多，那么思维的流畅性就强。变通性是指发散项目的范围或维度。范围越大，维度越多，变通性越强，发散思维能力也越强。独特性是指能够说出独特、新颖的用途。在独特性的量化计分方法中，一种方法是根据测试样本群体中说出某种用途的比例来确定独特性。如果被试说出的用途在测试群体中有超过10%的人说出，那么独特性计0分；如果有3%～10%的人说出，那么独特性计1分；如果有1%～3%的人说出，那么独特性计2分；如果有不到1%的人说出，那么独特性计3分。吉尔福特认为，还可以采用命题测验来测试人的发散思维的独特性。测验时要求根据一段故事情节给出一个合适的题目，题目越奇特越好。

远距离联想测验是测量创造性的另一种方法（Mednick et al.，1967）。例如，给被试呈现三个词，要求被试说出第四个词和三个词联系起来。例如，测验项目的三个单词为 food、catcher、hot。被试可以说出 dog 和它们联系起来，即 dogfood、dogcatcher、hotdog。然而，有的研究认为，远距离联想分数与创造性的相关较低，说明仅仅用该测验测量创造性是不够的。

知识链接

说出几个词预测你的创造性

你的创造性如何？如何测量人的创造性？近期《美国科学院院报》刊出了一篇科研成果，只要你简单说出几个词语就能预测你的创造性。

在研究1中，研究者让8914名大学生被试在4分钟内任意说出几个意义无关的名词，意义越不相关越好。接着，研究者计算了这些词语的语义相关程度。例如，“胳膊、脚、眼睛、手、头、腿”几个词语的语义相关程度就高，而“河马、跳高运动员、机器、荆棘、西红柿、小提琴”几个词语的语义相关程度就低。

然后，研究者把上述语义相关程度的分数与两个常用的创造性测验的分数求相关。一个测验采用的是灵活使用任务(alternative uses task，类似于不寻常用途测验)。在这个任务中，研究者给出几个物品(如砖、曲别针、报纸、橡皮筋、制作冰块的盘子)，要求被试在两分钟内尽可能多地说出每一件物品的用途。测量创造性的指标为发散思维的流畅性、变通性和独特性。另一个测验类似于远距离联想测验。在这个测验中，研究者给被试呈现一对词语，这些词语或者有联系，或者没有联系，要求被试说出和这两个词语都有意义联系的第三个词。研究结果发现，被试说出的词语的语义相关程度越低，在创造性测验中的得分越高。

为进一步证实研究结果的可靠性，研究 2 选取了来自 98 个不同国家的被试，采用类似的方法，得到了和研究 1 类似的结果。

这一研究结果说明，简单地让被试说出一些没有联系的词语能够有效地预测个体的发散思维能力，即说出的词语的联系性越弱，那么发散思维能力就越强。如果把发散思维能力看作创造性的关键成分之一，那么个体说出没有联系的词语的能力在一定程度上就可以预测个体的创造性。

作者认为，采用这种发散性的词语联想任务能够提供一种简洁、有效和客观的方法来测量个体的发散思维能力。

资料来源：Olson et al.，2021。

(五)想象的含义及其功能分别是什么?

想象是对头脑中已有的表象进行加工改造，形成新形象的过程，是一种高级的认识活动。想象是创造性重要的心理成分，特别是创造性想象。

想象的功能主要表现在四个方面。

预见：想象可以预见活动的结果，指引人们活动的方向。

补充知识经验：想象可以帮助人们认识生活中接触不到的事物(如小说里的人物等)，起到补充知识经验的作用。

代替：当人们的某些需要不能得到实际满足时，可以利用想象的方式得到满足。

调节机体的生理活动：来自生物反馈的研究发现，想象能够对机体的生理活动进行调节。

知识链接

开个小差，激发灵感

历史上有许多灵光一闪的时刻，从阿基米德到牛顿，再到爱因斯坦，他们在思考事情时，都会时不时地有灵感闪过。但是这种心理学现象背后的机制目前还不清楚。有研究表明，休息并不能使灵感增加，但是可以培养创造性。

来自美国加州大学圣巴巴拉分校心理学家贝尔德(Benjamin Baird)和斯库勒(Jonathan Schooler)在145名大学生中做了一个用途枚举的实验。首先，要求被试在两分钟内尽可能多地列举两种日常用品的用途，如牙签、衣架和砖头。然后，将被试分为4组，其中三组有12分钟的休息时间，第四组没有休息时间。在12分钟的休息时间里，第一组什么都不做，第二组完成一个高强度记忆任务，第三组完成一个可以开小差的反应时任务。随后，被试进行四种日常用品的用途枚举任务，其中两种是之前做过的。

结果显示，能够开小差的那一组在第二次尝试相同物品的枚举任务时，表现提升了41%，而其他组则没有变化。同时，开小差组第一次接触的日常用品的用途枚举的成绩并没有比其他组表现得更好。这暗示了走神只对已经在考虑中的问题有效果，而不会提升创造性解决问题的能力。

研究显示，休息本身不会激发创造性思考。从进化的角度讲，开小差并不利于生产，也不利于人们的表现。然而，这个研究显示在完成复杂任务时，开小差有利于问题解决，特别是在创造性问题解决中。

资料来源：Kaplan & Matt，2012。

（六）表象的含义、特点以及在思维中的作用分别是什么？

表象是指人在头脑中出现的关于事物的形象。从信息加工的角度来讲，表象是指物体或事件的一种像图画一样的心理表征。

表象具有直观性、概括性和可操作性的特点。直观性是指表象以具体的形象出现在头脑中，就好像直接看到或者听到这种事物的某些特征一样；概括性是指表象反映了事物的大体轮廓和主要特征；可操作性是指人们可以在头脑中对表象进行操作，这种操作就像人们通过外部动作操作物体一样。

表象是思维的单位之一，表象在思维中的作用主要体现在以下两个方面。①表象为概念的形成提供了感性基础。例如，有了表象做支持，儿童更容易形成抽象的概念。②表象有助于问题的解决和推理。形象思维主要是借助表象进行的，表象也有助于抽象思维。例如，幼儿在解决数的加减法问题时，在很大程度上要有表象的参与。在推理时，表象也同样发挥着重要作用。

（七）佩维奥的双重编码理论的主要观点是什么?

双重编码理论认为，人脑中同时存在言语符号和表象的双重编码系统。其中言语符号编码系统负责处理言语的信息，表象编码系统负责处理非言语的或者形象的信息，如图片。

这两个编码系统既相互独立，又相互联系。首先，这两个编码系统是功能独立的。例如，人们可以利用表象进行思维，也可以在无表象参与的情况下进行抽象思维。其次，这两个编码系统又是相互联系的，表现为一个编码系统的活动能够引起另一个编码系统的活动。例如，看到“猫”的照片不仅能引发“猫”的表象，而且还能激活词语“猫”。同理，看到“猫”这个词语，不仅能激活其意义，而且还能引发“猫”的形象。

由于这两个编码系统是相互联系的，从认知加工的角度来讲，采用言语符号和表象的双重编码比采用一种编码更具有加工的优势。研究发现，具体词的记忆效果要比抽象词的记忆效果好。这是因为具体词既可以进行言语符号编码，也可以进行表象编码；而抽象词较难引发表象，主要依靠言语符号编码来记忆。使用两种编码方式比单纯使用一种编码方式记忆的效果要好。

（八）概念的含义、层级关系和功能分别是什么?

概念是具有共同属性的一类事物的总称。它是一个层级系统，包括上位概念、基本概念和下位概念，它们构成了一个概念家族。不同层级概念的外延不同，上位概念的外延最大，下位概念的外延最小。以“水果”概念为例，水果是上位概念；苹果、梨、香蕉等是基本概念；红富士、黄元帅、雪花梨等则是下位概念。研究表明，基本概念是人们描述物体时经常使用的概念，是最容易被激活的概念，也是儿童首先习得的概念。

概念具有分类的功能，即概念能够把一类事物和另一类事物区分开来。由于概念具有分类的功能，掌握概念有利于我们对事物的认识，简化认知过程。概念也是人类交流的基础，我们利用概念可以有效地与他人进行交流。

（九）概念形成的假设检验理论和原型理论的主要观点是什么?

概念形成是指个体掌握概念的过程。针对概念是如何形成的，研究者提出了很多不同的理论。下面简要介绍两种。

1. 假设检验理论

布鲁纳等人根据他们的研究，提出了概念形成的假设检验理论。该理论认为，概念的形成过程是个体不断提出假设并验证假设的过程。例如，在布鲁纳等人的概念形成实验中，被试首先根据主试提供的卡片，形成一个概念包含什么属性的假设。然后根据对实验材料的选择与主试提供的反馈，不断对自己的假设进行检验，当某种假设被证明是正确的时候，概念也就形成了。该假设建立在实验室实验的基础上，虽然有一定的实验证据，但是并不一定符合概念形成的实际情况。例如，儿童形成"猫"的概念，他们不一定事先存在关于"猫"的假设，然后再去验证这个假设。

2. 原型理论

茹什对假设检验理论的观点提出了怀疑(Rosch，1973)。她认为，假设检验理论建立在人工概念研究的基础上，而人工概念和自然概念有很大的差别。例如，人工概念的界定比较清楚，而自然概念不像人工概念那样有准确的定义，其内涵和外延都很模糊。因此，用人工概念研究得到的结果来说明自然概念的形成过程不一定合适。

茹什的原型理论认为，在掌握概念时，不是掌握它的一个或者几个定义性特征，而是通过接触具体的实例，形成概念的原型。原型是指概念范畴中最能代表该范畴的典型成员。例如，"麻雀"更可能是"鸟"概念的原型，而"鸡"则不是。原型理论认为，形成概念就是在头脑中形成概念的原型。在归类时，把某一具体实例与原型进行比较，根据实例和原型的相似度，判断具体实例是否属于某一概念范畴。原型理论强调原型在概念形成过程中的作用，对解释自然概念的形成具有很大的启发作用。

仅仅用原型概念也不能完全解释概念的形成过程，或许结合原型理论和假设检验理论更符合日常生活中概念形成的实际情况。

知识链接

概念是如何表征的?

概念是如何表征的一直都是心理学家研究的焦点问题之一。对这一问题的认识经历了不断深化的过程。下面介绍三种理论观点。

一、概念表征的经典观点

该观点认为，概念是由一组必要且充分的定义性特征来表征的。例如，三角形就是有三个边和三个角，且内角之和为180°的封闭二维图形，不具备这些定义性特征的就不是三角形。又如，水果这个概念也是由一组属性来定义的，一个物体只有具备了这些属性，才能被称为水果。然而，概念表征的经典观点越来越受到人们的质疑和批评。首先，对于大多数自然概念而言，人们很难确定它们的定义性特征。例如，什么是"爱"等。其次，范畴成员的代表性不同。根据概念表征的经典观点，任何一个样例都可以明确地被纳入某个概念范畴，也都同等程度地反映其概念。但是有研究者发现，范畴成员的代表性是不同的，如“麻雀”比“鸡”更能代表鸟这一概念。由于概念表征的经典观点存在这样或那样的问题，后来研究者提出了概念表征的概率观点。

二、概念表征的概率观点

该观点认为，概念是由一组典型性特征或者特有性特征来表征的。例如，鸟这一概念是由“有翅膀”“会飞”等典型性特征来表征的。概念范畴中的各成员有许多共同特征，但可能某些成员的典型性特征更多些，即范畴成员的原型。根据概念表征的概率观点，判断某一样例是否属于某概念范畴时，就是把样例与概念原型进行比较，根据两者的相似程度来判断样例是否属于某一概念范畴。

概念表征的概率观点存在大量的实验证据。例如，茹什的研究发现，概念成员代表概念的程度是存在差异的，最能代表该范畴的典型成员被称为原型(Rosch，1973)。概念表征的概率观点产生了广泛的影响。例如，《精神障碍诊断与统计手册》现在不再尝试对心理疾病下定义了，而是列出其典型症状，如抑郁就包括了一系列的症状。同时，该观点也能解释许多现象。例如，为什么有人把“蝙蝠”看作鸟，这是因为它和鸟的概念原型有许多相似的特征，如“会飞”“有翅膀”等。尽管概念表征的概率观点被多数人接受，但后来也受到了质疑和批评。批评主要集中在利用特征的相似性来解释概念的分类等方面。首先，该观点并没有说明相似性判断的依据是什么。因为任何两个物体之间都存在许多相似的特征，那么我们该如何选择特征进行分类呢？例如，手机和眼镜就有许多相似的特征，如它们都是固体，重量都不会超过5千克，它们都怕摔，都没有视觉等。但我们一般不会采用上述这种特征进行概念的分类。又如，我们倾向于根据人的职业、年龄进行分类，而不会根据服饰的颜色进行分类。这说明我们头脑中有关世界的知识指引着我们对事物特征的选择，并帮助我们决定哪些特征对概念的分类起着决定性作用。

客体间特征的相似性随着情境的变化而变化。例如，平时“电脑、钱、宠物”并不是同一类物体，那在什么情况下它们可以归为一类呢？在房间发生火灾的情况下就可以归为一类，因为它们都是重要的。如果相似性会随着情境的变化而变化，那么概念分类就不能仅仅建立在特征相似性的基础上。

基于相似性的分类忽略了事物属性之间的相互关系。概念表征的概率观点认为分类基于样例和范畴共享特征的多少，但是这种观点是不全面的，它忽略了人们已经掌握了有关事物属性之间的关系。例如，鸟有“会飞”“有翅膀”等特征，但更重要的是人们知道“鸟之所以能飞是因为它有翅膀”，这种因果关系的重要性在概念表征的概率观点中被忽略了。

由于概念表征的概率观点存在这些问题，后来研究者提出了基于理论的概念观。

三、概念表征的理论观(基于理论的概念观)

该观点认为，许多概念包含因果关系方面的知识，这些因果关系方面的知识在概念分类中发挥作用。例如，有研究发现，新手往往根据问题表面的相似性对问题进行分类，而专家则按照解决问题时运用的原理进行分类。这说明头脑中的知识会影响分类。

研究表明，人们头脑中的因果知识确实会影响概念的分类，基于理论的概念观加深了人们对于概念表征的理解，但该理论仍需更多的实证研究提供证据。

资料来源：齐瓦·孔达，2013。

（十）概念的层次网络模型的主要观点是什么?

概念的层次网络模型由柯林斯等人(Collins et al.，1969)提出，该理论最初用于言语理解的计算机模拟，后来被用来说明概念的组织或者语义知识的组织。该理论模型的主要观点包括：①概念是以节点的形式组织成概念网络的，每个概念都与一定的特征相联系，如“鸟”的概念与“有翅膀”“有羽毛”等特征相联系；概念间按照类属关系组织在网络的不同层次上，即概念按照严格的逻辑的上下位的关系组织成不同的层次。②每个概念的特征都实行分级存储，即每一个概念节点上都只存储该概念的独有特征，而同层概念共有的特征存储在上一层的概念节点上。层次越高的概念，其抽象概括的水平越高，外延范围越大。③提取概念的意义就是对网络搜索的过程，搜索的距离越长，反应时间也就越长。

概念的层次网络模型简洁地说明了概念之间的相互关系，但是其所概括的概念之间的关系类型较少，而且这种严格按照逻辑上下位的关系来组织概念不一定具有心理现实性，即人头脑中概念组织的方式不可能严格地按照逻辑的上下位关系来组织。由于这些问题的存在，后来柯林斯等人修订了该模型，并提出了激活扩散模型。

（十一）激活扩散模型的主要观点是什么?

柯林斯等人在层次网络模型的基础上提出了激活扩散模型。该理论模型认为：①各种概念以语义相关性(或语义联系性)为基础组织成一个相互联系的概念网络。②在概念网络中，用连线的长短表示概念联系的紧密程度，连线越短，概念间的联系越紧密。③概念意义的提取通过概念的激活和扩散来完成。即当一个概念被加工时，其意义得到激活，这种激活会自动传递到与其相关的概念，使得相关概念的意义也得到激活。而且，激活扩散的强度随着传递距离的增加或者传递时间的延长而降低。

激活扩散模型的进步之处在于：①它强调了语义相关性(或语义联系性)在概念组织结构中的重要作用，否定了概念严格按照逻辑的上下位关系来组织的观点，能够更好地说明概念的组织方式。②该模型强调概念通达的速度会受到词频和概念范畴成员典型性的影响，能够更好地解释概念意义通达的特点。③它提出的概念意义激活扩散的观点对心理学相关领域产生了深远的影响。例如，它能够解释心理学研究中的一个重要现象：语义启动效应。启动实验范式当前在心理学不同领域中得到了广泛应用，启动实验范式的理论基础很大程度上源于激活扩散模型的观点。然而，我们也应该认识到激活扩散模型有其不足的一面。例如，在不同的语境条件下，概念的位置可能会发生变化，即在不同的语境条件下，概念之间的联系方式可能更为复杂，这是激活扩散模型没有关注到的。另外，该模型忽视了个体知识带来的差异导致的概念通达或激活的差异(王文斌，2002)。

知识链接

启动实验范式

启动实验范式是心理学中最常用的研究范式之一，已经被广泛地应用于认知心理学、社会心理学、发展心理学等相关的研究领域。

启动(priming)一般是指前面呈现或者遇到的刺激，对后面加工该刺激或者与之相关刺激的易化效应(Tulving，Schacter，& Stark，1982)。通俗来说，启动是指前面呈现的刺激对加工后面呈现的刺激的促进作用。例如，先呈现“护士”比先呈现“香蕉”，被试识别“医生”的时间要短。在这个例子中，“护士”“香蕉”被称为启动刺激，“医生”被称为目标刺激。从启动刺激开始到目标刺激出现的时间间隔即SOA(Stimulus Onset Asynchrony)。例如，启动刺激呈现50毫秒后马上呈现目标刺激，那么SOA就是50毫秒；如果启动刺激呈现50毫秒，间隔50毫秒后再呈现目标刺激，那么SOA就是100毫秒。

在启动实验范式中，根据启动刺激和目标刺激的关系，可以区分不同类型的启动条件，一般包括相关启动条件和无关启动条件。相关启动条件是指启动刺激和目标刺激具有某种关系，如“护士”和“医生”语义相关，所以这种条件为相关启动(具体来说是语义相关启动)。无关启动条件是指启动刺激和目标刺激不相关。例如，“香蕉”和“医生”没有意义上的联系，所以这种条件为无关启动(具体来说是语义不相关启动)。无关启动条件下的结果减去启动条件下的结果就是启动效应。例如，上例中假如相关启动条件下识别“医生”的时间为620毫秒，无关启动条件下识别“医生”的时间为640毫秒，那么语义启动效应就是20毫秒。

在启动实验范式中，启动刺激可以是词，也可以是句子，还可以是图片等其他刺激。启动刺激和目标刺激可以是同一模态或者通道的刺激(例如，两者都是视觉刺激)，也可以是不同的模态或者通道的刺激(例如，启动刺激采用听觉方式呈现，目标刺激采用视觉方式呈现)。

在启动实验范式中，研究者可以操纵启动词和目标刺激的关系，如语义相关或者无关，这时产生的启动效应被称为语义启动效应。还可以操纵SOA的长短，较短SOA条件下得到的结果(如200毫秒以下)，反映出启动刺激对目标刺激的自动化或者无意识的影响。

自动化的语义启动效应产生的机制通常用激活扩散模型来解释。启动刺激呈现后不仅激活了自身的意义，而且还在头脑中预先激活了其他与其意义相关的刺激，因此当目标词出现时，就会加速目标刺激的识别。例如，呈现“护士”时，不仅其自身的意义得到激活，而且还事先激活了与其意义相关的“医生”“医院”等词汇，因此当目标词出现“医生”时，它的识别速度加快。

根据启动刺激和目标刺激的关系，启动可以分为不同的类型。

①重复启动。它是指启动刺激和目标刺激为同一个刺激。

②形似启动。它是指启动刺激和目标刺激在字形方面相似。

③语义启动。它是指启动刺激和目标刺激在语义方面相关。

后来，为了更好考察启动刺激对目标刺激的无意识影响，通常在启动刺激呈现前呈现一个掩蔽刺激，如“＃＃＃＃”，然后再呈现启动词和目标刺激，即呈现顺序为：＃＃＃＃—启动刺激—目标刺激；或者在启动刺激前和后分别呈现一个掩蔽刺激，然后再呈现目标刺激，即呈现顺序为：＃＃＃＃—启动刺激—XXXXX—目标刺激。这种启动范式被称为掩蔽启动范式。在启动刺激前或者前和后增加掩蔽刺激，目的在于更好地阻断对启动刺激有意识地加工。因此，掩蔽启动可以更好地探查启动刺激对目标刺激无意识的影响。

后来，又出现了负启动的概念。为了做出区分，有研究者把启动分为正启动和负启动。正启动是指前面呈现刺激对后面呈现刺激的促进作用；负启动是指前面呈现刺激对后面呈现刺激的抑制作用。

总之，启动实验范式已经被广泛应用于心理学相关领域的研究中，如对于语言心理学来说，启动实验范式被广泛应用于研究词汇识别、词汇习得、语义加工、句法加工等不同的领域，对于解释语言加工和语言习得的机制做出了重要贡献。

（十二）解释推理错误的理论有哪些？

对于推理错误，下面一些理论尝试着进行了解释。

1. 气氛效应理论

武德沃斯等人（Woodworth et al.，1935）认为，在三段论推理中，由于前提使用逻辑量词的形式（例如，所有、一些）营造了一种氛围，人们会更容易接受包含同一逻辑量词的结论。例如，有些 A 是 B，有些 B 是 C，人们容易得出有些 A 是 C 的错误结论。根据气氛效应理论，人们三段论推理的错误是由前提逻辑量词的形式造成的。但气氛效应理论低估了人们进行推理时的逻辑思维的作用，强调了非逻辑思维的部分。

2. 换位理论

查普曼等人（Chapman et al.，1959）认为，在三段论推理中，对前提的错误理解造成了推理的错误。例如，对于给定的前提“所有 A 都是 B”，人们倾向于把它等同于“所有 B 都是 A”。这种对前提的错误理解导致了推理的错误。

3. 心理模型理论

约翰逊-莱尔德等人（Johnson-Laird et al.，1983；1991）认为，人们在推理的过程中会根据已有的前提条件构建出一个或多个可能的心理模型。这里的心理模型是基于前提条件的、可以在脑海中建立的事件或情境。当所有可能的模型间没有冲突时，就能接受结论，否则，就会得出另一个结论。例如，根据下面的前提能否得出“盘子在碟子的左边”的结论。前提：①茶杯在碟子的右边；②盘子在茶杯的左边。我们可以构建出两个符合前提描述的心理模型。

盘子　　碟子　　茶杯

或

碟子　　盘子　　茶杯

这两个模型之间是相互冲突的，因此，我们不能得出“盘子在碟子的左边”的结论。约翰逊-莱尔德等人认为，推理的错误主要是因为人们对前提信息加工不充分或者受到工作记忆容量的限制，没有创建充足的心理模型加以比较。

（十三）沃森的“四卡片选择作业”如何说明条件推理过程中存在证实倾向？

沃森（Wason，1968）在他的“四卡片选择作业”研究中，给被试呈现四张卡片。这些卡片的一面为英文字母，另一面为阿拉伯数字，如图 7-1 所示。然后研究者给出一个规则，如“若卡片的一面是元音字母，则另一面为偶数”。要求被试说出检验这一条规则的真伪必须翻看哪些卡片。

E	F	4	7

图 7-1　卡片

研究发现，大多数被试选择翻看“E、4”，而正确答案应该是“E、7”。在这个问题中，“E”是必须被翻看的。因为如果后面是偶数，则证明该规则；如果是奇数，则否定该规则。“F”不需要被翻看，因为无论其后面是元音字母还是辅音字母，都与要检验的规则无关。卡片“4”也是不需要被翻看的，因为要检验的规则是“若卡片的一面是元音字母，则另一面为偶数”，这个规则并不等于“若卡片的一面是偶数，另一面为元音字母”。因此，无论其后面是不是元音字母，都不能证明该规则是错误的。卡片“7”是应该被翻看的，因为如果后面是元音字母，则可以证伪该规则。

根据上面分析，正确的选择应该是翻看“E、7”。如果卡片“E”的后面是奇数，“7”的后面是元音字母，那么就证明该规则是错误的。但是多数人选择“E、4”。翻看卡片“4”，人们是在寻求一种证实，认为若卡片“4”后面是元音字母，就可以证实该规则。实际上，卡片“4”后面是否是元音字母并不能验证上述规则的真伪。卡片“7”是必须被翻看的，但多数人并不翻看它，因为人们并未想寻求信息来证伪上述规则。根据这一研究，沃森等人认为，在验证规则或假设的过程中，人们存在一种强烈的对规则的证实倾向，较少寻求证据证伪规则。

（十四）问题解决常用的启发式策略有哪些?

启发式策略是人根据经验，在问题空间内进行较少的搜索，以解决问题的一种方法。通俗来讲，就是利用过去知识经验，花费较少时间力争解决问题的策略。

启发式策略并不一定能保证问题的解决，但相较于算法策略，它提供了一种省时省力的问题解决方案。常见的启发式策略包括手段—目的分析法、逆向搜索法以及爬山法等。

手段—目的分析法是将需要达到的问题的目标状态分成若干子目标，通过逐步达成子目标，最终实现总目标。这是一种不断减小当前状态与目标状态之间差距的问题解决策略。有时为了达到目标，不得不暂时增大当前状态与目标状态的差距，即通过迂回达到目标。

逆向搜索法是从问题的目标状态搜索通往初始状态的通路或方法。即逆向思维，从结果反推达到这一结果的可能的方法。这种方法更适合解决从初始状态到目标状态只有少数通路的问题，如一些几何证明类型的问题。

爬山法类似于手段—目的分析法，

采用一定的方法减小初始状态和目标状态的距离，以达到问题解决的目的。爬山法是一种逐步的、无须迂回地解决问题的方法。

（十五）顿悟产生的认知机制是什么?

顿悟是指个体突然理解了问题情境中的各种关系，发现了问题解决的方法，从而解决了问题的过程。有关顿悟产生的机制，目前存在不同的观点。

一种观点认为，顿悟源于对问题心理表征的变换，突然发现了问题解决的方法，它与分析推理式的问题解决有着质的不同。顿悟是因为问题解决者重新表征了问题，采用新的角度来解决问题(Ohlsson，2011)。例如，要求你用六根火柴摆成四个等边三角形。开始时，你可能在平面内摆放，但不成功。后来你转换思路，考虑到立体摆放，问题就解决了。这里的顿悟就涉及问题表征的变换。由平面内表征问题转换为在立体空间中表征问题。

另一种观点认为，顿悟与分析推理式的问题解决不存在质的差异，顿悟同样需要以知觉、注意、记忆等心理过程为基础，即顿悟和分析推理式的问题解决本质上是一样的，也需要从问题的初始状态逐步达到目标状态，只是人们没有意识到这个过程(Chuderski，2014)。

一项研究考察了工作记忆和推理能力在顿悟过程中的作用。研究者假设，如果个体的工作记忆和推理能力与顿悟成绩不相关，那么就说明顿悟问题的解决和分析推理式问题的解决有着质的差异；如果工作记忆和推理能力能够在很大程度上解释顿悟成绩的差异，那么就说明顿悟问题的解决和分析推理式问题的解决不存在质的差异。结果发现，工作记忆和推理能力共同解释了顿悟成绩三分之二的变异，也有两者不能解释的变异。这说明顿悟需要分析性思维，也需要创造性思维，这两种观点联合起来更可能解释顿悟的认知机制(Chuderski，2014)。目前这两种观点都有各自支持它的证据，因而需要进一步研究。

（十六）问题解决的影响因素有哪些?

研究发现，很多因素会影响问题的解决。

知识经验。有关专家和新手问题解决的研究表明，知识经验在问题解决中起着重要作用。专家是指在某个领域具有丰富经验的人，他们在知识的数量和组织方式上与新手有很大差别。专家更擅长解决某个领域的问题与他们长期积累的经验密切相关。

问题表征的方式。问题表征涉及对问题的理解，问题表征的方式不同，问题解决的效果就会不同。

无谓的限制。有时问题解决会受到并不存在的限定条件的影响。

定势。它是指重复先前的心理操作所引起的对活动的准备状态。通俗来讲就是用过去的经验、旧的方法来解决新的问题。它的积极作用表现为，当条件不变时，在定势的作用下能够快速解决问题。消极的作用表现为，用旧的方法解决新的问题会阻碍新方法的发现和运用。

功能固着。它是指赋予物体某种特定功能或者用途的倾向。功能固着对问题解决的影响体现为，人们固着于物体的常用功能，不能灵活地应用物体的其他功能来解决问题，即物体的常用功能会阻碍人们灵活地解决问题。例如，手机的常用功能是打电话，但不仅限于该功能。在一定情境中，如果一个人不能灵活应用手机的功能来解决问题，那么他就是受到了功能固着的影响。

动机和情绪。在通常情况下，适度的动机强度有利于问题的解决，太强或太弱的动机可能会降低问题解决的效率。对于情绪而言，紧张、惶恐等消极情绪会阻碍问题的解决，而乐观、平静等积极情绪有利于问题的解决。

人际关系。由于人处在一个社会环境之中，人际关系作为一种外部因素会影响问题的解决。良好的人际关系能够促进问题的解决，而不良的人际关系会妨碍问题的解决。

知识链接

文化对问题解决的影响

我们成长的环境会影响我们使用选择性类比来解决问题吗？看下面这个问题。

一个寻宝者想去探索一个洞穴，但是他担心会迷路。很显然，他没有洞穴的地图；他只有一些常见的东西，如手电筒和背包，他需要怎么做才能使自己不迷路，然后顺利返回呢？

答案是他可以在进入洞穴的过程中，在路过的地上留下一些小物体作为线索，如石头或沙子，之后按照这些线索返回。75％的美国大学生都解决了这个问题，然而只有25％的中国学生解决了这个问题。这可能是因为美国学生小时候听过格林童话里汉赛尔和格莱特的故事。在故事里，汉赛尔将面包屑沿途撒在他们走过的路上，帮助他们找到了回家的路。

现在尝试解决这个问题：

在一个河边的村庄里，首领每年都要到下游的另一个村庄去收税。在那里，他会将神像放在一个高挂着天平的托盘里。村里的人需要在天平的另一端放上金币直到天平平衡。今年，部落首领忘记带天平。那么，他怎样才能知道收集的金币和他的神像的重量是否一样呢？

答案是部落首领可以将神像放在托盘里，然后将托盘放进河里，这样就可以在托盘外标注水位。村民们用金币来付税，将金币放在托盘里，直到托盘下沉的水位和神像的水位一样才可以。69%的中国学生解决了这个问题，而只有8%的美国学生解决了这个问题。这表明似乎经历过相似的情形会对这个问题的解决有帮助。大多数中国学生都听过曹冲称象的故事，他将大象放在船上，以达到相同的水位，最后，称出的石头的重量就是大象的重量。

每一种文化都会帮助人们更容易地解决一些问题。所以，学习不同的文化可以使我们的思想更丰富、更灵活。

资料来源：库恩，2013。

（十七）古典决策理论与行为决策理论的主要观点分别是什么？

古典决策理论认为，决策者具有完全的理性能力。决策者追求个人利益的最大化，在明确目标和搜集所有信息的基础上，决策者会了解并评价各方案带来的结果，并选取最优方案。该理论没有考虑认知、情感等因素在决策过程中的作用，因而不能解释实际的决策行为。

西蒙在20世纪60年代以后提出了行为决策理论，该理论认为决策者的理性是有限的理性。西蒙认为，决策是对行动目标与手段的探索、判断、评价，直至最后选择的过程。由于受个体认知能力的限制，加之决策情境的复杂性，决策者不可能找到所有备选方案，也不可能预测所有方案的结果。因此，决策者是介于完全理性和非理性之间“有限理性”的个体。

知识链接

语言影响人们的经济决策行为

不同语言的语法规则存在很大的差异。例如，在英语中表达将要发生的事件时，一定需要使用 will 或者 be going to 这样的词语。例如，It will rain tomorrow 或者 I am going to swim tomorrow 等。但在汉语、日语等语言中并不要求使用特定的词语表示将要发生的事件。例如，明天会下雨，明天我去游泳等。那么，语言中表达“将来”的方式是否会影响人们的经济决策行为呢？

耶鲁大学的一位研究者对这一问题进行了研究。他通过文献分析，把语言大致分为两大类：一类强调使用特定的形式来表示将来时态（例如，英语）；另一类则不强调(例如，日语)。前者被称为强未来时间标志的语言(strong-future time reference，strong-FTR)，后者被称为弱未来时间标志的语言(weak-future time reference，weak-FTR)。然后作者统计了1985—2010年经济合作与发展组织中各个国家的国民储蓄率。经过统计分析，在排除其他因素的影响后，结果发现，那些使用弱未来时间标志语言的国家，其居民的储蓄率明显高于使用强未来时间标志语言国家居民的储蓄率。通俗来说，一种语言越是明确要求使用特定的词汇来区分现在和未来，那么使用这种语言的居民就越倾向于少存钱。例如，英国和美国居民的储蓄率明显低于日本居民的储蓄率。

作者这样解释研究结果，如果一种语言强调使用特定的形式把“未来”和“现在”区分开，那么说话者就会感觉“未来”离自己还比较遥远。而存钱是为未来着想的，会影响当前的生活品质，因此人们倾向于少存钱。相反，一种语言没有强调采用特定的形式把“未来”和“现在”区分开，那么说话者就会感觉“未来”并不遥远，因此更愿意存钱以满足未来的需求。

这一研究说明语言可能会影响人们的经济决策行为。但是，语言和储蓄行为的关系是因果关系还是相关关系，文化因素以及经济发展水平等因素如何影响国民的储蓄行为，这些问题都还需要进一步研究。

资料来源：Chen，2013。

（十八）前景理论的基本观点是什么?

卡尼曼和特沃斯基等人提出了决策的前景理论。该理论力图描述人们是如何进行决策的。

前景理论的内容非常丰富，它把风险决策分为编辑和评价两个阶段。编辑阶段涉及对信息的编码、简化和合并等方面的加工处理；评价阶段涉及决策者依据不同选项的效用值，做出决策的过程。在评价阶段，人们的决策表现出一些特点：①多数人在面临获得的时候倾向于风险规避；②多数人在面临损失的时候倾向于风险偏好。这种面临损失时的风险偏好与损失厌恶有关，即人们对损失比对获得更敏感。

（十九）决策中常用的启发法有哪些?

常用的启发法包括代表性启发法、易得性启发法及锚定和调整启发法。

代表性启发法是指人们估计事件发生的概率时，受它与其所属总体的基本特性的相似性程度的影响。通俗来说，样本与总体的原型越相似，就越容易被归入该总体。

例如：晓玥，31岁，单身、坦率、活泼，她学的专业是哲学。当她还是个学生时，就非常关注歧视和社会公正的问题。问晓玥更有可能是什么样的人。

①一个银行出纳员。

②一个崇尚女权主义的银行出纳员。

此时，多数人可能会选择第 2 项。然而，从概率上讲，晓玥是一个银行出纳员的概率显然比晓玥是一个崇尚女权主义的银行出纳员要高。这就是受到代表性启发法的影响，认为晓玥的特点非常符合一个崇尚女权主义的人。

易得性启发法是指人们倾向于根据事件在记忆中获得的难易程度来评估其发生概率的现象，即人们倾向于根据事件在记忆中是否容易被提取来判断事件发生的概率。

例如：请回答以下问题："英文中以 K 开头的单词多，还是第三个字母是 K 的单词多？"

研究结果发现，尽管实际情况是前者远少于后者，但近 70%的被试认为以字母 K 开头的单词更多。这是因为人们更容易从记忆中提取以 K 开头的单词，导致了判断的偏差。

锚定和调整启发法是指人们根据给定的信息做出最初的估计(锚定)，之后根据情况对最初的估计做出调整，但是调整的幅度不大。

例如：在一个实验中(Stephan & Nell，2000)，以专业的投资者为研究对象，给被试一张图表，上面记录了德国法兰克福达克斯(DAX)股价指数在近 21 个月内的变化情况。让其中的一组被试回答，在 12 个月以后，DAX 的指数是否会低于 4500 点；而让另一组被试回答，是否会高于 6500 点。然后，让这些人员对同一时期的指数变化给出具体的预测值。结果显示，第一组平均的预测值为 5765，而第二组则达到 5930，显著高于第一组。这是由于被试受到第一个问题的影响，将提问中的数字作为初始值，在此基础上通过调整来回答第二个问题。但是，调整的幅度不大。

知识链接

启发式帮了我们，还是害了我们？

启发式并非总是导致错误判断或决策失误(Cohen，1981)。事实上，正因为它经常是正确的，我们才爱走这条心理捷径。我们使用启发式做决策时，可以做到用极其简洁的方法得到合理的结论。例如，一个简单的启发式叫采纳最优法，属于"快速节俭启发式"，它是指在决策中，确定一个最重要的标准作为判断的依据。例如，我们在买车时，根据自己认为最重要的因素做出选择：省油、美观还是安全。这一类启发式仅依据一小部分信息，迅速做出决策。这些启发式都设置了一个理性标准，该标准考虑了包括时间、信息与认知能力等在内的制约因素(Bennis & Pachur，2006)。此外，这些模型还考虑到最佳方案是不可能出现的，决策要适应所处的环境。

资料来源：斯腾伯格，2016。

三、 设计活动

活动一

1. 请你和你的同学在5分钟内写下10个互不联系的词语，比较一下谁写出的词语的意义联系程度更低。

2. 请你和你的同学在5分钟内尽可能多地写下鼠标的用途，比较一下谁写出的用途多，谁写出的维度广，谁写出的更具有独特性。

完成上面的两种任务后，比较一下两种任务的表现，思考一下写出的词语的意义联系程度更低的人，写出的鼠标的用途是否更灵活、更独特。

提示：有研究发现，写出词语的意义联系程度能够在一定程度上预测一个人的发散思维能力。根据这一研究结果，在第一种任务中，写出的词语的意义联系程度更低，在第二种任务中，写出的鼠标的用途应该更灵活、更独特。

活动二

回忆你使用表象的一次经历，描述你当时使用了什么类型的表象(如视觉表象、听觉表象、运动表象等)，具体是怎样的。通过使用这个表象，你解决了什么问题？

提示：人人都会产生表象，如浮现出某一画面，回忆某一段音乐旋律等。这里的心理表象不仅仅是图画，也可以是声音、味道、动作等。表象在思维中扮演着重要角色，常常起到促进问题解决的作用。

活动三

想象有一个立方体飘浮在你面前，请你用左手抓住立方体前端的左下角。同时，用右手抓住立方体后端的右上角。在想象抓住立方体的两个角的同时，再想象旋转立方体，让你的左手抓住的角移至右手抓住的角的正下方(仿佛让立方体以一条垂直线为中心轴进行旋转)。请问：这个想象的立方体上有几个角在双手之间(即有几个没有被抓住的角)？说明各个角的位置(斯腾伯格，2016)。

提示：你的心理旋转做得怎么样？在大多数人的想象中，立方体上除了被手抓住的两个角之外，还剩四个角。这四个角都在一个平行于地面的水平面上。事实上，剩下的角应该还有六个。而且，任何时候都只有两个角在同一个水平面上。

活动四

请你尽可能多地写出家具的样例，思考哪个或者哪些最有可能是该概念范畴的原型，为什么？

提示：原型是指概念范畴中最能代表该范畴的典型成员。原型有更多的特征与其他成员共有。

活动五

以“土豆”一词为起点，把想到的概念尽可能多地说出来，思考说出的概念是否存在联系，为什么？

提示：概念在记忆中并不是杂乱无章的，而是按照一定的规则组织起来的。例如，根据激活扩散模型的观点，概念是根据语义类似性的原则来组织的。因此，你联想到的概念往往是和“土豆”相关的概念，如萝卜、白菜、茄子等。

活动六

你能解决下面的问题吗？

①池塘里的水百合每24小时就多长出一倍。在春天的第一天，池塘中只有一朵水百合。60天后，水百合长满了整个池塘。问哪一天水百合会长满半个池塘？

②给你一盒火柴、一根蜡烛、两个图钉。请问如何将这根蜡烛竖直固定在垂直的木板上，并且能够正常燃烧。

③如何用6根相同的火柴棍搭出4个相同的等边三角形？

④有一天早晨，太阳刚刚升起，一个和尚沿着一条狭窄的山路向山顶攀登。上山的路有时陡，有时缓。和尚走得有时快些，有时慢些。他到达山顶的寺庙时太阳刚好下山。经过了几天的佛事，和尚沿原路下山。他也是太阳刚出山就动身，一路上有行有歇，行的速度有快有慢。当然，他下山的平均速度比上山要快。现在需要你证明，沿途存在一个地点，无论是上山还是下山，和尚经过这一地点的时间都是相同的。请说明思考过程。

如果解决了上面这些问题，那么你是用了什么解决问题的方法？如果没有解决，那看到答案后你认为你是被哪种因素干扰的？

这里提供给大家参考答案。①59天。②将蜡烛放在火柴盒上并用图钉固定住。③搭建一个立方体。④想象有另一个人同时从山脚下往上爬，那么他们必然会在某处相遇。

你也可以让你的同学来解决这些问题，看他们能否解决。如果没有解决，想想为什么。

活动七

电视节目和新闻报道常常关注各种意外情况的发生，如坠机、地震、山洪等。这种具有冲击力的报道会使人们的风险知觉产生偏差，导致他们高估小概率事件可能发生的概率(如坠机)，但对潜在的实际风险却无动于衷，如开车不系安全带。

发生什么样的事情会令你感到害怕？它的风险确实有你想象的那么大吗？请收集相关资料后进行讨论。

提示：这个活动的目的是让同学们思考易得性启发法对日常生活的影响。以交通事故为例，在查阅了相关资料后发现，在某个国家，每10亿千米的旅行中，汽车的事故死亡人数是3.1，而飞机的事故死亡人数是0.05，即汽车事故死亡人数是坐飞机死亡人数的62倍。这个数据说明飞机发生事故的概率远远低于汽车。然而，在现实生活中，有些人几乎天天开车出行，不担心它的安全，但对飞机的安全性却抱有怀疑态度。原因之一是，一旦某地发生了飞机事故，媒体就会大量报道。这使我们在判断风险事故发生的概率时采用了易得性启发法。

活动八

一枚硬币掷了四次，现在准备掷第五次。假设以下是刚才可能掷出的四种结果：①正反反正；②反反反反；③正正正正；④正正反正。问题是：在哪一种顺序条件下第五次掷硬币最可能出现“正”的结果？这个问题容易使人掉入何种思维误区？

提示：很多人会凭直觉选择②或者③，理由分别是下一轮该轮到“正”了或者前四个一直都是“正”，第五次也可能是“正”。然而实际上，无论前面的结果如何，每一次掷硬币，正面向上的概率都是50%。这里比较容易犯的一个错误是基础概率错误。当我们不考虑事件发生的基础概率，而仅仅根据代表性启发法进行判断时，就容易发生基础概率错误。

活动九

与多人组织一场头脑风暴。大家可以自定感兴趣的主题或者在需要完成小组任务时运用头脑风暴的方式进行讨论，感受一下思维碰撞的魅力。

提示：头脑风暴是提高创造力的方法之一。它是指在团队解决问题的过程中，鼓励每个人都尽可能多地说出自己的想法。一般来说，头脑风暴法需要遵守一些原则。在头脑风暴中不存在错误的答案，所有的想法都受欢迎，而且也不能对想法有任何评价，因为小组成员一旦害怕对他们想法的评价，就会停止说出创造性的想法。并且，一开始看起来“愚蠢”的想法可能在后来被证明是很好的想法。参加者要本着“每一个观点都有其价值”的态度，对新的、原创的想法加以接纳。参加者还要力图在短时间内提出高质量的想法，并应充分利用其他人的想法(水志国，2003)。

活动十

远距离联想测验是创造性测量的方法之一，要求被试根据给出的三个词语进行联想，写出一个与三个词都有联系的新词。下面是中文版远距离联想的一个例子。下面呈现几组汉字，请你分别想出一个与它们都有联系的汉字(任纯慧等，2004)。

a. 毯、眉、发

b. 元、调、订

c. 顾、过、旅

d. 游、伙、携

e. 染、激、情

提示：答案依次是毛、单、客、伴、感。相较于其他创造性的测量方式，远距离联想测验易于施测，测验时间较短，计分客观。然而，该测验实际测量的内容仍处于争议之中。有研究者认为，它更接近传统的智力测验，因为它有唯一的答案。也有研究者认为，远距离联想测验更侧重测量聚合性的创造力品质(贡喆等，2016)。

四、拓展练习

(一) 单选题

1. “一题多解”最能体现发散思维的(　　)。

A. 独特性　　B. 流畅性

C. 变通性　　D. 敏捷性

2. 重新组织已有的知识经验，提出新的方案或程序，并创造出新的思维成果的思维活动是(　　)。

A. 经验思维　　B. 发散思维

C. 分析思维　　D. 创造性思维

3. 想象的功能不包括(　　)。

A. 预见　　B. 替代

C. 概括　　D. 补充知识经验

4. 阅读古诗词时头脑中出现了“枯藤老树昏鸦”的形象，这是(　　)。

A. 无意想象　　B. 再造想象

C. 创造想象　　D. 幻想

5. 想象的基础是(　　)。

A. 幻想　　B. 表象

C. 原型　　D. 概念

6. 用来表达概念的是(　　)。

A. 表征　　B. 词

C. 表象　　D. 思维

7. 下列(　　)的概念和其他三个概念不在同一个概念层次。

A. 鸟　　B. 麻雀

C. 喜鹊　　D. 鹰

8. 以81张图片为材料研究概念形成过程的学者是(　　)。

A. 赫尔　　B. 茹什

C. 布鲁纳　　D. 柯林斯

9. 下列关于概念的观点，正确的是(　　)。

A. 概念的内涵增加，外延也随之增加

B. 下位概念的数量最少，所以最容易被记住

C. 概念和词是一一对应的

D. 相比于下位概念，基本概念更容易被激活

10. 下列不属于激活扩散模型的观点的是(　　)。

A. 连线的长短表示概念联系的紧密程度

B. 概念是按照逻辑的上下位关系组织起来的

C. 当一个概念被加工时，其意义会自动传递到相关概念

D. 各种概念组织成一个相互联系的概念网络

11. 主张前提逻辑量词的表达形式影响三段论推理的理论是(　　)。

A. 形式理论

B. 换位理论

C. 气氛效应理论

D. 心理模型理论

12. 在条件推理中，人们倾向于证明某种规则是真实的，而很少去试图证伪它们。这种现象被称为(　　)。

A. 归因倾向　　B. 四卡片效应

C. 气氛效应　　D. 证实倾向

13. 下列不属于启发式策略的是(　　)。

A. 试误法

B. 手段—目的分析法

C. 逆向搜索法

D. 爬山法

14. 陆钦斯(Luchins，1942)的容器量水实验说明的是(　　)。

A. 无关信息对问题解决的影响

B. 定势对问题解决的影响

C. 功能固着对问题解决的影响

D. 表征方式对问题解决的影响

15. 下列不属于发散生成测验测量的维度的是(　　)。

A. 流畅性　　B. 概括性

C. 变通性　　D. 独特性

16.“心理旋转实验”说明表象具有(　　)。

A. 概括性　　B. 间接性

C. 可操作性　　D. 稳定性

17.《西游记》的作者创造出“孙悟空”这个形象，这属于(　　)。

A. 无意想象　　B. 创造想象

C. 幻想　　D. 再造想象

18. 主持人问：“这个国家的人口是多少？是不是两亿?”这个提问会直接影响回答的结果，最后的答案是平均 1.75 亿。这里用到的启发法是(　　)。

A. 代表性启发法

B. 易得性启发法

C. 熟悉启发法

D. 锚定和调整启发法

19. 下列关于行为决策理论的观点错误的是(　　)。

A. 决策者是介于完全理性和非理性之间的“有限理性”的个体

B. 该理论的理性观建立在“经济人假设”的基础上

C. 决策时，个体考虑若干个选项后，一旦感到满意，就立即停止搜索

D. 人们解决问题的有效方法是靠以往的经验，即采取启发式策略，而不是算法策略

20. 解决“汉诺塔”问题最有效的策略是(　　)。

A. 爬山法

B. 手段—目的分析法

C. 代表性

D. 逆向搜索法

21. 布鲁纳等人的人工概念形成的理论认为，概念形成的过程是(　　)的过程。

A. 假设检验　　B. 抽取共同因素

C. 原型形成　　D. 样例获取

22. 苛勒等人用大猩猩做被试进行研究，发现问题解决是(　　)的过程。

A. 尝试错误　　B. 归纳推理

C. 顿悟　　D. 假设检验

（二）多选题

1. 思维的特性有(　　)。

A. 直观性　　B. 整体性

C. 概括性　　D. 间接性

2. 根据思维探究结果的方向性，美国心理学家吉尔福特把思维分为(　　)。

A. 辐合思维　　B. 发散思维

C. 分析思维　　D. 知觉思维

3. 根据思维过程凭借心理表征的形式来划分，思维可分为(　　)。

A. 常规思维　　B. 直观动作思维

C. 形象思维　　D. 抽象思维

4. 表象具有(　　)。

A. 直观性　　B. 间接性

C. 概括性　　D. 可操作性

5. 佩维奥的双重编码理论认为，编码系统包括(　　)。

A. 表象编码系统

B. 言语符号编码系统

C. 知觉编码系统

D. 语义编码系统

6. 在发散生成测验中，用来反映个体发散思维能力的指标有(　　)。

A. 流畅性　　B. 变通性

C. 深刻性　　D. 独特性

7. 创造性思维是多种成分的综合体现，它包含的心理成分有(　　)。

A. 想象

B. 表象

C. 辐合思维

D. 发散思维

8. 下列关于问题解决策略的观点，正确的有(　　)。

A. 算法策略通常可以保证问题得到解决，但是比较费时费力

B. 启发式策略不一定能保证问题的解决

C. 算法策略通常优于启发式策略

D. 爬山法是一种算法策略

9. 下列选项中使用算法策略解决问题的有(　　)。

A. 找钥匙时，回忆最后一次见到钥匙的场景，并根据回忆寻找钥匙

B. 在解开密码锁时，由于不知道最后一位数字，逐一尝试进行解锁

C. 警察通过逐一排查监控录像确定犯罪嫌疑人

D. 根据经验，找到最有可能的解题方法

10. 下列属于问题解决的启发式策略的有(　　)。

A. 爬山法

B. 手段—目的分析法

C. 循序渐进法

D. 逆向搜索法

11. 下列选项中，属于“定义不良”的问题有(　　)。

A. 如何写好一篇学术论文

B. 怎样保持良好的人际关系

C. 如何根据已知条件求证几何问题

D. 怎样成为一名优秀的篮球运动员

12. 影响问题解决的因素有(　　)。

A. 知识经验　　B. 定势

C. 功能固着　　D. 动机和情绪

13. 根据卡尼曼等人的研究，人们在决策过程采用的启发法有(　　)。

A. 概率性启发法

B. 锚定和调整启发法

C. 代表性启发法

D. 易得性启发法

14. 想象对表象进行加工改造的形式有(　　)。

A. 夸张　　B. 内化

C. 典型化　　D. 黏合

15. 影响推理准确性的因素包括(　　)。

A. 前提使用逻辑量词的形式

B. 对前提的理解

C. 工作记忆的容量

D. 知识经验

参考答案

(一)单选题

1. C 2. D 3. C 4. B 5. B 6. B 7. A 8. C 9. D 10. B 11. C 12. D 13. A 14. B 15. B 16. C 17. B 18. D 19. B 20. B 21. A 22. C

(二)多选题

1. CD 2. AB 3. BCD 4. ACD 5. AB 6. ABD 7. ACD 8. AB 9. BC 10. ABD 11. ABD 12. ABCD 13. BCD 14. ACD 15. ABCD

第八章 语 言

一、 解释概念

(一)语言的属性

语言是人类区别于其他动物的重要标志之一。语言既有生物属性，也有社会属性。这里的生物属性主要是指通过漫长的进化，语言与人脑之间建立了非常紧密的联系，在人脑中有一些与语言加工密切相关的脑区，如布洛卡区、威尔尼克区等。这里的社会属性主要是指语言作为交流的工具，具有交流信息、传递知识以及构建社会关系的功能。语言的社会属性涉及的脑区分布非常广泛，远远超过了人脑经典语言区覆盖的范围，并且可能没有左右脑的偏侧化效应。对语言社会属性的研究是未来语言研究的重要方向之一。

(二)语言的层级结构特征

语言作为一种符号系统，有其基本的结构单元及单元的组合方式。音位是能够区别意义的最小语音单元，语素是最小的音义结合体。语素按照一定的规则组成词，词按照语法规则组织起来成为短语、句子或语篇。与语言的这种层级结构特征相对应，大脑对语言的加工也表现出一种嵌套式的层级结构。具体来说，随着语言单元层级结构的逐渐展开，大脑中被显著激活的区域逐渐增多，从初级听觉皮层逐渐延展至顶叶皮层和前额叶，并进一步拓展到内侧前额叶以及楔前叶等原来被认为与语言无关的一些脑区。语言加工的层级结构特征是近年来语言研究领域最重要、最前沿的发现之一。

(三)威尔尼克—格施温德模型

威尔尼克—格施温德模型是基于失语症患者的脑损伤研究构建的有关语言理解和产生的早期模型。根据该模型，威尔尼克区负责语言理解，接收由初级听觉皮层传递的语音输入以及由初级视觉皮层经角回传递的视觉输入，并对其进行语义加工。之后，通过弓状束将语义信息传递至布洛卡区，在布洛卡区与言语产生信息进行整合。

作为早期的经典模型，威尔尼克—格施温德模型在理解不同的失语症症状模式和大脑损伤的联系上具有非常重要的意义。但是，随着研究的进行，研究者发现这个模型存在一定的缺陷。首先，布洛卡区和威尔尼克区是基于语言功能缺陷的症状定义的功能性脑区，在解剖学上缺乏明确统一的解剖位置界定。其次，威尔尼克—格施温德模型主要将语言功能定位于大脑左侧皮层。但是近年的研究发现，大脑皮层下结构和相关脑区之间的连接同样对语言功能至关重要，语言功能涉及的神经网络远比经典语言模型所假设的更复杂。这一模型为此后的语言神经网络模型提供了重要的启发和思路，因而有重要的科学价值。

(四)语言功能的偏侧化

偏侧化是指大脑功能区块的结构和功能在大脑左右两个半球分布的不对称性。语言功能的偏侧化具体指负责语言功能的脑区主要分布在左半球，其功能活动的强度要显著高于右半球的同源区。偏侧化通常用偏侧化指数来衡量。例如，如果计算脑区激活强度的偏侧化指数，计算公式为(左侧脑区激活强度－右侧脑区激活强度)/(左侧脑区激活强度＋右侧脑区激活强度)。其值的大小在＋1和－1之间，越靠近＋1，说明左半球的优势越强，反之则右半球的优势越强，接近0则表明是双侧均势。绝大部分右利手和大部分左利手的人左半球都是语言功能的优势半球，一部分左利手者是双侧均势，只有很少部分的左利手者是右半球优势。

语言功能的偏侧化经常被看作人类语言功能所独有的。但是近来的一些研究表明，除了语言之外的其他功能，如运动、空间认知以及数学能力等，可能也是左侧优势的。而且非人类灵长类动物的基本认知能力也表现出左侧优势。因此，有人假设语言功能可能是嵌入人脑已有的功能架构中的。由于语言功能所嵌入的原有功能是左侧优势的，语言才表现出左侧优势。因此，左侧优势可能不是语言功能的本质特征。

知识链接

语言加工存在性别差异吗?

人们一般认为，女孩的口语能力要好于男孩，而男孩的数学和空间能力则好于女孩。女孩开始说话的时间一般早于男孩，选择理工专业的男孩要多于女孩。有一些研究还发现，与女性相比，男性的脑功能偏侧化程度更高。男性更倾向于使用左脑来加工语言，而女性则倾向于使用双侧大脑。脑损伤的研究似乎支持这种观点，如同样是左半球损伤，女性患者出现失语的情况要少于男性。即便出现了失语的情况，女性康复的速度也更快。脑成像的研究发现，在做词汇押韵判断的时候，男性和女性大脑的激活模式有很大的不同。男性主要激活了左侧，而女性则同时激活了双侧。这似乎表明，双侧半球的同时参与对于语言加工来说是有优势的。这也进一步印证了一个问题：语言功能的偏侧化程度并不是语言功能强弱的重要指标。

此外，还有研究发现，与女孩相比，男孩更容易发生各种发展性语言障碍。例如，大约有5%的2～3岁儿童会出现口吃症状，其中男孩和女孩的比例为4∶1。同样，阅读障碍、孤独症等发展性障碍在男孩中的发生率都显著高于女孩。即使在正常人群中，正常言语不流畅(如重复、插入语)的比例也是男性高于女性。女性的言语不仅流畅，而且词汇量更大，句子更长，语误更少。

为什么会出现这种差异呢？目前还没有确定的结论。

资料来源：Attenborough，2014。

(五)共振峰

共振峰是描述语音特征的重要指标。相对于书面文字的阅读，口头言语，特别是语音的研究相对较少。对语音来说，一种常见的描述方式是呈现声谱。声谱显示了声音的能量强度在不同频率上如何随着时间而变化。在某个特定频率上的能量峰值被称为共振峰。所有的元音和一些辅音都有共振峰，但是其共振峰的模式是不同的。

(六)语音识别的恒常性

口语是通过发音器官的动作产生语音，并借助语音来表达思想、进行交流的过程和结果。借助说话人发出的语音，人们可以理解对方的意图、想法和感受，这个过程就是口语理解。口语理解是从语音识别开始的。人们需要在不同的情境下识别发音模式发生变化的同一个发音单元，或者在个别的音被省略掉之后根据语境对语音进行补偿。虽然有这些困难，但是人们的正常口语理解过程仍然是高度自动化的。可见，在口语理解过程中，无论语音如何改变，我们总是能够比较准确地识别语音，这就是语音识别的恒常性。

（七）口语词汇的识别

口语理解的早期阶段涉及声音的声学属性加工，目前的研究较少。大部分研究集中于词汇及以上水平的加工。在词汇水平上，一个较有代表性的模型是由马斯林-威尔森（Marslen-Wilson）提出的竞争者模型(也有人译为交股模型)。该模型认为，我们听到一个单词第一个音为[f] 的时候，我们的大脑中可能激活了许多以 f 或者 ph 开头的词，如 first，fur，far，form，phone 等。然后，随着第二个音[ə]的出现，far，form，phone 则被淘汰，而 first 和 fur 依旧被保留。当第三个音[s]出现后，我们淘汰 fur，留下 first。同时也可能借助上下文的句法或者语义，提前判断出该单词所在的位置应该是一个形容词而不是一个名词，因而可以淘汰 fur，留下 first。这样，我们对单词[fˈəːst]的辨认就结束了。我们把这个过程中激活的单词集合叫作竞争者(cohort)。该模型与其他类似的模型一样，都是交股模型，强调词汇识别过程中自上而下的调节作用，特别是词汇信息对音位识别的调节作用。

（八）口语理解中的预测过程

很多研究表明，孤立的词汇加工和连续的自然语言加工是有区别的。其中一个很重要的区别是，连续的自然语言加工是包含语境的。因此，基于语境，我们可以对未来将要出现的词进行预测。预测是连续的自然语言加工所独有的一种语言加工机制。在以往研究中，研究者通常用完形概率和熵来量化词的预测性。完形概率一般通过完形任务得到。在这个任务中，被试需要根据已有的句子语境来填写接下来可能出现的目标词。填写相同词的被试人数占总人数的比例即该词的完形概率。在实际使用时，研究者会根据目标词的完形概率的高低设置成预测水平不同的条件，并比较在目标词出现之前，行为指标(如眼动指标)或神经活动在不同条件下的差异。由于这种差异发生在目标词出现之前，因此符合预测的假设。熵则在自然效度较高的语篇理解中常常被使用。在计算语言学中，熵可以理解为对下一时刻词的不确定性的量化。熵值越高，说明下一时刻潜在的可匹配词就越多，即预测性越低。由于熵反映的是词出现之前对其不确定性的量化，因此也符合预期的假设。研究发现，包括中央沟、额中回、顶下小叶等在内的很多脑区都参与了词的预测，并且与 θ 频段(4～8 赫兹)和低 β 频段(11～21 赫兹)的神经活动模式密切相关。

（九）口语产生的监控机制

通过发音器官的活动发出声音，把所要表达的思想说出来的心理过程叫作口语产生。口语产生包括不同的加工阶段。在最后的发音运动阶段执行完毕之后，如果发音出现错误，会被监控系统监控到，并进行自我修正。一般认为，人脑的发音运动脑区会在执行发音指令之前发送一个代码到听觉皮层，并与发音后监控到的实际语音进行比较，比较的结果再返回给发音运动皮层，以决定是否进行重复或纠正。如果总是出现误差，则会出现类似于口吃的流畅性障碍。

知识链接

独白和对话的神经基础有什么区别?

有没有可能比较独白和对话的神经基础呢？在传统心理学的框架下，这几乎是不可能的，因为传统心理学是基于个体心理学的，是通过观察、测量和描述被试对给定刺激的反应来推测其心理活动的。例如，给被试呈现一个表示动作的词和一个表示工具的词，让被试看到词后判断其词性是名词还是动词。但是对话则涉及一个以上的个体，其交流活动具有实时、动态的特点，因而无法按照给定刺激的方式进行约束。例如，我们不能事先规定好被试在某个具体的时间点一定要说某个特定的词，也无法预判另一个人何时和如何做出反应。近年来，随着脑成像技术的发展和实验范式的进步，研究对话交流的神经基础正逐渐成为可能。

一项研究采用多脑同时成像(即超扫描)的方法，首次在自然的人际对话情境下同时测量了两个被试的脑功能。该研究让两人一组的被试面对面坐在一起，就某个共同关心的话题进行自由对话。在这个过程中，采用一种叫作近红外光谱成像的脑成像技术同时测量对话双方的大脑活动。通过计算在某一个脑区上两人的脑活动信号变化是否具有一致性，就可以刻画两人之间在脑活动上是否存在联系。结果发现，在面对面对话过程中，两人左侧经典语言区额下回的脑活动在时间上表现出相似的模式，即脑活动同步，但是在面对面独白、背对背对话以及背对背独白条件下都没有出现。这个研究说明，独白和对话两种语言形式的神经基础可能的确存在一些区别。

资料来源：Jiang et al.，2012；2021。

(十)语素

语素是最小的音义结合体，是词的构成单位。例如，语素“花”在“花钱”中代表动作，而在“花朵”中则代表一个物体的名称。因此，“花”和不同的语素组合，构成了词语。在不同的词语中，“花”代表了不同的意义。能够对“花钱”和“花朵”两个词语中“花”的不同意义进行区分是一种非常重要的能力，即语素意识。语素意识是预测书面阅读能力的重要指标之一。

（十一）心理词典

在加工文字的过程中，我们需要一个心理上的词典来存储词汇，这个词典被称为心理词典。一般认为，心理词典中的词条不仅对应语音，而且可能还包括语义、句法等信息。词典中的词条不仅包括无法直接读出来的词，而且也包括能够直接读出来的词。前者是指词形不符合拼读规则，或者虽然符合拼读规则，但是不太常见，导致无法直接读出来；后者是根据词形（如声旁）就能读出来的词。前者的阅读一定要通过心理词典；而后者既可以通过心理词典，也可以不通过。此外，心理词典不是书面文字特有的，口语词汇与书面词汇可能共享一个心理词典。但是两者通达心理词典的方式有所区别，一个是通过词形，另一个是通过语音。

（十二）语义特征

语义特征是指词的语义在数量和类型等方面的特征。例如，有的词只有一个本义，而有的词不仅有本义，而且还有引申义、比喻义等。这是词义在数量上的特征，前者被称为单义词，后者被称为多义词。又如，有的词指代具体的动作或者物体（如“敲打”“锤子”），而有的词则指代与具体动作或物体无法对应的抽象概念（如“美好”“高尚”）。这是词义在类型上的特征，前者被称为具体词，后者被称为抽象词。研究表明，多义词比单义词更容易识别，具体词比抽象词更容易识别。但是，上述差别还会受到词的频率和所在语境的影响。多义词的不同语义在大脑中可能是分开表征的，具体词和抽象词表征所在的脑区位置也有所不同。可见，语义特征可能是大脑表征词汇的重要方式之一。

（十三）阅读障碍

阅读障碍也称失读症，通常表现为在智力及感知觉能力没有缺陷的情况下，在阅读或文字书写方面有困难。不同的阅读障碍者表现出的症状及其严重程度均有所不同，可能是无法理解阅读的内容，很难顺利朗读成段文字，或是对拼写单词或书写文字存在困难等。阅读障碍可分为获得性阅读障碍和发展性阅读障碍。由于后天的神经损伤，如中风或脑创伤导致的为获得性阅读障碍。发展性阅读障碍者的大脑在执行阅读任务或书写任务时，神经活动模式和一般人存在差异。有研究发现，部分阅读障碍者进行阅读任务时，大脑左半球在额下回、颞叶腹侧等部位的激活较弱。发展性阅读障碍通常在儿童早期开始学习语言文字并进行阅读时才被发现，通过及时的干预训练可以得到一定的改善。

（十四）双语加工的抑制控制机制

双语加工的抑制控制机制是用来解释双语者如何应对两种语言之间的竞争问题的。双语者在加工一种语言时，另一种语言也会有一定程度的自动激活，两者会相互干扰。为了控制这种干扰，就需要有一种控制机制来参与双语者的语言加工过程。双语加工的抑制控制机制认为，为了避免两种语言之间的竞争，双语者对激活的非目标语言要进行抑制控制，从而成功地加工目标语言。例如，汉—英双语者如果使用英语词汇命名苹果，那么就需要抑制汉语“苹果”一词的干扰。

(十五)双语转换范式

双语转换范式是考察双语控制机制的常用研究范式。在这种范式中，通常给被试呈现图片或数字等视觉刺激，要求被试根据某种线索(如国旗)对图片或者数字使用母语(L1)或二语(L2)进行命名，记录命名的反应时和正确率等指标。该范式通常包括两种条件，其一，前后两个命名试次中的目标语言是不一样的(如 L2—L1 或 L1—L2)，叫作转换条件；其二，前后两个命名试次中的目标语言是一样的(如 L1—L1 或 L2—L2)，叫作非转换条件。这样就可以计算转换的代价，并通过转换代价推测双语控制的认知机制。

(十六)转换代价

双语转换范式中通常会有转换条件和非转换条件。根据双语加工的抑制控制机制，在转换条件下，当前刺激所要求加工的目标语言在前一个试次出现时已经受到抑制，要解除这种抑制就需要额外的认知资源，由此引起的行为反应上的差异就是转换付出的代价，被称为转换代价。

当两种语言的熟练程度不同时，它们作为非目标语言时的激活程度就会不同，需要的抑制程度也不同。在通常情况下，加工非优势语言(即二语)需要对优势语言(即母语)进行较强的抑制。当下一个试次转换到母语时，需要解除之前对母语的抑制。在上一个试次中对母语的抑制越强，在下一个试次中解除对母语的抑制就越困难，这就会产生比较大的母语转换代价，即 L2—L1 的转换代价大于 L1—L2 的转换代价，这就是双语转换代价的不对称性。

二、 解答问题

(一)语言是人类独有的吗?

语言经常被看作人类区别于其他动物的标志之一，是人类独有的。因而，除了人类之外的其他动物都没有真正的语言。但是，这个问题并没有这么绝对。要回答这个问题，首先需要清楚什么是语言。

语言其实并没有一个统一的定义。为了研究方便，语言通常被简单定义为一套能够进行交流的符号系统和相应的规则以及使用这些符号系统和规则进行交流的行为。这些符号系统并不限于书面符号，还包括声音。但是，实际上其他动物也拥有自己的符号系统和交流行为。例如，蜜蜂通过舞蹈动作传递食物源的位置信息，海豚也有复杂的发声系统进行交流与协作。

语言功能在人脑上的偏侧化现象被作为语言为人类所独有这一假设的重要支持性证据之一。但是，近来的一些研究表明，除了语言之外的其他认知功能也是左侧优势的。而且，非人类灵长类动物的基本认知能力也表现出左侧优势。因此，左侧优势可能不是语言的本质特征。

为了解决这个问题，查尔斯·霍凯特(Hockett, 1986) 列出了语言具有的七个特征，包括：①二重性，语言是语音系统和语法系统的结合；②创造性，能够根据一定的规则创造和理解新的表达方式；③随意性，符号或词与它们所代表的意义之间没有必然的联系；④互换性，发出和接收信息的角色可以实时互换；⑤专门性，语言的唯一功能就是交流；⑥指代性，语言能够指代不在同一个空间或时间里的事物；⑦文化传递性，语言能够通过教学在个体之间进行传递。从这个意义上来说，人类的语言是独一无二的。

知识链接

动物能学会人类的语言吗?

语言被认为是人类独有的。研究者霍凯特(Hockett)更是列出了人类语言独有的一些特征。但是，仍然有人认为，即便语言是人类独有的，某些动物可能也具备获得语言所必需的认知能力和生理基础。它们可能只是由于进化过程中的一些偶然原因没有得到获得语言的机会。所以通过训练，动物也能掌握人类的语言。

在各种动物中，人们对狗和鹦鹉最感兴趣。很多人认为，狗能够听懂人的指示。有一只叫作里考的边境牧羊犬掌握了至少 200 条指示语。它能根据物品的名称从房间里取回对应的东西，甚至在主人不在现场的情况下也能做到。它还能把从没听过的名称跟不知道名称的物品进行对应，而不是跟已经知道名称的物品进行对应，表明它具有类似儿童早期的新词学习能力。不过，它无法像人一样在不同的名称之间建立联系。例如，汽车和自行车属于一个类别，但是汽车和桌子则不是。最新脑成像研究也发现，虽然在听到人的声音时，狗的一些特别的脑区也被激活了，但是这更多是对人类语言中的情绪内容做出反应。

与狗相比，鹦鹉似乎要更进一步。它们能够模仿人类的言语。有研究者训练了一只叫作艾利克斯的非洲鹦鹉 13 年。13 年后，艾利克斯掌握了 80 个单词，其中包括物体的名称、形容词和一些动词，甚至能理解一些简短的词串。艾利克斯能够根据物体的颜色和质地把 40 个不同的物体进行归类，它还能区分相同和不同的概念，甚至能数到 6。艾利克斯表现出了惊人的认知能力，包括将离散的类别进行组合，并正确地使用基本的语法。不过，它掌握的动词不够，所以还不能把动词跟物体联系起来。所以，艾利克斯的语言能力总体来说还是非常有限的。

此外，人们还尝试过教海豚、大象等其他动物学习语言。灵长类动物有更高级的认知能力，在脑的结构和功能方面与人类也是最接近的。而且，人们发现野外生活的猩猩已经具备了非常复杂的交流能力。所以人们对教灵长类动物学习人类语言更感兴趣。早期的尝试主要是教猩猩发声。但是由于猩猩的声带结构和人类的差别很大，因此这些研究都不太成功。与发声相比，猩猩的手势动作更加灵活，含义也更加丰富。后来人们开始尝试教它们手势语或者用手来操作一些人工符号。在这些研究中，最著名的一个例子可能是关于沃肖(Washoe)的。沃肖 1 岁的时候被捕获，然后被研究者像自己的孩子一样抚养，包括进食、玩耍等，并学习美国手势语。到 4 岁的时候，沃肖能够产生大约 85 个手势，能够理解的手势则更多一些。又过了几年，它的词汇量突破了 200 个。这些手势涵盖了名词、动词、形容词、代词等，特别是它能造词。例如，它没见过鸭子，它就把鸭子命名为水鸟。它还能使用由 5 个词汇组成的短语，如"沃肖抱歉""宝宝摔倒了""拥抱快点"等。后来，沃肖还收养了一个儿子叫洛里斯。沃肖有意地教给洛里斯一些手势，表明它们之间存在明显的文化传承。

更有说服力的一个研究是关于一只倭黑猩猩坎兹(Kanzi)的。坎兹没有接受过系统的语言训练，而是会在它的妈妈接受训练时进行观察，并通过在日常生活中与人类进行社会互动而学习(见图 8-1)。它在 46 个月的时候已经学会了 50 个符号，并能够进行 800 种组合。它对词序敏感，能理解动词的意义。在它的表达中，超过 80%都是自发的，而不是刺激诱发的或者模仿的。这与前面沃肖的语言能力有很大区别。

关于这个问题还有很多争议。例如，很多人批评说美国手势语并不是一种真正的语言，至少与口头语言有很大区别。而且，研究结果的记录和报告有很强的主观性，也比较零散，不够系统。即便是坎兹，也有很多人质疑。例如，它的学习能力与人类儿童相比要慢得多，而且可能只学会了符号和某些组合符号的方式，并不能像人类一样掌握符号的意义和句法规则。所以，它们最多只能算是掌握了一种初级语言。

总之，这个问题是探讨人类语言本质的关键。围绕这个问题的争论仍将继续。

图 8-1　坎兹使用键盘与苏博士进行交流

资料来源：Harley et al.，2014；Andics et al.，2014。

（二）如何理解加工语言的脑区与语言加工之间的关系？

从 19 世纪后期法国医生布洛卡发现了布洛卡区开始，人们一般认为，语言是特定脑区的功能。这种思路被称为定位理论。这种理论有其合理的地方。例如，布洛卡区受损，语言表达能力就会受到影响，而威尔尼克区受损，语言表达不受影响，这表明语言表达与布洛卡区的功能有非常密切的关系。同样，梭状回的一部分与书面文字的识别有密切的关系。但是，随着研究的进行，这种理论越来越受到质疑。例如，先天盲人看不到东西，他们的视觉区无法加工视觉信息，但其触觉非常发达，使得视觉区的一部分对触觉信息敏感；同样，先天失聪者的听觉区也会用来加工视觉信息。这就表明心理功能与脑区之间并不存在严格不变的、一一对应的关系。在经验的影响下，脑功能会进行重组。大量研究发现，有一些脑区，特别是一些涉及高级认知活动的脑区会共同活动，并组成一个网络。在这个网络中，不同的脑区构成一个个的节点，脑区之间的联系构成众多的神经通路。不同的节点和神经通路可能有不同的作用，但是只有所有的节点和神经通路一起发挥作用，才能完整地实现特定的功能。这些发现促使脑网络理论开始流行。未来的研究将继续围绕定位论和网络论展开。

知识链接

语言交流对语言习得的关键作用

关于狼孩的报道往往强调语言发展的关键期，而忽略了另一个重要的方面：语言的获得同样离不开合适的交流环境。在一个典型的语言情境中，成人与儿童之间的对话往往会有包含上下文的话轮转换。成人会指着某个物体说："看，这是个皮球"，孩子则试着重复"球"，然后成人会进一步纠正说："这是个皮球，还有很多别的球，跟这个不一样。"这种多个往返的对话交流与互动对儿童习得语言来说是非常重要的。因此，仅仅具备了学习语言的生理基础和认知能力还远远不够，语言学习必须发生在有意义的社会交流与互动情境下。这种观点被称为社会互动理论。

布鲁纳是社会互动理论的代表人物。他特别强调亲子之间的互动对于帮助孩子理解词汇的意义。虽然跟孩子说话的方式也很重要(如妈妈语)，但是互动更加重要。例如，区分主动式和被动式是一种非常关键的语法能力，而这种能力可能正是孩子在与妈妈进行互动交流的时候学会的。这种互动交流不是简单的对话，而是特指角色的轮换，你做一次，然后我做一次。在这个过程中，双方的对视、对某个物体的共同注意，都是帮助孩子理解词义的重要途径。

研究者认为，这种能力可能最早是在婴儿时期培养的。例如，婴儿吃奶时并不是一直在吸，而是吃一会儿停一下，看看妈妈，妈妈则拍拍孩子，或者笑一笑，或者说句话，然后婴儿会继续吃奶。而且，妈妈会非常及时地响应婴儿的动作。例如，婴儿注视某个物体，妈妈也会立即注视这个物体；婴儿看着妈妈，妈妈也会微笑着注视婴儿。早期的这种亲子互动可能就是后来人际交流与互动的雏形。

总之，有意义的对话交流语境是儿童获得语言能力的一个必要条件。

资料来源：Byeon & Hong，2015。

(三)口语研究中语误分析和反应时技术各有哪些优缺点?

两者都是研究口语的方法。语误分析是指通过对日常生活中的口语进行记录，分析其中发生的失误，从而了解语言产生的规律。反应时技术是指将传统反应时技术应用到语言产生的研究中，计算从说话指令发出开始，到发音器官发出声音为止这段时间的间隔，被称为语音启动时间。

语误分析是早期语言研究的主要方法，对于认识语言的基本单元以及结构有重要作用。其特点是：①语误分析是基于自然语言的，因而从语误分析中总结得到的规律也是自然语言中出现的规律；②语误的出现是随机的，特别是有一些现象出现的次数非常少，因而其分析结果可能不具有代表性；③语误分析大多基于个体的分析。

反应时技术是实验室实验流行之后出现的主要研究方法，并逐渐取代了传统的语误分析。现代语言产生理论主要是基于反应时技术得到的。其特点是：①在实验室情境下，利用图片、文字或者声音诱发出一定的语言活动，因而不是自然语言，也无法用于研究自然语言的规律；②语言活动是通过刺激诱发的，因而可以多次重复；③可以用于群组分析。

由于语言产生过程的复杂性，很多人认为反应时技术无法确切揭示语言产生的内在规律。主要的批评有以下几个方面。①实验室情境下诱发出的语言活动与现实生活中的语言活动有很大区别。在实验室中比较困难的任务，在日常生活中不一定困难。②自然语言无法采用反应时技术。③对于如何计算语音启动时间存在不同的看法。在听到声音之前，其实已经开始了语言产生过程，而且不同的个体之间存在较大差异。因此，语音启动时间可能无法准确反映语言产生的过程。④反应时是一个累积效应，并不清楚其中是否包含更多、更小的成分。总之，更多的人倾向于把两种方法结合使用，并希望找到更好的研究方法。

（四）如何理解语境在口语理解中的作用？

口语理解的目的是通达语义。语义既包括语言固有的意义（如本义），也包括语言在传递信息和交流思想的过程中所表达的言外之意（如引申义、比喻义）。虽然这在一定程度上增加了口语理解的难度，但是同时也使语言单元能够被多次利用，从而增加了语言单元的利用率，使语言系统变得更加简洁和高效，也更加符合人作为生物机体，其认知资源有限这样的前提。在语言交流过程中，言外之意广泛存在，交流者通常能够借助语境等线索理解言外之意。有研究通过对语境信息进行掩蔽来探讨语境对口语理解的影响，发现当语境信息被掩蔽时，听者无法站在说者的视角对对方的交流意图进行有效推理，也无法理解说者想要表达的意义。可见，基于语境的推理在口语理解中发挥了重要作用。

知识链接

语言交流中的矛盾冲突对交流过程一定是消极影响吗？

在日常生活中，我们经常用“打是亲，骂是爱”来调侃情侣之间的小吵闹，以此来说明情侣之间不可避免地会出现冲突，并且这些冲突不一定都是坏事，有时反而会增进爱情关系。那么在冲突过程中，大脑到底发生了什么呢？

有研究对这一问题进行了探讨。该研究招募了 22 对情侣和 22 对异性朋友，要求每对被试分别完成支持性、中性及冲突性话题的自由讨论任务，并通过近红外光谱成像技术同时采集了每对被试的脑功能数据。通过自然语言处理技术对被试的语言表达进行情绪分析，发现冲突性话题在情侣组和朋友组都诱发了更高的情绪唤醒度。基于脑功能数据进行脑活动同步分析发现，情侣在讨论冲突性话题时，男女的大脑同步水平显著高于讨论支持性话题时的大脑同步水平。在异性朋友之间则出现了相反的模式，即与讨论冲突性话题相比，讨论支持性话题诱发了更强的大脑同步(见图 8-2)。而且，该大脑同步与情侣中女性所感知到的爱情关系强度存在显著的正相关。这些结果表明，在亲密关系中(如情侣)，冲突诱发了高唤醒度和更强的大脑活动同步，进而增进了亲密关系。但是非亲密关系中的冲突则没有这种效应。这些结果说明，亲密关系中的语言交流可能有其独特性。

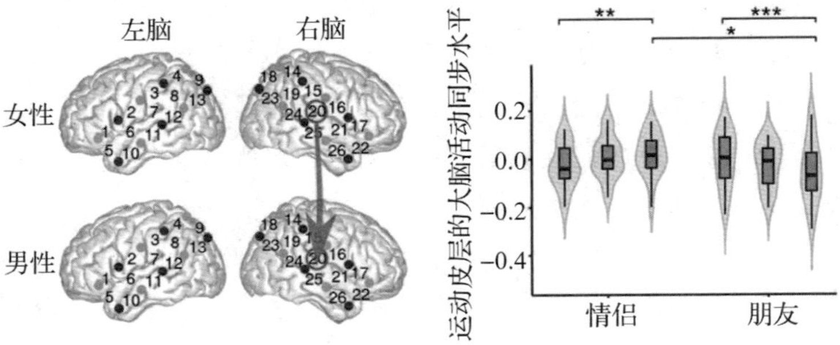

图 8-2　情侣在冲突性讨论中出现了更强的大脑同步

注：左图中的数字代表近红外光谱成像的测量通道。箭头表示女性运动皮层的大脑活动与男性运动皮层的大脑活动同步，并且前者在时间上略领先于后者。右图表示三种话题(从左到右依次为支持性的、中性的、冲突性的)下情侣组和朋友组表现出的不同的大脑同步水平模式。

资料来源：Long et al.，2022。

(五)阅读理解受到哪些因素的影响?

阅读理解是指从书面文字获取其语音和语义的过程，包括词汇、句子以及语篇水平的理解。在汉语中，词汇识别首先需要识别并加工视觉的词形信息。因此，组成词的汉字的笔画数和字形结构、正字法规则、频率以及习得年龄等因素都会影响词形识别。有研究表明，词形识别困难可能是导致汉语阅读障碍的重要原因之一。

词汇识别是否需要语音信息的激活是一个有争论的问题。大部分研究表明，在汉语中，语音是能够被自动激活的。但是，由于汉语的结构特点，语音在从字形通达语义的过程中的作用是有限的。在这一点上，汉语可能不同于西方的拼音文字。

词汇识别是句子理解和语篇理解的基础。句子理解还需要句法信息和更复杂的语音、语义激活，语篇理解需要更高级的一般认知能力，包括推理、策略、图式等的介入。目前，关于句子和语篇理解的研究较少，大部分研究都是关于词汇识别的。有人认为，阅读虽然是以词汇为基础的，但是真正的阅读并不是词汇水平的，而应该是句子或者语篇水平的。所以，句子理解和语篇理解特有的影响因素才是应该重点研究的内容。这也是基于词汇的阅读理解研究招致批评的重要原因之一。但是，底层的一些加工过程，包括口语的词汇量、语音意识能力、正字法规则等，的确能够预测将来的语文学习成绩(包括词汇、句子和语篇)。所以，对阅读的基本加工过程进行研究也是有很大价值的。

(六)语篇理解与词汇识别和句子理解有什么区别?

语言是按照一定的层次结构组织起来的。人们按照这些规则可以将音位组成语素，然后由语素组成词，再由词组成短语、句子和语篇。因此，语篇理解需要进行词汇识别和句子理解，然后运用推理、整合等方式，对各个层级的信息进行整合，揭示语篇意义，形成连贯的心理表征。具体来说，我们在理解语篇时，会构建一个包含多层次心理表征的情境模型来反映语篇所描述的内容。这个模型包括三个层次。第一层次是对文章中的字、词、句法进行的表征，被称为表层表征。这一层次的表征与词汇识别、句子理解类似。第二层次是从句子中提取一系列的命题，构建不同命题之间的逻辑关系，被称为文本基础表征。第三层次是读者根据自己的背景知识和语境信息，对语篇的信息进行整合，从而形成一个整体的、连贯的表征，被称为情境模型。它表征关于文本的内容或由文本明确陈述的信息与背景知识相互作用而建立的微观世界，是比表层表征和文本基础表征更深层次的表征。因此，文本理解就是要形成各个层次心理表征的过程。与词汇识别和句子理解相比，语篇理解是一个多层次的、包含情境模型的认知过程。

(七)在连续的文本材料中，人们如何完成词汇识别?

在连续的文本材料中，词汇是没有物理边界的。因此，如何对词汇进行语言学意义上的切分对阅读理解有重要影响。研究者认为，中文词的切分和识别可能是同时发生的。首先，我们需要一个视觉感知系统检测字词的视觉特征(如词形的正字法规则)，并激活相应的语音和语义。语音和语义被激活后，会进一步促进视觉特征的检测，提高字词的激活程度。

同时被激活的字词会形成竞争，竞争后胜出的字词就会被识别出来，并完成词的切分。可见，在这个过程中，词汇只有被识别出来才能被切分；同时进入视觉感知系统的词都会被加工，但是只有一个能够被识别和切分。此外，处于视野中央的词和高频词更容易被识别和切分。

知识链接

语言与其他认知能力之间是相互独立的吗?

语言与其他认知能力之间是相互独立的吗?这是一个备受争议的问题。关于这个问题，主要有两种不同的观点，代表人物分别是乔姆斯基和皮亚杰。乔姆斯基认为语言是特殊的，与其他认知能力没有直接关系；而皮亚杰则认为语言与其他认知能力并没有本质的区别，语言学习需要以其他认知能力的发挥为前提。对这个问题的回答非常困难，而一些特殊人群的特殊情况为探讨这个问题提供了较为理想的途径。

威廉姆斯综合征是一种罕见的遗传疾病，患者会出现“精灵面孔”一样的外貌，而且智商通常在50以下。但是，他们的语言表达非常流畅，而且句法非常完整、精确。他们能学会新词，在非词朗读方面也没有问题。因此，在这些患者身上，语言和认知能力出现了分离。

迄今为止，认知能力和语言能力的关系问题仍然存在争论。目前，大家普遍认为两者既不是完全分离的，也不是完全依存的。要想更为清晰地描述两者之间的关系，还需要进一步研究。

(八)中文和英文有什么系统性的差异?

中文和英文是两种不同的文字体系。英文属于拼音文字，是由字母按拼写规则组成的，词的读音和字母有直接关系，而词义和字母无关。中文属于表意文字，采用横、撇、竖、捺、点等基本笔画，组成5%的独体汉字和95%的合体汉字。此外，有超过90%的汉字是形声字。形声字由提示字义的形旁和提示发音的声旁组成。例如，狮，由“师”和“犭”组成。“师”的提示发音为/shi/，“犭”提示该字义为某种动物。从这个角度来说，汉字既存在形—音对应，也存在形—义对应。但是，汉字的形—音对应并不规则。不规则性主要体现在两个方面。一是“一对多”，即一个声旁可能对应多个不同的发音。例如，都由“去”作为声旁的“祛”“法”“怯”的发音并不相同。二是“多对一”，即多个不同的声旁对应同一个发音。例如，“施”“狮”“诗”等同音字的声旁不同，但是发音却完全相同。相较于形—音对应，汉字的形—义对应更加规则，约79%的形旁提供了与该汉字实际含义有直接关联的语义信息。英文属于表音文字，由26个拉丁字母按从左到右的顺序排列成英文单词。不同于汉字，英语的字母、字母组合与其发音之间有着相对明确的转换规则，可以由“形”知“音”，却无法由“形”推出“义”来。

英文和中文的正字法规则也不同。正字法是使文字的拼写符合通用标准的方法，是书写系统在某种特定语言里的具体体现。“透明度”可用来形容某种文字的正字法特征。文字的正字法越“透明”，就意味着从字形到语音的对应越规则，反之则越不规则。结合中文和英文的实际情况来看，英文可以依照形—音对应规则进行相对准确的发音，而汉字的声旁提供的发音线索十分有限。所以，相比于英文，中文的正字法不透明。上述差异也导致了中文和英文的阅读存在差异。

知识链接

大脑如何加工不同的语言?

世界上一共有 7000 多种语言，目前仍然在使用的有数千种。让世界各国研究者都感兴趣的一个问题是，这些不同的语言背后是否有着一个共同的神经网络来支持呢？在近期的一项研究中，研究者招募了来自 45 种语言、10 多个语系的 91 名被试。在被试听自己母语材料的时候完成功能性磁共振扫描，母语材料来自各个语言版本的《爱丽丝梦游仙境》。通过把听母语条件和控制条件进行比较，研究者发现 45 种语言的母语者都激活了相似的神经网络，主要包括经典语言区中的左侧额下回、运动皮层、听觉皮层等(见图 8-3)。这个研究是目前为止涉及语言类型最多的实验，对于理解不同语言神经基础的一致性具有重要价值。遗憾的是，该研究并不包括汉语，因此汉语和其他语言相比是否有不同的神经基础仍然有待检验。

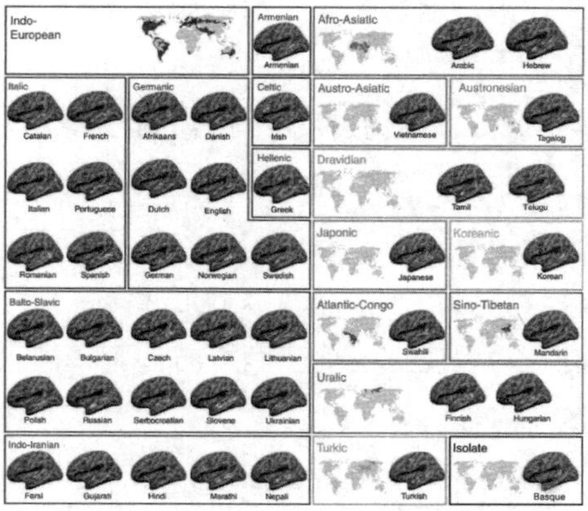

图 8-3　听不同的语言材料激活了相似的神经网络

资料来源：Malik-Moraleda et al.，2022。

(九)如何理解修正层级模型?

修正层级模型用于解释儿童早期学习二语时，其母语仍为优势语言的非平衡双语者在翻译任务中表现出的不对称现象。根据该模型，非平衡双语者将二语翻译成母语时快于其将母语翻译成二语，即存在翻译的不对称现象，这种不对称源于两种语言的词汇表征(指字形和语音)和相应概念表征(指语义)之间的联结强度不同。对同一个客体来说，存在一个概念性表征及两种语言的词汇表征。由于学习二语时通常通过对母语词汇的直接翻译进行，因此，相比于从母语词汇表征到二语词汇表征，从二语词汇表征到母语词汇表征存在直接的、更强的联结，而母语词汇表征和相应的概念表征之间的联结强度则大于二语词汇表征和相应的概念表征之间的联结强度。在进行翻译时，联结强度更大，激活更快。故从二语翻译成母语时，直接激活了从二语词汇表征到母语词汇表征的联结，而从母语翻译成二语时，优先激活的是母语词汇表征和概念表征之间的联结，随后才激活二语词汇表征，所以在行为表现上出现了两个方向翻译速度的不对称。

修正层级模型将表征划分为词汇和概念两个不同水平，并且指出了母语和二语之间联结的方向性差异，为研究者提供了一个对理解双语加工过程非常有意义的框架和思路。但是，随着研究的进行，也出现了很多质疑，如二语的学习并不一定是词表式的，即不一定通过对第一语言的直接翻译进行。此外，该模型可能高估了母语和二语词汇表征的联结强度，低估了二语词汇表征和概念表征之间的联结强度。总之，对于双语者的语言表征问题还存在许多争议，双语者的双语习得方式、习得时间、熟练程度、习得语言的种类不同都可能对其表征方式造成影响。因此，这一问题还需更多研究。

(十)双语交流中有语言冲突吗?

在使用不同语言进行交流的过程中，交流者之间在语言和概念表征等各方面均有差异，从而导致交流过程中难以对对方的心理状态进行准确推断，进而引起交流的困难。那么语言冲突是如何发生的呢?

首先，两种语言的发音、语法和词汇用法之间存在差异，从而会引起发音困难或对某些文化特异性的语言现象的理解困难。例如，汉语母语者经常会对英语中介词(to, for, on, with, of, about等)的具体用法感到困扰；英语母语者则很难理解汉语中的儿化音。此外，语言符号在交流中作为一种文化线索出现，会诱发文化框架的切换，引导交流者做出与语言符号相对应的文化规范相一致的预期和行为。有研究者对语言符号切换和切换者的认知加工过程做了研究，发现英—粤双语交流者在使用粤语交流时自评的理解力水平要比使用英语交流时的理解力水平更高，提示汉语中的粤语可能更容易诱发文化冲突。

其次，两种语言所传递的语义概念也存在差异。例如，在汉语中“阴阳”这一概念很难被西方人解释，在日语中“甘え”(amae)这一概念很难在其他文化中找到类似的对应概念。有些概念则在不同文化中的字面意义相同，但具体内涵并不一样，如“自我”“心智”在不同文化中就不尽相同。此外，有研究者通过文化启动方法发现，当中国人被中国文化相关的内容启动后，他们的英语表现——尤其是词义通达过程会受到不利影响。

因此，在语言交流过程中，语言冲突可能会表现在语言加工的不同层面上。

三、设计活动

活动一

请组织一个3～5人的学习小组，阅读一篇文章“Phonemic Diversity Supports a Serial Founder Effect Model of Language Expansion from Africa”。这篇文章通过对世界各地语言的语音多样性进行分析，发现人类目前7000多种语言可能都起源于非洲西部。请同学们在小组里就文章的方法、观点和结论进行讨论。

提示：语言是交流的工具。随着交流的进行，语言本身也在不断演变。一般来说，交流越多，语言演变得越快。相应地，语言中的语音、词汇等也会更加多样化。所以，语音多样化在一定程度上能够反映人类迁徙和文化交流的轨迹。但是，因为语言很复杂，所以从不同的角度进行分析可能会得出略有不同的结论。因此，在阅读该文献的同时，也应该关注其他学者在评论中提到的不同观点。

活动二

请找一个人脑的石膏或塑料模型，试着找到经典的语言区，如左侧额下回的布洛卡区、左侧颞上回后部的威尔尼克区、颞叶和顶叶交界处的角回和缘上回，试着描画一下连接威尔尼克区和布洛卡区的弓状束。思考语言在人脑中是怎样加工的。

提示：参考本教材的相关内容——“如何理解加工语言的脑区与语言加工之间的关系？”

活动三

当你与朋友发生冲突的时候，请尝试先使用肢体语言交流，如拥抱、拉手等，然后再尝试用口头语言进行解释。体会一下这样的交流与直接进行口头语言解释相比，有何不同。

提示：很多研究都表明，相比于口头语言，肢体语言的交流更容易建立亲密关系，即便是在冲突的情境下，肢体语言仍然能够更好地传递信息。相比于肢体语言，口头语言能够传递更丰富的信息和更加细腻的感受。因此，先通过肢体语言消除紧张的气氛，再通过口头语言消除矛盾，可能会使交流更加有效。

活动四

请用录音笔记录自己日常的口头语言活动，分析一下是否有时候明明知道自己想要说什么，但是就是想不起来怎么说，即舌尖现象。与同学交流一下，他们是否也有这种现象。比较一下这种现象出现的次数在不同人之间是否有差异。查阅文献，思考这种差异可能的原因是什么。

提示：舌尖现象在人群中是普遍存在的，如果出现的次数过多，则提示可能存在神经或认知方面的问题，需要进行临床检查。

活动五

请找一篇微型小说，读完以后转述给第二位同学听，然后再请第二位同学转述给第三位同学听，以此类推到第六位同学。然后请每位同学把自己听到的故事都记录下来。大家一起比较一下每个人记录下来的故事之间有何区别。

提示：你可能会发现，几位同学记录的故事之间的差别很大，有的可能是角色变了，有的可能是时间和地点变了，但是故事的基本结构变化不大。这是因为对语篇的理解需要构建三个层次的表征。其中第三层次的表征是对语篇的信息进行整合，在转述过程中会相对比较稳定。而第一和第二层次的表征是对语篇中具体词汇、句子的表征，与故事的细节有关，较容易被遗忘或更改。

活动六

请在学校里找一位留学生，用对方的母语与其交流。在交流的过程中，体会一下用外语交流跟用母语交流是否有区别，具体区别在哪里？

提示：语言具有嵌套的层级结构。在使用外语交流的时候，不仅在发音上，而且在提取词汇、组织句子的语法，甚至在表达复杂命题的时候都可能会遇到困难。但是随着外语熟练程度的提高，出现困难的层级越来越高。因此，外语的学习不仅仅是掌握发音、记住单词，更是熟悉对方文化常识和语境的过程。

四、拓展练习

（一）单选题

1. 在各种语言结构中，最小的音义结合体是(　　)。

A. 音位　　B. 语素

C. 词汇　　D. 句子

2. 独立表达完整语义的语言单位是(　　)。

A. 词　　B. 短语

C. 句子　　D. 语篇

3. 受损后会导致看到的物体和听到的声音之间失去联系的脑区是(　　)。

A. 布洛卡区　　B. 威尔尼克区

C. 角回　　D. 中央前回

4. 大脑右半球是语言功能的优势半球的人群是(　　)。

A. 大部分右利手的人

B. 大部分左利手的人

C. 少部分右利手的人

D. 少部分左利手的人

5. 下列关于脑和语言功能的关系中，表述合理的是（　　）。

A. 单个脑区独立作用

B. 脑区协同作用

C. 注意有关的脑区不参与语言加工

D. 左右半球各自独立

6. 在语音的各种属性中，决定声音大小的属性是(　　)。

A. 音调　　B. 音强

C. 音长　　D. 音色

7. 能够把不同的音位区别开的指标

是(　　)。

A. 送气和不送气

B. 区别性特征

C. 是否能够区别意义

D. 发音器官

8. 听一个外国人讲话时，有时候虽然某个词没听清楚，但是仍然能够理解他的意思，这是借助了(　　)的帮助。

A. 语境　　B. 韵律特征

C. 噪声掩蔽　D. 区别性特征

9. 从说话指令开始到发音器官发出声音为止这段时间的间隔被称为(　　)。

A. 语音启动时间

B. 反应时间

C. 启动时间

D. 语言产生时间

10. 语言中可以独立运用的最小单位是(　　)。

A. 音位　　B. 语素

C. 词　　D. 短语

11. 人们说话时会出现停顿，提示(　　)。

A. 言语计划尚未完成

B. 发音动作没有完成

C. 语义没有通达

D. 言语能力有缺陷

12. 写字时，我们知道单人旁肯定在字的左边，而不是右边，这种知识叫作(　　)。

A. 习得年龄效应

B. 词频效应

C. 语音意识

D. 正字法规则

13. 下列字形结构中容易辨认的是(　　)。

A. 左右结构

B. 上下结构

C. 半包围结构

D. 独体结构

14. 在通达语义的过程中，有关语音的作用，下列观点正确的是(　　)。

A. 在词形和语义之间需要语音来中介

B. 不需要语音中介

C. 在不同语言中语音的作用不同

D. 中文阅读中不需要语音来中介

15. 图式的重要作用主要体现在阅读理解的(　　)水平上。

A. 语音识别　B. 词汇识别

C. 句子理解　D. 篇章理解

16. 在书面语理解中，对句子进行切分被称为(　　)。

A. 焦点分析　B. 语境

C. 句法分析　D. 推理

17. 与书面语理解相比，口语理解的独特之处是(　　)。

A. 单个音位短暂出现

B. 拥有语境

C. 需要进行词和句子的切分

D. 需要推理

18. 先学习母语，年龄相对大时再学习二语的双语者被称为(　　)。

A. 平衡双语者

B. 早期双语者

C. 熟练双语者

D. 晚期双语者

19. 考察双语者语言控制机制常用的实验范式是(　　)。

A. 双语启动范式

B. 双语分离范式

C. 双语转换范式

D. 双语流动范式

20. 双语者的语言功能与执行功能的关系是(　　)。

A. 语言功能受干扰，执行功能有优势

B. 语言功能和执行功能都受到干扰

C. 语言功能有优势，执行功能受到干扰

D. 语言功能和执行功能都有优势

(二)多选题

1. 语音的属性包括(　　)。

A. 音调　　B. 音强

C. 音长　　D. 音色

2. 从语言的脑定位观角度看，威尔尼克区损伤的患者可能出现的症状包括(　　)。

A. 说话流畅但无意义

B. 说话费力且常对功能词进行省略

C. 难以听懂别人说的话

D. 不会写字

3. 影响口语理解的因素包括(　　)。

A. 语音强度

B. 音位的类别知觉

C. 信噪比

D. 语境

4. 影响词汇识别的因素包括(　　)。

A. 使用频率

B. 笔画数量

C. 语义特征

D. 习得年龄

5. 根据双语表征和加工的修正层级模型，非平衡双语者两种语言表征的特征包括(　　)。

A. 母语和概念表征系统的联结强度与二语和概念表征系统的联结强度相近

B. 母语和概念表征系统的联结强度大于二语和概念表征系统的联结强度

C. 从母语翻译到二语利用了“词汇中介”

D. 从母语翻译到二语利用了“概念中介”

参考答案

(一)单选题

1. B　2. C　3. C　4. D　5. B　6. B　7. C　8. A　9. A　10. C　11. A　12. D　13. A　14. C　15. D　16. C　17. A　18. D　19. C　20. A

(二)多选题

1. ABCD　2. AC　3. ABCD　4. ABCD　5. BD

第九章 动 机

一、 解释概念

（一）动机

动机(motivation)这个词源于 motive 一词，而 motive 源于拉丁语 motus，意思是“移动”。一般认为，动机是一种由目标或对象所引导、激发和维持的个体活动的内部动力。也就是说，动机是为个体活动或行为提供能量和方向的内在过程，这种内部动力的源泉和基础是人的各种需要和环境中的各种诱因，它有刺激或促进的作用，使个体开始朝向一定的目标或对象。

（二）需要

需要是机体内部的一种不平衡状态，它表现为机体对内部环境或外部生活条件的一种稳定的要求，并成为机体活动的源泉。这种不平衡状态包括生理的和心理的不平衡。例如，血液中水分的缺乏，会使个体产生喝水的需要。在需要得到满足后，这种不平衡状态会暂时得到消除；当出现新的不平衡状态时，个体就会产生新的需要。

（三）耶克斯—多德森定律

动机的最佳水平随任务性质的不同而不同。在比较容易的任务中，工作效率随动机的提高而上升；随着任务难度的增加，动机的最佳水平有逐渐下降的趋势。也就是说，在难度较大的任务中，较低的动机水平有利于任务的完成。这就是著名的耶克斯—多德森定律。

（四）生理性动机

生理性动机是为了维持生命所必须满足的动机，如饥、渴、睡眠等动机。它推动人们去活动，从而满足生理的需要。这种生理的需要得到满足后，生理性动机便趋于下降。

（五）社会性动机

社会性动机是以人的社会文化需要为基础的动机。人有权力、交往、成就的需要等，因而产生了相应的权力、交往、成就动机等。这些动机推动个体与他人交往，获得社会和他人的赞许，参与某种社会团体，并能在其中获得某种成就等。

（六）成就动机

成就动机是人们希望从事有重要意义、有一定困难、具有挑战性的活动，并能取得优异成绩、超过他人的动机。也就是说，具有成就动机的个体追求自认为重要的、有价值的工作，并使之达到完美，即高标准要求自己，力求取得成功。例如，具有这种动机的学生大多能刻苦学习，战胜学习中的困难，取得优异的成绩。

（七）权力动机

权力动机是指人们具有某种支配和影响他人以及周围环境的动机。权力动机强者常常表现为主动参与社会事务，并试图在其中起到支配和领导的作用；权力动机弱者能参与社会事务，但主动性不强，也缺乏在群体中起支配、领导作用的欲望。

（八）交往动机

交往动机是在交往需要的基础上发展起来的一种重要的社会性动机。交往的需要表现为人们愿意归属于某个团体，喜欢与人来往，希望得到别人的关心、友谊、支持、合作与赞赏。这种需要促使人们结交朋友、寻找支持、参加某个团体等。交往的需要得到满足后，人们会感到安全、有依靠；反之，人们会感到孤独、寂寞。

知识链接

归属需要的进化基础

归属需要是指人们需要形成和保持最小限度的人际关系，它存在于所有的人类文化环境中。归属需要有进化的基础，与他人形成和保持社交关系有利于生存和繁衍。个体与群体建立合作关系，意味着个体可以获得更多的保护，获得更多的东西及其他抚养后代所需的资源。被群体排斥是一件危险的事情，尤其在远古时代，个体仅靠自身的力量存活是一件困难的事情。一些关系到生死存亡的任务，如捕杀大型动物、抵御天敌的攻击等，都需要靠集体合作才能完成；

一些生存威胁，如疾病、危险、自然灾害等，也加强了人类归属的需要。个体必须隶属于一个集体，才能更好地保护自己和后代免于饿死，共享集体的福利，防止自己的资源遭遇外敌的掠夺。因此，进化抉择产生的一个结果就是建立一套内部心理机制，来引导个体融入社会集体，并保持永久的关系。

资料来源：李霞等，2010。

（九）兴趣

兴趣是以认识或探索外界的需要为基础，推动人们认识事物和从事活动的动机，表现为人们对事物、活动的选择性态度和积极的情绪反应。兴趣能促进人们的思维过程，表现出积极探索、大胆猜测、刻苦钻研问题的倾向，还能使人们的思维活跃，灵活运用知识去解决各种问题。

（十）学习动机

学习动机是指引发与维持学生的学习行为，并使之指向一定学业目标的一种内部动力。它表现为有学习的愿望或兴趣等，对学习起着积极推动的作用。

（十一）本能

本能是指人和动物与生俱来的、不学而能的行为，即生物体趋向于采取某一特定行为的内在倾向，其行为倾向是不学而能的。例如，刚出生的婴儿就具有吮吸的能力。

（十二）驱力

驱力也称内驱力，是指个体由生理需要(如食物的需要)所引起的一种内部的紧张状态。它驱动个体的行为以满足需要，消除紧张，从而恢复机体的平衡状态。赫尔认为，个体要生存，就要有需要。需要产生驱力，驱力为行为提供能量，从而推动个体从事某种行为，满足需要。需要得到满足后，驱力水平就会下降，所以，寻求驱力水平的降低就成为个体行为的动机。例如，口渴使人产生紧张感(驱力)，这种紧张感促使人去饮水，饮水后紧张感就降低了。

（十三）诱因

诱因(inducement)是指能满足个体的需要，促使个体产生一定行为的外在因素。它具有激发或诱使个体追求目标的作用。例如，诱人的美食能激发人的进食欲望，漂亮的时装能引起人的购买欲，挑战性的任务能激发人的成就需要。诱因有积极和消极之分，有吸引力的刺激物被称为积极诱因，个体回避的刺激物(如痛苦、贫困、失败等)被称为消极诱因。

（十四）期待

行为主义心理学家托尔曼认为，期待(expect)可以被定义为刺激与刺激之间的联系或反应和刺激之间的联系(Tolman，1932)。例如，看见闪电，期待雷声，这是由刺激引起的期待；平时努力学习，期待在考试中取得好成绩，这是由反应引起的期待。期待能帮助个体获得目标，因而对行为的影响很重要。托尔曼把个体达到目标的期待看作行为的决定因素。

（十五）归因

归因(attribution)是指从人们行为的结果寻求行为原因的过程，也就是观察者对他人或自己的行为所进行的因果解释和推论的过程。归因是一种非常普遍的现象，人们总是对自己或他人的行为进行解释。人们对成功和失败的归因会对以后的行为产生重要影响。例如，如果把考试失败归因为缺乏能力，那么以后的考试还会期望失败；如果把考试失败归因为运气不佳，那么以后的考试就不大可能会期望失败。归因会使人出现情绪反应。例如，如果把成功归因为内部因素，那么在成功时会感到满意和自豪，在失败时会感到内疚和羞愧。

（十六）自我决定

自我决定是个体在充分认识个人需要和环境信息的基础上，对自己的行动做出自由的选择。这种倾向性引导人们从事感兴趣的、有利于能力发展的活动，灵活地控制自我和社会环境的相互作用，自由选择行动的目标，并通过一系列的活动达到目标。

（十七）外部动机与内部动机

依据目标的指向性，动机可分为外部动机与内部动机。外部动机是指个体在外部因素的作用下所产生的动机，如学生为了获得奖学金或避免不及格的难堪而学习。在外部动机的推动下，行为是达到目的的手段。内部动机是指个体在内部因素的作用下所产生的动机，如与好奇心、求知欲相联系的动机。在内部动机的推动下，行为本身即强化物。

（十八）自我效能感

自我效能感是指个体对自己是否有能力完成某项任务或活动的推测和判断。个体确信自己有能力进行和完成某一项活动，属于高自我效能感，否则就是低自我效能感。自我效能感的高低，直接决定了个体进行某种活动的动机水平。在不同的领域中，一个人的自我效能感是不同的。

（十九）成就目标

成就目标是指个体对从事成就活动的目的或者意义的知觉，代表了个体从事成就活动的目的和理由。也就是说，成就目标是个体从事与成就有关的行为的理由和目的。

二、 解答问题

（一）动机有哪些功能?

动机具有激活、指向、维持和调整的功能。动机的激活功能表现为，动机具有发动行为的作用，能推动个体产生某种活动，使个体由静止状态转向活动状态。例如，饥饿驱使人们去寻找食物，为了获得好成绩而努力学习，为实现自己的人生价值而勤奋工作等。

动机不仅能激发行为，而且还能将行为指向一定的对象或目标。例如，在学习动机的支配下，学生去图书馆学习；在休息动机的支配下，人们去电影院看电影。每一个目标都为行为指明了方向。人们所追求的目标是多方面的，动机不同，个体所追求的目标也不一样。

动机具有维持的功能，它表现为坚持性。动机的维持功能是由个体的活动与他所预期的目标的一致程度来决定的。当活动指向个体所追求的目标时，这种活动就会在相应动机的支配下维持下去；相反，当活动背离了个体所追求的目标时，活动的积极性就会降低。当动机激发个体的某种活动后，这种活动能否坚持下去，受动机的调整和支配。

（二）动机与需要的联系与区别是什么？

需要是机体内部的一种不平衡状态，而动机是一种由目标或对象所引导、激发和维持的个体活动的内部动力。动机是在需要的基础上产生的。需要推动人们去寻找满足需要的对象，从而产生活动动机。也就是说，需要是原动力，动机是推动行为的直接动力。只有当人的需要具有某种特定的目标时，需要才转化为动机。例如，社会的发展会使人感到知识的不足，于是引起了人们对知识的渴望，这是一种求知的欲望，即一种需要，还不是动机。但是它是产生动机的基础。只有当有合适的学校招生，满足需要的对象出现了，也就是有了一个目标时，需要才变成了动机，这个目标引导或推动着人们去报考这个学校。所以说，需要是动机的基础，只有目标出现时，需要才转化为动机，两者是密不可分的。

（三）如何评价马斯洛的需要层次理论？

马斯洛认为，人类的成长和发展是由一系列具有生命意义的需要所驱动的。他提出了五种层次的需要，由低到高依次排列，分别是生理的需要、安全的需要、归属和爱的需要、尊重的需要、自我实现的需要。生理的需要包括对食物、水、睡眠、性、排泄等的需要，是人和动物共有的，直接与生存相关，在人类各种需要中占据最强的优势；安全的需要包括对稳定、法律、受保护等的需要；归属和爱的需要是指渴望归属于某一社会团体或组织并与其建立良好关系，渴望获得爱并给予爱的需要；尊重的需要包括自尊及获得他人尊重的需要两个方面；自我实现的需要作为最高层次的需要，是人类特有的需要，是指发挥自身最大潜能的需要。马斯洛指出，不同层次需要的发展与个人的年龄增长相适应，也与社会的经济、文化、教育等因素有关。在各种需要层次中，自我实现的个体差异最为明显，只有少数人才能达到真正的自我实现境界，成为自我实现者。早期理论认为，只有低层次的需要被满足之后，才会产生高层次的需要。后来经修正的理论认为，个体的需要层次并非由低级到高级那样机械刻板，如个体会为了崇高信仰而放弃满足自己的低层次需要，即跨越低层次需要而直接追求高层次需要。

马斯洛把人的需要分为不同的层

次，认为需要是有高低之分的。同时，他把人类动机的发展和需要的满足联系起来，能满足个体的需要就能调动人的积极性，促进个体发展和社会发展。他认为人是积极的个体，具有创造的潜能。这些思想是具有社会价值的。马斯洛的需要层次理论探讨了需要的实质、结构、发展及在人类生活中的作用。这对于建立科学的需要理论是有积极意义的，在实践中也产生了重要影响。

马斯洛的需要层次理论也存在一些问题。首先，关于需要的本质，他认为人的需要源于先天的本能。这模糊了人的生物需要和社会需要之间的差别，削弱或否定了人的后天生活环境与教育对人的需要的发生与发展的重要作用。其次，马斯洛是一个人本主义者，他的许多概念是从抽象的人性出发的，没有看到概念的社会实质，如“自我实现”的概念。

（四）动机强度与行为效率之间的关系如何?

一般来说，动机强度和行为效率的关系不是一种线性关系，而是倒 U 形曲线关系。中等强度的动机最有利于任务的完成。也就是说，动机强度处于中等水平时，工作效率最高，一旦动机强度超过了这个水平，对行为反而会产生一定的阻碍作用。

进一步的研究发现，各种活动都存在一个最佳的动机水平，它随任务性质的不同而不同。在比较容易的任务中，工作效率随动机的提高而上升；随着任务难度的增加，动机的最佳水平有逐渐下降的趋势。也就是说，在难度较大的任务中，较低的动机水平有利于任务的完成，这就是耶克斯—多德森定律。

（五）饥饿调节与进食的主要机制是什么?

人们对饥饿调节与进食机制的认识有一个过程，最早认为饥饿信息来自胃，是胃被排空造成的，但后来研究发现，在患者切除胃之后，仍具有饥饿感。后来又发现，饥饿感的一个重要指标是血糖，如果体内的血糖浓度下降，饥饿感就会增强。除此之外，与饥饿有关的激素还有瘦素和饥饿激素等。

科学家通过实验证明，下丘脑的外侧区域对摄食、饮水、性行为和情绪的调控有明显作用。破坏下丘脑的这个饥饿中枢，实验动物会拒绝进食，甚至会将放入口中的食物吐出，若不采取特殊的措施，实验动物就会被饿死。饱食中枢位于下丘脑的腹内侧核，当它兴奋时，动物有饱腹感，不摄食。如果损坏动物的饱食中枢，动物就会几乎丧失饱腹感，食欲极为旺盛，可摄取 2～3 倍的正常食量，造成肥胖。

综上所述，参与饥饿调节与进食的主要机制有胃、体内的血糖浓度、相关激素和下丘脑背外侧、腹内侧等区域。

知识链接

我们为什么会变胖?肥胖——遗传和社会文化的双重影响

肥胖一词可以简单地用来指身体脂肪超过平均水平。肥胖也可以从文化上来定义，也就是说，如果一个人的体脂超过了他所处的社会环境认为的美学上接受的范围，即可能被描述为肥胖。在这里，我们不关注这些区别，而是关注影响肥胖的因素。

肥胖对健康有害，会导致多种疾病，特别是心血管疾病。肥胖主要是由摄入的卡路里多于消耗的卡路里造成的。然而，除了这种简单的关系之外，还有大量潜在的因素会导致这种不平衡。高热量食物、甜食与加工食品是人们偏好的基础，肥胖的人往往表现出对这些食物的偏好与渴望。例如，高适口性的加工食品，会增加卡路里的摄入量，并可能改变体内的体重设定点，使体重稳定在较高水平。

学习是一个毋庸置疑的影响因素。许多家庭的孩子受到鼓励或者被逼迫吃下他们面前的所有食物，这可能会导致摄入的热量超过他们所需的热量，并最终成为他们的一种习惯模式。

肥胖还涉及遗传因素。1986年，斯顿卡德(Stunkard)等人的研究表明，婴儿期个体的体重与其亲生父母的体重之间的相关性远高于其与养父母体重的相关性。

资料来源：休·瓦格纳，2021。

(六)影响性动机的因素有哪些?

性动机是激发、维持和调节机体性行为的内部动力，其基本功能是维持种群的繁衍。人类的性动机有其生物学基础，主要是脑垂体。雌性的垂体激素刺激卵巢生成雌性激素和孕激素，雄性的垂体刺激睾丸细胞生成雄性激素。这些激素有两种作用：一种是引导性特征的发展；另一种是激发性行为。在青春期，这些激素的分泌水平都会显著提高。个体在生理条件成熟的基础上，就出现了性的需要，产生了性驱力，这就是性动机的基础。

但是，个体的性激素并不是产生性动机的唯一基础。性激素对性行为的发展是必要的，但不能控制成熟后的性动机。而外界刺激和学习对人类性动机的影响往往超过了性激素的作用。

(七)麦克兰德的成就动机理论的主要观点是什么?

麦克兰德(McClelland，1953)认为，衡量成就行为要遵循三个标准：是否有卓越的社会目标；是否以独立的方式来完成；是否能坚持不懈地努力。他认为，具有强烈的成就动机的人渴望将事情做得完美，提高工作效率，获得更大的成功，他们追求的是在争取成功的过程中克服困难、解决难题、努力奋斗的乐趣，以及成功之后个人的成就感，他们并不看重成功所带来的物质奖励。个体的成就需求与他们所处的经济、文化、社会的发展程度有关，社会风气也制约着人们的成就需求。他认为父母的教养方式会影响儿童成就动机的形成，并发现，养育者对孩子独立性的训练与成就动机呈正相关，即对孩子进行独立性训练，能提高其成就动机的水平。

麦克兰德认为，人们的成就动机有利于社会经济的发展。他发现成就动机与经济增长的关系之间存在显著相关，表明成就动机是影响社会经济发展的一个重要因素。

（八）阿特金森的成就动机理论的主要观点是什么？

阿特金森认为，成就动机是由成就需要、成功的可能性、成功的诱因值三个因素决定的。用公式表示为：$T=M\times P\times I$。其中，T 代表成就动机的倾向，M 代表成就需要，P 代表成功的可能性，I 代表成功的诱因值。

阿特金森把成就动机分为两种：力求成功的动机和避免失败的动机。成就动机涉及对成功的期望和对失败的担心两者之间的情绪冲突，因此，成就动机是期望成功和害怕失败之间情绪冲突的结果。他根据这两种动机在个体动机体系中所占的强度，把个体分为力求成功者和避免失败者。

阿特金森的成就动机理论是一种综合的动机理论，综合考虑了影响成就动机的诸多因素，对动机理论的建立和发展有着深远的意义。但这一理论也有不完善之处，没有关注外部社会生活条件对人的成就动机的作用，对情感如何影响成就活动的认知缺乏清晰、具体的阐述。

（九）权力动机的特点是什么？

权力动机是指人们具有某种支配和影响他人以及周围环境的动机。它是一种控制欲望，能激发人们努力去面对挑战，追求卓越，渴望荣誉。持社会化权力动机的个体，寻求权力主要是为了他人；持个人化权力动机的个体，寻求权力主要是为了满足个人的利益。

（十）本能论在动机心理学中的地位和作用如何？

本能论在动机心理学中曾一度占统治地位。美国心理学家詹姆斯提出，人的行为依赖本能的指引，人除了具有与动物一样的生物本能之外，还具有社会本能，如爱、社交、同情、诚实等。美国心理学家麦独孤系统地提出了动机的本能论，认为人类的所有行为都是以本能为基础的，本能是人类一切思想和行为的基本源泉和动力。本能具有能量、行为和目标指向三种成分。20 世纪 20 年代末，本能论开始受到人们的怀疑与批评，它不能确切地解释行为的原因。

本能论对人类行为的解释是一个循环论证的过程。本能论列举的许多本能行为实际上是在学习、经验以及文化的影响下形成的。本能论虽然受到批评，但仍在一些研究领域占统治地位。一是弗洛伊德的精神分析理论，认为人类最基本的本能是生的本能与死的本能，它们是人类行为的两种基本动力。另一个是马斯洛的需要层次理论，认为人类的需要都是先天的。

（十一）驱力理论的实质是什么?

20 世纪 20 年代，武德沃斯(Woodworth)提出了以驱力概念代替本能概念的观点，认为驱力是推动行为的力量。所谓驱力，是指个体由生理需要所引起的一种内部的紧张状态，驱动个体的行为以满足需要，消除紧张，从而恢复机体的平衡状态。驱力理论是指当机体的需要得不到满足时，生理需要引起紧张或驱力状态，使机体从事某种活动以满足需要，使驱力降低。所以驱力降低是行为发生的主要动因。例如，机体的进食需要得不到满足，便会产生“饿”的驱力状态，推动机体产生摄入食物的行为，满足需要之后，驱力也就消失了。所以驱力理论又称驱力减少理论。这种理论的基本观点是机体的生理需要得不到满足时，就会驱使机体采取行为满足需要，促使驱力降低。这种“需要→驱力→行为”的关系是受机体平衡作用控制的。

（十二）诱因理论的基本观点是什么?

20 世纪 50 年代以后，许多心理学家认为，不能用驱力降低的动机理论来解释所有的行为，外部刺激(诱因)在唤起行为时也起到重要作用。例如，诱人的美食能激发人们进食的欲望，漂亮的服装能引发人们的购买欲。诱因是指能满足个体的需要，驱使个体产生一定行为的外在因素，具有激发或诱使个体追求目标的作用。诱因理论强调了外部刺激引起动机的重要作用，认为诱因能够唤起行为并指导行为。诱因有积极和消极之分，对个体有吸引力的刺激物被称为积极诱因，个体回避的刺激物(如痛苦、贫困、失败等)被称为消极诱因。诱因与驱力是分不开的，只有当它满足个体的内部需要时，才能推动个体的行为，并具有持久的推动力。

知识链接

驱力与诱因的证据

有一些动机看起来很简单：如果饿了，你就要吃东西；如果渴了，你就要喝水。这是驱力所引起的行为。驱力是一种内部状态，是对动物的生理需要做出的反应。个体的体温和能量供应等都会寻求一种平衡状态。如果某种需要破坏了平衡，个体就会产生心理上的紧张，驱力就会被唤醒。这些驱力反过来又促使个体采取消除紧张的行为；当这些驱力得到满足或消除时，个体就会停止这种行为。

消除紧张能解释所有被激励的行为吗？当然不是。比如一只被剥夺食物和水的老鼠，它应该会去找吃的东西和水。然而当把老鼠放到一个新的环境中，里面有食物和水时，它却表现出四处探索的行为，直到好奇心得到满足，才开始进食和喝水。在另一项研究中，年幼的猴子把大部分时间和精力都花在了小玩具和新鲜的事物上，很明显是出于“玩”的目的，而不是为了外部奖赏。

这些实验说明，行为不仅仅是由内部驱力激发的，还会受到诱因的驱使。人类的行为也是受许许多多的诱因控制的。你为什么要观看明明知道会引起你紧张或恐惧的电影？环境因素作为诱因在激发你的行为。当然，这些诱因要适应个体内部的需要才可能起到推动作用，这种作用才可能持久。

资料来源：格里格，津巴多，2003。

（十三）唤醒理论的观点有哪些？

唤醒理论由赫布(Hebb)和柏林(Berlyne)等人提出。该理论认为，人们总是被唤醒，维持着生理激活的一种最佳水平，不是太高，也不是太低。对唤醒水平的偏好是决定个体行为的一个重要因素。唤醒理论提出了三个原理。第一个原理是人们偏好最佳的唤醒水平。研究发现，每个人都有自己的最佳唤醒水平，高于这个水平时就需要减少刺激，低于这个水平时就需要增加刺激。刺激水平和偏好之间的关系呈倒U形曲线。一般来说，个体偏好中等强度的刺激水平，因为它能引起最佳唤醒水平。第二个原理是简化原理，即重复进行刺激能使唤醒水平降低。例如，一首新的流行歌曲，大家很爱听，人人都唱它，它的唤醒水平是最佳的。之后，经过多次重复，人们的喜欢程度就可能下降了，由它引起的激活水平也就降低了。第三个原理是个人经验对于偏好的影响。研究表明，富有经验的个体偏好复杂的刺激，如有经验的音乐爱好者喜欢复杂的音乐。

（十四）期待价值理论的基本思想是什么？

期待价值理论认为，个体完成任务的动机是由他对完成任务可能性的期待及完成任务的价值决定的。如果个体认为完成目标的可能性大，从中获取的激励值也大，那么个体完成任务的动机就越强。人们基于过去的经验，会对完成目标的难度做出估计。如果相信能够完成目标，并得到期望的回报，动机就会增强；如果不想得到回报，或者不相信通过自己的努力能够完成任务，动机就会减弱。

（十五）海德与韦纳的动机归因理论有哪些区别?

归因理论是由海德(Heider)提出的。他区分了两种类型的归因：情境归因与特质归因。前者指将行为归因为情境因素，如运气、任务难度、外部的奖励等；后者指将行为归因为个人自身的因素，如性格、态度、兴趣等。由于情境是个人的外部因素，特质是个人的内部因素，因此又分别被称为外部归因和内部归因。海德是一位社会心理学家，主要关注人们在解释自己或他人行为时的普遍性特点。

20 世纪 70 年代，心理学家韦纳(Weiner，1971)发展了海德的归因理论。韦纳注重的是人们在面临成功与失败时归因的个体差异。他提出，人们为成功或失败的经历所做的原因解释主要有六个方面：能力、努力、工作难度、运气、身心状况和外界环境。这六个方面可以从三个维度进行分析。

第一个维度是内外因。它是指人们为事件所寻找的原因是在个体的内部还是外部。把成败归因为个体内部的因素，如能力、努力、身心状况等，就是内部归因；把成败归因为个体外部的因素，如工作难度、运气、外界环境等，就是外部归因。

第二个维度是稳定性。它是指该原因是否会随时间的迁移而改变。例如，能力和工作难度的稳定性较强，而努力、运气、身心状况、外界环境的稳定性较弱。

第三个维度是可控性。它是指该原因是否能够为个人所掌控。例如，努力是可以由个人所掌控的，而能力、工作难度、运气、身心状况和外界环境都是不可控的。

韦纳认为，我们对成功和失败的归因会对之后的行为产生重要影响。例如，如果把考试失败归因为缺乏能力，那么对以后的考试可能会期望失败；如果把考试失败归因为运气不佳，那么对以后的考试可能还会有一定的信心。归因还会使人出现情绪反应。如果把成功归因为内部因素，那么在成功时会感到满意和自豪，在失败时会感到内疚和羞愧。

知识链接

习得性无助

当不好的事情发生时，在一般情况下，人们会采取一切必要的行动来改变状况。但是有些人当觉得无法控制所发生的事情时，就倾向于放弃，接受自己的命运。这就是习得性无助。

习得性无助的概念是由心理学家马丁·塞利格曼(Martin Seligman)和史蒂文·迈尔(Steven Maier)提出的。他们最初观察到了狗的无助行为。为了研究这一现象，他们设计了一个实验。在第一组中，这些狗被绑在安全带上一段时间，然后被释放。在第二组中，狗被绑在相同的安全带上，但受到电击时可以通过用鼻子按压面板来避免。在第三组中，狗接受了与第二组相同的电击，但这一组的狗不能控制电击。对于第三组的狗来说，电击似乎是完全随机的，超出了它们的控制范围。然后，这些狗被放在一个用挡板分成两部分的穿梭箱里。第一组和第二组的狗很快得知，跳过挡板就可以摆脱电击。然而，第三组的狗并没有尝试跳过挡板以摆脱当前的电击。由于先前的经验，它们发展了一种认知期望，做任何事情都不能阻止或摆脱电击，于是它们表现出无助。这种现象被称为习得性无助。

习得性无助的影响在不同的动物中都得到了证实，在人类身上也可以看到。例如，一个在数学考试中屡次表现不佳的孩子，他很快就会觉得所做的任何事情对他的数学都不会有好的影响。后来，当他面对任何一种与数学相关的任务时，就会产生一种无助感。

资料来源：Cherry，2021。

（十六）如何理解自我决定理论?

自我决定理论是美国心理学家德西和瑞安于 20 世纪 80 年代提出的一种认知理论，强调自我在动机过程中的能动作用。他们从人本主义的观点出发，认为人生来就具有心理发展和自我决定的潜能，自我决定是个体在充分认识个人需要和环境信息的基础上，对行为做出的自由选择。在自我决定时，人们自由选择行动，而不是被迫或受到强制，并且这种选择基于对机体需要的一种认识，和对外在事件的一种灵活解释。自我决定时常涉及对人们的环境或结果的控制，也可能涉及放弃这种控制的选择。这种自我决定的潜能可以引导人们做出有益于能力发展的行为，并构成人类行为的内部动机。自我决定是人的一种内部动机。德西和瑞安还提出外部动机可以转化为内部动机的观点，这对于理解内部动机的发展具有积极意义。

（十七）自我效能感的功能和影响因素有哪些?

自我效能感理论是班杜拉提出的一种动机认知理论。班杜拉认为，自我效能感是指个体对自己是否有能力完成某项任务或活动的推测和判断，是一种认知因素。自我效能感会影响我们选择从事的活动，会影响个体的思维、动机、情绪与行为取向。在他看来，自我效能感有四种功能：①决定对活动的选择和对活动选择的坚持性。高自我效能感者倾向于选择富有挑战性的任务，而低自我效能感者则倾向于选择要求较低的任务。高自我效能感者遇到困难时比低自我效能感者更能坚持。②影响活动时的情绪。高自我效能感者完成某项任务时的情绪饱满，而低自我效能感者的情绪低落。③影响对困难的态度。高自我效能感者敢于面对困难，迎难而上，勇于克服困难；而低自我效能感者在困难面前畏惧不前，缺乏自信。④影响对新行为的习得。高自我效能感者容易习得新行为，而低自我效能感者则相反。

自我效能感的形成受到多种因素的影响。

第一，个体的成败经验。这是对自我效能感影响最大的因素。一般来说，成功经验会提高自我效能感，失败会降低自我效能感。因此，应该帮助个体制订切实可行的目标，积累成功的经验，有效地提高自我效能感。第二，替代性经验。人们的自我效能感受到他人经验的影响，即对榜样的观察或模仿，在这里，关键是观察者与榜样的一致性。只有在两者相似的情况下，替代性经验才能发挥作用。所以要引导个体观察他人，通过榜样的作用获得替代性经验。第三，言语劝说。言语劝说是一种简便易行的方式，它的价值取决于是否切合实际，缺乏事实基础的言语劝说对自我效能感的影响不大，在直接经验或替代性经验的基础上进行劝说的效果会更好。第四，情绪唤醒。强烈的情绪通常会妨碍行为的表现而降低自我效能感。要帮助个体减轻压力、舒缓情绪，形成适度的情绪状态，有利于自我效能感的提高。第五，情境条件。不同的情境提供给人们的信息是不一样的。当一个人进入陌生的环境时，容易产生焦虑，这时自我效能感就会降低，所以要为个体创造有利于提高自我效能感的情境。

知识链接

心 流

你是否曾在做某事时沉浸其中？或许当时你正在跑步机上跑步，欢快的歌曲节奏与你的步速完全一致；或许你正在画一幅画，你全神贯注于画笔的笔触而达到了忘我的境界。在生命中的某些时刻，你很可能有过这样的体验，你专注于手头的任务，以至于沉浸其中。心理学家将这种体验称为心流，即人们感觉完全被吸引而专注于某项活动的一种主观状态。

心理学家米哈里·契克森米哈赖是第一个提出心流理论的人。他想知道在没有外在报酬的情况下，为什么人们会连续几小时进行一些非常耗时的活动。于是，他访谈了一些看起来喜欢自己职业的人，包括运动员、画家、舞者、攀岩者和国际象棋冠军。他发现，当完全沉浸在任务中时，人们感受到的愉悦感非常强烈。许多受访者对这种经历的描述是，好像有一条河流，他们漂浮在上面，毫不费力地完成了任务。因此米哈里·契克森米哈赖将这种体验称为“心流”。

资料来源：爱德华·伯克利，梅利莎·伯克利，2020。

（十八）成就目标理论的基本观点是什么？

成就目标理论是20世纪80年代德韦克(Dweck)和尼科尔斯(Nicholls)提出的一种认知动机理论。所谓成就目标，是指个体对成就情境的一种认知倾向，或者是个体对自己从事的成就活动的目的或意义的知觉。成就目标有两种：一种被称为掌握目标或学习目标；另一种被称为成绩目标或能力目标。具有掌握目标的个体，在面对成就情境时，会把注意力集中在对任务的把握和理解上，他们把能力的提高和对任务的掌握、理解程度看作成功的标准，喜欢挑战性高的工作，深信勤奋努力就能成功，在活动中能采取更多的有效策略，把失败看作寻求解决问题的途径。具有成绩目标的个体，在面对成就情境时，会把注意力集中在展示自己的能力上，关心自己能力的表现，认为比别人表现好才是成功，极力避免可能的失败或让自己表现出低能的情境，倾向于选择低挑战性的工作，在活动中较少采取有效策略，容易受无关因素的干扰。

知识链接

自我提高：让自己变得更好

自我提高是指提高自己的能力、幸福感和人格魅力的动机。自我提高如何激励人们？很多研究表明，具有自我提高动机的人通过与那些比自己能力强的人进行比较，来寻求向上的社会比较。通过与能力强的人进行比较，我们会受到激励。想在某个领域变得更有能力，同时也会了解提高能力所需的步骤。例如，有研究者发现，把自己与一个更成功的同伴进行比较的学生，其学习成绩要好于那些没有这样做的学生。

虽然向上的社会比较是我们实现自我提高动机的一种有效途径，但这种比较本身存在一种风险。承认别人比自己好，可能会使我们灰心、嫉妒和自卑。那么，如何才能知道向上的社会比较何时会激发人而不是打击人？首先，要考虑成功的可能性。如果你可以像你的榜样那样获得成功，那么把你的能力与他的能力进行比较就会让你感到兴奋，受到激励。但是，如果你永远无法像你的榜样那样成功，那么这种比较就会让你灰心和沮丧。

资料来源：爱德华·伯克利，梅利莎·伯克利，2020。

三、 设计活动

活动一

用实例分析动机的功能。

提示：用你生活中感受最深的实例说明动机在人们生活中的激活、指向、维持和调整功能，以及对人们生存的意义和作用。

活动二

评价马斯洛的需要层次理论。

把你认为驱动人类动机的所有生理需要和心理需要列出来，然后把你列的内容与马斯洛所提出的需要内容进行对比，你看马斯洛的需要层次理论漏掉了哪些需要。请你说明马斯洛提出的需要为什么会对人类行为产生影响。

活动三

验证耶克斯—多德森定律。

首先设计一项关于动机与工作效率关系的活动，然后请 5 名大学生参加，请他们采取高、中、低三种不同的动机水平进行活动，然后检查三种动机下的活动效果，分析这些结果是否符合耶克斯—多德森定律。

活动四

画出参与价值决策过程的神经机制。

请拿出一张 A4 纸和一支铅笔，画出参与价值决策过程的大脑区域，并写出它们的名称。

活动五

测试成就动机的水平。

请找一份合适的成就动机量表，对中学或小学的 20 名学生进行测试，统计后对他们的成就动机水平进行评价，对他们的学习成绩进行比较并分析，写出一份报告，提出提高学生的成就动机水平的建议。

活动六

对最近一次考试的成绩进行归因。

首先，请对你最近一次的考试成绩与以前的考试成绩进行比较，然后对这次的考试成绩进行归因，并进一步提出自己的努力方向。

活动七

分析动机的认知理论。

请以列表的方式，将动机的认知理论的代表人物、基本观点进行整理，并在此基础上进行比较和分析。

四、 拓展练习

（一）单选题

1. 动机是个体活动的(　　)。

A. 能力表现　　B. 外部行动

C. 努力程度　　D. 内部动力

2. 需要是机体内部的一种(　　)。

A. 平衡状态　　B. 不平衡状态

C. 激动状态　　D. 平静状态

3. 马斯洛的需要层次理论的最高层次是(　　)。

A. 安全的需要

B. 归属和爱的需要

C. 自我实现的需要

D. 尊重的需要

4. 动机强度与行为效率之间是(　　)。

A. 一种线性关系

B. 倒U形曲线关系

C. 一种交叉关系

D. 一种直线关系

5. 中脑腹侧被盖区是(　　)。

A. 奖赏回路

B. 价值决策的路径

C. 目标导向控制的神经网络

D. 网状结构

6. 引起个体饥饿的主要化学物质是(　　)。

A. 二氧化碳

B. 血糖

C. 激素

D. 一氧化氮

7. 由体液浓度过高引起的渴被称为(　　)。

A. 渗透压渴　　B. 低血量渴

C. 紊乱的渴　　D. 代谢的渴

8. 希望从事具有挑战性的活动，并能取得优异成绩的动机是(　　)。

A. 权力动机　　B. 交往动机

C. 学习动机　　D. 成就动机

9. 某种支配和影响他人以及周围环境的动机是(　　)。

A. 权力动机　　B. 交往动机

C. 学习动机　　D. 成就动机

10. 愿意归属某个团体，喜欢与人来往的动机是(　　)。

A. 权力动机　　B. 交往动机

C. 学习动机　　D. 成就动机

11. 以认识或探索外界的需要为基础，推动人们认识事物的动机是(　　)。

A. 交往动机　　B. 成就动机

C. 兴趣　　D. 亲和动机

12. 主张“不学而能”固定的行为模式是人类行为的原动力的理论是(　　)。

A. 行为主义　　B. 驱力理论

C. 本能论　　D. 认知力论

13. 驱力降低理论的提出者是(　　)。

A. 赫尔　　B. 华生

C. 武德沃斯　　D. 托尔曼

14. 赫布(Hebb)和柏林(Berlyne)等人提出的动机理论是(　　)。

A. 驱力理论　　B. 唤醒理论

C. 诱因理论　　D. 归因理论

15.(　　)强调外界刺激对动机的影响。

A. 驱力理论　　B. 唤醒理论

C. 诱因理论　　D. 归因理论

16. 期待价值理论最早的提出者是(　　)。

A. 赫尔　　B. 华生

C. 武德沃斯　　D. 托尔曼

17. 强调对行为的结果解释影响动机的理论是(　　)。

A. 驱力理论　　B. 唤醒理论

C. 诱因理论　　D. 归因理论

18. 重视效果期待的理论是(　　)。

A. 诱因理论

B. 归因理论

C. 自我效能感理论

D. 自我决定理论

19. 成就目标理论的提出者是(　　)。

A. 德西和瑞安

B. 海德和韦纳

C. 尼科尔斯和德韦克

D. 赫尔和托尔曼

20. 根据马斯洛的需要层次理论，下列行为驱动力最强的是(　　)。

A. 生理的需要

B. 归属和爱的需要

C. 安全的需要

D. 自我实现的需要

(二)多选题

1. 动机的功能有(　　)。

A. 组织功能

B. 维持和调整功能

C. 激活功能

D. 指向功能

2. 需要的特性有(　　)。

A. 对象性　　B. 独特性

C. 调整性　　D. 社会性

3. 麦克兰德衡量成就行为的标准有(　　)。

A. 是否有卓越的社会目标

B. 是否以独立的方式完成

C. 能力的高低

D. 是否能坚持不懈地努力

4. 阿特金森把成就动机分为(　　)。

A. 力求成功的动机

B. 掌握目标的动机

C. 成就目标的动机

D. 避免失败的动机

5. 温特认为权力动机分为(　　)。

A. 个人化权力动机

B. 积极的权力动机

C. 社会化权力动机

D. 消极的权力动机

6. 学习动机的主要内容有(　　)。

A. 知识价值观　　B. 学习兴趣

C. 学习能力感　　D. 学习习惯

7. 本能的成分有(　　)。

A. 技能　　B. 能量

C. 行为　　D. 目标指向

8. 成就目标分为(　　)。

A. 掌握目标　　B. 长期目标

C. 短期目标　　D. 成绩目标

参考答案

(一)单选题

1. D　2. B　3. C　4. B　5. A　6. B　7. A　8. D　9. A　10. B　11. C　12. C　13. A　14. B　15. C　16. D　17. D　18. C　19. C　20. A

(二)多选题

1. BCD　2. ABD　3. ABD　4. AD　5. BD　6. ABC　7. BCD　8. AD

第十章 情　绪

一、 解释概念

（一）情绪

情绪(emotion)这个词源自拉丁文 e (向外)和 movere (运动)，意思是指从一个地方向外移至另一个地方，它描述了“动”的现象。情绪是个体与环境之间某种关系的维持或改变，是对趋利避害的一种倾向。也就是说，情绪是以个体的愿望、需要为中介的一种心理活动。当客观事物或情境符合主体的需要和愿望时，就会引起积极的情绪。当客观事物或情境不符合主体的需要和愿望时，就会引起消极的情绪。情绪是一个多成分的复合体，包含主观体验、生理唤醒和外部表现等。情绪的核心成分是主观体验。

（二）主观体验

情绪是一种主观体验，是指个体对不同情绪状态的自我感受。例如，“我今天特别高兴!”“我今天挺难受的!”等都是人的主观体验，是达到意识水平的一种感受。

任何一种情绪都具有主观体验的色彩，它代表了人们不同的感受，构成了情绪的心理内容，人们对某些事物喜、怒、哀、惧等的主观体验，会因时间、地点和条件的不同而有所不同。同时，人们也很难找到客观的标准来确定什么刺激产生什么样的情绪体验，不同的人对同一刺激会产生不同的情绪体验。总之，主观体验是情绪的核心成分，是个体对不同情绪状态的自我感受。

（三）生理唤醒

生理唤醒是指情绪引起的一系列生理变化，涉及广泛的神经结构，如中枢神经系统及周围神经系统等。情绪的生理变化包括心率、血压、呼吸和其他身体状况的改变。生理唤醒是一种生理的激活状态。不同情绪的生理唤醒模式存在差异，如满意、愉快时，心跳正常；恐惧或暴怒时，心跳加速，血压升高，呼吸频率增加。

人能觉知到自己的情绪，但不能完全控制情绪引发的生理唤醒，因为控制生理唤醒的自主神经系统通常不受个人意志的控制。自主神经系统包括交感神经系统和副交感神经系统，两者的功能相反，前者在机体处于紧张状态下发挥作用，后者在机体处于平静状态下发挥作用。

（四）情绪的维度

情绪的维度是指情绪所固有的特征，如动力性、激动性、强度和紧张度等。这些特征的变化具有两极性，即存在两种对立的状态。情绪的动力性有增力和减力两极。积极情绪是增力的，会提高人的活动能力；消极情绪是减力的，会降低人的活动能力。情绪的激动性有激动与平静两极。激动是一种强烈的、外显的情绪状态，如激怒、狂喜，极度恐惧等；平静是指一种平稳安静的情绪状态。情绪的强度有强、弱两极，如从狂喜到愉快。情绪强度的大小取决于情绪事件对个体意义的大小。情绪还有紧张和轻松两极。这决定了人们面对情境的紧迫性、个体心理的准备状态以及应变能力。如果情境比较复杂，并且个体的心理准备不足，应变能力较差，个体就容易紧张。如果情境不太复杂，并且个体的心理准备较充分，应变能力较强，个体就不容易紧张。

（五）基本情绪

基本情绪是人与动物所共有的一些情绪，它在发生上有着共同的原型或模式，与人的基本需要相联系，并且是先天的、不学而能的。每一种基本情绪都具有独立的神经生理机制、内部体验和外部表现，并有不同的适应功能。恐惧、悲伤、厌恶、愤怒、快乐等都是基本情绪。每一种基本情绪都可以根据强度的变化而细分，如强度高的愤怒是狂怒，强度低的愤怒是生气。

（六）复合情绪

复合情绪是基本情绪的不同组合，一种基本情绪可与相邻情绪混合产生某种复合情绪，也可能与相距更远的情绪混合产生某种复合情绪。例如，由愤怒、厌恶、轻蔑组成的复合情绪可以被命名为敌意，由恐惧、痛苦、愤怒组成的复合情绪可以被命名为焦虑等。

（七）积极情绪

积极情绪是指个体由于体内和体外刺激及事件能满足个体的需要而产生的伴有愉悦感的情绪。积极情绪包括快乐、满意、兴趣、自豪、感激和爱。在积极情绪状态下，个体会趋近和探索新颖的事物；个体的思维也会更开放、更灵活，能想出更多的解决问题的策略，还能提高应对水平，帮助个体适应环境。

知识链接

积极情绪——敬畏

敬畏作为一种积极情绪，一直都没有得到积极心理学家的重视。直到2003年，心理学家(Keltner & Haidt)对敬畏的概念进行了科学的界定，此后才涌现出越来越多的实证研究探讨敬畏的积极心理作用。

敬畏是一种混合了困惑、钦佩、惊奇、服从等多种感受的复杂情绪。由于语言的进化，词语及其意义会随着时间不可避免地发生变化。尽管心理学家早期对于敬畏的理解，恐惧因素占主导地位，但是近期关于敬畏的理解则出现了去恐惧化的倾向（Bonner & Friedman，2011)。积极心理学对于敬畏的理解，更多看重其积极的情绪效价。敬畏领域的主要研究者(Keltner & Haidt，2003)将敬畏定义为当我们面对那些广阔的、浩大的，以及超越我们当前理解范围的事物时产生的惊异的情绪体验。这些事物包括自然奇观、艺术杰作和非凡的人类行为等。他们认为，敬畏最初是一种原始情绪，其可以追溯到在面对权威的领导者时，低社会地位的个体的服从体验。敬畏是一种积极的、服从的情绪体验。它有助于巩固已有的社会阶层，对人类的生存具有重要作用，具有适应性的功能。随着人类社会的发展，敬畏不再仅仅出现在面对有权力或处于统治地位的领导者时，它已经泛化到与力量有关的其他刺激，如庞大的建筑、龙卷风等。

资料来源：董蕊等，2013。

（八）消极情绪

消极情绪是个体由于体内和体外刺激及事件不能满足个体的需要而产生的伴有不愉悦感的情绪。消极情绪包括痛苦、悲伤、愤怒、恐惧、抑郁等，这些情绪引导我们远离带来这种情绪的客体，或者帮助我们的身体准备应对可能的伤害，以更好地适应环境。

（九）心境

心境是指一种比较微弱、弥漫和持久的情绪。心境不是关于某一事物的特定体验，而是以同样的态度对待一切事物。心境的持续时间有很大差别。一些心境可能持续几小时；另一些心境可能持续几周、几个月或更长的时间。心境产生的原因是多方面的，主要有学习、工作、人际关系、健康状况等。

心境对人的工作、生活、学习以及健康都有很大影响。积极向上、乐观的良好心境可以提高人的活动效率，增强信心，对未来充满希望，有益于健康；消极的不良心境则会使人意志消沉，悲观绝望，无法正常工作和交往，甚至导致一些身心疾病。

（十）激情

激情(intense emotion)是一种强烈的、爆发性的、短暂的情绪状态。它通常是由对个人有重大意义的事件引起的，如重大成功之后的狂喜、惨遭失败后的绝望。激情伴随着生理变化和明显的外部行为表现。例如，暴怒时全身肌肉紧张，双目怒视，怒发冲冠，咬牙切齿，紧握双拳等。在激情状态下，人往往会出现认识活动的范围缩小，理智分析能力受到抑制，自我控制能力减弱的情况。

（十一）应激

应激(stress)是在出乎意料的紧迫与危险情况下所做出的适应性反应，也就是当人遇到某种意外危险，需要集中自己的智慧和经验，做出迅速的选择，并采取有效行动时，身心所处的高度紧张状态。例如，正常行驶的汽车意外遇到险情时，司机紧急刹车。在这种情况下，人们所产生的紧张的情绪体验，就是应激状态。

人在应激状态下会出现一系列生理反应，如肌肉紧张度、血压、心率、呼吸以及腺体活动都会出现明显的变化。这些变化有助于适应急剧变化的环境，维护机体的功能。应激也会对人的心理和行为产生重要影响。

（十二）情绪脑

情绪脑又称大脑的边缘系统，边缘系统是中枢神经系统中由古皮层、旧皮层演化成的大脑组织以及有密切联系的神经结构和核团的总称。它包括海马、内嗅区、齿状回、扣带回、乳头体以及杏仁核。边缘系统参与调解本能和情绪行为，掌控快乐、悲伤、恐惧、愉悦等情绪，能帮助大脑迅速将输入的信息分类为正向、负向，或是生死攸关的，使大脑能更快做出反应。这意味着情绪脑在大脑的决策过程中起着重要作用。

（十三）表情

表情是指情绪的外部表现。人的情绪反应往往会通过外部行为流露出来，喜怒哀乐溢于言表。在社会生活中，人们往往根据他人的表情来判断其内心的感受。

表情可以分为面部表情、姿态表情与语调表情。面部表情是情绪产生时引起的面部肌肉的变化模式，如高兴时额眉舒展，面颊上提，嘴角上翘。面部表情能够精确地表达不同性质的情绪，是情绪识别与交流的主要线索。姿态表情是情绪产生时面部以外的身体行为动作的变化模式。语调表情是情绪产生时的言语声调、节奏和速度的变化模式，如高兴时语调高昂、语速快，悲伤时语调缓慢、声音低沉，愤怒时语调增强等。

知识链接

微表情

表情是人类表达自身情感信息重要的非言语行为，可被视为人类心理活动的晴雨计。人除了有普通表情之外，还有一种常常难以被人觉察的表情——微表情，其持续时间非常短。由于与撒谎的关系密切，微表情近年来备受科学界和新闻界的关注。

研究者率先发现了微表情，认为微表情与自我防御机制有关，表达了被压抑的情绪(Haggard & Isaacs，1966)。他们的研究当时并未引起其他研究者的重视。因一个偶然的机会，其他研究者也发现了微表情(Ekman & Friesen，1969)。他们受一位精神病学家的委托，对一段抑郁症患者撒谎以掩盖其自杀意图的录像进行检测。他们起初并未从这段视频中发现该患者有任何异常的表现：该患者显得很乐观，笑得多，表面上没有表现出任何企图自杀的迹象。但当对该录像进行慢速播放并逐帧进行检查时，他们发现，在回答医生提出的关于未来计划的问题时，该患者出现了一种强烈痛苦的表情。在整段视频中，这种表情只占据了两帧的画面，持续时间仅为1/12秒，研究者称之为微表情。

微表情与普通表情有所不同，它是一种非常快速的表情，持续时间仅为1/25～1/5秒，因此，大多数人难以觉察到它的存在。研究者认为，微表情既可能包含普通表情的全部肌肉动作，也可能只包含普通表情肌肉动作的一部分；它往往在人撒谎时出现，表达了人试图压抑与隐藏的真正情感；它是一种自发性的表情动作(Ekman，2009；Ekman & Sullivan，2006)。微表情具有的上述性质，使它可能成为我们了解人类真实情感和内在情绪加工过程的一个窗口。

（十四）表情识别

表情识别是指从静态图像或动态视频中分离出特定的表情状态，确定被识别对象情绪的过程。例如，我们要识别恐惧表情，就需要把恐惧面孔的知觉信息与我们头脑中有关恐惧的知识联系起来，判断此种表情的类型；有时还要考虑与周围环境刺激的关系，才可能判断出此种表情。表情识别要快速地存储和提取相应的情绪信息，对环境的要求做出快速的适应性反应，这是一个自动化的加工。表情识别是情绪理解的基础，表情识别技术目前主要应用于人机交互、安全、机器人制造、医疗、通信和汽车领域等。

（十五）情绪智力

情绪智力是个体监控自己及他人的情绪和情感，并识别、利用这些信息指导自己的思想和行为的能力。也就是说，情绪智力是一种能力，包括监控、识别自己和他人的情绪、对情绪进行评估和调节、利用情绪促进思维发展等方面的能力。情绪智力包括区分和调节自己和他人的情绪，以及运用情绪信息引导思维的能力等。

（十六）情商

情商是情绪商数（emotional intelligence quotient）的简称，代表一个人的情绪智力的指数。情商是个体的重要生存能力，是一种发掘情绪潜能、运用情绪能力影响生活和人生未来的关键品质。

（十七）情绪调节

情绪调节是个体管理和改变自己或他人情绪的过程，在这个过程中，通过一定的策略和机制，使情绪在生理活动、主观体验、表情行为等方面发生一定的变化。也就是个体对于情绪反应、体验、唤醒及表达进行监控、调整和修正，以达到一种动态平衡的过程。例如，愤怒时需要克制；悲伤时需要想一些开心的事情等。

二、 解答问题

（一）情绪有哪些成分?

情绪是个体对外界刺激的一种生理和心理的反应，包括主观体验、生理唤醒和外部表现等成分。

主观体验是情绪的核心成分，是个体对不同情绪状态的自我感受。例如，高兴、难受等都是人的主观体验，是达到意识水平的一种感受。每种情绪都有不同的主观体验，代表了人的不同感受，构成了情绪的主体。人们很难找到客观的标准来确定什么刺激产生什么样的情绪体验，不同的人对同一刺激会产生不同的情绪体验。

生理唤醒是指情绪引起的一系列生理变化，涉及广泛的神经结构，如中枢神经系统及周围神经系统等。生理唤醒是一种生理的激活状态。不同情绪的生理唤醒模式存在差异。人能觉知到自己的情绪，但不能完全控制情绪引发的生理唤醒，因为控制生理唤醒的自主神经系统通常不受个人意志的控制。

情绪的外部表现通常被称为表情。它是在情绪状态发生时可以观察到的某些行为特征，包括面部表情、姿态表情和语调表情。面部表情是情绪产生时引起的面部肌肉的变化模式。姿态表情是情绪产生时面部以外的身体行为动作的变化模式。语调表情是通过言语的声调、节奏和速度等方面的变化来表达的。

（二）情绪的功能有哪些?

情绪具有适应功能。许多情绪与我们的生存相关，如恐惧情绪可以帮我们躲避危险的情境，更好地保护自己。

情绪具有动机功能。例如，当你穿上刚买的新毛衣时，发现肩缝处开线了，你很生气，回到商店要求退货。这一事例说明，情绪具有唤醒行为的动机功能，并维持行为达到特定的目标。

情绪具有组织功能。情绪状态可影响学习、记忆、社会判断和创造力。积极的情绪使你更加容易出现新想法，找到新的机会，更好地去处理问题。

情绪具有社会功能。从个体的发展来看，婴儿与看护者之间的交流主要通过情绪而不是言语。例如，婴儿饿了会哭，吃饱了会笑。看护者通过这些信号来照顾婴儿，满足他们的需要。对于成人而言，情绪也是建立良好人际关系的工具。

知识链接

情绪的社会信息模型

情绪的社会信息模型认为情绪是一种社会信息，个体在表达情绪的同时，也反映了其认知、态度等信息，在人际决策中具有信号功能(van Kleef，2009)。

该理论认为，观察者用情绪反应与推断加工两种方式对他人的情绪信息进行加工。情绪反应是指情绪表达直接激发观察者的情绪状态，从而产生情绪层面的“人际效应”；推断加工则是指观察者能将他人表达的情绪信息作为社会决策的信息输入，进而产生认知层面的“人际效应”(van Kleef，de Dreu，& Manstead，2010)。个体在加工情绪信息时，情绪反应与推断加工同时存在且相互影响。两者的相互影响主要体现在共同预测相同行为或者互相驱动相反行为上。究竟是情绪反应路径还是推断加工路径更能预测观察者的决策行为，取决于两类调节因素：信息加工程度和合适性判断(van Kleef，2009)。信息加工程度是指观察者加工情绪这一信息的全面性和深度，它受观察者信息加工的动机和能力的影响(van Kleef，de Dreu，& Manstead，2010)。当观察者具有更强的动机和能力来处理信息时，推断加工的预测力就会更强。但当观察者的动机和处理信息的能力都很低时，情绪反应的预测力就会提高。合适性判断是指观察者会根据情绪表达内容与特定情境下的显性或隐性社会规范和规则来判断他人的情绪表达是否合适(van Kleef et al.，2012)。观察者的合适性判断主要取决于社会情境特征、表达内容、表达者本身的特征和观察者的特征(van Kleef，2009)。如果观察者认为他人所表达的情绪是不合适的，情绪反应的预测力将会更强；反之，则推断加工的预测力更强(van Kleef，de Dreu，& Manstead，2010)。

资料来源：刘小禹，付静宇，2022。

（三）情绪分类的标准是什么?

情绪的分类是复杂多样的，由于每一个研究者所考虑的角度不同，所依据的理论基础不同，因此分类也不一样。我们所采用的情绪分类是从生物进化的角度，把情绪分为基本情绪和复合情绪。基本情绪又分为积极情绪和消极情绪。

达尔文认为，基本的面部表情是天生的、固有的且为人类所理解。人的情绪是机体在适应环境变化过程中，即在先天的基础上逐渐分化出来的。也就是说，人类的基本情绪是先天的，在个体社会化过程中又形成了一些复杂的情绪。

伊扎德在此基础上提出，基本情绪是人与动物所共有的，在产生上有着共同的模式，它们是先天的、不学而能的，每一种基本情绪都具有独立的神经生理机制、内部体验和外部表现，并有不同的适应功能。按照这个标准，伊扎德用因素分析的方法，提出了人类具有11种基本情绪，它们分别是兴趣、惊奇、痛苦、厌恶、愉快、愤怒、恐惧、悲伤、害羞、轻蔑和自罪感。复合情绪是由基本情绪的不同组合派生出来的。例如，焦虑是由恐惧、痛苦、愤怒组成的一种复合情绪。

积极情绪与某种需要的满足相联系，通常伴随愉悦的主观体验，并能提高人的积极性和活动能力。积极情绪包括快乐、兴趣、满足和爱等。消极情绪是指生活事件对人们心理上所造成的负面影响，如痛苦、愤怒、恐惧等。痛苦是最常见的一种消极情绪。新生儿在饥饿、寒冷、疼痛的状态下出现的哭闹反应，被认为是人类最初的痛苦，也被看成先天情绪的典型表现。

知识链接

负面情绪的价值

负面情绪并不愉快，它通常意味着事情没有按我们想要的方式发展。不过，负面情绪在促进我们的健康与福祉方面也发挥着作用。没有哪种情绪的功能比恐惧更明显了。恐惧把我们的注意力拉向潜在的危险，尤其是那些可能会造成身体伤害的，进而帮我们避开威胁情境。有些恐惧似乎是天生具备的。例如，巨大的声响可以吓到任何人。

尽管大多数人认为愤怒是具有破坏性的，但它也具有一定的功能。你的短暂、温和、有建设性的愤怒表达可以告诉你的朋友、同事或另一半：“嘿，这样伤人！别再这样做了。”人们有可能会向表达中等强度愤怒的人让步(Tiedens，2001)，而在谈判中表达轻度愤怒的人更容易获得他们想要的(van Kleef, de Dreu, & Manstead, 2010)。愤怒让人们了解你的底线和需求。又如，研究者普遍认同尴尬、羞耻和内疚的功能彼此相关：它们帮助我们修复因犯错而损害的人际关系(Keltner et al, 1997; Tangney et al., 1996)。

总之，愤怒、尴尬、羞耻和内疚等负面情绪，能够给我们的人际关系导航，有可能让我们和我们人际关系中的伙伴获得良好的待遇和尊重。

资料来源：Michelle et al., 2021。

（四）情绪状态有哪些分类?

情绪状态是指在某种事件或情境的影响下，在一定时间内所产生的情绪，其中较典型的情绪状态有心境、激情和应激三种。

心境是一种比较微弱、弥漫和持久的情绪。它不是关于某一事物的特定体验，而是以某种情绪体验对待一切事物。例如，当处于愉快的心境时，看见一切都觉得美好；而处于悲伤的心境时，则看什么都觉得不如意、不顺心。心境持续的时间是有差异的，有几小时、几周、几个月或更长的时间。心境的持续时间依赖引起心境的刺激的性质。心境产生的原因是多方面的，生活中的顺境和逆境、工作中的成功与失败、人际关系是否融洽、个人的健康状况、自然环境的变化等，都可能会引起某种心境。

激情是一种强烈的、爆发性的、短暂的情绪状态。这种情绪状态通常是由对个人有重大意义的事件引起的。成功之后的狂喜、失败之后的绝望都是激情状态。激情状态对人的生理、心理和行为都会产生较大的影响。激情往往伴随着较为强烈的生理唤醒和明显的外部表现。例如，暴怒时心跳加快、血压升高等。在心理方面，从积极方面来讲，激情可以激发动机，增强幸福感，提高实践活动的效率；从消极方面来讲，激情状态下人往往会出现“意识狭窄”现象，即认识范围缩小，理智分析能力减弱。

应激是指在出乎意料的紧迫与危险情况下所做出的适应性反应。应激状态是一种紧张而带有不愉快色调的情绪状态。例如，当人驾车时突遇险情，人必须动员自己的全部力量，迅速采取有效的行动以避免危险的发生，这时人产生的害怕、紧张、心跳加速的情绪反应，就是应激状态。应激状态会引起机体的一系列生理唤醒，如血压、心率、呼吸以及腺体活动都会出现明显的变化，这些变化有助于机体适应急剧变化的环境。日常生活中的应激源有很多，包括生活中发生的重要事件、人际冲突以及生活中的各种烦恼等。

（五）表情的先天性与普遍性体现在哪些方面？

达尔文的进化论认为，基本的面部表情是天生的、固有的，并且能为全人类所理解。也就是说，人的面部表情是从动物表情中逐渐演变而来，经过自然选择得以保留的，所以面部表情对某种特定情绪状态的先天性表达具有普遍性。

一些研究者的跨文化研究为上述观点提供了有力的支持。艾克曼等人对来自 10 个不同国家和地区(纽约、新几内亚、阿根廷、婆罗洲、巴西和日本等)的被试呈现了 30 张不同情绪面孔的照片(愉快、恐惧、愤怒、悲伤、惊奇和厌恶等)，要求他们辨认每张图片的情绪。结果表明，被试在识别这些情绪照片时出现了高度的一致性，这说明表达基本情绪的面部表情具有跨文化的一致性。

社会生态学的研究也证实了基本面部表情的先天性与普遍性。首先，盲婴的面部表情与视觉正常婴儿的面部表情是相同的，视觉正常的婴儿和先天性的盲婴都能按成长节奏出现愉快、愤怒、悲伤和恐惧等表情。其次，婴儿前语言发育阶段的基本情绪表情是天生的，婴儿出生后，还没有掌握语言，他们与成人的交流是通过情绪的信息实现的。因此，情绪的信号功能在婴儿的早期生活中是至关重要的，婴儿的先天模式化的表情作为主要的沟通手段，对婴儿的生存和发展有着重要作用。

（六）试述詹姆斯-兰格理论及其发展。

1884 年，詹姆斯根据情绪发生时引起自主神经系统的活动和由此产生的一系列机体变化提出，情绪是对身体变化的知觉。人们一般认为，先产生某种情绪，之后才有机体的变化和行为的产生。但在他看来，“情绪，只是一种身体状态的感觉；它的原因纯粹是身体的”。先有机体的生理变化，之后才有情绪。例如，悲伤由哭泣而起，愤怒由打斗而致，恐惧由战栗而来，高兴由发笑而生。这种理论与人们的普遍认识相悖，因此引来了一些研究者的批评。之后，丹麦生理学家兰格提出了与之类似的理论。他认为，情绪是内脏活动的结果。他特别强调情绪的变化与血管有关系：“情绪假如没有身体的属性，就不存在了。”“血管运动的混乱、血管宽度的改变以及各个器官中血液量的改变，乃是激情产生的真正的最初原因。”

詹姆斯-兰格理论是第一个关于情绪的完整的心理学理论，其独特的观点引发了从 19 世纪一直延续到 21 世纪的学界争论。对情绪理论的研究也起到了巨大的推动作用。不少后续研究都支持或部分支持了这个理论。美国情绪心理学家艾克曼的研究表明，当被试故意做出笑脸时，他会感觉更加高兴。这说明故意假装的表情可引起面部肌肉的变化，进而引起与肌肉变化相一致的情绪。

但是，该理论也引发了诸多批评，如果情绪就是对外周生理变化的感觉，那么每种情绪感受都应该有自己独特的一套生理变化模式。目前心理学界还未对这一问题得出明确的答案。同时，如果剥夺了身体的生理反馈，情绪体验是否也就不存在了，这还不清楚。另外，该理论忽视了中枢神经系统在情绪产生过程中的作用。

知识链接

情绪的具身性

具身观主张认知加工受包括大脑在内的身体的影响。也就是说，身体的形态结构、感觉系统、运动系统以及表征身体的神经系统都会影响人们的认知加工(Glenberg，2010；Goldman & Deignemont，2009)。而情绪的具身性的思想最早可追溯到情绪外周理论。该理论认为情绪是对身体变化的知觉。情绪外周理论第一次揭示了身体与情绪之间的密切联系。后来提出的面部反馈假说也体现了情绪的具身性的思想。

情绪具身观认为，情绪是包括大脑在内的身体的情绪，身体的解剖学结构、身体的活动方式、身体的感觉和运动体验决定了我们怎样加工情绪。情绪具身观既体现在情绪对身体的影响上，也体现在身体对情绪的影响上(丁峻，张静，陈巍，2009)：对情绪信息的加工，会激活身体相应的感觉运动系统和神经系统的活动；反过来，对身体相关的感觉运动系统和神经系统的操作也会影响个体对情绪信息的加工。情绪的具身性不仅体现在情绪外周理论和面部反馈假说所强调的情绪体验的具身性上，而且也体现在情绪知觉、情绪理解、情绪对认知和躯体动作影响的具身性上。

情绪具身观的提出使得研究者开始重视身体活动与反应在情绪信息加工过程中的重要性，有效地克服了离身情绪的困境和缺陷，综合考虑了身体和基于身体的认知在情绪信息加工中的作用。它很好地解释了情绪体验和情绪信息加工的具身现象。因此，情绪具身观为情绪研究提供了新的视角，代表了情绪研究的一个新取向。

资料来源：刘亚等，2011。

（七）坎农-巴德学说在情绪理论中有什么地位和作用?

坎农用事实提出情绪并非仅是周围神经系统活动的结果，而是中枢神经系统的丘脑在发挥关键作用。坎农进一步描述了这一神经系统活动的过程，由外界刺激引起感觉器官的神经冲动，通过内导神经，传至丘脑；再由丘脑同时向上、向下发出神经冲动，向上传至大脑，产生情绪的主观体验，向下传至交感神经，引起机体的生理变化，如血压增高、心跳加速、瞳孔放大、内分泌增多和肌肉紧张等，使个体在生理上进入应激状态。因此，当丘脑中的神经元被激活后，在躯体发生变化的同时人们就体验到了情绪。

坎农的情绪观点得到了巴德(Bard，1934；1950)的支持和发展，故后人称坎农的情绪理论为坎农-巴德学说。现在看来，坎农-巴德学说对情绪的发生机制的解释有些简单，但是，他们最早提出了中枢神经系统在情绪产生中的重要作用。因此，它在情绪理论研究的历史上具有重要的地位和作用。

(八)如何评价阿诺德的评定-兴奋说?

评定-兴奋学说认为，情绪产生于认知评价过程。阿诺德指出，情绪体验与刺激事件的意义有关，而刺激事件的意义来自我们的认知评价。她举例说，在森林里遇到一只熊，人们会产生极大的惊恐。然而，在动物园里看到熊时，人们不但不会恐惧，反而会产生兴趣。这种情绪反应的差别来自对刺激情境的评价过程。

阿诺德认为，情绪的产生是大脑皮层和皮层下组织相互活动的结果。她描述了情绪产生的神经通路，引起情绪的外界刺激作用于感受器产生神经冲动，通过内导神经送至丘脑，在丘脑更换神经元后，再送至大脑皮层，在大脑皮层上，刺激情境得到评估，形成一种特殊的态度(如恐惧及逃避、愤怒及攻击等)。这种态度通过外导神经将皮层的冲动传至丘脑的交感神经，进而发放到血管或内脏，所产生的变化使大脑皮层获得外周的反馈信息，在大脑皮层中把认知评价和外周生理反馈结合起来，使认识经验转化为被感受到的情绪。

阿诺德将情绪的产生与高级认知活动联系起来，为情绪的研究开辟了一条新的途径。

(九)什么是沙赫特-辛格的情绪理论?

20 世纪 60 年代，美国心理学家沙赫特和辛格认为，情绪是环境刺激、生理唤醒和认知评价三种因素相互作用的结果，其中认知因素起决定性作用。

他们设计了一项实验，用来证明上述三种因素在情绪产生中的作用。按实验设计，如果情绪受到生理唤醒的影响，三组被试的情绪反应应该一样；如果情绪受到环境的影响，三组被试的情绪应和环境一致。实验结果表明，第一组是正确告知组，告知了正常的药物反应，他们不受环境中同伴情绪的影响，因此没有任何情绪反应；第二组是误告知组，即告知了错误的药物反应；第三组是未告知组，即没有给予指导。后两组被试对自身的生理唤醒无法给出合理的解释，从而受到环境中同伴行为的暗示，把生理唤醒与“愉快”或“愤怒”的情境联系起来，并表现出相应的情绪反应。这说明生理唤醒是情绪激活的必要条件，但真正的情绪体验是由对唤醒状态赋予的认知评定决定的。个体利用过去的经验和当前环境的信息对自身唤醒状态做出解释，正是这种解释决定着产生怎样的情绪。所以，无论是生理唤醒还是环境因素，都不能单独地决定情绪，情绪产生的关键取决于认知因素。

沙赫特将认知因素纳入情绪的产生中，这是对情绪认识的一个进步，对认知理论的发展起到了一定的推动作用。沙赫特的实验和理论也受到了批评，实验设计复杂，后人难以得出相同的结果，而且并不是所有的生理唤醒都需要进行认知评价。

知识链接

吊桥实验

沙赫特-辛格的情绪理论强调认知因素在情绪产生中的作用，我们感受到的情绪既取决于我们对内部生理状态的评估，也取决于我们对所处外部环境的评估。但是认知在情绪产生中扮演的角色并没有那么简单。当两种因素发生冲突时，就可能产生奇怪的结果。

在研究中，一位极具魅力的女性研究者在人行桥的一头，对刚走过来的男性被试提问。研究者假装研究风景对创造力的影响，要求被试写一个关于图片的简短故事。她还告诉被试，如果他们想要知道关于这一研究的更多信息，可以打电话给她。研究是在两种不同的人行桥上进行的，一次是在一座安全稳固的桥上，另一次是在一座摇摇晃晃、跨越深谷的吊桥上。

研究结果表明，走过摇摆的吊桥的被试所写出的故事，比那些走过安全稳固的桥的被试写出的故事包含更多的性意象，也有更多被试打电话给女性研究者以获取更多信息。显然，走过吊桥的男性被试误认为自己是因为女性研究者的吸引而兴奋的。

在吊桥实验中，摇摇晃晃、跨越深谷的吊桥引发了被试的生理唤醒，但被试把生理唤醒错误地归因到了女性研究者的身上。这个实验说明，情绪与对生理唤醒的认知解读有关。

资料来源：津巴多等，2016。

（十）如何评价拉扎勒斯的认知-评价理论?

拉扎勒斯是当代认知评价理论的代表，他认为要了解情绪，就要对反应成分进行分析；了解情绪的来源，就要综合分析人和环境之间的关系。他强调人与环境之间的关系决定了具体情绪，在同一种环境中，不同的人会产生不同的情绪，是因为它对不同的人具有不同的意义，不同的意义是通过不同人的认知评价而来的。这就是他的理论的基本观点：情绪是对刺激物意义的反应，这个反应是通过认知评价完成的。

拉扎勒斯认为，评价是情绪产生的关键因素。在生存的过程中，个体要对环境与自身的利害关系进行评价，不同的评价产生不同的情绪。这种评价是连续进行的，有初评价、次评价和再评价。初评价是指确认刺激事件与自己是否有利害关系，以及这种关系的程度。次评价是指人对自己反应行为的调节和控制，主要涉及人们能否控制刺激事件，以及控制的程度，也就是一种控制判断。再评价是指人对自己的情绪和行为反应的有效性和适宜性的评价，实际上是一种反馈行为。

以拉扎勒斯为首的认知的情绪理论的重要意义在于，纠正了传统心理学将情绪与理智对立的观念。传统心理学认为情绪是原始的、不可驾驭的，只有认知和理智才是人类特有的高级精神力量。认知的情绪理论把情绪的产生与认知紧密联系在一起。因此，它是改变这一传统观念的重要理论支柱。

（十一）如何评价述情绪的动机-分化理论?

情绪的动机-分化理论是以伊扎德为代表的心理学家，在 20 世纪 70 年代初创立的。该理论的基本观点有以下几个方面。

①情绪是分化的。伊扎德从进化的观点出发，认为大脑新皮质体积的增长和功能的分化、面部骨骼肌肉系统的分化以及情绪的分化是平行的、同步的。情绪是分化的，这些具体情绪具有动机的特征。每种具体情绪都有其产生的渊源和特定的适应功能。

②情绪是人格系统的组成部分。伊扎德认为，人格由体内的平衡系统、内驱力系统、情绪系统、知觉系统、认知系统和动作系统六个子系统组成。情绪和内驱力、认知等相互联系，形成人格系统的核心动力。

③情绪是一个复杂的系统，由神经生理、表情和主观体验三个子系统组成。情绪的主观成分——体验是起动机作用的心理机制，是驱动机体采取行动的动机力量。情绪系统与认知和行为系统相互作用发挥其适应功能。

情绪的动机-分化理论从生物进化的观点出发，明确提出情绪是进化的产物，提出了情绪是分化的这一观点，深化了人们对情绪性质和功能的认识。同时，提出了情绪的适应功能，并进一步论述了情绪的动机功能。确立了情绪在人格中的地位，对于更深入地认识情绪的本质有重要意义。情绪的动机-分化理论既延续了情绪是生物进化的这一观点，又强调了个体经验和人格结构等对情绪的制约作用，是一种较为全面的情绪理论。

但该理论过分强调了基本情绪的先

天性，有遗传决定论的倾向。同时，它提出情绪是人格系统的核心动力，有些夸大其作用。该理论过于庞大，相关的实验依据不足。

知识链接

情绪智力的负面效应

情绪智力并非总是积极的，首先，情绪智力是一种与情绪相关的能力，与其他技能一样，既能服务于善良的意愿，也能被非善良甚至邪恶的目的利用(Grant，2014)；其次，人是复杂体，不同的个体有着不同的特质、动机和价值观，他们与组织环境的互动也不尽相同(如高情绪智力者更擅长审时度势)。

一些研究发现高情绪智力者常常有更强烈的压力反应。有研究选用皮质醇作为压力的生理指标，结果发现，在社会要求情境下，高情绪智力者往往有更高的压力水平，睾酮得分越高，这种关系越强烈(Bechtoldt & Schneider，2016)。高情绪智力者也报告了更高的焦虑、愤怒水平和更低的精力水平。

还有一些研究关注情绪智力与心理疾病的关系。研究发现，当个体遇到更多日常的麻烦事时，高情绪智力常常导致高度的沮丧、自杀念头和绝望(Ciarrochi et al.，2002)。类似，也有研究发现，在家庭功能失调或者面临经济损失时，高情绪智力者会产生更多的心理适应问题和更高的沮丧水平(Davis & Humphrey，2012；2014)。

有研究指出情绪智力导致了更多的消极行为。研究通过两个实验探讨了情绪智力与道德同一性的交互作用对亲社会行为的作用，以及情绪智力与马基雅维利主义的交互作用对人际偏差行为的影响。结果发现，高情绪智力者既可能带来更多的亲社会行为，也可能产生更多的人际偏差行为(Côté et al.，2011)。研究者进一步指出，情绪智力本身既不是正面的，也不是负面的，但可以通过对情绪的有效监管帮助个体实现目标，这些目标可能是亲社会性的，也可能是反社会性的。此外，研究发现了情绪智力与作假行为之间的关系，当有机会作假时，具有高认知能力与高情绪智力的个体会表现出更多的作假行为(Tett et al.，2012)。

资料来源：孙建群等，2019。

（十二）情绪调节策略和方法有哪些?

情绪调节策略和方法有很多，其中包括以下几种。

1. 情境选择策略

情境选择策略也被称为回避与接近

策略，是我们平常理想的一种减压方法。如果一个朋友多次提起令人极其苦恼的话题，你可以在他提起这个话题时走开，也可以转换话题。如果还不行，你可以直接告诉朋友，你觉得这个话题让人难受。如果你成功地处理或改善了环境，你就会减少压力的来源。

2. 控制和修正策略

控制和修正策略是一种更为积极的策略，它是通过改变情境中的各种不利的情绪事件，进而通过控制情境来调节情绪。

3. 重评策略

重评策略也叫认知改变策略，即通过改变对情绪事件的理解和评价而进行情绪调节。例如，你找工作时，都被拒绝了，在这种情形下，如果你换一个角度考虑问题，“这些工作都不适合我”，可能沮丧的情绪就调整过来了。控制对困难情境的解释，你有可能会减少对消极情绪的感受。

4. 表达抑制策略

表达抑制策略是指抑制将要发生或正在发生情绪的表达行为，即压抑情绪的表达。压抑情绪的表达，在一些情境下，我们可能迫于压力需要控制自己情绪的表达，不去考虑自己内心的感受。但是，这种策略需要很大的努力和自我监控，可能会耗费很多认知资源。

5. 合理的情绪表达

有研究发现，采用书写表达的方式合理地表达情绪，有助于个体分析问题和情绪的缓解。因为书写的过程对困扰的事情可以进行分析，有利于情绪的调节。

6. 锻炼

锻炼身体是减少抑郁发生的可靠方法。需要注意的是，经常性的、适量的锻炼会使我们获益。

7. 放松

放松是一种减少肌肉紧张的方法，它也能起到调节情绪的作用。

三、 设计活动

活动一

你考试怯场过吗？如果有，请回顾一次考试怯场的经历，并在此基础上分析害怕情绪的主要成分。

提示：主要成分包括主观体验，如害怕、紧张等；生理反应，如出汗、心跳加快等；表情，如皱眉、手发抖等。

活动二

请你用感受最深的实例说明情绪在生活中的作用。

活动三

举例说明积极情绪的适应功能。

提示：在学习、工作、日常生活中，积极情绪如何帮助支持应对、缓解压力、恢复被压力消耗的资源等。

活动四

请你画出情绪的神经回路的关键成分。

提示：包括前额皮层、杏仁核、海马、前部扣带回、腹侧纹状体等。

活动五

请你找5～7种面部表情的照片，请5位大学生判断是何种情绪，并用7点等级量表评定判断的难度，最后统计出这几种表情的辨别难度。

活动六

身体的反馈活动能增强情绪体验。首先请你找10名大学生，请5名大学生假装微笑，请另外5名大学生皱眉做出愁眉苦脸的样子。然后让他们观看卡通片的片段，并用7点等级量表评定他们观看时的愉快程度，最后对结果进行分析。

活动七

请以列表的方式将情绪的认知理论的代表人物、基本观点进行整理，并在此基础上进行比较和分析。

活动八

请找一份情绪智力的量表，对中学或小学的20名学生进行测试，统计后对他们的情绪智力水平进行评价，写出一份报告，并提出提高学生情绪智力水平的建议。

活动九

请你尝试运用所学的情绪调节知识帮助你的朋友调节消极情绪。

四、 拓展练习

（一）单选题

1. 人们对不同情绪状态的自我感受是(　　)。

A. 主观体验　　B. 外部表现

C. 生理唤醒　　D. 行为表现

2. 情绪影响记忆、思维等其他心理过程，这体现了情绪的(　　)。

A. 适应功能　　B. 动机功能

C. 组织功能　　D. 社会功能

3. 情绪的动力性包括(　　)。

A. 增力和减力两极

B. 激动与平静两极

C. 强与弱两极

D. 紧张与轻松两极

4. 情绪四维度理论的提出者是(　　)。

A. 冯特　　B. 施洛伯格

C. 普拉切克　　D. 伊扎德

5. 情绪二维理论的提出者是(　　)。

A. 罗素　　B. 施洛伯格

C. 普拉切克　　D. 伊扎德

6. 基本情绪可以分为(　　)。

A. 心境与激情

B. 积极情绪与消极情绪

C. 激动与平静

D. 焦虑与平静

7. 比较平静而持久的情绪状态被称为(　　)。

A. 激情　　B. 心境

C. 应激　　D. 平静

8. 维持大脑皮层的兴奋水平、保证机体处于清醒状态的脑结构是(　　)。

A. 小脑　　B. 网状结构

C. 前部扣带回　　D. 海马

9. 情绪的周围神经系统除了躯体神经系统之外，还有(　　)。

A. 脑干

B. 边缘系统

C. 基底神经节

D. 自主神经系统

10. 负责知觉和产生消极情绪的脑组织是(　　)。

A. 海马　　B. 扣带回

C. 杏仁核　　D. 眶额皮层

11. 提出面部表情是天生的、固有的，并且能为人类所理解的观点的学者是(　　)。

A. 汤姆金斯　　B. 伊扎德

C. 达尔文　　D. 詹姆斯

12. 主张"悲伤由哭泣而起，恐惧由战栗而来"的情绪理论是(　　)。

A. 沙赫特和辛格的理论

B. 詹姆斯-兰格理论

C. 坎农-巴德学说

D. 萨洛维-梅耶的理论

13. 主张情绪的中枢位于丘脑的理论是(　　)。

A. 沙赫特和辛格的理论

B. 詹姆斯-兰格理论

C. 坎农-巴德学说

D. 萨洛维-梅耶的理论

14. 重视人与环境的相互关系，提出评价包括初评价、次评价和再评价的理论是(　　)。

A. 坎农-巴德学说

B. 认知-评价理论

C. 动机-分化理论

D. 评定-兴奋说

15. 主张情绪的产生需要对生理唤醒进行评价的学者是(　　)。

A. 阿诺德　　B. 拉扎勒斯

C. 沙赫特　　D. 詹姆斯

16. 手舞足蹈属于(　　)。

A. 面部表情　　B. 姿态表情

C. 语调表情　　D. 微表情

17. 情绪产生于评价过程的提出者是(　　)。

A. 阿诺德　　B. 达尔文

C. 艾克曼　　D. 詹姆斯

18. 情绪的动机-分化理论的提出者是(　　)。

A. 格罗斯　　B. 萨洛维

C. 伊扎德　　D. 兰格

19. 通过改变情境中各种不利的情绪事件来实现的情绪调节策略是(　　)。

A. 注意转换　　B. 控制和修正

C. 合理表达　　D. 认知重评

20. 通过改变对情绪事件的理解和评价的策略是(　　)。

A. 注意转换　　B. 控制和修正

C. 合理表达　　D. 认知重评

（二）多选题

1. 情绪的成分有(　　)。

A. 主观体验　　B. 外部表现

C. 生理唤醒　　D. 认知评价

2. 情绪的功能有(　　)。

A. 适应功能　　B. 动机功能

C. 组织功能　　D. 社会功能

3. 情绪的维度是指情绪所固有的特征，包括(　　)。

A. 开放性　　B. 动力性

C. 激动性　　D. 强度

4. 情绪可以分为(　　)。

A. 激情　　B. 积极情绪

C. 应激　　D. 消极情绪

5. 情绪状态可以分为(　　)。

A. 基本情绪　　B. 心境

C. 激情　　D. 应激

6. 表情可以分为(　　)。

A. 面部表情　　B. 激情

C. 姿势表情　　D. 语调表情

7. 拉扎勒斯认为，情绪活动需要不同层次的评价参与，这些层次的评价是(　　)。

A. 超评价　　B. 初评价

C. 次评价　　D. 再评价

8. 伊扎德认为，人格的组成系统有(　　)。

A. 体内平衡系统

B. 内驱力系统

C. 情绪系统

D. 神经系统

9. 梅耶和萨洛维认为，情绪智力包括(　　)。

A. 情绪知觉、评价和表达的能力

B. 情绪对思维的促进能力

C. 与他人建立良好关系的能力

D. 对情绪自我调节的能力

10. 戈尔曼认为，情绪智力包括的维度有(　　)。

A. 人际关系管理　　B. 自我察觉

C. 自我管理　　D. 社交察觉

参考答案

(一)单选题

1. A　2. C　3. A　4. D　5. A　6. B　7. B　8. B　9. D　10. C　11. C　12. B　13. C　14. B　15. C　16. B　17. A　18. C　19. B　20. D

(二)多选题

1. ABC　2. ABCD　3. BCD　4. BD　5. BCD　6. ACD　7. BCD　8. ABC　9. ABD　10. ABCD

第十一章 智　力

一、 解释概念

（一）智力

智力（intelligence）通常被看作一般性的综合认知能力，包括从经验中学习、有效解决问题、运用知识适应新情境的能力等。

（二）能力

能力（ability）是一种心理特征，是顺利实现某种活动的心理条件。能力的概念很复杂。在心理学中，有两个概念与能力密切相关，一个是成就，另一个是能力倾向。

能力与人格不同。人格虽然也表现在人的活动中，并对活动的结果产生一定的影响，但它并不直接影响活动的效率，不直接决定活动的完成，因而不属于能力的范畴。

（三）成就

成就（achievement）是指一个人经过一定的教学或训练所掌握的知识或技能，反映了一个人的能力。例如，通过学校的学习，学生可以获得语文成就、数学成就等。

知识链接

PISA——学生能力评估的一个新框架

PISA是国际学生评估项目(Programme for International Student Assessment)的首字母缩写，是由经济合作与发展组织(Organization for Economic Co-operation and Development，OECD)资助并实施的一项世界范围内的学生能力测评。PISA基于终身学习的动态模型设计测试，其口号是：评价学生现实生活和终身学习所必需的知识和技能。

PISA的内容包括阅读、数学和科学三个基本领域，每一个基本领域又分为若干个维度。PISA所测试的能力都是人们在学习化的社会里所必须具备的知识和技能。例如，阅读能力测试包括短篇故事、网络信件以及统计图表等形式，从获取信息、理解信息和思考与判断三个层面来衡量学生的阅读能力。

首次PISA于2000年启动，覆盖了32个国家(包括28个OECD国家及4个非OECD国家)的青少年。此后每3年开展一次评估。2009年，上海的中学生首次参加了PISA。PISA最初采用纸笔测验的形式，2012年开始引入基于计算机的测验形式，用于评估学生的问题解决能力。

PISA衡量的是学生面对实际生活挑战的能力，而不仅仅局限于他们对学校课程的掌握情况。因此，PISA的战略着眼点是一个国家在未来全球社会中能否具备强劲的竞争力，即通过观察未来社会成员必备的基本素养来判断他们能否在全球化不断深入的背景下为本国经济注入后续发展的持续性动力。

资料来源：李毓秋，严云堂，2003；朱小虎，2012。

(四)能力倾向

能力倾向(aptitude)是指容纳、接受或保留事物的可能性。能力倾向不是指现有的成就，而是指个体具有的潜力和可能性。能力倾向可分为一般能力倾向和特殊能力倾向。一般能力倾向本质上就是智力，而特殊能力倾向则是指向某些特殊活动的潜力。

(五)二因素论

斯皮尔曼根据人们完成智力作业时成绩的相关程度，提出智力由两种因素组成：一种是一般能力倾向或一般因素(general factor)，简称g因素，代表人的基本心理潜能，是决定一个人能力高低的主要因素。智商所衡量的也正是这种一般能力倾向。由于g因素的存在，人们在完成不同的认知操作时，成绩会出现某种正相关。另一种是特殊能力倾向或特殊因素(specific factor)，简称s因素，是人们完成某些特定的活动所必需的。人们在完成任何一种作业时，都有 g 和 s 两种因素参加。活动中包含的 g 因素越多，各种作业成绩的正相关就越高；相反，包含的 s 因素越多，各种作业成绩的正相关就越低。

知识链接

是否存在“g 神经元”呢？——g 因素的神经生理证据

g 因素作为起源于心理测量学的一个重要构念，已被广泛证明是一种高度可遗传的特质。综合多个研究领域的证据，研究者找到了 g 因素的潜在决定性神经元——von Economo 神经元(von Economo neuron，VEN)(Bruton，2021)。这是一类纺锤形双极神经元，主要分布于前岛叶、扣带回前部、背外侧前额叶等区域(见图 11-1)。有关 g 因素与 VEN 存在关联的证据主要来自以下四个方面。

第一，认知与系统神经科学的研究表明，VEN 分布的区域与已知的 g 因素相关脑区存在高度重叠。由 VEN 集中分布的皮层区域所构成的额叶-顶叶网络包含一系列高阶功能回路，是认知控制和工作记忆等高级认知功能的关键中枢，也是解释 g 因素个体差异的主要脑区。高智商人群的扣带回前部和前岛叶皮层中的信息到达其他皮层区域的平均路径更短，使得有关脑区对信息的处理速度更快、效率更高。

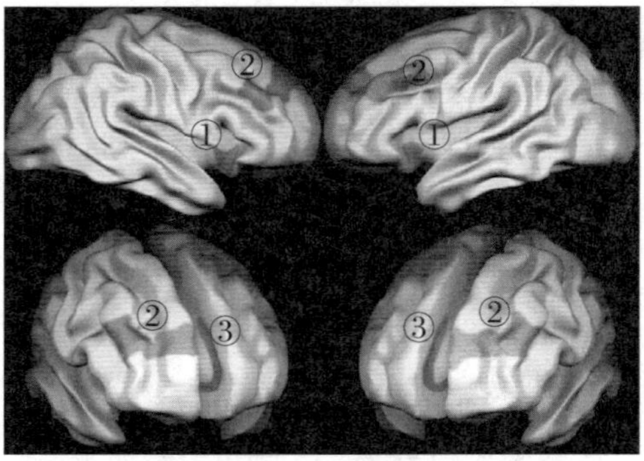

图 11-1　VEN 在人类大脑中的分布

注：①前岛叶；②背外侧前额叶；③扣带回前部。

第二，精神病学与神经病学的证据主要来自两个方面。一方面是同时表现出 g 因素缺陷和 VEN 异常这两项特征的大脑障碍。例如，精神分裂症患者的诸多认知能力缺陷中有三分之二可以归结于 g 因素的缺陷，同时，与执行功能有关的脑成像显示，精神分裂症患者的多个神经节点的活动减弱，其中包括含有 VEN

的背外侧前额叶、扣带回前部和背内侧丘脑。另一方面，VEN 的密度增加与 g 因素存在一定的正向关联，如部分孤独症患者在某些与 g 因素紧密相关的认知任务上有着超于常人的表现，其 VEN 的密度甚至高于对照组。

第三，临床老年医学的研究表明，VEN 密度更高的老年人能够较好地抵御认知衰退，保持较高水平的认知能力，这样一群人被称为超级老者，即年龄超过 80 岁，但认知能力尤其是记忆力相当于五六十岁的老年人。他们拥有比同龄人更厚的大脑皮层，并且这些皮层更厚的脑区与 VEN 所在脑区存在高度的重叠。解剖学研究发现，超级老者的中扣带回前部的 VEN 数量比常人多出 3～5 倍。此外，研究还发现阿尔茨海默病患者和轻度认知障碍患者的扣带回中的 VEN 密度低于对照组。

第四，来自比较心理学的证据表明，VEN 并非人脑所特有，其他物种如猪、鹿、马、羊等也拥有这类细胞，但其在不同物种脑中的分布模式存在显著差异。研究者认为这种差异源于进化过程中不同适应机制的作用。人脑中的 VEN 以选择性分布为特征，主要集中于前侧的脑区。解剖学研究发现，类人猿、大象和鲸类脑中的 VEN 也都集中在与人类扣带回前部、岛叶和前额叶皮层功能相同的区域。有趣的是，这些生物都被认为是高智商的物种，存在较为复杂的适应性行为，具备解决新异问题的能力。例如，野生黑猩猩利用棍子获取蜂蜜，亚洲象利用树枝拍赶苍蝇。此外，这些生物还表现出复杂的学习行为，如黑猩猩能够记忆并理解阿拉伯数字的含义，甚至能够学习使用手语来指代特定概念。

以上各方面的证据都初步暗示了 VEN 很可能就是决定 g 因素的关键神经元，那么它究竟如何发挥作用呢？当前的一种解释是，VEN 促进了顶叶-额叶网络神经元振荡的超快速同步，从而提高了认知中枢网络的信息传递效率，而这正是提高 g 因素的关键。有关 VEN 对 g 因素的作用机制的许多推论目前尚处于假设阶段，有待未来的研究进一步验证。

资料来源：Bruton，2021。

（六）因素分析

1904 年，斯皮尔曼发表了《客观测定的智力》一文，开创用因素分析法研究智力之先河。因素分析是一种解释多个外显变量之间相关的统计模型，主要用于实现两个目的：解释指标间的相关性和简化数据。按照假设，观测指标间存在相关是因为有一个潜在的共同因子(common factor)，如果这个共同因子被提取，那么观测指标间的相关将不存在，即实现了局部独立(local independence)。在实际测量中，观测指标(各个测验题目或不同的分测验)太多，通过因素分析能将众多观测指标简化为少数几个潜在因子，为厘清现象提供了简明的工具，即在因子的水平上假设和检验变量之间的关系，从而为理论的发展和检验提供便利。例如，在词汇任务上表现好的人通常在段落理解上也表现出色，那么就说明这两种任务指标都受到了同一种潜在能力(即语言智力)的影响。

（七）三维结构模型

吉尔福特认为，智力包括三个维度，即内容、操作和产品（Guilford，1967）。①智力活动的内容(contents)，指智力活动的对象或材料，包括视觉、听觉、符号、语义、行为。②智力操作(operations)，指智力活动的过程，它是由上述种种对象或材料引起的，包括认知、记忆、发散、聚合、评价。③智力活动的产品(products)，指运用上述智力操作所得到的结果。这些结果可以按单位计算，也可以分类处理，还可以表现为关系、系统、转换和应用。吉尔福特认为这些不同的智力可通过不同的测验来检验。如果让受测者将英文单词翻译为中文，那么智力活动的内容就是语义，采用的智力操作就是认知，智力活动的产品就是单元，即按照正确翻译的词汇数量来计算成绩。

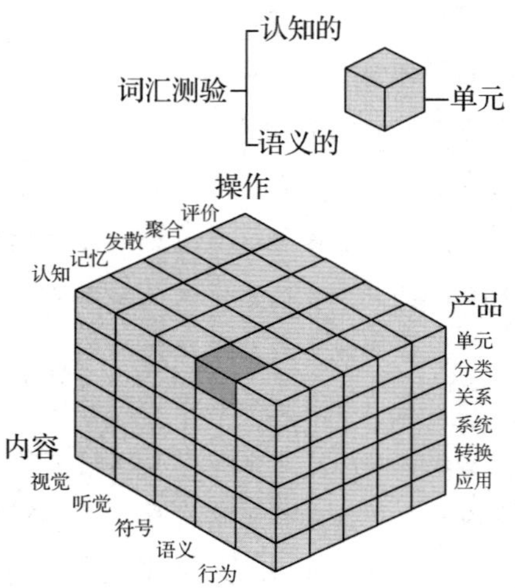

图 11-2　吉尔福特的智力三维结构模型

（资料来源：Guilford，1967）

（八）流体智力与晶体智力

流体智力(fluid intelligence)是指信息加工和问题解决过程中所表现的能力。例如，对关系的认识、类比推理和演绎推理的能力、抽象概括能力、工作记忆等。它主要取决于个人的禀赋，较少受文化和知识的影响。

晶体智力(crystallized intelligence)是指需要经过培养，通过掌握社会文化经验而获得的能力，主要取决于后天学习，如词汇、言语理解、数学知识等。

（九）CHC 模型

在智力的 Cattell-Horn-Carroll(CHC)理论模型中，认知能力被分为具有不同广度的三个层级，这种层级反映了认知能力的一般性程度。模型的最高层，即第三层能力(Stratum Ⅲ)代表最广泛的或最一般的智力水平，涉及高层次的复杂认知加工，是一般因素即 g 因素的代表。模型的第二层能力(Stratum Ⅱ)被称为广泛能力(broad abilities)，是人们最熟知的一些能力，包括流体智力、晶体智力、定量知识、阅读和写作能力、短时记忆、视觉加工、听觉加工、长时存储和提取、加工速度以及决策/反应速度。每种广泛能力又包括不同的狭窄能力(narrow abilities)。模型的底层即第一层(Stratum Ⅰ)包括约70个可以直接测量的狭窄能力，它们按照一定的组织方式从属于第二层的广泛能力。

(十)同时性加工与继时性加工

在达斯等人提出的智力PASS理论中，人类的认知加工包括三个相互协调的机能系统。其中，第二个机能系统与个体接收、加工、维持来自外部世界的信息有关，包括同时性加工和继时性加工两个过程。

同时性加工包括将刺激整合成集合，或对共有特性的许多刺激进行再认。这两个方面要求所有的刺激都是彼此相关的。同时性加工可能发生于对刺激的知觉(如儿童画一个与某正方形相同的图形)、对刺激的记忆(图形来自记忆)或刺激的概念加工(当儿童思考瑞文图形推理问题时)。例如，一个言语的同时性加工任务可能包含这样的指导语："(请)在正方形下方、十字形右边、三角形上方画一个圆。"在这个例子中，个体必须通过句子的逻辑语法结构来检查圆、正方形和十字形空间上的关系和结构。

继时性加工往往涉及将刺激整合成特定的系列，使各成分形成一种链状结构。它的关键特征是各成分之间呈现出顺序排列，只能是线性关系。例如，熟练的运动(如写字)需要继时性编码，因为这个活动要求一系列遵循严格限定的顺序的动作。

(十一)比率智商

智力商数(intelligence quotient)即智商，常用IQ表示。比率智商(ratio IQ)是根据智力测验的作业成绩所计算出的分数，代表了个体的智力年龄(MA)与实际年龄(chronological age，CA)的关系。智商的计算公式为：

$$\text{智商(IQ)}=\frac{\text{智龄(MA)}}{\text{实龄(CA)}}\times 100$$

按照这个公式，如果一个五岁的儿童的智龄与他的实际年龄相同，那么这个孩子的智商就是100，说明他的智商达到了正常五岁儿童的一般水平；如果一个五岁儿童的智龄为6岁6个月，那么他的智商就是130了。智商90～110代表智力的普通水平；若智商超过110，说明儿童的智力水平偏高；低于90，则说明儿童的智力水平偏低。

比率智商有一个明显的缺点。人的实际年龄逐年都在增加，但其智力发展到一定阶段却基本稳定在一个水平上。这样，采用比率智商来表示人的智力水平，智商将会逐渐下降。这和智力发展的实际情况是不相符的。

(十二)离差智商

考虑到使用比率智商存在的问题，韦克斯勒革新了智商的计算方法，建议采用离差智商(deviation IQ)。由于人的智力水平符合正态分布，大多数人的智力处于中等水平，因此韦克斯勒将智商的平均值设定为100分。一个分数离平均数越远，获得该分数的人数就越少。人的智商从最低到最高，变化范围很大，其标准差被设定为 15 分。这样，一个人的智力水平就可以用其测验分数在同龄人的测验分数分布中的相对位置来表示。公式为：

$$IQ = 100 + 15Z$$

其中，$Z = \frac{X - \overline{X}}{S}$

Z 代表标准分数（standard score），X 代表个体的测验分数，$\overline{X}$ 代表团体的平均分，S 代表团体分数的标准差。因此，只要我们知道了一个人的测验分数以及他所属的团体的平均分和标准差，我们就可以很容易地计算出他的离差智商。例如，某施测年龄组的平均分为 80 分，标准差为 5 分，而某人得 85 分，他的得分比他所在的年龄组的平均分高出一个标准差，$Z=(85-80)\div 5=1$，他的智商 $IQ=100+15\times 1=115$。根据标准正态分布，他的智商比 84%的同龄人要高。如果某人的得分比团体平均分低一个标准差，$Z=-1$，他的智商 $IQ=85$，说明他的智商只比 16%的同龄人高，低于一般人的水平。

由于离差智商是对个体的智商在其同龄人中的相对位置的度量，因此不受个体年龄增长的影响。离差智商克服了比率智商的弊病，但也存在问题，即容易造成对智力的绝对水平的误解。例如，一个人的离差智商在 70 岁时和 30 岁时可能都是 100，而智力的绝对水平并不相同，70 岁时的智力应比 30 岁时的智力低一些。

（十三）斯坦福-比奈量表

最早的斯坦福-比奈量表是一种年龄量表。它以年龄为测量智力的标尺，规定某个年龄应该达到的某一智力水平。智力测验的项目是按年龄分组编制的。在 1960 年版的量表中，每个年龄组的测验都由 6 个项目组成，内容包括绘画、折叠、给单词下定义、判断词义、回忆故事、进行推理活动等。随着年龄的增长，项目的难度逐渐增加。

（十四）韦克斯勒智力量表

为了尽可能真实、全面地反映一个人的智力状况，韦克斯勒编制了若干套智力量表。韦氏成人智力量表（Wechsler Adult Intelligence Scale，WAIS，1955）适用于 16 岁以上的成人；韦氏儿童智力量表（Wechsler Intelligence Scale for Children，WISC，1949）适用于 6～16 岁儿童；韦氏学前儿童智力量表（Wechsler Preschool and Primary Scale of Intelligence，WPPSI，1963）适用于 4～6.5 岁儿童。这些量表测量的能力的范围比较广泛。

韦氏儿童智力量表（第二版）包括言语和操作两个分量表，可以分别测量个体的言语能力和操作能力。言语分量表包括的项目有词汇、常识、理解、回忆、发现相似性和数学推理等；操作分量表包括的项目有完成图片、排列图片、事物组合、拼凑、译码等。

知识链接

智力评估的新趋势——不用智力测验的评估方法

在传统的智力评估领域，研究者致力于不断开发与更新智力测验，以便更准确地揭示智力的本质。然而在过去的几十年中，信息技术飞速发展，不断推动心理学研究者尝试基于前沿的技术探索智力评估的新方式。这些探索和努力大致可归纳为三个方向。

一、开发基于计算机的测验

相较于传统的纸笔测验，基于计算机的测验（computer-based testing，CBT）存在许多优势，包括更便捷的评分程序、生成个性化的结果报告以及获取更大规模的样本等。然而当前对CBT的应用大多局限于将测验内容从线下搬到线上，往往只关注测验分数这一指标。为了提高智力测量的有效性，还需要考虑如何充分地利用CBT的过程数据，如日志文件、应答时间和光标移动记录等。这些数据包含被试丰富的认知过程信息，如有研究表明，相比于总作答时间，随着任务难度变化的局部应答时间能够更好地预测智力。

针对认知操作过程进行智力评估并不仅仅局限于测验这一种形式，基于游戏的评估（game-based assessment，GBA）在这一方面也取得了许多突破性成果。已有研究证明GBA得分与传统的智力测验分数之间表现出良好的聚合效度。此外，还可以利用增强现实和虚拟现实技术（AR/VR）模拟真实的问题场景，提高测量的生态效度，并使被试的一系列认知操作透明化、可视化，从而能够直接对被试如何获得问题解法的过程进行分析。例如，在测量智力的一项子能力——空间推理时，传统测验所使用的心理旋转任务需要被试在头脑中建立物体的表征，且只能测得其推理的结果；而AR/VR情景可以直接向被试呈现物体，研究者可以分析被试在推理过程中对物体进行的一系列操作。

二、机器学习的运用

智力能够解释个体在生活中的许多行为，并且随着社会数字化进程的推进，人们的大量行为都在互联网上留下了可追寻的痕迹，这使得从日常生活的行为数据中预测智力成为可能。机器学习为这一设想的实现提供了技术支撑，使研究者能够对复杂多样的数据进行深层次分析，并从中高效地获取有用的信息。也就是说，如果一种机器学习算法被输入足够多的行为数据，它就能相当精确地对个体的智力做出预测。

近年来，一项元分析检验了通过社交媒体收集的数据能在多大程度上预测各种特质变量的个体差异，其中三项预测智力的研究的元分析相关性估计值 $r=0.29$，且这三项研究都仅用到了单一类别的行为数据，如通过用户的社交媒体头像来预测智力。那么在能够获取全面行为数据的条件下，基于机器学习的智力评估能够达到多大的预测效度呢？这一问题关乎未来的智力测量能否突破测验形式的限制，规避传统智力测验存在的一系列弊端。

值得注意的是，基于机器学习的智力评估采用的是一种数据驱动方式，难以在理论上加深我们对智力本质的理解，但从中挖掘的信息或许能够揭示一些被忽视的变量间的相互作用，从而推动理论假设的修正与更新。

三、利用脑机接口获取智力的生理学指标

与大部分心理特质一样，智力被看作人类心理的一个"黑盒子"。当前的智力测验只是认识它的一种间接工具，未来有可能通过测量个体潜在的神经活动，以更少的误差去揭示黑盒子的秘密。

脑机接口（brain-computer interfaces，BCIs）是指在大脑与外部设备之间创建的直接连接，实现脑与设备的信息交换。传统的 fMRI 和 EEG 设备都是单向的脑机接口，被应用于测量大脑的神经活动。它们虽然很难同时获得高空间分辨率和高时间分辨率的信息，但已足以定位与智力有关的脑区，甚至能够利用静息状态下的神经活动来预测智力。有研究表明静息态功能性磁共振成像的结果与总智商之间存在中等程度的相关（$r=0.25$），与言语智商存在较大的相关（$r=0.54$）。此外，还可以采用嵌入式的 BCIs 对个体在不同场景下的认知操作过程的生理学指标进行测量，从而提高智力评估的生态效度。

资料来源：Koch et al.，2021。

二、 解答问题

（一）一般能力与特殊能力有何异同？

无论是一般能力还是特殊能力，其实都是指潜能，即能力倾向，都受到遗传因素的影响，相对比较稳定。但两者在影响范围方面存在区别。

一般能力指在不同种类的活动中都会表现出来的能力，如观察力、记忆力、抽象推理能力等。其中抽象推理能力是一般能力的核心。平日我们所说的智力，就是指一般能力。人要完成任何一种活动，都和这些能力的发展分不开。

特殊能力指在某种专业活动中表现出来的能力。它是顺利完成某种专业活动的心理条件。例如，画家的色彩鉴别力、形象记忆力；音乐家区别旋律的能力、音乐表象能力，以及感受音乐节奏的能力等，均属于特殊能力。

（二）多元智力理论与传统智力理论有何区别?

由于传统的智力概念主要指的是认知能力，与学校教育关系密切，但忽视了其他很多同样为现今社会所需要的重要能力，因此加德纳提出了多元智力理论(multiple-intelligence theory)。加德纳认为智力的内涵是多元的，由八种相对独立的智力成分构成，具体包括：

①语言智力(linguistic intelligence)：包括阅读、写作，以及进行日常会话的能力。

②逻辑-数学智力(logical-mathematical intelligence)：包括数学运算与逻辑思考的能力。

③空间智力(spatial intelligence)：包括认识环境、辨别方向的能力。

④音乐智力(musical intelligence)：包括对声音的辨别与韵律表达的能力。

⑤运动智力(bodily kinesthetic intelligence)：包括支配肢体完成精密作业的能力。

⑥人际智力(interpersonal intelligence)：包括与人交往且能和睦相处的能力。

⑦自知智力(intrapersonal intelligence)：包括认识自己并选择自己生活方向的能力。

⑧自然智力(naturalist intelligence)：包括各种认识、感知自然界的事物的能力。

依据社会对它的需要、奖赏以及它对社会的作用，每一种智力都有其不同的价值。多元智力理论的提出不仅从心理学上扩展了智力的内涵，而且也对儿童教育领域产生了重要影响。

（三）智力的 PASS 模型的理论基础是什么?

PASS 是指“计划—注意—同时性加工—继时性加工”(planning-arousal-simultaneous-successive，PASS)。智力的 PASS 模型包括三层认知系统和四种认知过程。其中注意系统又称注意-唤醒系统，是整个系统的基础；同时性加工和继时性加工被统称为信息加工系统，处于中间层次；计划系统处于最高层次。三个系统协调合作，保证了一切智力活动的运行。

PASS 模型的理论基础源于两个方面。一是信息加工的认知心理学。特别值得一提的是布罗德本特关于知觉和信息交流的研究、亨特和兰斯曼关于注意和问题解决的研究以及西蒙等人以人工智能方法对人类智力的研究。二是鲁利亚关于大脑机能组织化的思想，以及这种组织化与大脑的特殊部位相联系的观点。由于 PASS 模型以机能联合区为基础，而机能联合区又有其生理和解剖基础，这就使得 PASS 模型的实证性和可靠性高于其他智力理论，至少可以说它并非只是纯思辨的理论建构。

（四）斯腾伯格的智力三因素理论的观点有哪些?

斯腾伯格提出的智力三因素理论也被称为成功智力理论，认为智力包括分析性智力(analytical intelligence)、创造性智力(creative intelligence)和实践性智力(practical intelligence)三个方面。分析性智力涉及解决问题和判定思维成果的质量，强调比较、判断、评估等分析思维能力，最能体现分析性思维的两种活动分别是问题解决和决策制订。创造性智力涉及发现、创造、想象和假设等创造思维的能力，体现的是一个人能否创新性地解决问题。实践性智力涉及运用知识解决实际生活中的问题的能力，源于从特定文化中习得的生活经验。

成功智力是一个有机整体，用分析性智力发现好的解决办法，用创造性智力找对问题，用实践性智力解决实际问题。具有成功智力的人同时具备这三种智力，并且懂得思考在什么时候、以何种方式来有效地使用这些智力。仅具有较高创造性智力的人可能会产生一些新的想法，但既不能意识到其中哪些是有用的，也不懂得如何去实现它们；仅具有较高分析性智力的人可以成为一名出色的评论家，但却不会有什么新思想；而仅具有较高实践性智力的人可以成为一名很好的推销员，但分不清该推销什么产品，更不会推销自己的思想。因此，无论在什么领域中，只有当一个人在三个方面智力协调、平衡时，才最有可能取得成功。

（五）智力测验是怎样产生的?

1904 年，比奈受法国教育部的委托，参与筹建低能儿童研究委员会，并承担任务，开发一套鉴定低能儿童的程序，以便将其从普通儿童中区分出来。1905 年，比奈在西蒙的帮助下，编制了一个包括 30 个项目的正式测验，每个项目的难度逐渐上升。根据儿童通过项目的多少来评定他们智力的高低。这就是第一个正式的心理测验：比奈-西蒙智力量表。

1908 年，比奈和西蒙对已编制好的量表进行了第一次修订。测验项目由 30 个增加到 58 个，适用年龄为 3～15 岁，每个年龄组的测验项目为 4～5 个。1916 年，美国斯坦福大学教授推孟将比奈-西蒙智力量表介绍到了美国，并修订成为斯坦福-比奈量表。1937 年和 1960 年，斯坦福-比奈量表又经过两次修订，成为世界上广泛流传的标准化测验之一。

（六）韦氏儿童智力量表第四版（WISC-IV）相较于旧版有什么变化?

韦氏儿童智力量表是以 6 岁到 16 岁 11 个月的儿童或青少年为对象，采用个别施测方式的认知能力评估工具。在该量表第四版(中文版)问世前，中国大陆地区所使用的韦氏儿童智力量表均为第二版，即修订版，仅包含言语和操作两个分量表。而第四版的主要特点在于它的结构反映了当前对儿童认知进行评估的理论和实践，体现了心理测量技术与认知理论的结合。除了强调言语理解、推理等重要的认知过程之外，又增加了对工作记忆和加工速度的关注。

韦氏儿童智力量表第四版共包括 14 个分测验，分为 10 个核心分测验与 4 个补充分测验。测验结果除了能够得到表明儿童总体认知能力的总智商之外，还可以通过分测验分数的组合得到言语理解指数、知觉推理指数、工作记忆指数和加工速度指数四个合成分数，用于说明儿童在不同认知领域中的能力。

（七）智力发展的一般趋势是怎样的?

人的一生大致可分为八个时期，即乳儿期、婴儿期、幼儿期、童年期、少年期、青年期、成年期和老年期。在人的一生中，智力的发展趋势如下。

①童年期和少年期是智力的某些方面发展最重要的时期。从 3～13 岁，智力的发展与年龄的增长几乎等速。之后随着年龄的增长，智力的发展呈负加速变化：随着年龄的增长，智力的发展趋于平缓。

②人的智力在 18～25 岁达到顶峰(也有研究者认为到 40 岁)。智力的不同成分达到顶峰的时间不同。

③根据对智力毕生发展的研究，流体智力在中年之后有下降趋势，而晶体智力在人的一生中是稳步上升的。

④成年是人生最漫长的时期，也是智力发展最稳定的时期。在 25～40 岁，人们常出现富有创造性的活动。

⑤智力发展的趋势存在个体差异。智力高的发展快，达到高峰的时间晚；智力低的发展慢，达到高峰的时间早。

（八）智力在哪些方面存在性别差异?

1. 数学能力

数学能力是对数学原理和数学符号的理解与运用能力，这种能力主要表现在计算和问题解决上。计算能力体现了对程序性知识的速度和精确性技巧的要求；问题解决则体现了对信息的正确分析与选择、组织策略性知识、应用统计方法的综合性技能的要求。海德(Hyde，1990)对 40 年来的 100 个相关研究的元分析发现，女生在计算能力上具有一定优势，但这种优势只表现在中、小学阶段；在问题解决上，中学时期女生略好，而高中及大学阶段的男生则表现出优势。对于数学操作来说，男生在标准化测验上的表现普遍比女生好，而女生在学校所获得的学习评定等级比男生高(Anastasi，1958；Benbow，1992)。一些研究者认为，男生在竞争性数学活动中的表现比女生好，而女生在合作性数学活动中的表现比男生好(Wilder & Powell，1989；Halpern，1992)。

2. 言语能力

言语能力(verbal ability)是对语言符号的加工、提取、操作的能力，表现在听、说、读、写四个方面。言语能力并非单一的结构，它包括对言语信息的记忆、转换、理解、组织和应用等方面。研究者总结了 3～8 年级的一系列研究后发现，女生的言语能力普遍比男生好(Hoover，1987)。在各种言语能力中，以词的流畅性所显示的女性优势最为明显(Hines, 1990)，而言语推理则显示了男性优势。但言语能力的性别差异研究并没有得到完全一致的结论。

3. 空间能力

空间能力(spatial ability)是体现性别差异最明显的一种能力，也是较难描述和解释的一种能力。林和皮特森(Linn & Petersen, 1985)将空间能力定义为一种涉及表征、转换、生成和提取符号、非言语信息的技能。基于以往研究，他们提取了空间能力的三个因素。①空间知觉(spatial perception)：指在干扰条件下，对垂直与水平方位的确定；②心理旋转(mental rotation)：指对二维或三维图像表征的旋转能力；③空间想象(spatial visualization)：指对所显示的空间信息进行多步分析加工的能力。研究表明，在空间知觉和心理旋转测验中，男性的表现明显优于女性；而在空间想象测验中，男女的差异不显著。

通过上述研究可以看出，三种认知能力的不同方面存在不同程度的性别差异，显示了性别差异的复杂性。

知识链接

弗林效应与反向弗林效应

弗林效应(Flynn effect)是关于智力随年龄变化的一种现象，关注的是代际间的变化。通过对发达国家超过三代人的IQ分数的分析，政治科学家詹姆斯·弗林得出结论：在20世纪80年代，一般20岁的人的IQ平均分比1940年的对应人群高15分，平均每年增长0.33(Flynn, 1987)。弗林认为观察到的智力测验平均分数的增加是由环境而不是遗传因素所致的，但增加的分数不能仅归因于正规学校教育水平的提高，其他可能的影响因素也存在，如父母更高的教育成就、父母对孩子更多的关注、更好的营养条件。

到了20世纪末期，研究者在多个国家、地区发现了与弗林效应相反的变化趋势，即智力随时间的推移持续下降的代际效应。证据表明，大约一个世纪以前，与智力的g因素密切相关的能力开始下降，如反应时间延长、颜色辨别能力下降等。这些变化起初被整体IQ分数的增长掩盖，然而随着IQ分数增长的速度降低甚至出现了反向变化的趋势，研究者才开始注意到这种反向弗林效应(negative Flynn effect)。

研究者(Woodley et al.，2015)提出了共现模型(co-occurrence model)来解释这两种效应，即弗林效应出现在受环境影响更大的能力方面，如模式识别能力、分析能力、操作能力等；而反向弗林效应出现在受遗传因素影响更大的能力方面，如数学推理能力、简单反应时、颜色辨别能力等，通过因素分析发现这类能力在g因素上的载荷更高。对于反向弗林效应的解释主要集中于劣生学的观点，即在当代人群中出现了智力与生育能力的负相关，从而导致人类在健康、智力和品德方面的基因质量出现不断劣化的趋势。研究者对此现象有两种解释：一方面，随着现代医疗水平的不断进步，携带缺陷基因的个体能够获得更多的救治机会，从而使得相应基因的遗传率提高；另一方面，高素质人口往往孕育更少的后代，从而使得高质量基因的遗传率降低(Murphy，2012)。

未来，人类的智力将呈现什么样的变化呢？有科学家预言，由于环境的改善空间有限，经济、教育、营养等外部条件对智力的积极影响将会逐渐消失。面对劣生学提出的问题，人类又将从什么方面去弥补基因质量的下降呢？这些都是未来值得进一步探索的问题。

资料来源：艾肯，2006；Dutton et al.，2016；Murphy，2012；Woodley et al.，2015。

（九）如何鉴别智力超常者与不足者？

智力高度发展的人被称为超常者，大约占全人口总数的1%。20世纪初，推孟用智力测验来鉴别超常儿童，智商达到或超过140的儿童被称为天才儿童。这种儿童的特点是：观察事物细致、准确；注意容易集中，记忆速度快、准确且牢固，思维灵活，有创造性，不易受具体情境的局限。从此，在相当长的时间内，天才儿童的概念主要由智商分数来说明。20世纪50年代后，吉尔福特提出智力是多维的，并指出智力测验不能全面鉴别天才儿童的所有能力。20世纪70年代，美国仑朱利(Renzulli，1985)提出了三圆圈天才儿童的概念，他认为天才儿童具备：①中等以上的智力(包括一般智力和特殊智力)；②对任务的承诺(包括强烈的动机、责任心等)；③较高的创造力。天才儿童是这三种心理成分相互作用、高度发展的结果。我国心理学家认为，超常儿童的心理结构不限于智力和创造力，还包括一些非智力心理特征(查子秀等，1990)。

智商在70分以下者为智能不足。智能不足并不是某一种心理过程被破坏，而是各种心理能力的低下，其明显的特征是社会适应不良。智力发展很差的低能儿童的一般特点为：知觉速度缓慢，范围狭窄，内容笼统、贫乏；对词和直观材料的记忆都差，再现时歪曲和错误较多；语言发展迟缓、词汇量少、缺乏连贯性；在认知活动中缺乏概括力；严重丧失生活自理能力。造成智能不足的原因很多，大多数智能不足都不是生理疾病或脑损伤所致的。调查数据发现这些人的父母的智力水平通常较低，家庭中往往缺乏良好的学习环境，或者在成长过程中营养条件较差。智能不足儿童由于心理缺陷，无法与正常儿童一起随班上课，因此有必要设置特殊教育机构，对这些孩子给予特别的关心和帮助，使他们获得发展智力的机会。

（十）智力超常的原因是什么？

优越的自然素质是超常儿童发展的物质基础，遗传对智力的影响不可忽视。推孟对超常者 40 年的追踪研究表明，天资优秀的儿童不仅其自身的身心发展优于一般儿童，而且他们子女的智商也比一般人高。在智力超常者的 1571 名子女中，其平均智商为 130，最高者竟达 200(Oden，1968)。

儿童的智力发展是不均衡的。早在 20 世纪 20 年代，平特纳的研究认为，儿童从出生到 5 岁是智力发展最快的时期(Pintner，1921)。这一论断与布鲁姆在《人类特性的稳定性与变化》一书中的结论是一致的(Bloom，1964)。布鲁姆认为，如果将 17 岁时所达到的平均智力水平看作 100%，那么儿童到 4 岁时的智力就已达到了 50%，4～8 岁时获得另外的 30%，最后的 20%则是在 8～12 岁时获得的。根据这些研究可以认为，儿童早期阶段的智力发展较快，并且对以后的发展有很大的影响。教育开始得越早，儿童潜在能力实现的可能性就越大；相反，教育开始得越晚，儿童潜在能力实现的可能性就越小。查子秀(1990)对超常儿童的调查表明，超常儿童几乎都享有优越的早期教育条件。这说明理想的早期教育是超常儿童成长的重要条件。

（十一）超常儿童一定会取得事业上的成功吗？

在理想的教育条件下，超常儿童往往能够在事业上取得较大的成就。推孟对 1528 名超常儿童(平均智商为 150)进行了长达 40 年的追踪研究，其中 800 名男性被试中有 78 人获得了博士学位，48 人获得了医学学位，85 人获得了法律学位，74 人正在或曾在大学任教，51 人在自然科学或工程学方面进行基础理论研究，104 人担任工程师。科学家中有 77 人被编入了 1949 年版《美国科学家年鉴》，33 人进入了《美国名人录》(1858 年版)。他还比较了 800 名男性被试中成就最大的 20%的人与成就最小的 20%的人，发现这两组人在人格特点上存在显著差异。成就较大者在谨慎、自信、不屈不挠、进取心、坚持性、不自卑等人格品质上明显优于成就较小者。他们的家庭背景也不同，前者有 50%的家长大学毕业，家中有许多书籍，重视早期教育；而后者只有 15%的家长大学毕业。可见，超常儿童能否在事业上取得成就，在很大程度上取决于社会生活条件和自身的人格特点。

（十二）遗传因素对智力会造成何种影响？

关于遗传在智力发展和个体差异形成中的作用，心理学家曾从三个方面进行研究。一是研究血缘关系远近不同的人在智力上的相似程度。如果遗传对智力有作用，那么血缘关系越近的人，智力的发展水平应该越相似。这种研究通常用同卵双生子和异卵双生子来进行。二是研究养父母与养子女的智力发展的关系。如果遗传对智力发展有作用，那么孩子与亲生父母智力的相关，应该比与养父母智力的相关高。三是对同卵双生子进行追踪研究。这些孩子从小就被分开生活在不同的环境中，若干年后，将他们进行比较。如果遗传确有作用，那么同卵双生子即使生活在不同的环境中，他们的发展也应保持较高的相关。

研究结果表明，血缘关系较近的人在智力发展水平上确实有接近的趋势。同卵双生子智力的相关高于异卵双生子和同胞兄弟姐妹；亲生父母与子女智力的相关高于养父母；无血缘关系的人之间的智力的相关很低。在不同环境下长大的同卵双生子，其智力的相关仍然很高。这说明，遗传因素对智力的发展的确有一定的作用。当然，研究结果同样也发现，在同一环境中生活者的智力的相关比在不同环境中生活者智力的相关要高一些。即使没有血缘关系的人（如养父母与子女），由于生活在同一环境中，他们的智力也有一定的相关。

（十三）环境与教育因素会通过哪些途径影响智力？

1. 产前环境的影响

胎儿在出生之前生活在母体环境中，这种环境对胎儿的生长发育以及出生后智力的发展都有重要影响。许多研究发现，母亲怀孕的年龄常常影响到儿童智力的正常发展。以唐氏综合征的发病率为例，母亲怀孕年龄低于 29 岁的，其发病率只有 1/3000；而母亲怀孕年龄在 45～49 岁的，其发病率为 1/40。唐氏综合征不是遗传病，而是母体内的卵子长期暴露在体内环境中，受到损害，因而出现额外染色体的结果。产前环境的另一影响，是由母亲服药、患病等因素造成的。例如，怀孕期间服用麦角酸二乙胺（LSD，一种致幻剂），能造成染色体受损，使胎儿的发育受到影响。怀孕期间母体营养不良，不仅会严重影响胎儿脑细胞数量的增加，而且还会造成流产、死胎等。营养不良发生的时间越早，对婴儿的影响也就越严重。用动物做的实验还表明，缺乏维生素 C、维生素 D，会影响胎儿生长的速度，引起肢体缺陷和学习能力降低等现象。

2. 儿童早期经验的作用

发展智力要重视早期环境的作用，这已为越来越多的事实所证明。由动物抚育大的孩子，其智力发展明显落后，这已是大家熟知的事实。人们发现，孩子落入动物环境的时间越早，智力发展所受到的损害就越严重。这种孩子即使回到人类社会，也难以发展到正常人的智力水平。在一些国家，孩子进入育婴机构后，因其教育条件很差，往往失去了与成人进行社会交际的机会，在这种环境中长大的儿童，其智力一般要比在正常环境中长大的儿童低些。一些实验研究也发现，丰富的环境刺激有利于儿童智力的发展。孩子出生后，如果睡在有花纹的床单上，床上悬挂着会转动的音乐玩具，他们就能通过各种卧姿，自由地观察这一切。两个星期后，他们就会试着用手抓东西。而对于没有提供刺激的婴儿，这种动作要五个月时才出现。研究还发现，缺乏母亲抚爱的婴儿可能会出现智力发展上的问题。有安全感的孩子喜欢探索环境，而探索环境正是智力发展的重要条件。

3．学校教育的作用

学校教育能够对年青一代施加有目的、有计划、有组织的影响。学生通过系统地接受教育，不仅要掌握知识和技能，而且要发展智力和其他心理品质。对儿童和青少年来说，发展智力是与系统学习和掌握知识技能分不开的。在学校中，课堂教学的正确组织有利于学生智力的发展。有些教师要求学生回答问题必须准确、严密、迅速，作业必须一丝不苟。经过长期训练，学生的思维和言语能力有明显提高。通过创建课外科技、艺术、体育等兴趣小组，为学生提供丰富的校内外生活经验，也有利于学生智力的发展。在课外活动小组中，常常会涌现出许多小发明家、小气象家、小农艺家、小画家。参加课外活动对他们智力的发展将会产生深远的影响。

知识链接

电子游戏——智力训练的新思路

传统的智力训练往往采用特定的任务，如利用 N-back 任务训练工作记忆，其形式和内容较为单一，训练过程枯燥。近年来，各式各样的电子游戏为智力训练提供了新的思路。在游戏创设的环境中，通过事先设计的元素引导玩家完成制订计划、收集信息、解决问题等一系列任务，也可以达到训练特定能力的目的。

例如，洛克希德·马丁公司开发了一款名为“道德挑战”(The Ethics Challenge)的游戏，整合了商业活动中存在的一系列道德困境问题。例如，“你的一位近亲打算申请你所领导的部门的一个空缺职位，该职位不直接向你汇报。此时，你会对近亲说什么?”在游戏过程中，玩家要学会根据事件的严重程度做出道德判断并进行团体决策。每个团队都需要共同针对每个关卡的道德困境问题进行讨论并选出一致的解决方案。游戏系统会对玩家的方案打分，高分的团队可以获得更多游戏代币，获得最多游戏代币的团队将最终获胜。研究表明，这款游戏能够有效提高玩家的道德推理能力(Huang & Ho，2018)。

相对于传统的训练方式，游戏训练具有以下优点：①在交互环境下，实时的反馈有利于培养玩家的动态监测与调节控制等元认知技能；②可以通过创设新异的情境，激发玩家的好奇心与探究欲；③多样化的奖励措施和低风险的惩罚机制，能够在很大程度上激发和保护玩家的成就动机；④游戏能给玩家带来愉悦的感受，甚至带来强烈的沉浸感，使玩家获得心流体验；⑤可以引入合作、竞争、角色扮演等多种机制，具有广泛的应用空间。

尽管如此，我们仍需要谨慎地解释游戏训练的效果。元分析(Sala et al.，2017)发现，尽管游戏训练对智力的某些方面(如空间推理)的表现具有一定的促进作用，但相关的研究证据难以辨清是游戏提升了智力水平还是智力水平高的人更擅长此类游戏。并且从总体上看，游戏训练对一般认知能力几乎不存在影响。总之，利用电子游戏来促进智力的发展具有很大的探索空间，我们期待这一领域将来会涌现出更多成果。

资料来源：Huang & Ho，2018；Sala et al.，2017。

(十四)智力真的可以通过训练获得提升吗?

智力的训练与提升一直都是心理学基础研究和实践应用领域共同关注的重要问题。目前大多数有关能力训练的方法与研究还停留在特殊能力层面。现有的证据确实表明干预和训练能够提升特殊能力测验的分数。然而，仅仅通过观察到的测验分数提高并不足以说明能力本身获得了提升。此外，更重要的是，训练效果是否可以触及能力的核心——智力(g因素)，或者说，是否存在一种干预方法能够提高贯穿于所有心理能力背后的一般能力呢？对此学界尚持怀疑态度。现在的研究普遍认为，可以用层级结构(如前文所介绍的CHC模型)来描绘人类的智力，并且这是一种自上而下的因果结构，即上层能力是本质原因，下层能力是结果表现。基于这种理论假设，我们很难通过训练下层的子能力来达到提升上层的一般能力的效果。这就好比我们无法通过把手放在温度计上的方式来改变天气。

即便如此，人类智力的提升也并非毫无可能。例如，有研究者推测，利用基因编辑技术可以大幅度提高胚胎的智力水平。另外，我们已知药物滥用会改变大脑的结构，这一事实也为寻找通过入侵大脑来提升智力的物质打开了大门。对于侵入性的刺激，大脑的反应存在个体差异，智力水平较高的个体能够自动抵御入侵物质的干扰，而智力水平较低的个体则能够从入侵物质中获益，这将使得个性化的智力干预成为可能。

知识链接

人工智能究竟有多智能?

近年来，人工智能在自然语言处理、计算机视觉和机器人学等多个领域取得了突破，其进步的核心在于新技术和算法的发展，包括人工神经网络、强化学习、生成模型和贝叶斯模型等。其中，人工神经网络是当前被应用于大多数人工智能领域的驱动模型，从信息处理的角度对人脑神经元网络进行抽象概括，建立某种简单的模型，按不同的连接方式组成不同的网络，试图模拟人类大脑进行信息记忆和处理。近十多年来，人工神经网络的研究工作不断深入，取得了很大的进展。它在模式识别，自动控制，预测估计，生物、医学和经济等领域已成功解决了许多现代计算机难以解决的实际问题，表现出了良好的智能特性。

尽管人工智能主要基于对人脑的知觉、学习、推理等过程的模拟，甚至在某些任务上表现得比人类更快且更准确，但是对于人工智能究竟有多智能以及它与人类的智力还有多大差距，仍然存在争议。从智力的定义来看，通常存在两个基本要求：一是具备处理各种形式的信息和解决各种认知问题的能力；二是快速有效地学习如何处理新问题的能力。人工智能显然满足第一个要求，其晶体智力表现出色，体现在可以进行棋类游戏、作曲、艺术创作、解决复杂的数学问题、提供医疗诊断等方面；然而当面临全新的问题情境时，人工智能难以将抽象的概念或规则进行远迁移，除非提供大量的训练样例。

自20世纪60年代以来，人们开始尝试利用人类智力测验对人工智能进行测试，直至现在，人工智能已经能够通过一系列智力分测验，在晶体智力（如数学、词汇）和加工能力（如记忆、速度）方面都有不错的表现。然而在某些测验上，人工智能仍然无法达到人类的水平，如邦加德视觉模式识别问题（Bangard visual pattern recognition problem），即便是运用了最先进的深度学习算法的人工智能，在此类问题上的准确率也仅达到66%，而人类的平均准确率为90%（见图11-3）。此外，通过智力测验的大多数人工智能程序仅擅长一种特定的任务类型，不存在一个单独的人工智

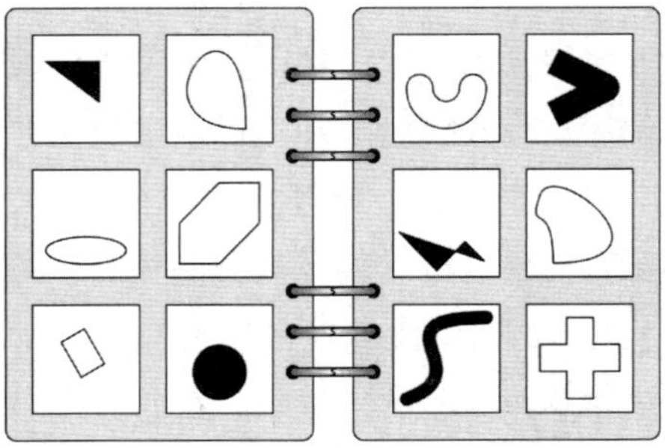

图11-3 邦加德视觉模式识别问题示例

注：被试需要找出左右两侧图形的模式差异。在此例中，左侧为凸图形，右侧为凹图形。

能系统能够在所有智力分测验上达到人类的水平。根据心理测量学对智力的定义，当前的人工智能并未达到人类的智力水平。

总的来说，近年来人工智能领域取得的突破一方面源于技术和算法的驱动，另一方面受到生物学和心理学有关人类信息加工和学习方面的认识的启发。人工智能的发展也促使我们重新思考智力的定义，仅仅关注信息加工和问题解决的定义还不够全面，人工智能完成语言识别、下棋等信息加工任务并没有想象中那么困难，而真正难以实现的是解决新异的问题，其关键是学会那些在不同情境中不变的、可概括迁移的模式。

资料来源：van der Maas，Snoek，& Stevenson，2021。

三、 设计活动

活动一

请用一个简单的句子概括什么是智力，然后再列举高智力者的特征。完成后在全班进行分享与交流。

提示：通过分享与交流，得出智力的定义。

活动二

问问身边的同学，公共课和专业课的成绩是否有明显差异。此外，在不同的专业课上，表现是否一致呢？

提示：根据智力的二因素论，能力由一般能力(g 因素)和特殊能力(s 因素)组成。g 因素代表人的基本心理潜能，是决定一个人能力高低的主要因素。正是由于这种因素，人们在完成不同的智力作业时，成绩才会出现某种正相关。

活动三

请以短时记忆能力为例，设计一套简单的测评方式，并对不同年龄段的对象进行施测，看看结果是否存在年龄差异。

提示：短时记忆能力与智力中的工作记忆指数(working memory index)的关系密切。人的智力在 18～25 岁达到顶峰，但智力的不同成分达到顶峰的时间是不同的。短时记忆是一种流体智力。根据对人的智力毕生发展的研究，人的流体智力在成年之后有下降的趋势，而人的晶体智力在人的一生中是稳步上升的。

活动四

根据流体智力和晶体智力的概念，分别设计一项测量流体智力的任务和一项测量晶体智力的任务，并确定计分方法。寻找不同年龄段的被试完成这两项任务，并把所有被试的任务得分绘制在一张图中，观察两种智力与年龄增长的关系。

提示：流体智力可以采用空间旋转、图形推理、工作记忆等任务，晶体智力可以采用词汇、常识等任务。在寻找被试时，要注意被试的年龄分布均衡，可以以 5 年或者 10 年为一个年龄段。

活动五

通过查阅书籍和文献，搜集几个可用于测量创造力的项目。

提示：

1. 不寻常用途测验（Guilford，1954）

对下列物品，把你所想到的用途尽量地都说出来。

A. 牙签　　B. 砖　　C. 曲别针

2. 后果推测(Guilford，1954)

如果国家和地方的法律都突然被废止，请你想象一切可能会发生的事情。

3. 故事结尾（Getzels & Jackson，1962）

淘气的狗

一条淘气的狗过去常常悄悄地走在行人的脚后，然后突然咬他们。狗的主人只好将一个铃铛系在它的颈上，这样无论它走到哪儿，都会发出响声。这条狗觉得真是太好了，于是很骄傲地戴着铃铛声走遍了全城。但是，一条老狗说……

4. 非直接联想(Mednick，1962)

让被试给出第四个词并使之与下列每组中的三个词有联系。

A. 老鼠—蓝色—农舍小屋

B. 轮子—电—高

C. 外面—狗—猫

D. 惊奇—线—生日

5. 词的联想（Getzels & Jackson，1962）

让被试对下列每一个词写出尽可能多的意思。

A. 母鸡　　B. 布袋

C. 投掷　　D. 公平的

活动六

某大学现在需要选出 8 位同学组成一个暑期支教小队，为山区儿童开设小学课程。该地区的交通不发达，人员往来主要依靠山间小路，生活条件较为恶劣，乡民的文化水平较低，业余娱乐活动几乎为零。根据上述情况，学校在选拔支教小队成员时，应该重点考察哪些能力？

提示：可以从多元智力、智力的三因素理论、21 世纪的通用能力等能力框架进行思考。首先需要分析支教小队的主要工作以及对个体的能力需求；其次还应该考虑支教地区的特殊情况，包括物理条件和社会文化氛围等因素，明确其他方面的能力需求。

活动七

试着完成以下几道瑞文推理测验试题，根据大图形中的符号或图案的规律，选择下面适当的图案填入大图形的空缺中。

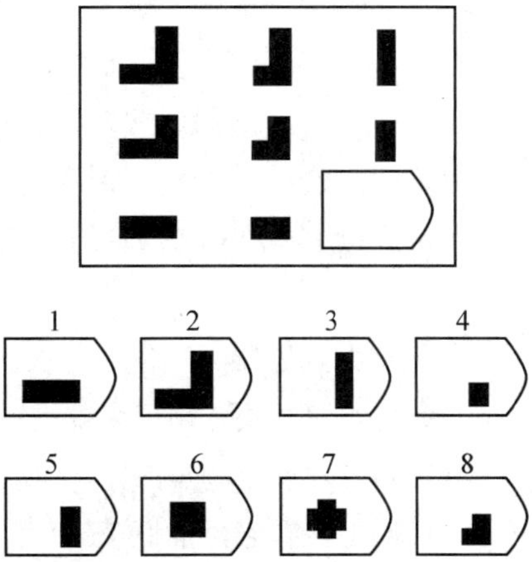

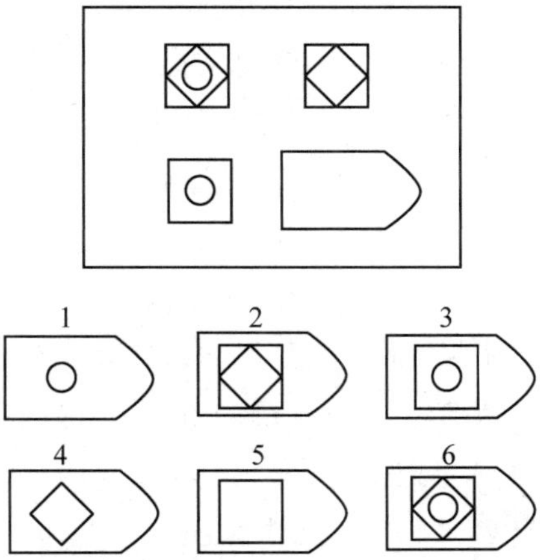

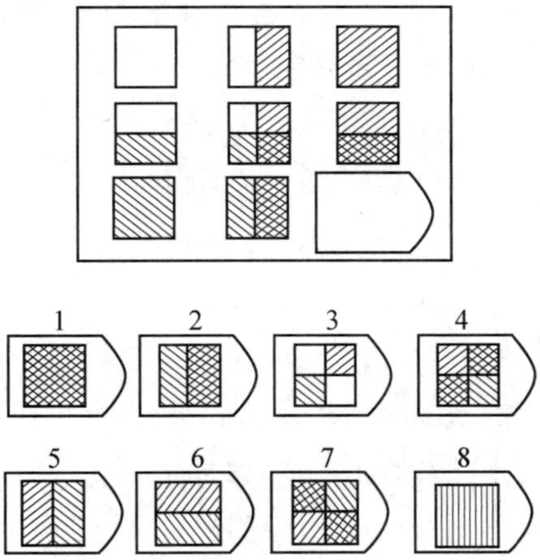

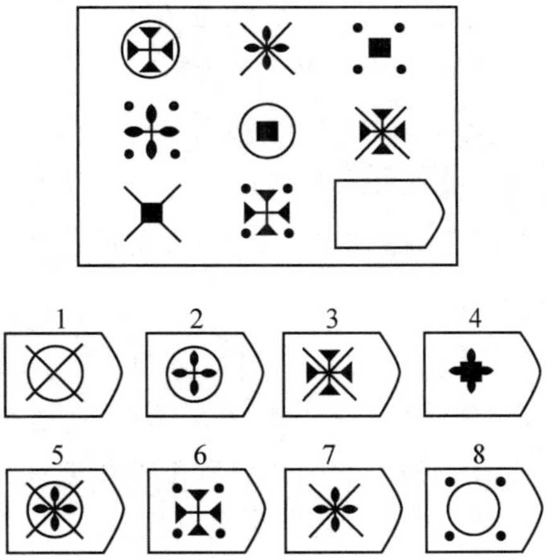

答案提示：4；5；1；2

四、 拓展练习

（一）单选题

1. 根据智力的二因素理论，智力由两种因素组成，它们分别是(　　)。

A. g 因素和 s 因素

B. g 因素和 d 因素

C. a 因素和 b 因素

D. s 因素和 x 因素

2. 第一个正式测量智力的心理测验是(　　)。

A. 韦克斯勒智力量表

B. 斯坦福-比奈量表

C. 瑞文推理测验

D. 比奈-西蒙智力量表

3. 根据智力毕生发展的研究，(　　)在中年之后有下降趋势，(　　)在人的一生中却是稳步上升的。

A. 晶体智力，流体智力

B. 一般智力，特殊智力

C. 流体智力，晶体智力

D. 特殊智力，一般智力

4. 智商在(　　)分以下为智能不足。

A. 70　　B. 75

C. 80　　D. 85

5. 研究发现，性别差异并未表现在(　　)因素上，而是反映在(　　)因素上。

A. 流体智力，晶体智力

B. 一般智力，特殊智力

C. 晶体智力，流体智力

D. 特殊智力，一般智力

6. 对于从小被寄养的孩子，孩子与亲生父母智商的相关，比与养父母智商的相关要(　　)。

A. 高　　B. 低

C. 差不多　　D. 无法比较

7. 智力发展的个体差异主要体现在(　　)上。

A. 智力发展水平、类型和发展早晚

B. 遗传、后天教育影响的程度

C. 素质的高低和智力发展水平

D. 语言能力、数学能力和人际交往的能力

8. 李明5岁，IQ是120分；林平10岁，IQ是110分。根据他们的智商分数，能够得出的结论是(　　)。

A. 李明的绝对智力水平比林平高

B. 林平的绝对智力水平比李明高

C. 两人的绝对智力水平大致相等

D. 两人的绝对智力水平无法比较

9. 下列属于一般能力倾向的是(　　)。

A. 记忆力　　B. 节奏感

C. 曲调感　　D. 色彩鉴别力

10. 智力的发展和知识的掌握的关系是(　　)。

A. 智力发展慢，知识掌握快

B. 智力发展快，知识掌握慢

C. 两者发展是同步的

D. 两者没有必然的联系

11. 智力的群因素论和多元智力理论的提出者分别是(　　)。

A. 瑟斯顿、加德纳

B. 加德纳、瑟斯顿

C. 斯皮尔曼、加德纳

D. 瑟斯顿、斯皮尔曼

12. 在仑朱利(Renzulli，1985)提出的三圆圈天才儿童的概念中，不属于天才儿童的主要特点的是(　　)。

A. 中等以上的智力

B. 对任务的承诺

C. 较高的创造力

D. 较强的操作能力

13. 智力的PASS模型中四个字母分别是指(　　)。

A. 继时性加工—同时性加工—注意—计划

B. 注意—继时性加工—同时性加工—计划

C. 注意—计划—继时性加工—同时性加工

D. 计划—注意—同时性加工—继时性加工

14. 一般能力倾向的核心是(　　)。

A. 抽象推理　　B. 观察力

C. 加工速度　　D. 创造力

15. 取决于个人禀赋，较少依赖文化和知识内容的是(　　)。

A. 晶体智力　　B. 认知能力

C. 流体智力　　D. 操作能力

16. 推孟将智力测验从欧洲引入美国，编制了斯坦福-比奈量表，并且首次用(　　)来表示智力水平的高低。

A. 比率智商　　B. 离差智商

C. 绝对智商　　D. 等级智商

17. 韦氏儿童智力量表适合(　　)岁儿童。

A. 4～12　　B. 6～16

C. 5～12　　D. 6～18

18. 有研究发现，在(　　)和(　　)测验中，男性的表现明显优于女性；而在(　　)测验中，男女的差异不显著。

A. 空间知觉，心理旋转，空间想象力

B. 空间知觉，空间想象力，心理旋转

C. 空间想象力，心理旋转，空间知觉

D. 空间知觉，心理旋转，空间方位

19. 以下智力成分不属于多元智力的是(　　)。

A. 自知智力　　B. 自然智力

C. 情绪智力　　D. 语言智力

20. 儿童身体发育的资料表明，人的神经系统在出生后的头(　　)年内迅速发展，为智力的发展提供了物质基础。

A. 1　　B. 4

C. 3　　D. 5

(二)多选题

1. 根据吉尔福特的三维结构模型，智力包括的三个维度有(　　)。

A. 内容　　B. 操作

C. 产物　　D. 单元

2. 斯腾伯格认为，成功智力包括(　　)。

A. 逻辑性智力　B. 分析性智力

C. 实践性智力　D. 创造性智力

3. 以下能力属于晶体智力的有(　　)。

A. 推理能力

B. 词汇知识

C. 记忆力

D. 数学知识

4. 韦氏智力量表(第二版)包括的两个分量表是(　　)。

A. 言语　　B. 图形

C. 逻辑　　D. 操作

5. 智力发展过程中不可或缺的因素有(　　)。

A. 主观努力　　B. 环境

C. 教育　　D. 遗传

6. 以下不属于能力范畴的有(　　)。

A. 成就　　B. 能力倾向

C. 认知风格　　D. 兴趣

参考答案

(一)单选题

1. A　2. D　3. C　4. A　5. B　6. A　7. A　8. D　9. A　10. D　11. A　12. D　13. D　14. A　15. C　16. A　17. B　18. A　19. C　20. B

(二)多选题

1. ABC　2. BCD　3. BD　4. AD　5. ABCD　6. CD

第十二章 人 格

一、 解释概念

（一）人格

人格(personality)是一个复杂的概念，不同学科的研究者对其概念的界定也不同。心理学家对人格研究的侧重点及研究方法各有不同，所以对人格的定义也不一致。概括而言，人格是在遗传和环境的相互作用下形成的独特的心理和行为特征的总和，是一个人比较稳定的心理特征与行为方式，既反映出一个人的过去与现在的心理和行为特征，也能预示他将来的行为反应。

（二）气质

气质(temperament)与我们平常所说的“脾气”“秉性”近似，是指个体生来就具有的心理活动的动力性特征，表现在心理活动强度(如情绪的强弱)、速度(如反应时)、灵活性(如思维的灵活程度)与指向性(如外向性和内向性)等方面。气质是成熟人格得以发展的先天基础条件，其可塑性较小。气质取决于与生俱来的生物属性，受高级神经活动类型的影响，具有很强的稳定性，即在很大程度上是由个体的遗传素质决定的。例如，刚出生的婴儿有的温顺安静，有的则大声啼哭，这就体现了气质特征的差异。具有同种气质特征的个体往往以同样的方式进行各种活动，而不因活动的目的和内容而改变。

（三）气质类型

气质类型是指表现为心理活动的动力特征的神经系统基本特性的典型结

合。气质特征在个体身上的不同组合，就构成了不同的气质类型。

在心理学中，大部分心理学家对气质类型都沿用了古老的“四分法”，即多血质、胆汁质、黏液质和抑郁质。这四种气质类型的人的主要特征概括为：①多血质的人活泼好动、反应敏捷、善于应变、富有生气、兴趣广泛，但兴趣容易发生变化、不容易有深刻的体验，又被称为活泼型；②胆汁质的人表现为精力旺盛、反应迅速、开朗热情、果敢顽强、直率爽快，但容易粗暴、急躁冲动，又被称为不可遏制型；③黏液质的人安静专注、稳重踏实、沉着冷静、富有耐心，但容易刻板、反应缓慢、注意力不容易转移，又被称为安静型；④抑郁质的人观察细致、体验深刻、谨慎稳重、多愁善感，但容易孤僻、过于敏感，又被称为抑制型。事实上，现实生活中多数人是介于两种类型之间的混合类型。

（四）性格

性格(character)表现为人对现实的态度和相应的行为方式的特征。性格是人格的下位概念，是人格结构中较易受环境影响的可变特征。性格主要是后天形成的，是人格中体现社会性的主要方面，具有道德评价的含义，有好坏之分。例如，吝啬、贪婪常被看作不好的性格特征，而宽容、友好常被看作好的性格特征。

（五）认知方式

认知方式(cognitive style)，又被称为认知风格或认知模式，是指个体所偏爱使用的信息加工方式。认知方式的差异在一定程度上反映了人格的差异。

场独立型(field-independent)和场依存型(field-dependent)这两种认知方式的差异主要表现在个体对外部环境(“场”)的不同的依赖程度上(Witkin，1950)。场依存型个体在加工信息过程中倾向于依赖外在参照物或以外部环境为线索，在解决熟悉的问题时没有困难，但难以应付需要找出问题的关键成分和重新组织材料的任务，容易受暗示；而场独立型个体则倾向于凭借内部参照来加工信息，善于寻找问题的关键成分并灵活运用已有的知识解决新问题，不易受暗示。

沉思—冲动型认知方式是指个体在多种解决方案的问题情境中做出决定时，在速度及准确性上存在的差异(Kagan et al.，1964)。沉思型个体碰到问题时倾向于认真思考，用充足的时间酝酿考虑、审视问题，分析问题的各种可能的解决办法，然后确定一个最佳方案，而冲动型个体恰恰相反，他们倾向于快速给出一个可能的答案，显得冲动和草率，缺乏细致的考虑。

同时性—继时性加工的认知方式(Das et al.，1975)是根据大脑功能学说提出的，即左脑优势的个体表现出继时性的加工方式，而右脑优势的个体表现出同时性的加工方式。同时性加工的认知方式的特点是，在解决问题时采取宽视野的风格，同时考虑多种假设，并兼顾到解决问题的各种可能性，其解决问题的风格是发散式的。继时性加工的认知方式的特点是，在解决问题时能一步一步地分析问题，每一个步骤只考虑一种假设或一种属性，提出的假设在时间上有明显的先后顺序，第一个假设成立后再检验第二个假设，解决问题的过程像链条一样，一环扣一环，直至找到问题的答案。

（六）自我控制系统

自我控制系统是人格的自我整合系统，包括自我认知、自我体验与自我调节。

自我认知中的一个重要方面就是自我概念，反映了个体对自己的了解和认识，包括对自己身体、社会角色、能力潜能、兴趣、态度、情感等许多方面的看法。随着年龄的增长，自我概念会不断地发生变化，主要受内部因素(主要是目标、情绪、生理因素)和外部因素(主要是社会情境和文化背景)的影响呈现出一种越来越复杂、分化和整合的趋势。自我概念能帮助个体保持内在一致性，避免心理失调，还决定了个体对经验的解释和对未来的期望。

自我体验反映了个体对自己的感觉如何。它的一个重要方面是自尊，即个体对自身价值的评价与主观感受，完整的自尊包括胜任和价值两个方面。自尊会在认知、情绪、动机、人际行为等方面对个体产生一定的影响。由于自尊具有可塑性，因此可以结合自尊的两个方面(胜任与价值)来提高自尊，获得健全的自尊。

自我调节是自我的执行和控制方面，反映了个体调节自身内部活动的能力。因为自我调节是目标导向的，既包括有意识的调节，又包括无意识的调节。良好的自我调节能力有着重要意义，是机体维持正常运作的重要保障，而自我调节能力不足容易导致一系列身心问题。自我调节能力虽然会随着年龄的增长而发展，但也具有一定的跨时间的稳定性。意志是以认知和情绪为基础的、包含目的性和努力投入的一种更复杂的心理过程，在自我控制中为实现特定目标而提供协调的动力。

自我认知、自我体验与自我调节三个子系统构成了人格的自我控制系统。人格的自我控制系统属于人格的自我调控系统或自我整合系统，是人格形成与发展的内因。

（七）潜意识

潜意识，又称无意识，是人格结构的最深层部分，也是最强有力的部分，主要指不在意识中出现的心理活动和曾经受到压抑的心理活动。它具体包括原始的冲动、各种本能，通过种族遗传得到的人类早期经验以及个人遗忘了的童年时期经验和创伤性经验，还有不合伦理的各种欲望等。人们通常意识不到潜意识的存在，但它能对行为产生很大的影响。在弗洛伊德看来，行为都受潜意识的驱使，并不存在任何自由意志的行为。

弗洛伊德把潜意识看成人格心理学的核心概念，使心理学的研究范围由意识领域扩展到潜意识领域，使人的行为动机由一般动机扩大到性的动机。这不仅丰富了人格心理学的内容，而且也为进一步理解人类行为的深层次原因提供了条件。

（八）超我

在弗洛伊德提出的人格结构说中，超我是位于本我和自我之上的最高层，从自我中分化、发展而来，是儿童早期中随父母的管教和奖惩及社会化而内化了的结果。充分发展的超我包括良心和自我理想两部分。良心的存在会使得个体在违反道德后产生内疚感和罪恶感，而自我理想的存在会使得个体做了好事后产生自豪感和满足感。超我代表着人格结构中的道德和伦理部分，主要功能有：①抑制本我的各种不为社会所接受的冲动，尤其是性欲和攻击性；②诱导自我，用合乎社会规范的目标代替较低的现实目标；③使个体向理想努力，不断完善人格。

（九）内/外倾型人格

荣格首先提出了内倾人格与外倾人格，他认为人格在与外部世界的联系中主要有两种态度类型(倾向)：一种态度指向外部环境，被称为外倾型；另一种指向个体的内部世界，被称为内倾型。外倾型和内倾型人格是指个体在与外部世界互动过程中的两种不同态度或反应方式。外倾者爱社交、开朗、好动、善言辞、勇于冒险，而内倾者爱思考、孤僻、寡言、喜沉静、含蓄内敛。荣格认为任何人都同时具有两种倾向的人格特点，只是某一种倾向相对更占优势而已。

（十）自我实现

在马斯洛的需要层次理论中，自我实现的需要作为最高层次的需要，是人类特有的需要，是指在适宜的社会情境中充分发挥个体自身的最大潜能以实现个人理想和抱负的需要。他认为，个体的主要动机是自我实现而不是满足生物性需要。这种自我实现的倾向使得个体朝着成长的方向追求与自身能力相符的终身使命。

罗杰斯认为，自我实现的过程就是个体力图在遗传的限度内充分发展自己的潜能，不仅作为个体维持生存的依靠，而且还是促进个体不断成长的驱力。自我实现倾向使人更成熟、更独立，机能更健全。

马斯洛在其研究中发现，自我实现者大多是中年或更年长的人，可被归为两类：①健康型，这类个体具有更务实、更能干的特征；②超越型，这类个体常常感知到更高的内在价值，具有丰富的超越体验。自我实现是人生追求的最高境界，自我实现者在人口中的比例仅为1%，这是因为自我实现的动机处于最高层次，容易受到压抑和控制，容易被改变或者消失，它依赖自身的潜能，并受到文化环境的特定规范的制约。自我实现者的自我实现需要占优势，但仍受其他需要的支配，这也就解释了自我实现者虽然具有许多积极的人格特征，但并非完美无缺。

（十一）高峰体验

高峰体验是马斯洛提出的自我实现者的特征之一，是指人们达到自我实现时所感受到的短暂的、豁达的、极乐的体验。这种体验超越时空、超越自我，是自我实现带来的最高喜悦。马斯洛认为，所有人都具有享受高峰体验的潜在能力，且每个人的高峰体验都是不同的，自我实现者比普通人更有可能获得这种体验，且体验更强烈、更纯粹。

马斯洛曾在研究中将高峰体验的特征总结为：完整性、完美、有活力、独特性、轻松、自我满足以及具有真善美的价值。高峰体验不常出现，且很短暂，但如果被充分利用，可以帮助消除心理病状，积极改变对自己、他人、世界的看法，从而使个体发挥更强的独立性和创造性。

（十二）理想自我

在罗杰斯的人格理论中，自我是那些与自己有关并能被个体意识到的经验。他把自我分为现实自我与理想自我，现实自我是指个体对自己在与环境相互作用中表现出的综合现实状况及实际行为的意识。理想自我是个体最希望拥有的重要且有价值的自我，是与自我有潜在关联的、个体赋予高度价值和意义并努力追求的发展目标。成熟健康者的现实自我与理想自我应当是很接近的，这与个体的积极调节和适应密切相关。

（十三）无条件积极关注

罗杰斯认为，每个人都有获得他人积极关注的需求，即在生活中得到周围人的关心、尊敬、同情、温暖、爱等情感的需求。在他看来，积极关注的需要是影响人格或自我发展的一个重要因素。无条件积极关注是指个体在任何条件下(即使是在表现出弱点或错误的行为时)，都能得到他人的积极关注，而不是只有在满足外在条件或他人标准时才能获得积极关注。获得无条件积极关注对于个体追求理想自我、达到自我实现至关重要，有利于人格的健全发展。

（十四）观察学习

提出和重视“观察学习”的观点是班杜拉最重要的理论贡献。在早期，斯金纳认为学习是一种渐进过程，个体只有通过操作并接受环境的强化，才能获得某行为，并逐步塑造自己的人格。班杜拉认为，个体常常可以在社会中通过观察和模仿他人的行为而学习，不必像斯金纳认为的每个动作都要经过强化，也不必像桑代克认为的需要“试误”去摸索，因此他提出了“观察学习”的观点，即通过对他人(榜样)行为的观察而产生的学习，又称无尝试学习。

观察学习是班杜拉的社会学习理论的核心，他认为观察学习是一种内部认知过程，效率高，错误率低。在观察学习时，个体并不是机械模仿，积极思考也参与其中。因为观察者是一个具有运用符号能力的个体，可以通过表象和言语编码获得和存储有关信息。除了外显的行为之外，语言、思维、情绪反应等也可通过观察学习获得。影响观察学习发生的条件主要有榜样的特征(如是否有趣)、观察者的特征(如需要、兴趣和自尊水平)、榜样的行为结果(如是否获得奖励)。

(十五)人格特质

一般认为，特质是构成人格的基本结构单元。根据奥尔波特的观点，特质是一种潜在的反应倾向，使个体能以相同的方式对不同的刺激进行反应。特质在时间上具有稳定性，在空间上具有普遍性。特质决定着个体的行为，对特质的了解可用于行为预测。

在日常生活中，有人会表现出与其特质不一致的行为或习惯，这并不能表明其特质不存在。按照奥尔波特的理论框架可能有三种解释：①一种特质在每个人身上不都具有相同程度的整合；②同一个人也可能具有相反的特质；③在某些情况下，人的行为只是短暂地不符合特质，因为刺激情境或一时的态度转变影响了他。

(十六)人格测评

人格测评是为了确定人格特征而编制或设计的心理测验工具与方法。一方面，它有助于我们描述人格的特征，了解人格的结构；另一方面，它被广泛应用于学术研究、人才选拔、心理咨询与辅导、临床诊断等领域。人格的主要测评方法有自陈量表测验、投射测验、行为观察法、形容词列表法、Q 分类法等。

(十七)自陈量表测验

自陈量表是要求受测者根据真实情况对自己的人格特质进行评价的一种方法。测验由一系列题项构成，涉及态度、兴趣、情绪反应、行为和价值观等方面的特征，要求受测者判断自己的实际情况与每个问题所陈述的情况的相符程度。问题设置的形式主要有：①是非式，即提供“是”与“否”两种选项；②等级式，即提供多个程度不同的选项以供受测者选择。应用比较广泛的人格测验有卡特尔 16 种人格因素测验、艾森克人格测验、五因素人格测验、明尼苏达多相人格测验等。

(十八)投射测验

投射是指个体的思想、态度、愿望、情绪、性格等人格特征，不自觉地反映于外界事物或者他人的心理过程。投射测验是向受测者提供预先编制的、意义模糊的刺激材料，要求受测者在不受任何限制的情况下自由地对刺激情境做出解释，然后通过分析并推断其人格特征的测验方法。投射测验的基本假设是：①个体对外界刺激的反应有其原因并可预测；②反应取决于当时的刺激情境，且个体的心理状况、人格结构对当时的知觉与反应的性质和方向具有很大的影响；③人格结构的大部分处于潜意识中，面对模糊情境时，隐藏的欲望、需求、动机等可以表现出来。除了罗夏克墨迹测验之外，还有主题统觉测验、绘画测验、句子完成实验等。

(十九)主题统觉测验

主题统觉测验(thematic apperception test，TAT)最早是由莫瑞及其同事于20世纪30年代编制的。全套测验由30张模棱两可的图片构成。每张图片上都至少有一个人物，要求受测者针对每张图片讲述一个完整的故事。一般这个故事讲述在5分钟之内完成，故事内容不受限制，但要包含图中发生了什么事情、为什么会出现这种情境、人物的想法和感受，以及故事的结局会怎样。通过受测者的故事讲述，可以分析和解释其人格特征。主题统觉测验假设个体面对图片情境时所编的故事与其自身生活经验，特别是心理深层的内容有密切关系，因为受测者会将自己的意愿、需求、期望和冲突等心理状态投射到他所讲述的故事中去。

（二十）人格遗传率

描述人格受遗传影响的程度的一个核心指标是遗传率（heritability），指在某群体内观测到的人格总变异中能被遗传变异解释的百分比，它既可以揭示遗传是否影响某种人格特征，又可以指明这种影响能达到何种程度。遗传率可以用于评估某一特质变异中的所有遗传变异，也可以用于评定多种基因的相互作用和特定基因组合的遗传作用。

（二十一）自我同一性

在生活中，我们可能会常常对未来产生不确定感，或对自己的何去何从感到迷茫，从而疑惑“我是一个什么样的人？我想要成为什么样的人?”这些困扰便涉及了自我同一性这一概念。自我同一性是一个非常复杂的概念，其内涵主要包括：①个体性，是指个体能意识到的一种独特感，自己的存在是独立且独特的一种感觉；②整体性与整合感，是指个体能将儿童早期不完整的、有偏差的自我认同或自我形象整合成一个有意义的整体；③一致性和连续性，是指个体追求的一种对过去、现在和未来之间的内在一致性和连续感。

二、 解答问题

（一）怎样理解人格的基本特征?

人格具有整体性、稳定性、独特性及社会性。

整体性包含两层含义：在人格构成方面，人格不是指单一的人格特质，也不是指许多孤立的人格特质的简单堆积，而是指多种成分的有机整合；在人格功能方面，完整的人格具有内在的一致性，受自我意识的调控，从而使得个体的心理与行为作为一个整体与其外部环境保持一致，即体现了人格的组织统合功能。

稳定性表现在跨情境的一致性和跨时间的连续性。个体那些偶然、暂时在某一情境中表现出的心理与行为的特点不属于人格特征。人格的稳定性源于孕育期，童年早期则是人格形成和塑造的关键期，随着年龄的增长，人格特征愈加巩固。但人格的稳定性并不意味着人格是不可改变的，事实上，人格也具有可塑性，可能会随着生理成熟和环境的改变而发生缓慢的变化。由于具有可塑性，人格才得以发展或培养。确切地说，人格是稳定性与可塑性的统一。

独特性是指人与人之间的心理与行为各不相同，每个人都是世界上独一无二的个体。人格作为个体的整体特质，除了包括不同于其他人的独特的人格特征之外，还包括群体特征，即某一民族、某一阶层、某一群体所具有的相似的人格特征。强调人格的独特性并非排除人格共同性，人格也是独特性与共同性的统一。

社会性是指人一出生就进入一个复杂的社会环境中，在成长的过程中，环境的影响在人格的形成与发展中起着非常重要的作用。人格是遗传因素与环境因素交互作用的结果，既包括个体发展中由社会活动和社会关系决定的社会性，又包括本身具有的自然性(生物属性)。生物因素为人格的发展提供了可能性，社会因素则为其提供了现实性，所以人格是社会性与自然性的统一。

（二）气质与性格的区别和联系分别是什么？

气质与性格的区别在于以下几个方面。①在起源特性方面，气质取决于与生俱来的生物属性，是个体生来就具有的心理活动的动力性特征；而性格主要是后天形成的，是个体对现实的稳固态度以及与之相适应的习惯化行为方式。②在可塑性方面，气质主要受生物因素的制约，受高级神经活动类型的影响，可塑性较小；而性格是人格结构中较易受环境影响的可变特征，受社会因素的制约，可塑性较大。③在社会评价意义方面，气质与行为的目的和内容无关，没有好坏与善恶之分，不具有道德评价的意义；而性格与行为的目的与内容有关，表现了人与社会的关系，因而具有道德评价的意义。

气质与性格的联系在于以下几个方面。①气质影响性格的表现。不同气质类型的个体可以表现相同的性格特征，气质赋予这些相同的性格特征以独特性。例如，同样都是表现为勤奋的性格特征，但多血质更兴高采烈、充满活力，而黏液质的个体则更从容不迫，不动声色。另外，相同气质类型的个体也可以表现出不同的性格特征。例如，同样都是抑郁质的个体，有些人的性格特征表现为勤于思考，有些人的性格特征表现为嫉妒、猜疑。②气质影响某些性格特征的形成与发展的速度。例如，黏液质的个体易于形成稳重沉着的性格，而对胆汁质的个体来说较为困难。③性格会在一定程度上掩盖或者改造某些气质特征。个体的经历与历练也会对自然属性决定的气质产生影响。例如，经受长期的挫折逆境可能会使多血质个体形成自卑、孤僻的性格，从而掩盖了原有的活泼好动的气质特征。性格较为成熟的个体还可以主动调节自己的适应性，有意识地掩饰气质属性的弱势。

（三）弗洛伊德的人格结构理论的观点有哪些？

早期弗洛伊德认为人格是由不同意识水平的三个部分组成，即潜意识、前意识和意识。意识是人格的最表层部分，前意识位于意识与潜意识之间，潜意识是最深层部分。潜意识，是人格结构中最有力的部分，主要指不在意识中出现的心理活动和曾经是意识领域却被压抑起来的心理活动。它具体包括原始的冲动、各种本能，通过种族遗传得到的人类早期经验以及个人遗忘了的童年时期经验和创伤性经验，还有不合伦理的各种欲望等。前意识是指潜意识心理活动中在必要时可被唤醒进入意识的经验部分，也起到了防止不适宜的潜意识内容进入意识状态的作用。意识是指可以清楚地知觉到的心理活动，内容不断变化。

后来弗洛伊德又提出了本我、自我和超我的人格结构说。①本我是人格的核心部分。本我的内容完全处于潜意识的领域，包括人格中最原始的、与生俱来的冲动、欲望或本能。本我没有价值判断，不合逻辑，不考虑现实条件和社会束缚，只寻求直接的满足，受快乐原则的支配。本我的主要目标是解除由直接需要引起的机体紧张。②自我是人格的决策和执行部分，也是唯一与现实接触的领域，包含意识、前意识和潜意识成分，主要是意识层面。自我是理性的化身，遵循现实的原则，根据现实情况来满足本我的欲求，并协调超我的要求。在本我和现实之间、本我和超我之间起调节、整合的作用。③超我是人格中的道德或伦理部分，是从自我中派生出来的。超我代表道德力量，遵循道德的原则，包括良心和自我理想两个部分。超我一旦形成，就严密地监视着自我，判断自我的行动和意图，当自我违背超我的道德标准行动或准备行动时，个体就会产生内疚感。如果自我不能达到超我的完美标准，就会产生自卑感。

（四）马斯洛的自我实现论与罗杰斯的自我和谐人格观有什么不同?

马斯洛认为自我实现(self-actualization)有两层含义：一是作为一种心理需要或动力的自我实现；二是作为一种人格的自我实现。他在需要层次理论中指出人性的主要动机是自我实现而不是生物性需要的满足。自我实现的需要是指促进个体充分利用和发挥自我的天资和潜能的需要，可以促使个体成为他所能成为的人。自我实现不只是一种结果状态，而是在任何时刻、任何程度上实现个人潜能的过程。

罗杰斯把自我或自我概念视为人格的主要结构，即个体对自己天性、独特的特质和典型行为的信念的集合，如“我是诚实的”或“我是狡猾的”等。自我概念包括真实自我(real self)和理想自我(ideal self)，即较符合现实的自我形象和个体期望实现的自我形象。罗杰斯认为真实自我与理想自我和谐一致是心理健康的关键，两者越接近，个体的幸福感程度越高。他还指出自我实现的倾向驱动着个体“成为真正的自我”，即更具独立性、创造性、适应性和社会责任感。

自我实现论与自我和谐人格观的区

别主要在于以下几个方面。①自我实现论着重阐述人格动力——需要层次理论，认为自我实现是一种最高层次的需要；而自我和谐人格观着重阐述人格结构——自我概念，将自我概念视为人格的主要结构。②马斯洛认为自我实现的需要对一般群体来说通常是无意识的，越是高级的需要，越不易被察觉，但是满足之后能引起更为深刻、更为强烈的幸福感和充实感，更能体验到内心的宁静与丰富；而罗杰斯认为自我概念只是那些与自己有关并能被个体意识到的经验，没有深藏在潜意识中。③马斯洛在自我实现的研究方面更加系统和具体，他以正常的、最健康和最优秀的人为研究对象，概括出自我实现者在诸如以问题为中心、自主性、欣赏力、人际关系、创造力等多方面的典型人格特征，并提倡心理治疗和教育的根本目的在于开发潜能，完善人格，促进个体的自我实现；而罗杰斯认为个体的功能是维持各种自我知觉之间的一致性且在自我概念和经验之间起到协调作用，并指出机能健全者应该具有自我一致性，即自我与经验相协调，对经验采取开放的态度，以便同化新经验，谋求自我的充分发展。罗杰斯创建的"来访者中心疗法"提倡心理治疗的目标在于帮助来访者减少人格的内部冲突，整合自我与人格，发展积极的生活方式，使个体转变为机能健全者。

（五）人本主义的人格理论的特色与贡献有哪些?

以马斯洛和罗杰斯为代表的人本主义的人格理论的特色：①认为人是有尊严和价值的，也是有自由意志的，可以对自己的行为负责，有能力决定自己的行为和命运，同时强调以人为中心，强调人格的完整和自我的充分发展；②强调目前和现在，认为"现在"决定了人们的行为，人只有按照生活本来的面貌（"此时此地"）去生活，才能成为功能完善的人，才能充分享受生活；③注重人格的积极方面，强调人有积极成长的能力，关注健康人格，认为人格的发展是无限的；④认为人是统一的整体，更重视人的主观经验，主张用现象学的方法对人进行研究，而不是把人还原为在人格测验上的得分。

理论贡献：①人本主义的人格理论关注人格的积极方面，把人格心理学的研究范围扩大到健康人格的许多方面，第一次把人的本性、潜能、自我实现作为心理学的研究对象；②罗杰斯创建的"来访者中心疗法"是一种积极的、有效的、创新性的心理治疗和心理咨询技术，许多治疗师在实际工作中都深受人本治疗思想的影响，采用共情、积极关注来访者等技术；③人本主义的人格理论主张的发挥个人的潜能、生活在"此时此地"、寻找生活的意义和幸福等建议也被广泛应用于教育和组织管理等领域。

（六）班杜拉的社会学习理论如何解释人格的形成与发展？

班杜拉反对激进行为主义者把人视为环境的机械产物，也否定人本主义者把人视为能控制环境的决定者，而是把人看作有意识的、能思考的机体。班杜拉提出人格的形成受到环境、个人的内部因素、行为三者的动态交互作用的影响，即“三元交互作用论”。人不仅对环境做出行为反应，而且还会积极创建和改造自己的环境；个人的内部因素决定了哪些环境会被知觉、被组织和解释，以及被付诸何种行为；行为的产生反过来也会影响个人的内部因素及其创建或改造环境的方式。

班杜拉强调认知对行为的获得及保持的重要性，相信人格在很大程度上是通过学习塑造的，尤其是观察学习。观察学习包括内部认知过程的多种因素。在观察学习时，自我调节和自我效能发挥着动力作用。他认为人的行为并不是被动地受环境的支配，而是会受到自我调节的作用。个体模仿榜样的行为时会依据榜样的行为确定自己的行为标准，以此来要求自己、评价自己，包括自我强化和自我惩罚。另外，人的行为不仅受结果期望的影响，而且还受自我效能的影响。结果期望是指个体对某一行为在多大可能性上会导致某一结果的信念，而自我效能是指个体对自己在特定情境中是否有能力得到满意结果的判断。班杜拉认为自我效能比结果期望能更好地预测行为。

根据社会学习理论的观点，社会认知经验对人格的发展发挥着重要作用。班杜拉反对人格发展阶段论，认为个体的认知能力在某一时期不一定有固定的表现形式，可能因情境而异。在他看来，发展就是围绕着个人目标、计划、自我效能所发生的变化，而这种变化可以用观察学习、替代强化、自我调节等来解释(郭永玉，2018)。

（七）奥尔波特人格理论中共同特质与个人特质有什么不同？

首先，共同特质(common trait)是指同一文化形态下，大多数群体或者一个群体共有的相同的特质，是在共同的生活方式下形成的，普遍存在于群体的每个个体中；而个人特质(individual trait)是个体独有的人格特征，代表个人的人格倾向。其次，共同特质是为了测定复杂的人格而抽取出来的概念，每一种共同特质都是一种概括化的人格倾向，不能对任何个体进行真正精确的描述；而个人特质是一个个体表现出来的稳定、独特的倾向，可以精确地对个体的人格特征进行描述。最后，共同特质适用于一般规律的研究，主试根据对某一特质的测量，对所有被试进行比较，在单一维度上几乎可以对所有被试进行描述；而个人特质适用于特殊规律的研究。奥尔波特主张人格心理学家集中精力研究个人特质，认为用个人的史实记录(如日记、信件和自传等)的方法来研究最有效。

（八）卡特尔的特质理论提出的根源特质是什么，有哪些根源特质？

根源特质(source trait)是行为的内在根源，是个体人格结构重要的组成部分，支配个体的一贯行为，具有对行为的解释力。根源特质的表现形式是表面特质(即从外部行为能直接观察到的特质)。卡特尔认为，一个根源特质能影响几个表面特质，每一个表面特质由一个或多个根源特质所支配。根源特质各自独立，且普遍存在于不同年龄和处于不同社会环境的个体中，但其程度不同，因而决定了人格的个体差异。

卡特尔主张多变量的因素分析法，可以将生活史资料、观察报告资料和实验资料作为依据进行分析。卡特尔通过因素分析法提取出了16种相互独立的根源特质，并编制了16种人格因素问卷(sixteen personality factor questionnaire，16PF)，包括乐群性(A)、聪慧性(B)、情绪稳定性(C)、恃强性(E)、兴奋性(F)、有恒性(G)、敢为性(H)、敏感性(I)、怀疑性(L)、幻想性(M)、世故性(N)、忧虑性(O)、激进性(Q1)、独立性(Q2)、自律性(Q3)、紧张性(Q4)。

（九）艾森克的人格维度模型的基本观点是什么？

艾森克用因素分析法强调了人格的三个基本维度。①外倾—内倾维度(extraversion-introversion)。高分者的外倾性更高，典型特征是开朗、冲动，注意力指向外部世界，有广泛的社会接触并经常参加群体活动；低分者的外倾性更低，典型特征是安静、退缩、内省，注意力指向内部，不喜欢社交。②神经质—情绪稳定性维度(neuroticism-stability)。高分者的情绪稳定性更低，典型特征是在情绪上容易过度反应，表现出高焦虑、喜怒无常、容易激动，不易恢复平静；低分者的情绪稳定性更高，典型特征是稳重、温和，不易焦虑，情绪反应缓慢且轻微，很少会情绪失控，容易自我克制。③精神质—超我功能维度(psychoticism-superego functioning)。精神质又称倔强性，并非暗指精神病，在所有人身上都不同程度地存在。高分端为高精神质，典型特征是自我中心、冲动、冷漠，具有攻击性，不近人情，好挑衅，缺乏同情心，高创造性；低分端为超我功能，典型特征是温柔、善感、仁慈，有正义感，关心他人。

（十）人格的五因素模型的基本内容及主要价值是什么？

麦克雷和科斯塔(McCrae & Costa，1985)提出了人格的五因素模型(five-factor model，FFM)，认为人格中存在五个主要的独立因素：开放性(openness)、尽责性(conscientiousness)、外倾性(extraversion)、宜人性(agreeableness)和神经质(neuroticism)。

开放性，又称求新性，反映了个体对不熟悉环境的容忍性和探索性，积极寻求经验。高分特征是富有想象力、充满好奇心、爱思考、高创造力、世故老练，低分特征是缺乏想象力、好奇心弱、不善思考、创造力低、不老练世故。尽责性，又称谨慎性，反映了个体对目标导向的动机和行为组织。高分特征是可靠、注重实际、勤奋、有序、谨慎细心、自律，低分特征是不可靠、不切实际、懒惰、无序、粗心大意、意志薄弱。外倾性反映了人际交往的密度和数量、对刺激的需求以及获得快乐的能力。高分特征是外向、大胆、善谈、精力充沛、自信，低分特征是退缩、胆小、沉默、保守、害羞。宜人性，又称随和性，反映了个体对他人的态度，与他人和睦相处的程度。高分特征是热情、和气、有合作精神、可信赖、大方，低分特征是冷淡、不和气、不合作、怀疑他人、吝啬。神经质，又称情绪稳定性，反映了个体的情绪调节能力和情绪稳定性程度。高分特征是紧张、不稳定、不满足、易怒、没安全感，低分特征是放松、稳定、易满足、不易怒、有安全感。

五因素模型的主要价值在于以下几点。①作为特质的分类系统，五因素模型具有客观的遗传基础，在很大程度上是生理结构和生物学过程的产物。因此，该模型不仅描述了个体的表现型特征，而且描述了个体的基因型特征，是具有解释意义的因果模型(尤瑾，郭永玉，2007)。②该模型涵盖了人类领域的主要心理方面，每一个维度都概括了大量不同的、更具体的人格特征，大量的跨文化和跨语言的研究结果均证明了它的广泛适用程度，为全球化的人格研究提供了一个非常有效的工具。③从理论的提出到问卷大面积的信效度验证，都为该模型的影响力提供了证据，它被广泛应用于整个心理学领域乃至组织和社会学领域。

（十一）人格特质理论与人格类型理论的差异有哪些?

人格特质理论认为，特质是人格结构的基本单元，每个个体都不同程度地具备这些特质；人格类型理论强调根据某种标准把人格划分为多种类型，个体只归属于某一种人格类型。

人格特质理论侧重描述个体在各个特质维度上的差异，强调的是量的差异；人格类型理论侧重描述群体间人格类型的差异，强调的是质的差异。

人格特质理论相对更为精细，特质差异可以通过心理测量进行评估；人格类型理论则相对较为粗糙，类型差异可以通过观察进行评估。

人格特质理论更注重研究的实证性，也促进了人格测评工具的产生，如卡特尔16PF、五因素人格测验(NEO-PI)等；人格类型理论对人格的描述较为简单，更适用于群体分析的实践应用，如九型人格在职业生涯规划实践中发挥着重要的指导作用。

（十二）人格测评中自陈量表人格测验的优势与不足有哪些?

自陈量表人格测验的题目数量固定，题目内容具体而清晰，施测简单而直接，计分方便，解释相对容易。但因编制自陈量表时缺乏客观的效标，自陈量表的效度不高；其有效性受制于受测者在测验中有意或无意的表现。例如，有些受测者可能不愿意按照真实情况作答或故意敷衍，有些受测者可能会因误解指导语或题目而出现虚假作答，在反应过程中难免会表现出某种稳定的个人作答倾向，如选择居中选项或表现出社会赞许性等，这些因素都会影响自陈量表人格测验的信度和效度。

（十三）人格测评中投射测验的优势与不足是什么？

投射测验的优点是：①测量目的具有掩蔽性，受测者不知道测验的真实目的，减小了受测者伪装的可能性，因而可以揭示用其他方法不能揭示的人格特点；②投射测验使用墨迹图或其他图片，便于对没有阅读能力的人进行测验；③受测者对没有明确结构和固定意义的测验材料可做出不受限制的反应，因此可以同时测量多个人格维度，并对人格特征做整体分析。

投射测验的不足是：①开放式作答对研究者的要求较高，因为缺乏客观标准而使计分、评分增加了难度，对测验的结果难以进行定量分析；②相比于自陈量表，投射测验的信度和效度均偏低；③该类测验适用于个别施测，需要耗费大量的时间；④对测验结果的解释大多依赖研究者的个人印象和临床经验，且会受到很多无关因素的干扰。

（十四）心理学家是如何研究遗传在人格形成与发展中的作用的？

探讨遗传与人格之间关系的途径主要有两种：一种是行为遗传学，另一种是分子遗传学。

行为遗传学最常用的方法主要有以下几种。①家族研究。它是通过研究前代人的某种人格特征在家系内后人身上得到显现的频率，用于说明某种人格特征的遗传性。若某一人格特征的显现频率高于家族内其他人格特征的显现频率或高于其他家族同一人格特征的显现频率，则可以说明遗传的作用。该方法受到的最大质疑就是未能把环境因素从遗传因素中分离出来，因为同一家族内生理遗传性与环境“遗传性”共存。②双生子研究。同卵双生子的遗传基因完全相同，异卵双生子不完全相同，通过比较两者人格特质的相关，可以解释遗传因素的作用。③收养研究。它是对在非亲生父母的照料下成长的孩子的研究方法，通过比较被收养的孩子与其亲生父母间的相似性程度(基因效应)或与其养父母间的相似性程度(环境效应)来进行研究。

人格的分子遗传学研究取向是在DNA水平上用基因测定方法研究特定基因对人格表现型的影响效应，旨在超越传统人格数量遗传学研究仅停留在统计学层面考察遗传率的局限，而从微观层面直接鉴别对人格产生重要遗传影响的具体基因或基因组合，以精确揭示人格特征(包括人格障碍)或人格差异的根本遗传机制。

（十五）家庭环境对人格的形成与发展主要有哪些影响？

家庭是社会的细胞，是社会文化的

媒介，是个体成长与社会化的主要场所之一，对人格具有强大的塑造力。问题儿童往往都生活在家庭结构不完整或家庭功能缺失的家庭中，这类家庭的特点主要是父母关系的质量较差、家庭成员的角色混乱、沟通受阻、情感冷漠等。

亲子关系的质量对个体的人格是否健全、社会化过程是否顺利、是否发生人格障碍都具有极其重要的影响。个体在婴幼儿时期的经历，特别是与主要照料者的依恋关系，决定了其成年期的人格发展。安全型依恋的个体在人际交往中更加积极主动，能够与照料者建立相互信任的关系，在安全感的支持下进行探索周围环境的活动，与陌生人能够友好相处，表现出更多积极的心理品质。而不安全依恋的个体对周围的环境有不信任的感觉，有强烈的不安全感，难以与其他人建立良好的人际关系，更容易形成猜疑、冷漠、缺乏自主性等消极的心理品质。而且在追踪研究中常能够发现，不安全依恋的个体容易产生许多行为问题和心理障碍。此外，在亲子关系中最为重要的表现是亲子冲突和亲子亲合。亲子冲突是指青少年公开地与父母的行为对抗与对立；亲子亲合是指父母与子女之间亲密的情感联结，表现在亲子互动行为和心理亲密感受上。亲子冲突对人格形成与发展的影响既有消极的一面，也有积极的一面。例如，长期的亲子冲突会构成青少年主要的心理压力源，导致各种问题行为，影响其身心健康；而青少年早期亲子冲突的增长是亲子逐渐获得同等交往地位的一种手段，合理地处理亲子冲突有利于青少年独立人格的形成及自我同一性的获得。青少年在亲子冲突增加的情况下，依然能够保持较高的亲子亲合，这对青少年的人格健康发展至关重要(王振宏，2012)。

不同人格特征的父母，其行为示范有不同的特点，这也决定了教养方式的不同。父母的教养方式的恰当性会直接决定孩子良好人格特征的形成。采用良好的教养方式的父母向孩子示范了关心他人与对社会负责的模式，儿童通过观察与模仿获得适应性的行为方式。例如，采用民主型教养方式的父母能够尊重孩子，给孩子一定的自主权和积极正确的指导，尊重孩子的独立性，采用说理、循循善诱的教育方式对待孩子，父母与孩子处于平等和谐的家庭氛围中，因而孩子通常会形成独立、成熟、友善、合群等人格特征；而采用专制型教养方式的父母对孩子有过多的支配和控制，会使孩子形成消极、被动、依赖、服从、懦弱，甚至不诚实的人格特征。

（十六）学校教育对人格的形成和发展主要有哪些影响?

学校是人格社会化的主要场所。学校教育对人格的形成和发展发挥着巨大和不可替代的作用。美观宽敞的校园环境、充分的条件设施、积极进取的学校心理文化氛围、系统充实的课程教学，以及德育与心理健康教育等各种教育教学活动都是个体人格形成与发展的重要支持。最重要的影响因素当数教师的教育方式和教育态度、师生关系及同伴关系。

教师的教育方式和教育态度对学生人格的发展具有导向作用。在教师不同的教育方式下，学生会表现出不同的人格特点。教育心理学家勒温等人的研究发现，在专制型的教师管理下，学生的作业效率提高，常有不满情绪，依赖性增强，缺乏自主性；在放任型的教师管理下，学生的作业效率低，挫折体验频繁，较任性；在民主型的教师管理下，学生积极主动，很少有不满情绪，完成作业的目标是一贯的。此外，教师对学生传递积极的期望，会使他们进步得更快，发展得更好，而传递消极的期望则会使他们自暴自弃，放弃努力。这种通过教师对学生心理的潜移默化的影响，使学生取得教师所期望的进步的现象，被称为“罗森塔尔效应”，又称“期望效应”。赞美、信任和期待是一种能量，能改变学生的行为。当学生获得了教师的信任、赞美时，他们便感觉获得了社会支持，从而增强了自我价值，变得自信、自尊，获得了一种积极向上的动力，并尽力达到对方的期待，以避免对方失望，从而维持这种社会支持的连续性。

和谐融洽的师生关系对人格的形成和发展也有重要影响。师生之间不仅是教育者与被教育者的关系，而且也是管理者与被管理者、成熟者与未成熟者、先知者与后知者、长辈与晚辈等多重角色的关系。良好的师生关系可以拉近师生心理的距离，使学生的学习动机由单纯的认知需要上升为情感需要，使教师的工作动机由职业需要上升为职责需要(王振宏，2012)。一方面，教师尊重和关爱学生，主要受教师的理想、信念、职业道德和事业心的支配，不仅能诱发学生积极向上的热情，而且深刻地影响学生智力和人格的发展。另一方面，学生对教师的尊敬和信赖，则是对教师爱学生的回应。由于对教师的尊敬和信赖，学生更多地表现出主动参与的激情和自主性。

良好的同伴关系也是人格的形成和发展的重要方面。同伴关系中不同的角色经历可以提供不同类型的榜样模式和丰富的信息反馈，因而促进个体自我的形成。此外，良好的同伴关系为个体提供了重要的社会支持，使其有更多机会自主做决定，从而促进自主性的发展。早期的同伴关系涉及个体的学习态度、努力程度以及日常表现等多方面的情况。因此，良好的同伴关系有利于社会价值的获得、社会能力的发展以及认知、情感、人格的健康发展。

（十七）基因与环境是如何交互作用于人格的形成和发展的?

交互作用理论认为人格的形成和发展是遗传与环境交互作用的结果，遗传决定了人格发展的可能性，环境决定了人格发展的现实性。两者是如何交互作用于人格的形成和发展的，这是研究者面临的新课题。分子遗传学的发展使得基因与环境交互作用的深入研究成为可能。研究者开始关注个体在多大程度上会受到环境的影响，即不同个体对环境的敏感性存在差异，从而导致了不同的发展结果。基因与环境交互作用的理论模型主要包括以下几种。

①素质—压力模型(diathesis-stress model)。

“素质”(diathesis)与“脆弱性”(vulnerability)的含义一致，是指个体先天所具有的一种风险特征，如气质、神经生理和基因等倾向性特征。该模型认为，具有某种脆弱性特征的个体更容易受到不良环境的影响，从而引发各种心理或行为问题的产生；而缺乏这些脆弱性特征的个体则被认为具有较高的“弹性”，这使得他们在不良环境中更加倾向于动态地调整对环境的适应性，从而不易受到不良环境的影响(Zuckerman, 1999)。例如，有研究探讨了5-羟色胺基因多态性与母亲产前焦虑对儿童负性情绪的交互作用，发现携带短等位基因(SL/SS)的婴儿，其母亲自我报告的产前焦虑水平显著地正向预测婴儿的负性情绪，携带长等位基因(LL)的婴儿，母亲的产前焦虑水平对其负性情绪没有影响(Pluess et al., 2011)。

②差别易感性模型(differential susceptibility model)。

该模型将环境敏感性概念化为“易感性”(susceptibility)，并将个体对环境影响的易感性从不良环境的影响方面扩展到了积极环境的影响方面。其核心观点是具有易感性特征的个体在良好养育环境下会发展得“更好”，而在不良养育环境下会发展得“更差”；不具有易感性特征的个体在良好环境下不会表现出更容易获益的倾向，在不良环境下也不会表现出更容易受损的倾向(Belsky & Pluess, 2009)。例如，一项样本为9361名18岁以下儿童的研究(van Ijzendoorn et al., 2012)对涉及5-羟色胺基因多态性的22个基因与环境交互作用的关系进行了总结。结果显示，携带5-羟色胺基因多态性短等位基因的儿童不仅更容易从不良环境中受损，而且更容易从良好环境中获益。

③感觉加工敏感性模型(sensory-processing sensitivity model)。

感觉加工敏感性是一种由基因与环境影响共同塑造的中枢神经生理功能特性，是个体对环境刺激反应的特质性差异，反映在个体对环境信息的认知加工深度、情绪与生理反应大小、对细微信息的觉察、容易被过度刺激等特征上(Aron & Aron, 1997; Aron et al., 2012)。这一差异被理解为婴儿时期就已经形成的稳定特质，同时也受其成长过程中环境经验的进一步影响。与差别易感性模型一致，该模型也认为感觉加工敏感性高的儿童在不良环境中出现心理行为问题的风险会增加，在良好环境中则会获益，发展得更好(Greven et al., 2019)。在实证研究中多采用成人高感觉加工敏感性量表(high sensitivity person, HSP)和高敏感性儿童量表(high sensitivity children, HSC)来分别测量成人和儿童的感觉加工敏感性水平。

④环境敏感性模型(environmental sensitivity model)。

研究者(Pluess, 2015)提出个体并非被动地接受环境的影响，在面对环境影响时，个体具有一定的感知和处理周围环境中特定特征的能力，即环境敏感性。与感觉加工敏感性模型的理论基础一致，该模型认为环境敏感性具有基因基础，同时也受到早期环境因素的影响，是敏感性基因与早期环境影响共同作用的结果(Pluess, 2015; Pluess et al., 2018)，可以在表型气质或体现中枢神经系统功能的心理反应性中反映出来。该模型还提出存在不同类型的环境敏感性，不携带敏感性基因的个体无论在怎样的环境下都会形成低敏感性(low sensitivity)。早期的环境会塑造出不同的环境敏感性类型，即在常规环境(积极和消极环境因素大致相当)中可能形成一般敏感性(general sensitivity)，与不携带敏感性基因的个体相比，携带敏感性基因的个体对一般环境中的消极或积极影响具有更强的易感性，在逆境因素占主导的环境中更可能发展为脆弱性，在支持性因素占主导的环境下更可能发展为优势敏感性。环境敏感性模型强调了敏感性基因与环境共同塑造的中枢神经系统功能敏感性的重要性，其实证研究仍有赖于环境敏感性测评工具的开发。对于敏感性基因与早期环境因素是如何交互影响导致神经系统功能敏感从而形成不同的环境敏感性，以及环境敏感性如何与环境因素交互作用影响个体多样性的发展，该模型提供的仅仅是一种理论解释与预期，需要实证研究的进一步澄清(王振宏等, 2020)。

综上，环境敏感性个体差异的相关理论和实证研究为理解基因和环境对人格形成和发展的交互作用提供了新的解释框架。

(十八)自我在人格的形成和发展中起到了什么作用?

除了遗传生物学因素和后天环境因素(包括童年经历)的影响之外，自我主观因素构成了人格形成和发展中重要的内部因素。在人格的发展过程中，个体的认知、情感、动机和行为都在自我的统合调控下发挥作用，并且实现了一种动态平衡。

个体对自我、他人和情境的认知是其人格特征的重要影响因素。自我概念影响了个体对社会情境的信息组织，也指导着个体为人处世的方式。个体形成的认识、评价自己和他人的认知图式成为他们认识人和情境的透镜，而且倾向于产生与自我概念一致的行为。儿童根据别人对自己的反应形成自我概念之后，就会在自我概念的基础上，接受外界的影响。此外，处于各种环境中的不同人格特征的个体似乎在不知不觉地重新建构自己经历过的情景。自我概念对人格的形成和发展的影响还体现在理想自我的导向作用上。理想自我是个体独立建构起自己满意的人格特征的主要途径，反映了一种人格发展意向。若理想自我与现实自我之间存在一定的差距，理想自我就能形成引导自我发展的动力并产生自我调节的作用，但如果这种差距过大，则会阻碍个体的社会适应。

关于未来指向及追求探索对人格形成和发展的影响，自我同一性也发挥着很重要的作用。人格心理学家普遍认为，自我同一性是个体一生的探索任务。埃里克森最早提出自我同一性的概念，他认为青春期是自我同一性探索最为强烈的阶段，身心的逐渐成熟以及未来成人角色身份的选择都促使个体进入强烈的同一性探索，即在“自己认为自己是什么样的人”与“自己在别人眼中表现为什么样的人”之间探索比较。尽管埃里克森没有对复杂多元的自我同一性给出一个准确的定义，但他提出自我同一性既可以表示对个人身份的自觉意识，也可以表示对群体特征的内心趋同，反映了个体在特定社会环境中进行的自我整合，通过与他人的相互作用形成坚定且连续的自我意识，并能在社会中感受到支持和认可，也能感觉到自己对于他人是有重要意义的存在，因此能主动达到他们的期望与感觉(牛海群，郭本禹，2021)。人格发展是一个持续一生的过程，而持续探索并获取自我同一性也是个体自我成长过程中的长期任务。经历过探索且拥有积极自我同一性的个体大多会形成适应性的人格特征，具有较高的社会适应水平；角色混乱的个体则会发展出不良的人格特征，出现迷失感和焦虑感的心理状况。

三、 设计活动

活动一

请完成：以希波克里特提出的体液说为理论基础，组织学生以小组为单位讨论并举例列出历史上或名著中不同气质类型的典型代表人物(每种类型5个例子)，并且组织思考、讨论一下在当今社会中，具有这些气质类型特点的个体适合与不适合做的工作有哪些。试着分别讲出一种工作类型。

活动二

请完成：以弗洛伊德的人格结构理论为基础，分小组对主持者设定的场景进行讨论，每组一种场景，分角色(本我、自我、超我)制订心理剧本，并且进行分组角色表演。

主持者需要对每组剧本及表演进行分析与点评，成员讨论对本我、自我和超我的认识。

活动三

请回想一个自己认识或者给你留下深刻印象的人。对照马斯洛所列举的与自我实现者有关的特征，试着去鉴别一下他是否可能是一位自我实现者。找出其具备的特征，尽力根据他生活中的例子，来具体阐述这些特征。

活动四

请选取一种你想要测量的人格特征。例如，你可能选择类似这样的特征，如尽责的、友善的、冲动的或自恋的。首先写下该特征的清晰定义，然后试着编制一个大约包含五个题目的简短问卷来测量这一特征。题目可以是陈述句，也可以是形容词。其形式可以是开放式的，或“是—否”式的，也可以是一个李克特式评分量表。然后让组内的其他人来做问卷，最后在小组里分析与讨论：编制题目容易吗？你的问卷准确地测量了该特质吗？

活动五

请列出五个你与兄弟姐妹的共享环境对你的影响（如果你是独生子女，就想想假如你有兄弟姐妹，会受到什么样的影响），然后再列出五个非共享环境对你的影响。在这些环境因素中，哪种因素对你的人格、态度或行为的影响最大？

四、 拓展练习

（一）单选题

1.“从小看大，三岁知老”反映了人格的（　　）。

A. 稳定性　　B. 生物性

C. 个别性　　D. 整体性

2. 个体在心理活动的强度、速度、灵活性和指向性方面的稳定的动力特征是（　　）。

A. 气质　　B. 性格

C. 认知风格　　D. 能力

3. 个体自出生至终身的整个生命全程中，人格特征的表现随着年龄和习得经验的增加而逐渐改变的过程被称为（　　）。

A. 人格结构　　B. 人格动力

C. 人格发展　　D. 人格适应

4. 黏液质的个体不合适做（　　）的工作。

A. 需要细心及持久力

B. 变化多端

C. 稳重细致

D. 要求注意力高度集中

5. 使人格各部分整合和统一起来的核心力量是（　　）。

A. 自我意识　　B. 气质

C. 性格特征　　D. 能力

6. 对客观事物做判断时，常常利用内部的参照对事物做出判断的认知方式属于（　　）。

A. 冲动型　　B. 沉思型

C. 场依存型　　D. 场独立型

7. 最先把人格特质划分为个人特质和共同特质的心理学家是（　　）。

A. 卡特尔　　B. 艾森克

C. 奥尔波特　　D. 马斯洛

8. 个体最重要、最具影响力、最能代表个人特点的个人倾向是（　　）。

A. 中心倾向　　B. 首要倾向

C. 次要倾向　　D. 优势倾向

9. 卡特尔认为（　　）是个体人格结构中重要的组成部分，支配着个体的一贯行为。

A. 一般特质　　B. 共同特质

C. 表面特质　　D. 根源特质

10. 个体所偏爱使用的信息加工方式及特性被称为（　　）。

A. 认知风格　　B. 认知类型

C. 认知过程　　D. 认知活动

11.“音乐家必须去创作，画家必须作画，诗人必须写诗。如果他最终想达到自我和谐的状态，就必须成为他能够成为的那个人，必须真实地面对自己”，这一观点的提出者是(　　)。

A. 罗杰斯　　B. 马斯洛

C. 奥尔波特　　D. 班杜拉

12. 人们达到自我实现时的片刻体验被称为(　　)。

A. 有意识体验　　B. 无意识体验

C. 积极体验　　D. 高峰体验

13. 每个人都生活在自己的主观世界之中，其主观世界决定着行为方式，这种观点的提出者是(　　)。

A. 马斯洛　　B. 班杜拉

C. 罗杰斯　　D. 斯腾伯格

14. 假如某个人相信自己能够登上珠穆朗玛峰，这种对自己完成登山任务的能力的主观上的判断被称为(　　)。

A. 高峰体验　　B. 乐观主义

C. 归因风格　　D. 自我效能感

15. 根据班杜拉的理论，影响自我效能感的最主要的因素是个体自身行为的(　　)。

A. 自我预期　　B. 成败经验

C. 自我归因　　D. 期待

16. 创建“来访者中心疗法”的心理学家是(　　)。

A. 荣格　　B. 埃里克森

C. 罗杰斯　　D. 阿德勒

17. 提出“观察学习”与“模仿”观点的心理学家是(　　)。

A. 马斯洛　　B. 班杜拉

C. 罗杰斯　　D. 斯腾伯格

18. 五因素模型中不包括的因素是(　　)。

A. 稳定性　　B. 外倾性

C. 尽责性　　D. 开放性

19. 主题统觉测验主要了解受测者的(　　)。

A. 意识　　B. 潜意识

C. 行为　　D. 前意识

20. 主张个体一生的探索任务是持续付出努力，获取并维持自我同一性的心理学家是(　　)。

A. 弗洛伊德　　B. 荣格

C. 阿德勒　　D. 埃里克森

（二）多选题

1. 人格具有(　　)。

A. 整体性　　B. 独特性

C. 稳定性　　D. 社会性

2. 属于气质特征的是(　　)。

A. 认真负责　　B. 活泼好动

C. 自私自利　　D. 反应迅速

3. 下列有关性格与气质关系的论述，正确的有(　　)。

A. 性格没有好坏之分，气质有好坏之分

B. 气质可以影响性格形成和发展的速度

C. 气质可以使同一性格的人有不同的表现

D. 性格可以制约气质的表现

4. 弗洛伊德精神分析的早期观点把

人格分为(　　)三种成分。

A. 本我　　B. 意识

C. 潜意识　　D. 前意识

5. 马斯洛提出的概念有(　　)。

A. 匮乏性需要　B. 成长性需要

C. 高峰体验　　D. 无条件关注

6. 奥尔波特把人格特质分为(　　)。

A. 中心特质　　B. 根源特质

C. 首要特质　　D. 次要特质

7. 艾森克个性问卷由(　　)分量表组成。

A. 外倾性　　B. 焦虑性

C. 神经质　　D. 精神质

8. 在五因素人格理论中，属于对“情绪稳定性”这一维度的描述包括(　　)。

A. 不安全的或安全的

B. 烦恼的或平和的

C. 严肃的或风趣的

D. 自怜自艾的或自我满意的

参考答案

(一)单选题

1. A　2. A　3. C　4. B　5. A　6. D　7. C　8. B　9. D　10. A　11. B　12. D　13. C　14. D　15. B　16. C　17. B　18. A　19. B　20. D

(二)多选题

1. ABCD　2. BD　3. BCD　4. BCD　5. ABC　6. ACD　7. ACD　8. ABD

第十三章 学习

一、解释概念

(一)学习

学习是经验引起的行为或行为潜能的比较持久的改变。首先，学习的发生离不开经验的作用。在经验的影响下，个体获得了知识，习得了技能，或者改变了态度，并导致行为发生变化。这里获得经验的情境不限于学校，也包括家庭和社会环境。其次，学习是以行为或行为潜能的改变为标志的。行为的改变有时是外显的，有时是内隐的。后者就是我们所说的“行为潜能”的改变。最后，学习引起的变化相对持久。学习刚刚结束之后出现的改变可能不是学习的真实结果，只有能够持续一定的时间，或者能够在不同的学习情境下迁移的学习才是真正的学习。例如，你刚记了一个电话号码，但是打过电话后就忘了，这不是学习。如果你掌握了一种解题方法，能够解答其他类似的问题，或者在几个月之后仍然能够解答该问题，这才是学习。

学习能力是人脑的重要功能，但是学习是如何在人脑中发生的这一问题却仍然不清楚。通过计算机程序来模拟人脑学习的过程是研究人脑学习规律的一种重要手段。计算机程序表现出来的能力，包括学习能力，叫作人工智能。目前，虽然人工智能领域取得了重要进展，但是人工智能的算法在很大程度上并没有考虑人脑的学习原理，因而用人脑学习原理启发人工智能可能是未来人工智能技术发展的重要方向。

（二）认知学习

认知学习是以认知过程为对象的学习，即通过学习，认知加工能力得到了显著提高。这里的认知可能是初级的感知觉，也可能是高级的思维、决策和语言。由于认知过程的复杂性，不同层次的认知学习可能会表现出不同的特点。例如，初级认知学习可能会表现出刺激的特异性，高级认知学习则可能会表现出非特异性。这是因为初级认知学习主要是初级大脑皮层参与的。这些脑区的功能更加专一化，表现出对特定刺激的专门化加工。高级认知学习主要有高级大脑皮层的参与，如前额叶。这些脑区往往承担了不止一种功能，所以比较容易在不同的功能之间进行迁移。初级认知学习和高级认知学习的特异性和非特异性都是相对的。有些高级认知学习可能也会表现出特异性的特点。例如，在语言学习中，汉字的学习不大可能迁移到英语拼写的学习中去。在初级认知学习中，如果能够主动加入高级认知过程，如抽象概括和逻辑思维等，可能会提高学习效果，并促进学习效果在不同学习内容之间的迁移，表现出非特异性的特点。

知识链接

人工智能能否像人类婴儿一样学习?

近年来，人工智能技术与人脑学习原理的结合越来越密切。一项研究探讨了一个非常重要而有趣的问题：人工智能能否像人类婴儿一样学习？为了探讨这个问题，研究者参考了发展心理学中的一些经典发现。例如，婴儿能够通过目光追踪物体的运动，当物体的运动违背了基本的物理规则时，婴儿会表现出惊讶。基于这样一些规律，人工智能的研究者希望训练一个深度神经网络模型，让这个神经网络模型学习客观世界的物理规则。

该研究利用了一个关于物理规则的开放数据集，其中包含大量演示物理规则的视频。一类视频是正常视频，展示了简单的物理运动原理。例如，小球会从高处往下滚，而不会反过来。另一类视频则展示了不可能发生的物理运动现象。例如，物体的位置顺序突然发生改变。结果发现，通过学习两类视频，神经网络模型就像人类的婴儿一样，能够逐渐掌握物理规则，并越来越准确地预测客体的运动规律。

资料来源：Piloto et al.，2022。

（三）动作技能学习

在完成一些专门性动作时，如开车、滑冰，需要具备一系列稳定的动作方式。对这些动作方式的学习就叫作动作技能学习。在动作技能学习中，认知学习发挥着重要作用。例如，通过学习动作技能的目标、元素、结构和原理，能够显著促进动作技能的学习。研究者认为，通过认知学习，学习者能够在动作技能学习过程中形成前馈机制，用来指导实际做出动作之后的反馈监测和动作纠正。而且，对动作原理的认知越充分，动作技能学习效果的迁移就越好。虽然动作技能学习广泛地存在于人们的日常生活中，但是在过去的学校教育中，相比于认知学习，动作技能学习受到的重视却不多。近年来，学习体育课程和动作技能学习日益受到重视，也有越来越多的研究者开始从事动作技能学习规律和教学方法的研究。

（四）学习曲线

学习是一个过程，往往不是一次就能完成的，需要反复多次进行。例如，学习打网球时，击球的动作需要不断地进行重复练习。而且，在重复过程中如果有反馈，练习的效果会更好。这种反馈可以是自己的主观感受，也可以是外部响应，如教练的纠正等。每次练习都会有一个结果，将多次练习的结果用曲线连接起来，就被称为学习曲线。学习曲线反映了行为如何随着学习次数的增加而不断变化的趋势。学习曲线可能是上升的，也可能是下降的，取决于记录结果的方式。例如，如果用解题的数量来记录，则是上升的；如果用解题的时间来记录，则是下降的。

（五）图式

在学习过程中，大脑会将重要信息凝练成知识结构，又称图式（schema）。因此，图式是一种具有抽象性和概括性的认知结构，是从多次经验中提取的共同特征，人们据此对新信息进行解释。图式对记忆过程中新信息的编码、巩固和提取都会产生重要影响。如果新的学习内容与已有的图式一致，那么对新内容的学习就更高效，反之则可能受到阻碍。而且，图式并不是一种静态的结构，会随着新经验的积累和记忆的变化而变化，是一个动态结构。

近来，越来越多的研究为图式提供了神经科学的证据。这些研究表明，图式是基于多次出现的相似经验而形成的相互关联的大脑网络系统。它具有层级性的结构，但是缺乏细节信息；它会不断地进行修改和更新。总之，图式是近年来学习和记忆领域最重要的概念之一，也是揭示学习规律的重要窗口。

知识链接

学习之后，我们到底记住了什么？

在日常生活中，每时每刻都有大量的信息涌入我们的大脑。有时候我们是主动编码和记忆这些信息的，有时候则是被动的。无论是主动的还是被动的，信息都会在我们的大脑中留下痕迹。但是，信息的痕迹到底是如何存储在大脑中的呢？

我们知道，每天学到的信息大体可以分为两类。一类是结构性信息。例如，早上起床，去食堂吃饭，然后到教室上课，下课后再回宿舍，几个事件按照相对固定的步骤发生，并且基本可以概括每天的生活轨迹。另一类是细节性信息。例如，早上起来后发现牙刷找不到了，吃饭时碰到了一个很久没见的同学。研究者在半个多世纪之前就发现，大脑中的一个神经核团——海马——在结构性信息的学习中发挥着重要作用。近期的研究进一步发现，细节性信息的学习与前额叶内侧皮层有密切的关系。研究者认为，对两种信息的分别加工对学习过程中记忆的提取非常重要，能够确保通过细节激活前额叶，进而通过海马唤起整个记忆的框架。

资料来源：Hebscher et al.，2019。

（六）学习迁移

学习迁移是指在一个情境或者领域内获得的知识和技能会影响到其他情境或者领域内的知识或技能。影响迁移的因素很多，大体上可以分为学习内容和学习主体两个方面。在学习内容方面，前后两种学习内容存在共同的因素或成分，或者包含共同的原理，都更容易发生积极的迁移。例如，会开摩托的人，容易学会驾驶汽车；擅长绘画的人，也容易学会书法，因为它们的基本原理接近。此外，先前学到的知识越通用，越概括，迁移到不同情境中去的可能性越大。例如，大学里学习到的很多知识都是比较通用的知识，虽然应用的具体情境不明确，但是在很多情境中都用得上。在学习主体方面，学习者在之前的学习过程中有意识地进行抽象概括和反思总结，寻找当前情境与新情境的联系和相似性，就更容易在新情境下产生迁移。例如，把领会基本原理作为动作技能学习的重要内容，那么就更容易迁移到其他动作技能的学习中去。此外，如果学习者在先前的学习中进行过大量练习，并且有过度学习，已经达到了自动化，那么也更容易发生迁移。例如，阅读过程中对词汇和句法的加工越熟练，就越容易把注意力转移到阅读的内容上去，从而提高阅读速度。

（七）联结主义学习

联结主义学习是对一系列学习理论的统称，包括巴甫洛夫的经典条件作用、桑代克和斯金纳的操作性条件作用等。这些学习理论之间虽然在具体细节上有差异，但是其基本观点是相同的，即都是强调增强刺激和反应之间的联结，而不强调中间的认知加工过程。联结主义学习理论后来又发展出了平行分布加工理论。该理论的基本思想是，通过使用数量众多且独立的加工单元或处理器，在同一时间内实现众多的信息加工。知识之间的联系不是固定不变的，这些联系会随着新刺激的不断输入和经验的积累而发生动态的改变。这些联系的强度决定了学习效果的外在表现形式。由于联结主义的理论观点非常接近人工智能和计算机模拟，因此后来发展出了很多基于联结主义的计算机模型。

（八）强化

如果某种行为带来了积极的刺激，或者消除了令人厌恶的刺激，那么这种行为反应再次出现的概率就会增强，这就是强化。例如，如果这次考试的分数比较高，给孩子奖励，那么下次考试的分数可能也会比较高，这就是正强化；同样，如果这次考试的分数比较高，孩子可以不用洗碗或做家务，那么下次考试的分数可能也会比较高，这是负强化。无论是正强化还是负强化，都会增强行为反应再次出现的概率。但是，强化的使用也有一定的限度。过度使用强化不仅不会提高学习效果，反而会降低学习效果，甚至使学习过程中断。

（九）惩罚

心理学中的惩罚特指操作性条件作用中，通过带来消极感受或者减少获得的利益来减少行为再次出现的概率。惩罚有正惩罚和负惩罚。前者指在某个反应出现后通过呈现不愉快的事物减少该行为反应再次出现的概率。例如，儿童因为跟小朋友打架被罚站。后者则指在某个反应出现后通过减少或者消除愉快的事物减少该行为反应再次出现的概率。例如，由于考试不及格，不准去参加夏令营活动。但是，过度使用惩罚会带来相反的效果。

（十）认知地图

认知地图是托尔曼学习理论中的一个重要概念，用来描述动物在迷宫中所学习到的一系列信息，是由对当前情境的认知、达到目标的手段和途径等组成的一个完整的符号系统。认知地图其实还包含更广泛的含义，并反映了学习理论的演变。具体来说，联结学习和认知学习是两种主要的学习理论，但是两者都无法单独解释所有的学习现象。其中，联结学习可以解释一些比较简单的学习现象，特别是包含了刺激、反应和强化三要素的学习。但是，人类的学习要复杂得多，很多学习现象都无法通过简单的刺激、反应和强化来解释。于是，研究者认为，比较复杂的学习可能包含了一个认知加工阶段，这个阶段通过对刺激进行处理，形成一种心理表征，继而对行为反应产生影响。即便是相同的刺激，认知加工方式不同，也会导致完全不同的反应。这个认知加工阶段可以看作刺激和反应的中介变量，而认知地图可以看作在对刺激的认知加工后构建的一种心理表征。

(十一)观察学习

通过观察他人的行为进行的学习叫观察学习。由于很多经验不可能都亲身经历，只能通过观察别人进行学习，因此观察学习在儿童成长过程中发挥着非常关键的作用。观察学习强调个体通过观察他人的行为，将他人的行为内化，从而习得新行为或者改变个体现有的行为，并形成新的行为。班杜拉提出了观察学习的三元交互理论，认为个体、行为和环境之间相互影响，共同促进儿童的发展。因此，儿童早期的学习并不是被动地接受知识，而是在与环境互动过程中逐渐掌握关于这个世界的知识的。研究表明，相比于单独看视频学习，与成人自由互动的儿童对语言的学习效果更好。在互动过程中，如果母亲能够更及时地响应儿童，那么儿童会有更多的语言产出，且这些语言更加符合规范。除了语言学习之外，儿童在和母亲的互动中还能学习到相应的社会规范行为和社交技能，这对儿童早期自我调节能力、心理理论能力和其他认知能力的发展都有重要作用。

知识链接

暴力影视和游戏

儿童喜欢的动画片节目大都涉及暴力情节。此外还有各种电影、游戏、视频等。因此，暴力相关的内容已经不可避免地成为儿童成长过程中的一部分。

大量证据表明，暴力影视相关的内容会增加儿童的攻击行为。统计表明，接触到的暴力内容越多，儿童就越容易出现攻击行为，两者的统计关系非常显著。更让人担忧的是，如今流行的手机游戏也涉及暴力游戏。例如，一些角色扮演游戏要求游戏者扮演暴力的角色，认同角色的个性特点和行为，主动选择攻击对象，有的甚至要杀死对方。如果成功了，那么游戏者就会得到各种奖励，包括游戏点数或者升级。

暴力影视和游戏对儿童的影响过程其实就是一个学习的过程。儿童通过观察学习，使行为方式发生变化。并且，这种变化可能是持久的。因此，为了儿童的身心健康和社会的未来，应该尽量减少暴力影视和游戏的数量，并控制儿童接触这些内容的时间。

资料来源：Saylor Academy Open Text Books，2012。

（十二）学习科学

近年来，关于学习的研究已经突破了传统研究的范畴，出现了一些新的趋势。其中一个重要的表现是，围绕学习开展的研究逐渐吸引了来自不同学科背景的学者，包括教育学、心理学、认知科学、脑科学等。这些不同学科背景的研究者通过交叉合作，形成了一个新的领域，叫作学习科学。学习科学希望通过教育教学理论、脑认知原理、教育信息技术、教育服务和治理等方面的交叉与融合，寻求支持和促进学习的有效途径，以期为个体学习、学校教育以及政策制定提供科学的建议和指导，推动教育变革。因此，学习科学研究是一个综合性的前沿交叉领域。

（十三）先行组织者

先行组织者的概念由美国教育心理学家奥苏贝尔提出，是指在学习新知识之前呈现给学习者，能帮助他们更好地理解新知识的引导性材料。使用先行组织者的目的在于引导学生将新知识与已有的知识结构更好地连接在一起，促进学习的迁移。先行组织者可以是比学习材料更抽象、更概括化的一般性框架，也可以是具体形象的概念。在学生缺乏主动建构新知识和旧知识之间联系的条件时，先行组织者可以作为两者之间的桥梁，促进有意义学习的发生。研究发现，前额叶内侧区域与先行组织者的作用密切相关；在有先行组织者的情况下，教师和学生的大脑更容易出现大脑活动的同步。

二、解答问题

（一）适应与学习有什么区别和联系?

适应是最容易与学习发生混淆的概念。适应是指在环境因素的持续影响下，个体的某些行为或特质消失了，而另一些行为或特质却保留了下来，甚至得到了增强。例如，长期生活在黑暗环境下的人会对光特别敏感，被称为敏感化。由于太熟悉，人们通常对自己家里的东西视而不见，被称为习惯化。敏感化和习惯化都属于适应。短时间的适应不属于学习，因为其效果不会持久，但是长期的适应则会伴随着学习的发生。例如，外国人在中国生活的时间长了，就会逐渐适应中国文化，能用筷子，喜欢吃辣椒，甚至说话的口音也会带上地方方言的特点。在这个过程中，适应就伴随着某些学习。

（二）学习与年龄有什么关系?

学习是人脑的重要功能，而人脑则是学习的神经基础。在儿童青少年阶段，脑发育的速度比较快，脑的可塑性比较强，因而学习速度快，学过的东西记得牢。到了老年(60岁以后)，大部分脑结构和功能的发育已经完成，有的甚至开始衰退。这个阶段的学习能力开始下降，表现为知觉速度变慢，学过的东西容易忘记等。从这个角度来说，年龄对学习能力有重要影响。但是，不同的学习内容、学习方式与年龄之间的关系表现为不同的模式。例如，对事实、概念性知识的学习在儿童青少年阶段较容易，但是在老年阶段则不容易；对已有的知识结构依赖较丰富的知识，如解决问题的方式等，在儿童青少年阶段不容易掌握，但是在成年以后则相对容易掌握。无论哪种学习内容、学习方式，当人脑功能和结构的衰退达到一定的程度时必然都会表现出减弱的现象，有的甚至会出现障碍，如轻度认知障碍甚至老年痴呆。但是，不断学习则有可能延缓这种衰退，甚至能够预防老年痴呆。

知识链接

通过学习预防阿尔茨海默病

阿尔茨海默病是指由老年人脑功能和结构的退行性改变导致其学习能力和认知能力出现显著下降，主要表现为学不会、记不住。随着我国人口日益老龄化，阿尔茨海默病患者日益增多。如何预防阿尔茨海默病成为一个非常重要的问题。一项研究表明，长期进行认知训练可以使阿尔茨海默病的发生率降低50%左右。2016年，在加拿大多伦多召开的阿尔茨海默病国际会议上，南佛罗里达大学副教授、老化研究院的主任、心理学家爱德华兹报告了她们为期10年的一项研究。在美国国家健康研究院的资助下，爱德华兹和她的研究团队从1998年开始，开展了一项名为ACTIVE的研究。研究招募了近3000名健康老人，年龄范围为65～94岁，平均74岁。所有被试被随机分为三组，第一组作为实验组，进行为期5周的干预。在这5周内，被试接受每周两次，每次1小时的大脑认知训练。训练是在计算机上进行的，具体的内容跟打游戏差不多。第二组除了接受跟第一组完全相同的训练之外，还要在第一年结束时追加4小时的训练，在第三年结束时追加4小时的训练。第三组不接受任何干预，作为对照组。10年之后，研究者发现，第一组有12.1%患上了阿尔茨海默病，第二组有8.2%患上了阿尔茨海默病，而第三组则有14%患上了阿尔茨海默病。这可能是国际上第一个发现认知训练能够显著降低患上阿尔茨海默病风险的研究。虽然这些结果仍然有待进一步检验和同行评议，但是该研究组持续10年的跟踪研究和已发表的多篇相关论文足以让数以千万计的老人感到欣喜。

资料来源：Ross et al.，2016。

（三）如何完整描述经典条件作用形成和消退的过程？

经典条件作用是俄国生理学家巴甫洛夫发现的，是指原来与某个行为无关的刺激(例如，铃声)能够像自然诱发该行为的刺激(例如，食物)一样诱发出该行为(例如，唾液分泌)。这表明在这个过程中发生了学习，即无关刺激与直接有关的刺激反复多次一起出现，使两者建立了联结，因而无关刺激也能像直接有关的刺激一样发挥作用。这个过程被称为条件作用的习得。其中的无关刺激被称为条件刺激，而自然诱发某行为的刺激则是无条件刺激。在这之后，如果只出现条件刺激，而不伴随无条件刺激，这样反复多次之后，条件反应出现的次数就会显著减少，直至消失，这个过程被称为条件作用的消退。但是，条件作用本身并没有完全消失。巴甫洛夫发现，在间隔一段时间之后，条件刺激仍然能够诱发出条件反应，虽然反应的强度要弱很多，这种现象被称为条件作用的自发恢复。甚至在条件反应完全消失之后，如果再次重复前面的学习过程，即让条件刺激和无条件刺激反复共同出现，那么条件作用会再次建立起来，其所用的时间要比前面最开始时少很多，表明条件作用对行为的潜在影响是非常持久的。

（四）经典条件作用和操作性条件作用之间有什么区别？

在经典条件作用中，个体学会了在新的刺激和本能行为(例如，恐惧情绪或者唾液分泌等)之间建立联结。在这个过程中，刺激是新的，行为不是新习得的，新的刺激能够诱发早先已有的行为。而在操作性条件作用中，个体习得了新的行为，并且新习得的行为受到了前一行为结果的影响。因此，操作性条件作用是个体在行为和行为的结果之间建立的联结。例如，小狗原来不会根据指令翻跟头，但是在翻了一次跟头并得到奖励之后，就学会了根据指令翻跟头，因此能得到进一步的奖励；儿童帮助同学这一行为受到老师的表扬，下次更有可能帮助同学。

（五）反馈、强化和惩罚三者之间有什么区别？

反馈、强化和惩罚是不同的学习理论提出的概念。反馈是认知学习理论的一个重要概念。该理论强调认知加工过程的重要性，认为反馈主要作用于认知加工过程。通过反馈，学习者能够对自己的学习进行调整，从而提高学习的效果。而强化和惩罚是联结主义学习理论的重要概念。该理论强调刺激和反应之间的联结，而不关注中间的认知过程，认为通过强化或惩罚就能增强或削弱刺激—反应之间的联结，从而对行为产生影响。强化和惩罚在改变行为的方向上有所不同，在改变行为的效果和背后的机制上也有区别。例如，人们往往更倾向于采用强化而不是惩罚，因为强化能够在强化者和被强化者之间营造一种良好的氛围，给被强化者带来愉悦的感受。惩罚通常会使惩罚者和被惩罚者之间的关系变得紧张，对行为的改变往往是暂时的。当惩罚者不在的时候，被惩罚者往往会再次出现被惩罚的行为。因此，将强化和惩罚结合在一起使用会带来更好的效果。

(六)建构主义学习理论与传统学习理论有什么区别和联系?

与其说建构主义是一种理论，不如说是一种思潮。在这种思潮的指引下，很多学术观点都带上了建构的色彩。所以，带有建构色彩的学习理论被称为建构主义学习理论。建构主义学习理论认为，概念、知识等只是对现实世界的一种解释，而不是事实本身。这种解释会因为不同人的知识经验的不同而出现差异，也会随着个人知识经验的积累而不断变化。这个过程就是建构。所以，建构主义学习理论认为，学习就是在已有知识经验的基础上不断建构新知识、改造旧知识的过程。与已有的联结主义学习理论不同，建构主义更强调个体的主观能动性和认知建构的过程；与已有的认知学习理论不同，建构主义更强调个体已有知识经验的作用。

(七)课堂教学与独自学习在大脑可塑性模式上有何不同?

根据学习的情境，学习可以分为社会性学习和非社会性学习。在教育情境下，通过课堂教学获得知识属于典型的社会性学习，而课堂以外的独自学习则属于非社会性学习。一方面，以往研究发现，非社会性学习、观察学习以及语言指导学习在人脑的皮层下神经核团尾状核诱发了相似的神经活动模式。而且，5 岁儿童在视频和现场互动两种学习模式下并没有出现学习效果的显著差异。因此，有研究者认为，个体独自进行的非社会性学习与课堂情境下的社会性学习可能共享相同的神经基础，因此可以将基于个体独自学习的研究发现直接迁移到课堂教学中，用于指导课堂教学。另一方面，一系列关于幼儿语言学习的研究表明，与单独从视频中学习语言相比，通过与教师或同伴现场互动，幼儿可以更快、更好地掌握词汇。而且，在非社会性学习条件下，幼儿学习语言时消耗了更多的认知资源，而在社会性学习条件下，认知资源的消耗却比较少。因此，有研究者提出，课堂教学和个体的独自学习各有不同的神经基础，应该对课堂教学的独特机制开展研究。目前，这一问题仍然存在争议。

知识链接

学习数学需要语文能力吗?

数学和语文是我国中小学教育中比较重要的两门课程。但是长期以来，人们对于数学学习和语文学习的关系存在争论。一方面，有研究者认为，学习数学和学习语文无关，因为数学知识在人类进化史上出现的时间可能要比语言更早，并且主要与空间、推理等认知能力及其大脑网络有关。另一方面，也有研究者认为，学习数学和学习语文一样，需要加工抽象的符号。并且，我们可能需要通过语言来表征数学符号之间的抽象关系或者几何图形的抽象特征。以往的一些研究也支持两者共享一部分神经网络的猜想。但是，一项研究比较了数学专家和数学新手在加工数学和非数学语句时的大脑活动模式，发现数学专家加工两类语句时的大脑网络是分离的(见图 13-1)，而数学新手在加工两类语句时的大脑网络则是重叠的。这些结果提示，数学和语文的学习可能经历了从相互影响到彼此分离的动态过程；随着数学能力的逐步提高，学习数学对学习语文的依赖可能会越来越小。

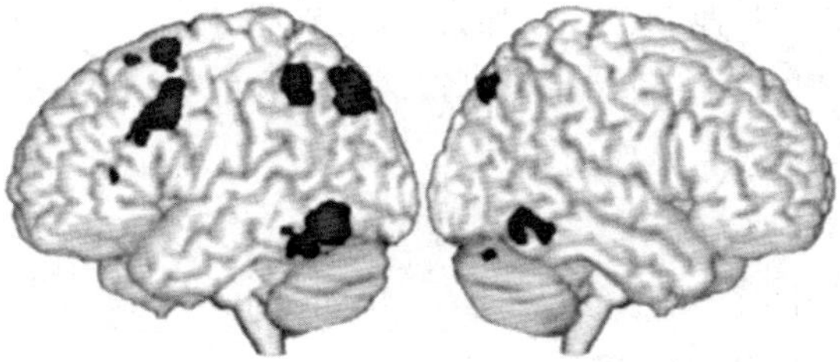

图 13-1　数学专家在加工数学知识时的独特的大脑网络(深色区域)

资料来源：Amalric & Dehaene，2016。

三、 设计活动

活动一

请组织一个小组，探讨一下学习与大脑发育的关系。两者都会带来行为的变化，这两种变化有什么区别和联系？

提示：学习与发育是儿童身心发展中的一个核心问题，也是心理学领域长期以来争论最激烈的问题之一。深入思考这个问题有助于加深对心理学的理解。

活动二

请尝试自己绘制学习曲线。在空地上画一条线，在与线垂直的方向上，间隔不同的距离放若干个矿泉水瓶，然后练习套圈。以套三次为一轮，取三次中成绩最好的一次作为结果，记录每轮的结果，重复 10 轮。将 10 轮的结果绘制成曲线，并总结学习曲线的特点。

提示：如果以套中的瓶子的距离为指标，那么一个完整的学习曲线包括一个缓慢上升的阶段、高原期以及再次缓慢上升的阶段。

活动三

请实际检验一下反馈对学习的影响。用布把眼睛蒙上，在旁边同学的言语提示下走到某个指定的地点，重复几次，记录每次需要的时间。然后换一个指定地点，在没有旁人提示的情况下走过去，记录每次需要的时间。比较一下有和没有反馈对学习的影响。

提示：反馈对学习有促进作用，会显著缩短学习的时间。

活动四

请你和同学在某一节课后，各自独立地将课上老师讲授的内容回忆出来。然后对比一下，你们回忆的课程内容在时间顺序和细节上有何区别。

提示：由于先验知识不同，我们对新知识的编码和组织方式也会不同。因此，即便学习的效果相似，对知识的认知建构也可能是不同的。

四、 拓展练习

（一）单选题

1. 下列各项中属于学习的是(　　)。

A. 经常看别人跳舞，但是自己一直不会跳

B. 开车次数越多越熟练

C. 足球比赛后队员的跑动速度变慢

D. 来到黑暗处眼睛看不见东西

2. 以下关于机械学习的观点中，正确的是(　　)。

A. 新知识和原有知识之间建立了人为的联系

B. 新知识和原有知识之间建立了必然的联系

C. 在新知识和原有知识之间建立了内在联系

D. 理解了新知识的意义

3. 以下动作技能中，属于连续技能的是(　　)。

A. 射击　　B. 唱歌

C. 下棋　　D. 跳远

4. 以下动作技能中，属于精细技能的是(　　)。

A. 打字　　B. 游泳

C. 打羽毛球　　D. 射箭

5. 关于认知学习，以下观点中不准确的是(　　)。

A. 既有特异性也有非特异性

B. 既有阶段性也有连续性

C. 既有层次性也有逆层次性

D. 既有封闭性也有开放性

6. 刚刚学习绘画的人对颜色的分辨能力比较差，作品的颜色比较单一；但是经过一段时间的学习，能够分辨多种只有细微差别的颜色，这反映了(　　)。

A. 顿悟学习

B. 高级认知学习

C. 观察学习

D. 初级认知学习

7. 以下提高学习效率的方式中，不正确的是(　　)。

A. 明确目标

B. 坚持分解学习

C. 过度学习

D. 提高元认知水平

8. 用练习次数和完成任务的时间来绘制练习曲线，其形状是(　　)。

A. 逐渐下降

B. 逐渐上升

C. 先上升后下降

D. 先下降后上升

9. 高原现象反映的是(　　)。

A. 学习的顶峰

B. 学习的起点

C. 学习的暂时停顿

D. 生理极限

10. 以下关于迁移的表述中，不正确的是(　　)。

A. 学完英语再学法语不一定有正迁移

B. 大学学习的抽象原理无法被迁移到将来的工作中

C. 人为地在新旧知识间建立联系也可以促进迁移

D. 学会打羽毛球后再学打网球会遇到困难

11. 有关学习与脑可塑性的关系，下列观点中正确的是(　　)。

A. 学习引起的脑的可塑性变化进程是不均匀的

B. 脑的可塑性变化一定会表现为脑活动的增强

C. 盲人的视觉皮层无法发生可塑性变化

D. 想象练习不会发生脑的可塑性变化

12. 在经典条件作用中，如果无条件刺激不再出现，只是出现条件刺激，条件反应会(　　)。

A. 突然消失　　B. 继续保持

C. 逐渐增强　　D. 逐渐消退

13. 提出间隔强化概念的研究者是(　　)。

A. 巴甫洛夫　　B. 桑代克

C. 斯金纳　　D. 托尔曼

14. 婴儿第一次叫“妈妈”得到了母亲的爱抚，以后便不断地叫“妈妈”，这种现象属于(　　)。

A. 成熟

B. 适应

C. 经典条件作用

D. 操作性条件作用

15. 以下强化方式中，效果最好的是(　　)。

A. 固定时间强化

B. 固定比例强化

C. 不定时强化

D. 连续强化

16. 顿悟现象反映了 (　　)。

A. 对知识经验的重组

B. 对刺激和反应的联结

C. 手段和目的的联结

D. 知识的建构

17. 潜伏学习现象表明(　　)。

A. 强化不是必需的

B. 外显行为能够预测行为潜能

C. 学习的效果总是延迟体现

D. 学习后的即时成绩一定反映了学习效果

18. 建构主义学习理论主张(　　)。

A. 知识是对客观世界的真实反映

B. 不同的人对相同的事物有不同的理解

C. 同一个人对同一个问题的看法是始终不变的

D. 客观世界是知识的外在表现

19. 以下教学法中，强调让学生自己对教师教的知识进行理解和整合的是(　　)。

A. 直接教学

B. 掌握性教学

C. 发现式教学

D. 讲解式教学

20. 有关教学，以下观点中正确的是(　　)。

A. 直接教学不利于学生的学习

B. 掌握性教学是以学生为中心的

C. 发现式教学也需要来自教师的指导

D. 认知学徒制属于讲解式教学

(二)多选题

1. 动作技能形成的过程中，技能特点发生的变化包括(　　)。

A. 意识对动作的控制作用减弱

B. 动作的稳定性增强

C. 动作的连续性增强

D. 动作内反馈的作用增强

2. 下列选项中，属于经典条件作用的有(　　)。

A. 画饼充饥　　B. 叶公好龙

C. 谈虎色变　　D. 望梅止渴

3. 认为学习是外部行为变化的研究者有(　　)。

A. 桑代克　　B. 斯金纳

C. 托尔曼　　D. 班杜拉

4. 建构主义教学法的特点包括(　　)。

A. 注重在实际情境中进行教学

B. 注重学习情境

C. 强调学生的学习是主动建构知识的过程

D. 知识是现实的客观、精确表征

5. 影响观察学习的因素有(　　)。

A. 榜样　　B. 模仿者

C. 环境　　D. 归因

参考答案

(一)单选题

1. B　2. A　3. B　4. A　5. D　6. D　7. B　8. A　9. C　10. B　11. A　12. D　13. C　14. D　15. C　16. A　17. A　18. B　19. D　20. C

(二)多选题

1. ABCD　2. ACD　3. AB　4. ABC　5. ABC

第十四章 人生全程发展

一、 解释概念

（一）发展

发展是指个体随年龄的增长所经历的各种身体、行为和心理上的变化。可以从以下四个方面理解心理学中发展的内涵：①发展所指向的变化是相对持久的；②发展所指向的变化依照一定的先后顺序展开；③发展所指向的变化是连续的；④发展不仅指积极的变化，而且也指衰老或某种能力的减退。

（二）关键期与敏感期

在一个特定年龄段内，人的感知觉、语言、运动等心理功能在接受适宜的刺激和经验后能够正常发展，否则该功能的发展将会受到严重影响。这样的年龄段被称为相应功能发展的关键期。在人类的发展全程中，绝对的关键期很少见，一些学者主张使用敏感期的概念。敏感期是指对于某一心理或行为特征而言，其发展在这一时期对环境和经验最为敏感，发展速度最快。

知识链接

什么是敏感期？

申继亮等人比较了关键期和敏感期的概念，他们认为关键期的概念来自生物科学的研究，在它的内涵中更多强调关键期内产生的效果的不可逆性。然而大量研究表明，在关键期内造成的损失通过一定的教育措施在一定程度上是可以弥补的。因此，他们主张在发展心理学中用敏感期的概念。对儿童的发展来说，敏感期是一个非常重要的时期。与非敏感期相比，敏感期所产生的效果，无论是积极的还是消极的，都是比较深远的。从教育的角度来讲，敏感期也是教育的最佳期。因此，抓好儿童心理发展的敏感期教育具有重要意义。

资料来源：申继亮，方晓义，1992。

（三）胚芽期、胚胎期和胎儿期

产前发育可分为胚芽期(受精至第 2 周末)、胚胎斯(第 3 周至第 8 周末)和胎儿期(第 9 周至第 38 周末)三个阶段。胚芽期也称受精卵期。在这一时期内，受精卵经由有丝分裂形成球形的胚泡，并沿输卵管进入子宫。到达子宫后，胚泡外层的绒毛植入子宫壁，实现着床。着床后，子宫内细胞的分化导致二胚层胚盘的出现。之后，产前发育进入胚胎期。这一时期，二胚层胚盘发展为三胚层胚盘，这是人体形成的基础，人体的各种细胞、组织、器官和结构都源于此。胚胎期结束时，主要的人体结构都已出现，胚体外表已初具人形。这一时期的发育对环境中有害因素的影响最为敏感。胎儿期的发育主要是组织和器官的成熟以及胎儿身体的快速生长。

（四）反射、生存反射和原始反射

反射是机体对外部刺激的无意识的自动化反应，可分为生存反射和原始反射两大类。

生存反射具有生存价值，如呼吸反射、吮吸反射和定向反射等。原始反射是进化的遗迹，如行走反射、抓握反射、游泳反射等。原始反射虽没有特别的适应价值，但可以作为临床诊断指标。如果这些反射在婴儿出生时没有出现，或持续时间过长，可能预示婴儿的神经系统发育异常。

（五）动作发展的头尾原则和近远原则

婴儿的动作发展遵循头尾原则和近远原则。头尾原则指婴儿的头部运动最先发展，接着是手臂和躯干，继而是腿部。近远原则指婴儿的躯干运动最先发展，然后是四肢，继而是手指。

（六）习惯化

习惯化是人类学习的一种重要形式，指当同一种刺激反复出现，个体对它的反应强度会逐渐降低的现象。习惯化范式常被应用于对婴儿的感知觉能力的研究。例如，在婴儿的听力研究中，首先给婴儿呈现一种声音刺激，当婴儿对其习惯化之后，会停止对该刺激做出反应；之后，再给婴儿呈现另一种声音刺激，婴儿又会做出反应。这就说明，婴儿可以分辨两种不同的声音刺激。

知识链接

习惯化范式

对于婴儿来说，他们不能直接通过语言或特定行为来表达或表现出感知觉的发展状态。因此，习惯化成为婴儿感知觉研究领域广泛使用的方法。机体在同一刺激多次重复后对此刺激的应答减少被称为习惯化。习惯化后对另一新鲜刺激的应答恢复则被称为去习惯化。

研究发现，习惯化速度快的婴幼儿具有下列倾向：更喜欢复杂的刺激；感觉运动发育、适应环境、解决问题和接受概念的速度较快；玩耍的方式更为成熟；在测验中的异形辨认、缺损识别和拼图等方面成绩优异。还有研究发现6月龄以内的习惯化行为与2～10岁的智力测验有很好的相关性。这就揭示了婴幼儿的习惯化不仅能反映当下的认知能力，而且还能有效预测未来的智力发展水平。

资料来源：季红光等，2001。

（七）客体永久性

客体永久性是指个体能够认识到一个物体即使不在眼前它也仍然存在于某个地方。在生命的最初几个月中，婴儿用眼光追随物体，但当物体消失在视野后，他们会移开目光，就好像物体消失了一样。4个月左右，他们开始盯着物体消失的地方看；8～12个月时，婴儿开始搜索消失的物体。到2岁时，幼儿已经能够肯定，“消失”的物体仍存在。

（八）守恒实验

守恒是指儿童认识到无论一个事物的表面特征如何变化，它的量都始终保持不变。皮亚杰设计的守恒实验说明了前运算阶段儿童的思维具有片面性的特点。皮亚杰的实验考察了液体体积、固体体积、长度以及数目等不同方面的守恒。以液体体积为例，实验者当着儿童的面，将形状一样、所装液体高度一样的两个杯子中的一杯液体倒进一个更细、更高的杯子中，要求儿童说出哪个杯子中的液体多。儿童多倾向于认为高杯子中的液体多，说明他们还不能意识到液体的总量是守恒的。

（九）自我中心

自我中心又称我向思维，是指儿童倾向于从自己的角度看待事物和进行思考，并且认为别人与自己的思维完全一致。例如，看电视时你被儿童挡住了视线，他们会认为因为他们能看到电视，所以你也能看到。

（十）图式

图式是皮亚杰发生认识论中的概念，指个体用于组织知识的动作或心理表征。皮亚杰认为儿童天然的认识事物的方式是对物体施加动作，或者说操作物体。儿童最初拥有的组织化的操作物体的动作就是动作图式。随着年龄的增长，操作物体的外部动作可以在心理上完成，动作图式就转变为运算图式。在皮亚杰的认知发展理论中，认知发展的实质就是图式的发展。

（十一）同化和顺应

同化和顺应也是皮亚杰发生认识论中的概念，指个体适应周围环境的两个基本的过程。同化是指儿童利用已有图式去理解环境；顺应是指儿童改变已有的图式去适应环境。例如，一个已经知道了“鸟”这个概念的儿童，有一天第一次看到了飞机。他将飞机称为“鸟”，这就是同化。渐渐地，儿童感知到鸟和飞机之间存在差异，他已有的认知平衡被打破。这种不平衡促使儿童对已有的认知进行修改，赋予飞机一个新的名称，这就是顺应。在日常生活中，大多数的认知活动同时包含同化和顺应，但可能某一过程占主导。

（十二）自我意识情绪

自我意识情绪是指需要依赖个体一定程度的自我感才会出现的情绪，如嫉妒、自豪、羞愧、内疚等。一般认为，婴儿自我意识情绪出现得开始于 1 岁半左右；2 岁时，自我意识情绪的出现比较频繁，成人可以清晰地观察到。但近年来的研究对这一观点提出了挑战，将婴儿出现自我意识情绪的时间提前到了 6 个月左右。可能是传统研究在情绪测量方法上的局限性导致未能发现年龄较小婴儿的自我意识情绪。

（十三）依恋

依恋是发展心理学中的核心概念之一，指人与人之间建立起来的、双方互有的亲密感受以及相互给予温暖和支持的关系。人类最早的依恋开始于婴儿期与主要照料者(通常是母亲)之间，可分为安全型、回避型、抗拒型和混乱型四种。其中，安全型依恋是最为理想的一种依恋。在这种依恋关系中，婴儿将依恋对象看作他们探索外部世界的安全基地。在一般情况下，婴儿会积极主动地探索周围环境，遇到危险或需要安抚时又会回到依恋对象身边，寻求保护和安慰。随着年龄的增长和生活范围的扩大，个体还可能发展出对主要照料者之外的其他家庭成员的依恋(如对祖父母的依恋、对兄弟姐妹的依恋)、对同伴的依恋、对恋人的依恋等。

知识链接

依恋形成的关键因素：身体接触与熟悉性

心理学家哈里·哈洛用实验证实了身体接触在依恋形成中的重要作用(Harlow，1971)。他使用两个人工母亲喂养小猴子：一个是周身布满金属丝，脑袋是木头做的，有奶瓶的母亲；另一个是没有奶瓶，用塑料泡沫制成，包着厚厚的绒布的母亲(见图 14-1)。哈洛发现，小猴子对舒适的绒布母亲表现出更强的依恋：当小猴子感到焦虑或环境中有危险因素时，它会依偎着绒布母亲，即使需要从有奶瓶的母亲处喝奶，小猴子也仍喜欢和绒布母亲待在一起。人类婴儿同样会对柔软、温暖、摇动、喂养、轻拍他的父母产生依恋。

熟悉性是依恋形成的另一关键因素。很多动物的依恋是基于熟悉性形成的，通常形成于敏感的关键期。小鸡、小鸭或小鹅出生后第一眼看到的活动物体一般来说就是它的妈妈。这种依恋形成过程被称为印刻。劳伦兹的实验发现出生后第一眼看到他的鸭子始终跟随他(Lorenz，1937)。印刻一旦形成就很难消除。儿童虽然不会形成印刻，但也会对熟悉的事物形成依恋。孩子们喜欢吃熟悉的食物，住在熟悉的社区，和熟悉的朋友一起上学。熟悉是安全的标志，使他们感到满足。

图 14-1　依恋的形成

资料来源：迈尔斯，2013。

（十四）他律道德和自律道德

他律道德和自律道德是皮亚杰道德发展理论中的概念。皮亚杰认为，由于思维活动的自我中心性，学前儿童很少表现出对规则的关注，这一段时期被皮亚杰看作前道德时期。5 岁之后，儿童进入他律道德阶段。之所以被称为他律道德阶段，是因为儿童认为规则不可改变，它们是权威制定的，神圣不可侵犯，任何人都必须遵守。儿童将规则看作绝对化的道德，认为任何事情都是有对错之分的，而且通常根据行为的结果做出道德判断，不考虑当事人的动机，因而这一时期也被称为道德现实主义阶段。8 岁或更晚一些以后，儿童逐步进入自律道德阶段。这一阶段的儿童不再盲从权威，能够认识到权威也不一定永远都是对的，权威所制定的规则也是可以质疑和改变的。他们对行为是非的判断，也不再只看结果，会同时考虑到当事人的动机。自律道德阶段也被称为道德相对主义阶段。

二、 解答问题

（一）如何理解遗传和环境在个体发展中的作用?

遗传和环境在个体发展中都发挥着重要作用。遗传因素是指与遗传基因相联系的生物机体的内在因素，对发展的影响主要通过染色体内的遗传物质来实现。环境因素是指个体生存空间中所有可能影响个体发展的外在因素，可分为物质环境和社会环境。前者是维持机体生存所必需的，如食物、水、空气、气候等；后者是人所处的社会生活、教育、工作条件等。极端的观点认为，人是环境和教育的产物，这种观点被称为环境决定论。但是更多的研究者认为，遗传和环境都非常重要，两者对个体的发展具有交互作用。环境影响遗传特性起作用的方式、程度和途径，而遗传特性影响环境中何种因素起作用以及作用的方式和程度。例如，父母会对天生易哭、拘谨的婴儿表现出生气或不耐烦，父母的这些回应可能又会促进婴儿的这种行为。

知识链接

狼 孩

1920 年，在印度加尔各答东北的一个名叫米德纳波尔的小城，人们发现了狼孩。一个七八岁，另一个约两岁。这两个小女孩被送到米德纳波尔的孤儿院去抚养，还有了自己的名字，大的叫卡玛拉，小的叫阿玛拉，到了第二年阿玛拉死了，而卡玛拉一直活到 1929 年。这就是曾经轰动一时的“狼孩”一事。

据记载，“狼孩”刚被发现时用四肢行走，慢走时膝盖和手着地，快跑时则手掌、脚掌同时着地。她们总是喜欢独自活动，白天躲藏起来，夜间潜行。怕火和光，也怕水，不让人们给她们洗澡。不吃素食而要吃肉，吃东西时不用手拿，而是放在地上用牙齿撕开吃。每天午夜到早上三点钟，她们会像狼似的引颈长嚎。她们没有感情，只知道饥时觅食，饱则休息，很长时间都对别人没有兴趣。不过她们很快就学会了向她们的发现者、孤儿院的主持人辛格的妻子去要食物和水。

卡玛拉刚被发现时，她只懂得一般六个月婴儿所懂得的事，两年后才会直立，六年后才艰难地学会独立行走，但快跑时还得四肢并用。到死时也未能真正学会讲话：四年内只学会了6个词，能听懂几句简单的话，七年时才学会了45个词并勉强地学会了几句话。在最后的三年中，卡玛拉终于学会在晚上睡觉，也不怕黑暗了。但很不幸，就在她开始朝人的方向前进时，她死了。辛格估计，卡玛拉死时已16岁左右，但她的智力只及三四岁的孩子。

“狼孩”的事例给了我们怎样的启示呢？

首先，这个事例突出了社会环境对人的发展所起的作用，证明了人类的知识和才能并不是与生俱来的，而是社会实践的产物。人脑的发展需要客观世界提供可以加工的原材料，否则就会失去人类的习性，无法发展出智力和才能。值得注意的是，“狼孩”与家养宠物的区别是，在回归人类社会后，她有着朝人的方向发展的生理基础，会慢慢接近人。其次，“狼孩”的事例说明了儿童期在个体发展中的重要性以及关键期的存在。卡玛拉的童年在狼群中度过，错过了儿童期的发展，这导致她在后期很难达到正常的智力发展水平，可以习得语言，但速度非常缓慢。最后，从物种起源的角度看，人类幼儿智力的成长过程反映了从猿到人漫长历程中人的智力的发展历史。“狼孩”的事例从反面深刻地反映了人类起源的过程中如果没有直立行走和语言的形成，人类的祖先就不可能实现由猿到人的转变。

资料来源：周国兴，1977。

（二）在生命全程中，身体发展的一般趋势是怎样的?

新生儿出生时的体重、身高与多种因素相关，如种族、性别、父母的身高、母亲孕期的营养与健康状况等。一般而言，足月婴儿的体重在3.3千克左右，身高50厘米左右，男婴较女婴稍重、稍高。新生儿的脑重约为成人的25%，2岁时约为成人的75%，6岁时发展至成人脑重的90%左右。

婴儿第一年的生长速度非常快，之后显著减慢。2岁时的体重约为成年时的20%，身高约为成年时的50%。在童年早期，幼儿的生长速度逐年减慢；在童年中期和晚期，身体的发展持续而平稳。到青年少年期，个体会迎来“青少年生长的突增”，这是人类个体继出生第一年后的第二个生长高峰。女孩进入生长突增期的时间通常在10岁半左右，13岁半左右生长速度减缓；男孩13岁左右表现出生长突增，16岁后生长速度减缓。青少年在身高、体重迅速发展的同时，第一性征(生殖器官的生理特征)和第二性征(生殖器官之外的与性别差异相联系的生理特征)也随之发展。

成年早期之后，身体的发展变化较为平缓。一般至25岁左右，身体发育达到成熟。到成年中期，身体逐步衰老；

进入成年晚期后，身体的衰老更为显著，且生理机能丧失的风险增高。身体衰老的速度一方面受基因的影响，另一方面也受生活方式的影响，存在较大的个体差异。

（三）儿童的语言发展会经历哪些发展阶段?

不同社会文化中的儿童，语言发展过程具有高度相似性。儿童的语言发展可分为三个时期：前语言期、单词句期和电报句期。前语言期为从出生至13个月左右。在这段时间里，婴儿会依次经历哭、咕咕和咿呀三个阶段。在生命的头两个月，婴儿通过不同的哭声和照料者进行交流。2～4个月时，婴儿常发出类似于元音的声音，如o、a等。4～6个月时，婴儿能够发出辅音和元音相结合的声音，如ma、ba等。这一时期，婴儿的这些“语言”没有特定意义。10～14个月时，幼儿会说出他们人生中的第一个有意义的词，标志着他们进入了语言发展的单词句期。在这一时期，幼儿能够用一个词表示成人语言中通常需要一句话去表达的意思。单词句期的最初几个月，幼儿词汇量的增长速度较为缓慢，但在1岁半至2岁，他们的词汇量会迅速增长。之后，幼儿进入语言发展的电报句期。这一时期之所以被称为电报句期，是因为他们可以说出简单的句子，但通常他们的句子只包含核心主干词，类似于用字尽可能节省的电报语言。

进入童年早期后，儿童的语言在语法上逐渐复杂，他们的元语言意识以及对于语用知识的掌握也日益发展。进入小学前，儿童的语言在很多方面已经接近成人。

（四）儿童语言获得的理论主要有哪些?

关于儿童语言获得的理论，主要有学习观、先天观和交互作用观三种。学习观以斯金纳为代表。斯金纳以塑造过程解释儿童的语言习得。具体而言，当婴儿偶然发出类似于成人语言的语音时，父母会给予强化，从而增加了婴儿发出这些语音的概率。与此同时，那些在实际语言中不存在的自发语音未能及时获得强化，会逐渐消退。与强化正确的语音类似，父母也会强化儿童各种相对复杂的语言表达。虽然与斯金纳理论的预期一致，父母与孩子的言语互动的确关系到儿童言语能力的发展，但对于儿童语言学习的诸多现象，斯金纳的学习观很难做出完满的解释。例如，很多时候，孩子语法并不正确的语言会受到父母的强化，不同文化中的儿童会经历相似的语言发展过程，错过关键期后语言的习得会非常困难。

语言学家乔姆斯基提出了语言发展的先天观。这一理论否认父母教授在儿童语言学习中的决定性作用。其基本观点是，人类婴儿生而具有存储人类语言普遍语法的“语言获得装置”。借助这一装置，儿童对环境中的言语输入进行快速而有效的加工，进而掌握某种特定语言的复杂规则。语言学习的先天观能够解释学习观所不能解释的一些现象，但它忽视了环境因素对儿童言语习得的影响，而且未能对儿童言语发展的过程做出具体解释，也是一种不完善的语言发展理论。

大多数发展心理学家认同语言发展的交互作用观，强调语言发展同时受先天生物因素和后天环境因素的影响。一方面，在物种漫长进化过程中逐步发展起来的人类大脑是儿童语言学习的先天物质基础；另一方面，人类生活中的社交互动是推动儿童语言发展的核心动力。在现实的社交互动中，儿童能够积极运用语言并主动探寻语言的规则与意义。

知识链接

我们的早期记忆去哪儿了?

虽然婴儿的记忆能力很强，但是大多数成年人几乎回忆不起来 3 岁之前的事情。即便他们确实能够回忆起来，很多内容也都是编造的。有研究探讨了这种早期记忆的缺失，或者说婴儿期的遗忘现象。研究者在研究中向大学生询问他们的早期经历。结果显示，大学生能够回答问题的比例随他们经历这些事件时的年龄的增长而提升。研究发现，最早的有意义记忆是 2 岁时关于弟弟或妹妹出生时的记忆、3 岁时关于搬家或家庭成员离世的记忆。在另一项研究中，研究者给 9～10 岁的被试一些儿童的照片，让他们从中认出六七年前他们日托班中的同伴。虽然他们曾经对这些同伴非常熟悉，但是也很难做出正确的辨认。如果婴儿具有记忆能力，为什么学龄儿童和成年人都很难回忆出他们在婴幼儿时期所经历过的事情?

婴儿不能像成人那样使用语言，所以有可能早期的经历是以非语言的形式存储的。当成为语言的使用者后，我们已经无法提取那些记忆了。即便是年龄稍大些的能够使用语言的儿童，他们存储个人经历的方式也可能与年长的儿童或成人不同。大多数儿童都是到 4 岁的时候，才能比较容易地以记叙，也就是用个人故事的方式编码和存储信息。研究者提出了另一种可能性，即婴儿缺乏的不是认知与语言能力，而是可以将个人经历组织起来的自我感。一旦婴儿在 18～24 个月时获得了稳固的自我感，他们就能将事件编码为“这是发生在我身上的事情”。这样，记忆就容易多了。有趣的是，实证研究表明，这些不同的理论可能都有正确的成分。例如，在一项研究中，给学步期的婴儿呈现一系列动作，在 6～12 个月后，既测量他们关于这些动作的言语记忆，也测量他们关于这些动作的非言语记忆。结果显示，在观看动作时语言发展较好的儿童更善于使用语言进行回忆。对于前语言阶段的经历，儿童很难转化为语言。另外的研究则发现，自我感的发展以及成人对儿童在个人经历建构上的帮助，都有助于儿童记忆发生于自身的事件。因此，儿童在18～24个月时缺乏熟练的言语技能和关于自我的概念，有助于解释为什么对我们大多数人而言，早期经历一片空白。

资料来源：Shaffer & Kipp，2014。

（五）注意、记忆和思维等高级认知能力的一般发展过程是怎样的?

1. 注意的发展

新生儿即具备一定的注意能力。新生儿的惊跳反射、对母亲面孔和声音的偏好，是人类最初注意能力的体现。联合注意，即两个或两个以上的个体对同一事物的共同注意，是婴儿期注意发展的重要方面。联合注意在婴儿半岁时萌芽，在1岁时有频繁的表现。在整个儿童期，儿童保持注意、排除无关刺激干扰的能力，以及认知抑制功能都表现出稳步增长。但由于注意的重要生理基础即脑干网状结构还未发育成熟，儿童的注意功能与青少年有显著差异。

成年早期和中期的注意功能与青少年期大体相当，成年晚期后有所下降。在注意转换和注意分配上，老年人的表现都与年轻人存在显著差异，且相关任务难度越大，老年人与年轻人的差距越大。

2. 记忆的发展

采用操作性条件作用范式的研究表明，2个月的婴儿即具备了记忆能力。童年期记忆能力的发展主要表现为工作记忆容量、记忆策略和元记忆的发展。2～3岁幼儿的工作记忆容量约为2个项目，7岁时达到5个项目，12岁时接近成人水平，约为6.5个项目。儿童很少主动采用记忆策略。进入小学后，儿童对记忆策略的使用表现出显著增长。不过，儿童最初主要是使用简单的复述，之后能够在成人的指导下使用精细化加工和复述策略。进入青少年期之后，自发的精细化加工与组织能够逐步成为个体日常学习活动的一部分。3～4岁儿童对人脑记忆能力的有限性有一定的认识，但往往过高估计自己能够记住的内容。4岁之后，儿童的元记忆迅速发展。元记忆的发展有助儿童对记忆策略的使用。

记忆功能在成年早期与成年中期保持相对稳定，成年晚期后表现出一定程度的衰退，但记忆随年龄的增长而发生的变化与记忆类型有关。语义记忆开始衰退的时间要晚于情景记忆；相比于外显记忆，内隐记忆受年龄的影响更小。适度运动和认知训练都有助于延缓记忆能力的衰退。

3. 思维的发展

思维是比注意、记忆更为复杂的认知活动。人类思维的萌芽在生命初期即有清晰的展现。3～4 个月的婴儿已经能够在一定程度上形成类别概念。5 岁时，儿童对层级概念能表现出较为充分的理解。在儿童期和青少年期，个体的执行功能持续保持稳步增长。由婴儿期进入童年期后，个体行为受内部冲动和外部刺激控制的程度逐步减小，行为越来越多地表现出计划性和目标导向，认知活动也更具灵活性。青少年能够比儿童从更多角度看待问题，考虑更多的可能性，更好地预测各种行为的后果，但当处于较为强烈的情绪唤起状态，或有同伴在场时，青少年更有可能做出具有冒险倾向的决策。从青少年期开始，思维发展的个体差异逐步增大，一些个体会达到另一些个体不能企及的高度。

成年早期和中期是各领域专家出现的时期。专家比新手拥有更好的问题解决策略，面对问题时也更具灵活性和创造性。步入成年晚期后，个体的问题解决能力与执行功能都会表现出一定程度的衰退。也有研究表明，认知训练、有氧运动以及将两者结合起来的整合性训练都有助于延缓思维随年龄的增长而表现出的衰退。

知识链接

体感游戏促进儿童的执行功能

执行功能是在完成复杂的认知任务时，对其他认知过程进行控制、调节的高级认知过程，包括工作记忆、抑制控制和认知灵活性三种核心成分。儿童的执行功能具有可塑性。早期的儿童执行功能训练是以计算机训练为主的。随着新媒体技术的进步，同时为了增强儿童执行功能训练的趣味性，研究者开始采用视频游戏改善执行功能。但是，视频游戏训练需要儿童长时间静坐，且对于包含计划、解决问题等因素的游戏，年龄较小的儿童体验起来比较困难。因此，利用视频游戏进行儿童执行功能的干预可行性较低。考虑到儿童执行功能训练的趣味性和长期可行性，研究者利用结合认知活动和身体活动的体感游戏对儿童执行功能进行训练。

盖笑松等人(2021)以 122 名儿童(平均年龄为 68.29 个月)为干预对象，将儿童分为四组进行训练。第一组为“高运动强度＋高认知参与”组，采用体感游戏“大冒险”。游戏内容是儿童在水中滑板，通过躲避各种障碍物获得更多金币，达到终点。高运动强度体现为儿童需要不停地跑、跳来进行滑板的加速和躲避障碍物。高认知参与体现为障碍物任意出现，金币藏在各个角落，儿童需要进行辨别思考和决策。第二组为“高运动强度＋低认知参与”组，采用体感游戏“马拉松”。在游戏中，儿童只进行跑步运动。高运动强度体现为儿童需要不断跑步，低认知参与体现为儿童无须进行其他认知活动，不需要分配其他注意资源。第三组为“低运动强度＋高认知参与”组，采用电子游戏“超级玛丽”。在游戏中，儿童静坐在屏幕前，通过手柄进行游戏，扮演游戏中的玛丽躲避障碍物和目标任务。由于儿童静坐着完成活动，因此该活动为低运动强度；由于儿童躲避各种障碍物，注意场景的变化，需要高度集中注意力，因此该活动为高认知参与。第四组为“低运动强度＋低认知参与”组，让儿童在电视机前观看《托马斯和他的朋友们》。由于儿童只需要静坐在屏幕前观看视频，不需要运动和思考，因此该活动为低运动强度和低认知参与。在研究中，每组接受 6 周训练，每周训练 3 次，每次 20 分钟，中间休息 3 分钟。

研究结果表明，在接受了一次训练后，体感游戏中的运动强度能改善儿童的执行功能，尤其是工作记忆；在接受了 6 周的训练后，运动强度和认知参与同时对儿童的执行功能起促进作用，并且认知参与对执行功能的促进作用更大，尤其是对工作记忆和认知灵活性。该研究结果启示家长在陪伴儿童进行游戏时，体感游戏是很好的选择。它不仅能让儿童在游戏中进行运动，强身健体，而且还能让儿童在游戏中发展执行功能，有利于儿童的身心健康和学业成绩的提高。家长或其他教育者在选择体感游戏时，不仅要挑选具有一定身体活动强度的体感游戏，而且还要注重体感游戏中的认知挑战程度，这两个因素都对儿童的执行功能具有促进作用，从而有助于儿童的认知发展。

资料来源：盖笑松等，2021。

（六）皮亚杰的认知发展理论存在哪些不足？

皮亚杰的认知发展理论的贡献毋庸置疑，但也存在一些不足之处。后续研究者对皮亚杰理论的批评最主要集中于三个方面。第一，皮亚杰所描述的儿童认知能力的发展时间表有明显的滞后性。例如，有研究者采用与皮亚杰不同的研究范式考察婴儿的客体永久性观念，其研究结果挑战了皮亚杰的观点(Baillargeon，2004)。皮亚杰研究中的婴儿之所以不能完成研究者给出的任务，可能并非因为他们不具备客体永久性观念，而是因为他们的运动能力限制了他们在任务中的表现。又如，通过三山实验，皮亚杰提出自我中心是处于 2～7 岁的前运算阶段儿童思维活动的典型特征。研究者对三山实验进行了修改，采用儿童更为熟悉的场景，结果发现儿童的反应较少表现出自我中心的特征(Newcombe & Huttenlocher, 1992)。还有研究发现，4岁儿童与比自己年龄小的儿童说话时，会使用更短、更简单的句子，说明他们能够考虑到更年幼儿童的视角(Bryant & Barrett, 2007)。第二，研究者对皮亚杰理论所注重的发展的阶段性提出了怀疑。儿童经常会在一种活动中表现出某些思维特征(如获得守恒性)，但同期在另一些活动中却不能表现出来。这说明儿童的思维并不完全是依照阶段模型发展的。第三，皮亚杰过于强调生物因素所带来的自然成熟对儿童认知发展的影响，对教育和文化因素的意义不够重视。皮亚杰并不否认环境对个体发展的意义，甚至将同伴间的冲突看作儿童认知发展，特别是观点采择和道德推理能力发展的主要推动力量。整体而言，他的理论注重儿童发展的自我导向性，而且少有关于儿童与周围世界的互动具体如何影响其发展过程的论述。

知识链接

人之初，性本善吗?

“人之初，性本善”是我们从小便开始接触的一句三字经，想必每个人都非常熟悉。然而，从古时起这句话就受到了人们的质疑，中国最早的“性恶论”支持者便是荀子。近年来，很多学者对初生儿的道德观念开展研究，试图考察他们不受环境影响的善恶本性是如何的。在这里，我们分享一个支持“性善论”观点的有趣的研究。

费利克斯·沃内肯(Felix Warneken)是哈佛大学幼儿发育研究实验室的首席科学家，他对幼儿的利他行为有浓厚的兴趣。在一次偶然的情况下，他发现当自己假装努力地捡球却够不着的时候，和他一起玩球的男孩竟然捡起球并交给了他。这个结果促使沃内肯设计了针对18个月大的幼儿的实验。

沃内肯设计了四种需要帮助的情景(够物障碍、物理障碍、错误的结果、错误的方式)，每种情景中的具体实验材料又细分为若干种，共10种实验任务，并分别设立了实验组和对照组。例如，在够物障碍中，实验组是“不小心”将东西掉在地上而且不能拿到，而对照组则是故意将东西扔到地上。结果显示，在6种任务中，实验组提供帮助的概率显著高于对照组，说明相较于成人没有表现出遇到困难，当成人表现出遇到困难时幼儿会更倾向于帮助他。个体层面的分析表明，参与实验的24名18个月大的幼儿中有22名至少在一个任务中提供了帮助，而且这样的帮助并不需要成人与幼儿有眼神的沟通，或者语言上的请求。值得注意的是，在这个实验中，幼儿并没有获得任何奖励和称赞。

随后，沃内肯在3只黑猩猩身上也试图进行同样的实验。在实验中，黑猩猩帮助的对象也是人，而非同类，并且采用的实验材料不是食物，这是因为黑猩猩会将食物据为己有。实验结果表明，黑猩猩在够物障碍的情景中也会表现出和幼儿相同的实验结果，但在其他情景中却没有提供帮助。沃内肯认为，这是由于黑猩猩无法理解其他情景。

沃内肯的实验说明了即便是非常小的幼儿(还不会说话或者刚刚开口说话)也有帮助他人解决问题的天性，即使帮助的对象是陌生人，即使他们得不到任何好处。而黑猩猩的表现说明，它们和人类共同的祖先已经拥有了利他行为的趋向。沃内肯的这个实验为“性本善”的论点提供了实验的支撑。

资料来源：Warneken & Tomasello，2006。

（七）科尔伯格采用什么样的方法研究道德发展？在不同的道德发展阶段，个体的道德认知会表现出哪些核心特征？

认知发展心理学家从描述人类道德认知的视角研究人类道德的发展。与皮亚杰一致，科尔伯格也认为一般认知发展是个体道德认知发展的基础。因此，他们在研究中都力图揭示儿童在进行道德推理时，其判断背后的思维结构。与皮亚杰一样，科尔伯格采用临床观察法开展研究。采用这种方法时，研究者首先会对儿童提出一个或多个开放性的问题，待儿童做出回答后，研究者会根据儿童的回答进行追问。具体而言，科尔伯格在他的研究中呈现给儿童的是基于道德两难故事的一系列问题。在这些两难故事中，最著名的一个是海因茨偷药问题。对于每一个两难故事，儿童都需要在两种相对的行为中做出选择：①遵守规则、法律或某个权威人物；②为了某种人类需要而采取与规则、法律或权威人物的要求相冲突的行为。科尔伯格并不注重儿童最终做出了怎样的选择，注重的是，儿童做出判断所依赖的推理过程以及这一推理过程所反映的思维结构。处于不同道德发展阶段的个体，可能会做出同样的选择，但背后的认知过程却是不同的。

表14-1列举了处于不同道德发展阶段的个体道德认知的核心特征，以及他们对于海因茨偷药问题的回答示例(Santrock，2016；Shaffer & Kipp，2014)。

表 14-1　科尔伯格理论中各道德发展阶段个体道德认知的核心特征及对海因茨偷药问题的回答示例

水平	阶段	支持或反对偷药的典型回答
前习俗道德水平(4～10岁)：儿童没有形成对社会规则的内化；将破坏规则会得到惩罚，遵从规则会获得奖励作为道德判断的基本依据。	避免惩罚的服从取向阶段：行为是好是坏由其引起的结果决定。以行为是否会带来权威的惩罚为判断依据。	支持：偷药并不是那么不好……他早先确实提出了要买药。他没破坏什么别的东西，也没拿别的东西。而且他偷走的药也只值200元，不是2000元。
		反对：海因茨没有得到允许就去拿药。他不能就这样打破窗户进去。他做这样的破坏就是犯罪……偷那么贵的东西是很大的罪。
	工具性的交换取向阶段：以行为是否给自己带来利益、是否遵从自己和他人之间的平等交换原则为判断依据。	支持：海因茨没对药商做什么真正不好的事情，他以后可以还钱给药商。如果他不想失去他的妻子，就得去偷药。
		反对：药商没有做错，他只是想赚钱，和其他人一样。做生意就是这样，要赚钱。
习俗道德水平(10～13岁或之后)：儿童内化了权威所制定的社会规则，希望自己能做个好人，进行道德判断的依据是该行为是否能够帮助个体获得社会性赞扬、是否有助于维护社会秩序。	好孩子取向阶段：以个体行为的意图是否能够帮助他人、获得他人对自己肯定为判断依据。	支持：偷东西是不好的，但是海因茨只是做了一个好丈夫应该做的事。他因为爱他妻子才偷了药，你不能因为这个责怪他。如果他没救他妻子，那才应该受到责怪。
		反对：即便海因茨的妻子死了，也不应该责怪海因茨。你不能因为他不愿去犯罪而说他没有良心。药商才是自私的、没有良心的人。海因茨做了所有他能做的事情。
	社会秩序取向阶段：儿童进行判断的依据是一般性他人、社会整体对该行为的评价。正确的行为是服从法律权威、有助于维持社会秩序的。	支持：如果药商就这样让人们死掉，他是在做很不好的事情。海因茨有责任去救他的妻子，但是也不能就这样犯罪——他得还药商钱或接受惩罚。
		反对：海因茨要救他的妻子是很自然的事情，但是偷东西终归是不对的。无论他们的感情如何，还是有什么样的特殊情况，规则都是需要遵守的。

续表

水平	阶段	支持或反对偷药的典型回答
后习俗道德水平（开始于青少年早期或成年早期，某些个体可能终生都无法发展至该水平）：个体认识到不同标准之间可能存在冲突；在面临这些冲突时依据自身的标准做出判断。	社会契约取向阶段：生活在社会中的个人应遵守社会成员为保护绝大多数人利益而达成的社会契约；但也有一些价值，如生命、正义等，在任何时候都应被尊重。	支持：在做出偷盗在道德上是错误的这个判断之前，你要考虑事情的整体情况。当然，对于擅自闯入一家商店这件事情的性质，在法律上是很清晰的。而且海因茨也清楚法律会怎样评判他的行为。但是在那样的情形下，任何人做出偷药的行为都是合理的。
		反对：我能理解非法偷药的积极面，但是结果并不能使手段合理化。海因茨有义务遵守法律的约定。你不能说海因茨偷药完全是错误的，但即便是那样的情境，也不能认为海因茨的行为就是对的。
	普遍伦理取向阶段：人类生命、人权平等的价值超越于法律之上；当具有相对价值的社会契约与普遍的伦理准则发生冲突时，应以后者为判断原则。	支持：当人们必须在遵守法律和挽救生命之间做出选择时，挽救生命这一最高准则会让偷药这一行为在道德上被认为是正确的。
		反对：患癌症的人很多，药却很稀少，不是每个需要的人都能得到药物。正确的行为只能是考虑所有人利益的情况下的那些“对”的行为。海因茨不应该凭感情行事，而是需要想想在这样的情况下，一个真正公正的人应该怎么做。

知识链接

公正是唯一的道德取向吗?

以皮亚杰和科尔伯格为代表的道德认知发展理论家用实证的方法揭示了儿童是按一定的结构图式认识道德现象的，而且随着年龄的增长，儿童的道德判断与推理按一定的阶段向前发展。他们认为，这种发展阶段的变化是围绕公正观展开的，因为只有公正才是大众组织其道德思维的框架。美国心理学家吉利根通过两个方面的研究最先对“公正是唯一的道德取向”这一观点提出了怀疑。一方面，吉利根依据自己对大量经典著作尤其是哲学、伦理学文献的研究发现，人类社会一直都存在公正和关爱两种不同取向的伦理道德观。另一方面，吉利根在利用科尔伯格研究中的经典测试材料“海因茨偷药”的故事进行研究时发现，被试除了有以公正为道德取向的反应之外，还有以关爱为道德取向的反应，但在科尔伯格的研究中，这类反应被忽视了。

在提出关爱道德之后，吉利根和她的合作者就进行了名为“权利和义务”的代表性研究以考察关爱道德的普遍性。她们让被试描述一个与自己有关的、真实生活中经历的道德冲突，然后向被试提出一系列标准问题，包括问题的建构(问题是什么)、解决方法(怎么办)和评价(这样做对吗)。结果表明，75%的女性主要运用关爱取向，只有25%的女性主要运用公正取向；79%的男性主要运用公正取向，7%的男性关爱取向、公正取向并重。吉利根等人据此指出，在真实生活的道德两难故事中，个体考虑问题主要用一种模型，这种模型与个体的性别有关，但并不局限于个体的性别。有些研究者用自我报告法考察大学生的道德取向问题，结果表明，女性运用关爱取向的一致性高于男性，而男性运用公正取向的一致性高于女性。

吉利根提出了关爱道德取向的存在，并对个体关爱道德的发展进行了考察，这是对已有道德发展理论内容的丰富和补充。吉利根发现个体的道德发展在一定意义上存在性别差异，修正了以前关于个体道德发展无性别差异的观点。此外，她运用被试真实生活中的道德两难问题考察个体的道德发展，不仅是研究方法上的进步，而且使研究结果更具有生态效度。

资料来源：苏彦捷，2012。

(八)为什么早期依恋是个人发展的重要影响因素?

大多数发展心理学家都赞同，早期依恋，即婴儿期个体与主要照料者之间所建立起的亲密情感的联结，是影响个体后期发展的重要因素。为何早期依恋的质量如此重要？一些研究者认为，这是因为婴儿在与照料者互动的过程中，发展出了对自己和他人的认知表征。发展心理学家将这种内部表征称为内部工作模式(internal working model)。个体将会运用这种内部工作模式，对周围世界进行解释、对人与人之间的关系形成期待。

如果照料者是敏感的、能够及时回应婴儿需求的，那么婴儿就可能会认为人是可信任的，从而形成对他人的积极工作模式。而如果照料者不能敏感地回应婴儿的需求、忽视甚至虐待婴儿，那么婴儿就可能会认为人是不可信任的，对他人的消极工作模式随之形成。同时，在这一过程中，婴儿基于自己获得他人关注、寻求照料者安抚的能力形成对自己或是积极或是消极的工作模式。因此，可以认为，在生命的头两年，婴儿对于照料者的依恋塑造了他在生命全程中对人际关系的期待。安全型依恋的孩子能够信赖他人、爱他人，因为他们在生命早期信赖他们的照料者、爱他们的照料者。非安全型依恋的孩子很难信赖他人、爱他人，因为他们难以信赖和爱他们的照料者。不少研究证实生命早期的依恋质量与后期积极发展的结果之间存在正向联系，但也有一些研究未能得到这样的发现(Arnett，2016)。研究者的解释是，这可能是因为内部工作模式并不是一成不变的。个体早期所形成的对自己和他人的内部表征可能会在童年期、青少年期甚至成人期发生改变。

知识链接

安全依恋对共情和利他行为的影响

利他行为是指以增加其他个体的福利为最终目的的行为，对维持个体的心理健康、保持良好的人际关系、促进社会和谐具有重要价值。共情是利他行为的内在动机，指个体感知或想象他人的情感，并部分体验到他人感受的心理过程。近年来，研究者以依恋理论为基础，从安全依恋风格和安全依恋启动两个方面研究了安全依恋对共情和利他行为的影响。

目前对成人依恋风格的测量主要依据两个维度，即依恋回避和依恋焦虑。依恋回避反映个体不信任他人的善意，努力保持自己在行为和情感上的独立。如果个体在这一维度上的得分较高，且在另一维度上的得分较低，那么他就属于依恋回避型。依恋焦虑反映个体担心在需要时得不到帮助，渴望能够得到他人的关注和帮助。如果个体在这一维度上的得分较高，且在另一维度上的得分较低，那么他就属于依恋焦虑型。如果个体在上述两个维度上的得分都很低，那么他就属于安全依恋型。研究发现，相对于非安全依恋的个体，安全依恋的个体对需要帮助的他人会表现出更多共情，对婚姻中的另一半和陌生人会表现出更多及时、敏感的关怀和回应，对外群体成员会表现出更多宽容。研究表明，安全依恋的医护人员更容易对患者产生共情，有利于改善医患关系和减轻医护人员在临床环境下的压力。依恋回避和依恋焦虑负向预测个体的利他行为。依恋回避与更少的支援行为和利他动机有关，依恋焦虑与自我提升的志愿服务动机有关(如“参加志愿服务让我感觉自己很重要。”)。研究进一步发现，在控制了积极人格特质(情绪稳定性、外向性、开放性、尽责性和宜人性)后，依恋焦虑和依恋回避对个体参与志愿服务仍然具有显著的负向预测作用。在他人需要帮助的情境中，依恋焦虑是个体焦虑程度的预测指标，依恋回避负向预测个体为他人提供帮助的可能性。这些研究结果表明，非安全依恋风格(依恋焦虑和依恋回避)对个体的共情和利他行为有负向预测作用，安全依恋风格与个体的共情和利他行为有正向关系。

依恋风格在一定程度上能被改变。研究者采用实验的方法暂时激活个体的安全依恋心理表征，使其表现出安全依恋的一系列积极效应，这个过程被称为安全依恋启动。研究发现，安全依恋启动在情绪方面会产生治疗、安抚的效应，改善个体对自我以及身边人的评价，降低组内的敌意，增强共情和帮助他人的意愿。不同依恋风格的个体在安全依恋启动后都会对处于不利处境的他人表现出更多共情。安全依恋启动削弱了阻碍帮助行为的防御机制，降低了关怀回避和关怀焦虑。换句话说，安全依恋启动使个体更加愿意关注和帮助他人，并相信自己有能力帮助他人。还有研究发现，反复激活安全表征可在较长时间内改善个体对亲密关系的信念，使其对自我的评价更积极、更信任关心伴侣、对伴侣行为的预期更积极。

虽然安全依恋影响共情和利他行为已被证实，但安全依恋影响共情和利他行为的心理机制是什么，目前国内外关于这方面的实证研究很少。研究者根据依恋理论和相关文献推测，情绪调节和依恋内部工作模式等因素可能是其中的重要心理机制。

资料来源：潘彦谷等，2019。

(九)安斯沃斯等研究者采用什么方法测量婴儿对母亲的依恋？该种方法是否有局限性？

安斯沃斯与其合作者采用陌生情境测验对婴儿与母亲的依恋关系进行测量。进行陌生情境测验时，母亲和婴儿一起到装有单向玻璃的观察室中，室内有许多玩具。实验整个过程包括 8 个连续的情境。这 8 个情境的核心内容有三个环节：①母婴之间的自然互动，由此可以考察婴儿是否将母亲作为探索的安全基地；②婴儿短暂地与母亲分离，和陌生人在一起，由此考察婴儿在面对与母亲分离、和陌生人在一起这一压力事件时的反应；③重聚，由此考察是否能够被母亲安抚并重新回到玩耍中。经由对观察数据的分析，可将婴儿的依恋划分为安全型、回避型、抗拒型和混乱型四类。

陌生情境测验已成为婴儿依恋测量的典型范式，但该方法也有一定的局限性。首先，该方法具有文化偏差。有研究对比了美国、德国和日本婴儿的依恋类型，发现回避型依恋在德国婴儿中的比例最高，美国其次，日本最低；且日本婴儿抗拒型依恋的比例比德国和美国都高（van Ijzendoorn & Kroonenberg，1988）。这可能是因为德国母亲更为鼓励婴儿的独立，而日本母亲很少会让婴儿不熟悉的人照料他们。其次，即便是在同一种文化内部，测量结果也可能受依恋质量本身之外的因素的影响。例如，上幼儿园的孩子比较习惯与母亲的分离，他们在陌生情境测验中的表现可能与平时在家的孩子不同。再次，也有研究者批评陌生情境测验是在研究机构的观察室进行的，不能完全真实地反映孩子的日常情况。最后，陌生情境测验对 2 岁以上儿童依恋关系的测量并不理想，因为 2 岁以上的儿童对与母亲的短暂分离和遇见陌生人大都习以为常了。对于 1～6 岁儿童的依恋类型，可以采用基于自然观察的 Q 分类技术进行测量。该方法的基本过程是，研究者对儿童和母亲的自发互动行为进行观察；根据观察到的行为，将 90 个描述亲子互动的条目分为 9 类(从“非常不符合”到“非常符合”)；计算观察者的分类结果与专家预先提供的典型安全依恋分类结果之间的相关，得到儿童的安全依恋分数。

（十）如何理解埃里克森理论中的发展危机？

埃里克森是新精神分析学派的代表人物之一，其理论受到弗洛伊德学说的影响，但在一些基本问题上与弗洛伊德的观点并不一致。弗洛伊德将自我的角色定义为本我冲动与超我要求之间的调停者，埃里克森则赋予自我更大程度的独立性，将其视为人格的重要成分。也正因为如此，埃里克森的理论也被称为自我心理学(ego psychology)。依照埃里克森的理论体系，人格的发展主要表现为自我的发展，而自我在不同发展阶段所面临的发展危机是人格发展的重要推动力量。

在生命发展的不同阶段，社会对个体有着不同的要求，这是社会对个体提出的发展任务。当刚刚进入某个发展阶段时，完成这些发展任务所需要的能力与个体现有的能力存在差异，这种差异会引发个体的紧张感，即发展中的危机。因为这种危机本质上是由文化压力与期待所引起的心理上的不平衡，所以也称“心理社会性危机”。虽然被称作“危机”，但与生活中我们谈及的危机(通常指向重大的压力事件、灾难性事件)不同，埃里克森理论体系中的“危机”所指向的只是生活中普通的、正常范围内的压力事件。个体会感受到危机感是由于必须付出心理上的努力以应对社会环境的要求。

可以认为，危机的出现似乎是把个体带到了人生不同路程中的岔路口。个体可能采取积极的方式应对，也可能采取消极的方式应对。例如，一个已经与主要照料者形成了稳定而积极的信任关系的婴儿，在刚刚进入学步期时，会发现照料者对他有了以前没有过的期待，如能够更为独立地行动、能够自己应对自己某些基本的需要、能够在自我控制上达到一个新的水平等。这些新的要求让他感到紧张甚至挫败。处在由危机所引向的岔路口，他可能羞愧自责(消极的应对方式)，也可能努力达成期望，独立自主地应对各种事情(积极的应对方式)。在每一个阶段，危机的发展结果就是这两种相对力量的结合。

埃里克森认为，最为理想的情况是，个体能够主要以积极的方式应对挑战，但也能够在一定程度上使用消极的方式。学步期儿童摆脱对成人的完全依赖、自主探索周围环境是重要的。但如果没有任何限制，没有任何对自己能力边界的怀疑，也并非理想的发展状态。在发展的各个阶段，如果个体能够实现两种力量的较好平衡，其自我将获得一种基本力量，为下一阶段的发展奠定基础；而如果两种力量未能实现良好的平衡，其发展将会出现风险。埃里克森将过度使用积极的应对方式所导致的发展风险称为适应不良，将过度使用消极的应对方式所导致的发展风险称为恶意(Capps & Margaret, 2013)。仍以上述学步期儿童所面临的危机为例，如果儿童能够平衡好“自主对羞愧”之间的博弈，其自我会获得意志力这一品质，即儿童有实践自由选择和自我控制的决心。如果儿童过度追求独立，自我表现出的适应不良为冲动，即容易为各种冲动所控制，缺乏必要的自我控制；如果儿童过度依赖、自责，自我表现出的恶意为强迫，即过度控制自己冲动的表达。

由上述分析可见，依照埃里克森的心理社会性发展理论，危机是我们人生发展中的必经历程。一个个发展危机实际上也是发展的契机，我们正是在一次次为解决危机而不断努力的过程中接近人格的成熟。

三、 设计活动

活动一

本章提到了许多著名的实验，如守恒实验、两难问题等，通过一个非常简单的实验来说明个体感知觉、认知、社会化发展过程中非常重要的问题。你可以选取本章中提到的一个实验，也可以用一个在课外看到的实验，找几位同学来验证一下前人研究结果的有效性，根据得到的结果进行讨论。

提示：这个活动对于初为人父或人母的人可能会更有意思，但作为心理学专业的同学，这也可以看作一次科研活动的小练笔。我们并不一定能够重复前人的研究结果。一方面，要检查自己的实验操作有没有问题。另一方面，也可验证前人的研究，看是否存在局限。这个活动并不简单，要认真对待，对结果进行思考和讨论。

活动二

根据本章内容我们知道，个体的发展是遗传和环境相互作用的结果。那么，你能举出几个例子说明是遗传和环境共同影响人的发展的吗？

提示：你可以就自己或你认识的某个人进行分析，结合你们的先天因素和后天经验分析你们的某些特点形成的原因。或者，你也可以对比分析兄弟姐妹之间的差异性与共性。如果你能找到你比较熟悉的双生子，应该会有非常丰富与有趣的发现。

活动三

当你身边的朋友说她的孩子 14 个月了还不会走路，而别的孩子一岁就开始走路时，你会给她什么样的建议？

提示：发展总是受到先天生理因素和后天环境因素的共同影响。婴儿运动技能的发展有大体的时间表，但个体差异不能忽视。研究表明，如果父母经常鼓励婴儿运动，婴儿能够独立行走的时间就会显著早于一般婴儿。

活动四

当成人与婴幼儿说话时，请观察他们的用词、语气、语调是否与平时说话一样，或者回忆一下自己的经历，童年时父母与自己说话的样子是否和现在一样。如果有不同，描述一下成人对儿童的说话方式是怎样的，你从中发现了什么？

提示：在许多文化中，当成人与婴幼儿讲话时，他们会使用一种不同于与成人讲话的语言方式，即儿童指向语言。这是一种夸张、高语调的语言形式。儿童指向语言能够保持婴儿的兴趣，使他们注意到父母正在说的内容，从而帮助儿童获得语言。儿童指向语言的声音模式强调情绪色彩，有助于婴儿与照料者之间情感纽带的建立。

活动五

回忆自己的童年，你最早能够追溯到的事件是什么？它发生的时间是在你几岁的时候？发生的地点、人物你是否还记得？

提示：对于大多数人来说，乍一看题目会感到非常轻松，但很快就会发现，要最终确定哪一部分记忆是自己最早出现的，它的具体内容是什么，是很难的事情。我们知道，记忆常常会“欺骗”我们。如果大家试着回答了这个问题，是否事件发生的时间都在 3 岁以后呢？如果你记得的事件发生在 3 岁以前，建议你最好和父母核实一下，不过别忘记，他们的记忆也有可能出错！建议参考本章的知识链接来理解这种现象。

活动六

将海因茨偷药的两难故事讲给你身边不同年龄段的人听，并请他们发表对于海因茨行为的看法。将你收集到的回答对照科尔伯格的道德发展理论进行分析。

提示：询问的重点应在于你的访谈对象的思考过程，而不是海因茨应不应该偷药。当访谈对象给出该或不该的回答后，需提出开放式问题进行追问。可追问的问题如：海因茨是否有责任偷药？如果海因茨不爱他的妻子，他是否该为妻子偷药？海因茨应该为一个陌生人偷药吗？人们是否应该为挽救一个人的生命做一切能做的事情？偷窃是违法的吗？这样的行为在道德上是错误的吗？这样的追问是为了探明访谈对象在遵从规则和捍卫生命价值与人类基本权利之间如何权衡。建议你邀请一位同学与你一起分析，并将你们的分析结果进行对比。

活动七

目前你感觉自己最遗憾的是什么？最得意的是什么？接下来该怎么做才能使自己在未来回顾人生时感到满意？

提示：我们都知道，死亡是每个人都注定的结局。在死亡临近时，人们会倾向于回顾自己的一生。根据埃里克森的社会发展理论，如果对自己的过去感到满意，就能达到良好的自我统合；如果认为自己虚度年华，就可能对生活感到绝望。这提示我们要时刻总结，不断努力去创造价值，使自己在老年时仍然拥有良好的心理状态。

四、 拓展练习

（一）单选题

1. 以下研究主题中，属于心理社会性发展研究领域的是(　　)。

A. 父母的教养方式与儿童情绪调节能力的关系

B. 睡眠时间与儿童注意功能之间的关系

C. 体育锻炼与儿童前额叶发展之间的关系

D. 有氧锻炼对延缓老年人记忆衰退的作用

2. 个体发展中的社会环境因素不包括(　　)。

A. 人际关系　　B. 气候条件

C. 教育条件　　D. 工作条件

3. 以下关于遗传和环境对个体发展的影响的说法中，错误的是(　　)。

A. 遗传的作用只体现在对一般认知能力的影响上

B. 影响个体发展的环境因素既包括物质环境，又包括社会环境

C. 遗传因素和环境因素在个体发展中是相互作用的

D. 遗传因素对发展的影响主要是通过染色体内的遗传物质来实现的

4. 在产前发育中，对环境中的有害因素最为敏感的时期是(　　)。

A. 受精卵期　　B. 胚芽期

C. 胚胎期　　D. 胎儿期

5. 如果将婴儿置于水中，婴儿会自动屏住呼吸并伸出手脚做出类似于游泳的动作。这是一种(　　)。

A. 生存反射

B. 原始反射

C. 经典条件作用

D. 操作性条件作用

6. 在对婴儿的听力进行研究时，经常采用的研究范式是(　　)。

A. 习惯化范式　B. 启动范式

C. 临床诊断　　D. 自然观

7. 8 个月的婴儿通常所处的语言发展期为(　　)。

A. 前语言期　　B. 单词句期

C. 电报句期　　D. 句法爆发期

8. 乔姆斯基所代表的语言发展理论是(　　)。

A. 语言发展的先天观

B. 语言发展的学习观

C. 语言发展的交互作用观

D. 语言发展的社会文化观

9. 关于记忆发展的一般特点，以下观点中正确的是(　　)。

A. 青少年很少会主动采取复述策略

B. 元记忆萌芽于青少年早期

C. 相比于外显记忆，内隐记忆受年龄增长的影响较小

D. 进入小学后，自发的精细化加工和组织策略成为个体日常学习活动一部分

10. 关于情绪发展的一般特点，以下观点中错误的是(　　)。

A. 自我意识情绪的出现时间晚于基本情绪

B. 2岁时，儿童常会有意识地掩饰自己的情绪

C. 激素对青少年情绪的影响主要表现在青春期早期

D. 积极的情绪有助于人体免疫功能的提升

11. 皮亚杰的三山实验揭示了儿童(　　)。

A. 在前运算阶段出现的自我中心

B. 在前运算阶段出现的守恒性

C. 在具体运算阶段出现的自我中心

D. 在具体运算阶段出现的守恒性

12. 依照皮亚杰的认知发展理论，具备“先提出若干假设，然后对假设进行系统性检验”能力的个体，所处的认知发展阶段是(　　)。

A. 感知运动阶段

B. 前运算阶段

C. 具体运算阶段

D. 形式运算阶段

13. 下面是研究者与一个女孩的对话。依照皮亚杰的认知发展理论，该儿童处于认知发展的(　　)。

研究者：“你有姐姐或者妹妹吗？”

儿童：“有。”

研究者：“她叫什么名字？”

儿童：“莉莉。”

研究者：“莉莉有姐姐或者妹妹吗？”

儿童：“没有。”

A. 感知运动阶段

B. 前运算阶段

C. 具体运算阶段

D. 形式运算阶段

14. 研究者安斯沃斯和合作者所开创的测量婴儿期依恋的方法，已成为婴儿依恋测量的典型范式。这种方法是(　　)。

A. 两难故事法

B. Q分类法

C. 陌生情境测验

D. 临床观察法

15. 母亲在时，儿童总是黏着母亲，很少主动玩耍；母亲离开时，儿童十分焦虑并开始哭泣；母亲回来后，迎接母亲，但又会避免与母亲接触。这样的儿

童最有可能的依恋类型是(　　)。

A. 安全型　　B. 回避型

C. 抗拒型　　D. 混乱型

16. 在做道德判断时，个体的标准来自成人和外在的权威，并认为道德原则和规范是绝对的，必须服从。拥有这样从他性特点的个体的可能年龄是(　　)。

A. 2 岁　　B. 6 岁

C. 13 岁　　D. 20 岁

17. 男孩 A 因为偷拿壁橱中的糖果打翻了一个杯子；男孩 B 因为帮助妈妈洗碗不小心打破了三个杯子。小明认为男孩 B 更淘气，因为他打碎的杯子更多。根据皮亚杰的道德发展理论，小明处于(　　)。

A. 他律道德阶段

B. 自律道德阶段

C. 习俗道德时期

D. 后习俗道德时期

18. 根据科尔伯格的道德发展理论，以下观点中正确的是(　　)。

A. 青少年期之后，道德推理所处的发展阶段难以改变

B. 进入老年期后，个体的道德推理的发展阶段会后退

C. 人们通常会跳过某一个或几个发展阶段

D. 并非所有人都会发展到后习俗水平

19. 埃里克森把个体的心理发展划分为(　　)个阶段。

A. 5　　B. 6

C. 7　　D. 8

20. 根据埃里克森的心理社会发展理论，40～65 岁的个体所经历的危机是(　　)。

A. 勤奋对自卑

B. 亲密对孤独

C. 繁殖对停滞

D. 自我整合对绝望

(二) 多选题

1. 以下属于发展心理学关注的发展现象的是(　　)。

A. 胎儿在母亲孕期第 3 个月时出现明显的外生殖器官的性别分化

B. 进入青少年期后，身高突增

C. 工作记忆的容量在成年中期后会有所下降

D. 进入老年期后，人们的亲密朋友的数量往往会减少

2. 以下情绪中，属于自我意识情绪的是(　　)。

A. 惊讶　　B. 自豪

C. 羞愧　　D. 厌恶

3. 依据皮亚杰的认知发展理论，具体运算阶段的儿童表现出的思维发展特征有(　　)。

A. 表现出去自我中心性

B. 获得了对运算规则可逆性的理解

C. 认知图式的发展达到成熟

D. 认知活动以同化过程为主导

4. 关于青少年期的心理与生理发展，以下说法中正确的是(　　)。

A. 进入青少年期后，个体表现出

生长突增

B. 执行功能在青少年期保持稳步增长趋势

C. 青少年期是形成自我同一性的重要时期

D. 大量实证研究表明，激素的变化是导致青少年情绪波动的最主要原因

5. 对于成年后的心理与生理发展，以下说法中正确的是(　　)。

A. 前额叶在成年期仍具有可塑性

B. 步入成年期后，个体的各种认知能力都必定表现出衰退

C. 身体衰老和认知能力衰退的速度都存在较大的个体差异

D. 长期坚持有氧运动有助于延缓一些认知能力随年龄的增长而表现出的衰退

参考答案

(一)单选题

1. A　2. B　3. A　4. C　5. B　6. A　7. A　8. A　9. C　10. B　11. A　12. D　13. B　14. C　15. C　16. B　17. A　18. D　19. D　20. C

(二)多选题

1. ABCD　2. BC　3. AB　4. ABC　5. ACD

参考文献

艾肯．心理测量与评估．张厚粲，黎坚，译．北京：北京师范大学出版社，2006.

艾伦·帕斯托里诺，苏珊·多伊尔-波蒂略．什么是心理学．陈宝国，等译．北京：中国人民大学出版社，2013.

爱德华·伯克利，梅利莎·伯克利．动机心理学．郭书彩，译．北京：人民邮电出版社，2020.

安娜斯塔西，厄比纳．心理测验．缪小春，竺培梁，译．杭州：浙江教育出版社，2001.

巴泽曼．管理决策中的判断(第6版)．杜伟宇，李同吉，译．北京：人民邮电出版社，2007.

卡莱特，等．情绪．周仁来，等译．北京：中国轻工业出版社，2009.

伯格．人格心理学(第六版)．陈会昌，等译．北京：中国轻工业出版社，2004.

陈宝国，徐慧卉．工作记忆容量的差异对第二语言句法歧义句加工的影响．心理学报，2010，42(2)：185-192.

陈海平．韦氏儿童智力测验第四版的修订及其对智力测验开发的启示．宁波大学学报(教育科学版)，2008，30(6)：37-42.

崔媛媛．动物是否具有思维．大自然探索，2012(2)：32-37.

戴斯，纳格利尔里，柯尔比．认知过程的评估——智力的PASS理论．杨艳云，谭和平，译．上海：华东师范大学出版社，1999.

董奇．发展认知神经科学：理解和促进人类心理发展的新兴学科．中国科学院院刊，2012，27(S1)：42-51.

董蕊，彭凯平，喻丰．积极情绪之敬畏．心理科学进展，2013，21(11)：1996-2005.

菲利普·津巴多，罗伯特·约翰逊，薇

薇安·麦卡恩．津巴多普通心理学．邹智敏，肖莉婷，等译．北京：机械工业出版社，2017.
盖笑松，许洁，闫艳，等．体感游戏促进儿童的执行功能：运动强度和认知参与的作用．心理学报，2021，53(5)：505-514.
高觉敷．西方近代心理学史．北京：人民教育出版社，1982.
高湘萍．知觉心理学．北京：人民教育出版社，2011.
葛枭语，李小明，侯玉波．孔子思想中的君子人格：心理学测量的探索．心理学报，2021，53(12)：1321-1334.
葛詹尼加，等．认知神经科学：关于心智的生物学．周晓林，高定国，等译．北京：中国轻工业出版社，2011.
耿海燕，蔡文菁．不注意视盲的实验研究综述．北京大学学报(自然科学版)，2007，43(2)：282-287.
贡喆，刘昌，沈汪兵．有关创造力测量的一些思考．心理科学进展，2016，24(1)：31-45.
郭德俊．动机心理学：理论与实践．北京：人民教育出版社，2005.
郭德俊．动机与情绪．北京：首都师范大学出版社，2017.
郭永玉．人格心理学纲要．北京：教育科学出版社，2018.
霍凯特．现代语言学教程(上)．索振羽，叶蜚声，译．北京：北京大学出版社，1986.
霍涌泉，赵微．意识心理学研究的复兴与发展特点．心理科学，2005，28(5)：1170-1173.
基思·斯坦诺维奇．这才是心理学．窦东徽，刘肖岑，译．北京：人民邮电出版社，2014.
季红光，郭迪，蔡汝刚，等．婴幼儿习惯化行为的研究概况．中国行为医学科学，2001，10(4)：397-398.
加德纳．多元智能．沈致隆，译．北京：新华出版社，1999.
焦丽颖，史慧玥，许燕，等．中国人善良人格量表的编制及信效度检验．心理学探新，2020，40(6)：538-544.
焦丽颖，杨颖，许燕，等．中国人的善与恶：人格结构与内涵．心理学报，2019，51(10)：1128-1142.
荆其诚，傅小兰．心·坐标——当代心理学大家(二)．北京：北京大学出版社，2009.
库恩．心理学导论——思想与行为的认识之路(第13版)．郑钢，等译．北京：中国轻工业出版社，2017.
库恩．心理学导论——思想与行为的认识之路．郑钢，等译．北京：中国轻工业出版社，2004.
莱希．心理学导论(第9版)．吴庆麟，等译．上海：上海人民出版社，2010.
莱因贝格．动机心理学(第7版)．王晚蕾，译．上海：上海社会科学院出版社，2012.
雷雳．发展心理学．北京：中国人民大学出版社，2017.
李汉松．西方心理学史．北京：北京师

范大学出版社，1988.
李荆广，郭秀艳．记忆研究的功能取向．心理科学进展，2009，17（5）：923-930.
李霞，朱晓颖，李文虎．归属需要的研究进展．心理学探新，2010，30(2)：86-90.
李毓秋，严云堂．人力资本测量与教育质量监控——国际学生评价项目 PISA 及其对我国教育质量监控的启示．生产力研究，2003(2)：137-139.
理查德·格里格，菲利普·津巴多．心理学与生活．王垒，王甦，等译．北京：人民邮电出版社，2003.
刘小禹，付静宇．情绪即社会信息模型的理论及应用．心理科学进展，2022，30(1)：188-205.
刘亚，王振宏，孔风．情绪具身观：情绪研究的新视角．心理科学进展，2011，19(1)：50-59.
龙学锋．生活习惯改变我们的大脑，百科知识，2016(1A)：27-28.
罗伯特·S. 费尔德曼．心理学与你的生活．梁宁建，等译．北京：机械工业出版社，2016.
罗杰·霍克．改变心理学的 40 项研究．白学军，等译．北京：人民邮电出版社，2010.
迈尔斯．心理学．黄希庭，等译．北京：人民邮电出版社，2007.
迈克尔·加扎尼加．双脑记．罗路，译．北京：北京联合出版公司，2016.
麦格劳-希尔编写组．妙趣横生的心理学．王芳，等译．北京：人民邮电出版社，2013.
孟昭兰．情绪心理学．北京：北京大学出版社，2005.
米策尔．心理学入门(修订版)．张凤凤，金建，译．北京：中央编译出版社，2015.
米歇尔·N. 希奥塔，詹姆斯·W. 卡拉特．情绪心理学：原著第三版．周仁来，等译．北京：中国轻工业出版社，2021.
墨顿·亨特．心理学的故事．李斯，王月瑞，译．海口：海南出版社，1999.
牛海群，郭本禹．埃里克森对自我心理学的贡献．南京晓庄学院学报，2021，37(2)：70-74.
潘彦谷，肖遥，胡俞，等．安全依恋对共情和利他行为的影响．心理科学进展，2019，27(12)：2077-2083.
齐瓦·孔达．社会认知．周治金，朱新秤，等译．北京：人民邮电出版社，2013.
R. L. 格列高里．视觉心理学．彭聃龄，杨旻，译．北京：北京师范大学出版社，1986.
切卡莱丽，怀特．心理学入门：日常生活中的心理学．张智勇，施惟希，于思琦，等译．北京：机械工业出版社，2016.
任纯慧，陈学志，练竑初，等．创造力测量的辅助工具：中文远距联想量表的发展．应用心理研究，2004(21)：195-217.

邵志芳．认知心理学：理论、实验和应用(第 2 版)．上海：上海教育出版社，2013.

申继亮，方晓义．关于儿童心理发展中敏感期的问题．北京师范大学学报(社会科学版)，1992(1)：62-67.

水志国．头脑风暴法简介．学位与研究生教育，2003 (1)：44.

斯皮尔曼．人的能力：它们的性质与度量．袁军，译．杭州：浙江教育出版社，1999.

斯腾伯格．超越 IQ. 俞晓琳，吴国宏，译．上海：华东师范大学出版社，1999.

斯腾伯格．成功智力．吴国宏、钱文，译．上海：华东师范大学出版社，1999.

斯腾伯格．认知心理学(第 6 版)．邵志芳，译．北京：中国轻工业出版社，2016.

苏彦捷．发展心理学．北京：高等教育出版社，2012.

孙建群，田晓明，李锐．情绪智力的负面效应及机制．心理科学进展，2019，27(8)：1451-1459.

孙龙，常若松，高远，等．驾驶员视觉注意对危险识别的影响及作用机制. 心理科学进展，2014，22(11)：1733-1739.

涂阳军，郭永玉．道家人格的测量．心理学探新，2014，34(4)：296-300.

王川红，孙骏谟，田志雄，等．汉字语义加工性别差异的脑功能磁共振成像研究，放射学实践，2005(7).

王申连，郭本禹．人格行为遗传学研究的两类取向．心理科学进展，2013，21(5)：827-836.

王文斌．词及词义心理研究——对心理词典论的考察．现代外语，2002，25(4)：423-433.

王振宏．青少年心理发展与教育．西安：陕西师范大学出版社，2012.

王振宏，王笑笑，李彩娜．儿童发展的不同环境敏感性：理论与实证．北京师范大学学报(社会科学版)，2020(4)：36-47.

韦恩·韦登．心理学导论．高定国，等译．北京：机械工业出版社，2017.

魏晓言，陈宝国．语言对知觉的影响——来自颜色范畴知觉研究的证据．心理科学进展，2011，19(1)：35-41.

休·瓦格纳．人类动机：行为背后的七情六欲．白学军，等译．北京：中国人民大学出版社，2021.

许燕．人格心理学．北京：北京师范大学出版社，2009.

杨治良，李林．内隐记忆研究的回顾与展望．心理学探新，2006，26(4)：3-8.

叶浩生．历史上最具影响力的心理学名著 26 种．西安：陕西人民出版社，2007.

尹奎，赵景，周静，等．“大五”人格剖面：以个体为中心的研究路径．心理科学进展，2021，29(10)：1866-1877.

尤瑾，郭永玉．“大五”与五因素模型：两种不同的人格结构．心理科学进展，2007，15(1)：122-128.

张和云，赵欢欢，许燕．中国人善良人格的结构研究．心理学探新，2018，38(3)：221-227.

张厚粲．大学心理学．北京：北京师范大学出版社，2001.

张厚粲．韦氏儿童智力量表第四版(WISC-Ⅳ)中文版的修订．心理科学，2009，32(5)：1177-1179.

张阳，彭春花，孙洋，等．视觉返回抑制的认知机制．心理科学进展，2013，21(11)：1913-1926.

赵鑫，周仁来．工作记忆刷新功能的可塑性．心理科学进展．2014，22(10)：1521-1531.

中国超常儿童追踪研究协作组．智蕾初绽——超常儿童追踪研究．西宁：青海人民出版社，1983.

周爱保，王志丹．哈佛群体催眠感受性量表A式中文版在大学生中的信度和效度．中国心理卫生杂志，2011，25(3)：223-227.

周国兴．狼孩的启示．化石，1977：14-15.

周仁来，等．心理学研究新进展．北京：北京师范大学出版社，2013.

朱小虎．面向未来的参与能力——PISA“素养”概念的发展．外国中小学教育，2012(1)：13-16，7.

Amalric M，Dehaene S. Origins of the brain networks for advanced mathematics in expert mathematicians. PNAS，2016，113 (18)：4909-4917.

Andics A，Gácsi M，Faragó T，et al. Voice-sensitive regions in the dog and human brain are revealed by comparative fMRI. Current Biology，2014，24(5)：574-578.

Arnett J J. Human development：A cultural approach (2th ed.). Upper Saddle River，NJ：Pearson Education，2016.

Aron E N，Aron A，Jagiellowicz J. Sensory processing sensitivity：A review in the light of the evolution of biological responsivity. Personality and Social Psychology Review，2012，16(3)：262-282.

Aron E N，Aron A. Sensory-processing sensitivity and its relation to introversion and emotionality. Journal of Personality and Social Psychology，1997，73(2)：345-368.

Attenborough. “Words，contexts，politics”. Gender and Language，special issue，2014，8(2)：137-146.

Baillargeon R. Infants' reasoning about hidden objects：Evidence for event-general and event-specific expectations. Developmental Science，2004，7：391-424.

Banerjee P J M，Gibbon S，Huband N. Assessment of personality disorder. Advances in Psychiatric Treatment，2009，15(5)：389-397.

Baxter, Saykin, Flashman, et al. Sex differences in semantic language processing: A functional MRI study. Brain and Language, 2003, 84(2): 264-272.

Bedny, Richardson & Saxe. "Visual" cortex responds to spoken language in blind children. Journal of Neuroscience, 2015, 35(33): 11674-11681.

Belsky J, Pluess M. Beyond diathesis stress: Differential susceptibility to environmental influences. Psychological Bulletin, 2009, 135(6): 885-908.

Belsky J. Theory testing, effect-size evaluation, and differential susceptibility to rearing influence: The case of mothering and attachment. Child Development, 1997, 64(4): 598-600.

Blanken T F, Benjamins J S, Borsboom D, et al. Insomnia disorder subtypes derived from life history and traits of affect and personality. The Lancet Psychiatry, 2019, 6(2): 151-163.

Bleuler M. Conception of schizophrenia within the last fifty years and today. Journal of the Royal Society of Medicine, 1963, 56(10): 945-952.

Bruton O J. Is there a "g-neuron"? Establishing a systematic link between general intelligence (g) and the von Economo neuron. Intelligence, 2021, 86.

Bryant G A, Barrett H C. Recog-nizing intentions in infant-directed speech: Evidence for universals. Psychological Science, 2007, 18: 746-751.

Byeon, Hong S. Relationship between television viewing and language delay in toddlers: Evidence from a Korea national cross-sectional survey. PLOS ONE, 2015, 10(3): E0120663.

Capps D, Margaret R. Miles' Augustine and the fundamentalist's daughter: An Eriksonian perspective. Pastoral Psychology, 2013, 62: 361-373.

Chen M K. The effect of language on economic behavior: Evidence from savings rates, health behaviors, and retirement assets. American Economic Review, 2013, 103(2): 690-731.

Clayden, Jentschke, Muñoz, et al. Normative development of white matter tracts: Similarities and differences in relation to age, gender, and intelligence. Cerebral Cortex, 2012, 22(8): 1738-1747.

Colom, Haier, Head, et al. Gray matter correlates of fluid, crystallized, and spatial intelligence: Testing the P-FIT model. Intelligence, 2009, 37(2): 124-135.

Czajkowski N, Aggen S H, Krueger R F, et al. A twin study of normative personality and DSM-IV personality disorder criterion counts: Evidence for separate genetic influences. American Journal of Psychiatry, 2018, 175(7): 649-656.

Damian R I, Spengler M, Sutu A, et al. Sixteen going on sixty-six: A longitudinal study of personality stability and change across 50 years. Journal of Personality and Social Psychology, 2019, 117 (3): 674-695.

David H B, Tsukahara T, Weinreb C, et al. Nonneuronal expression of SARS-CoV-2 entry genes in the olfactory system suggests mechanisms underlying COVID-19-associated anosmia. Science Advances, 2020, 6(31).

Deák. Interrelations of language and cognitive development. Encyclopedia of Language Development (pp. 284-291). P. Brooks & V. Kampe, Eds, SAGE, 2014.

de Villiers B, Lionetti F, Pluess M. Vantage sensitivity: A framework for individual differences in response to psychological intervention. Social Psychiatry and Psychiatric Epidemiology, 2018, 53(6): 545-554.

Dutton E, van der Linden D., Lynn R. The negative Flynn effect: A systematic literature review. Intelligence, 2016, 59: 163-169.

Girardeau G, Lopes-Dos-Santos V. Brain neural patterns and the memory function of sleep. Science, 2021, 374 (6567): 560-564.

Goldstein E B. Sensation and perception (second edition). Wads Worth Publishing Company, 1984.

Greven C U, Lionetti F, Booth C, et al. Sensory processing sensitivity in the context of environmental sensitivity: A critical review and development of research agenda. Neuroscience and Biobehavioral Reviews, 2019, 98: 287-305.

Grill-Spector K, Weiner K S, Kay K, et al. The functional neuroanatomy of human face perception. Annual Review of Vision Science, 2017, 3: 167-196.

Guilford J P. The nature of human intelligence. McGraw-Hill, 1967.

Haier R J, Jung R E, Yeo R A et al. Structural brain variation and general intelligence. NeuroImage, 2004, 23(1): 425-433.

Hebscher M, Wing E, Ryan J, et al. Rapid cortical plasticity supports long-term memory formation. Trends in Cognitive Sciences, 2019, 23(12): 989-1002.

Hiser J, Koenigs M. The multifaceted role of the ventromedial prefrontal cortex in emotion, decision making, social cognition, and psychopathology. Biological Psychiatry, 2017, 83(8): 638-647.

Holler S, Köstinger G, Martin K A C, et al. Structure and function of a neocortical synapse. Nature, 2021, 591

(7848): 111-116.

Huang W, Ho J C. Improving moral reasoning among college students: A game-based learning approach. Interactive Learning Environments, 2018, 26(5): 583-596.

Jiang J, Dai D, Peng D, et al. Neural synchronization during face-to-face communication. Journal of Neuroscience, 2012, 32(45): 16064-16069.

Jiang J, Zheng L, Lu C. A hierarchical model for interpersonal verbal communication. Social Cognitive and Affective Neuroscience, 2021, 16: 246-255.

Kaplan M. Why great ideas come when you aren't trying. Nature News, 2012.

Keim B. Thinking in a Foreign Language Makes Decisions More Rational. Wired, 2012.

Keysar B, Hayakawa S L, An S G. The foreign-language effect: Thinking in a foreign tongue reduces decision biases. Psychological Science, 2012, 23(6): 661-668.

Koch M, Becker N, Spinath F M, et al. Assessing intelligence without intelligence tests. Future perspectives. Intelligence, 2021, 89.

Landi S M, Viswanathan P, Serene S, et al. A fast link between face perception and memory in the temporal pole. Science, 2021, 373 (6554): 581-585.

Lazar J N, Stern A, Ran C. Decision-making in foreign language reduces emotional arousal. Psychology, 2014, 5(19).

Li Z P. A new framework for understanding vision from the perspective of the primary visual cortex. Current Opinion in Neurobiology, 2019, 58: 1-10.

Long Y, Chen C, Wu K, et al. Interpersonal conflict increases interpersonal neural synchronization in romantic couples. Cerebral Cortex, 2022, 32 (15): 3254-3268.

Malik-Moraleda S, Ayyash D, Gallée J, et al. An investigation across 45 languages and 12 language families reveals a universal language network. Nature Neuroscience, 2022, 25 (8): 1014-1019.

McDonald J L. Beyond the critical period hypothesis: Processing-based explanations for poor grammaticality judgment performance by late second language learners. Journal of Memory and Language, 2006, 55 (3): 381-401.

Monroe S M, Simons A D. Diathesis-stress theories in the context of life stress research: Implications for the depressive disorders. Psychological Bulletin, 1991, 110(3): 406-425.

Monti M M. Cognition in the vegetative

state. Annual Review of Clinical Psychology, 2012, 8: 431-454.

Moreno-Jiménez E P, Flor-García M, Terreros-Roncal J, et al. Adult hippocampal neurogenesis is abundant in neurologically healthy subjects and drops sharply in patients with Alzheimer's disease. Nature Medicine, 2019, 25(4): 554-560.

Morgan B, Kumsta R, Fearon P, et al. Serotonin transporter gene (SLC6A4) polymorphism and susceptibility to a home-visiting maternal-infant attachment intervention delivered by community health workers in South Africa: Reanalysis of a randomized controlled trial. PLoS Medicine, 2017, 14(2): e1002237.

Murphy R. Review of dysgenics: Genetic deterioration in modern populations, second revised edition. Personality and Individual Differences, 2012, 52(3): 462.

Newcombe N, Huttenlocher J. Children's early ability to solve perspective-taking problems. Developmental Psychology, 1992, 28: 635-643.

Novick J M, Kan I P, Trueswell J C, et al. A case for conflict across multiple domains: Memory and language impairments following damage to ventrolateral prefrontal cortex. Cognitive Neuropsychology, 2009, 26(6): 527-567.

Oden M H. The fulfillment of promise: 40-year follow-up of the Terman gifted group. Genetic Psycholigy Monographs, 1968: 77: 3-93.

Olson J A, Nahas J, Chmoulevitch D, et al. Naming unrelated words predicts creativity. PNAS, 2021, 118(25).

Palombo D J, Te A A, Checknital K J, et al. Exploring the facets of emotional episodic memory: Remembering "What," "When," and "Which". Psychological Science, 2021, 32(7): 1104-1114.

Park D C. The aging mind: Neuroplasticity in response to cognitive training. Dialogues in Clinical Neuroscience, 2013, 15(1): 109-119.

Piloto L S, Weinstein A, Battaglia P, et al. Intuitive physics learning in a deep-learning model inspired by developmental psychology. Nature Human Behaviour, 2022, 6(9): 1257-1267.

Pluess M, Assary E, Lionetti F, et al. Environmental sensitivity in children: Development of the highly sensitive child scale and identification of sensitivity groups. Developmental Psychology, 2018, 54(1): 51-70.

Pluess M, Belsky J. Vantage sensitivity: Individual differences in response to positive experiences. Psychological Bulletin, 2013, 139(4): 901-916.

Pluess M. Individual differences in environmental sensitivity. Child Development Perspectives, 2015, 9 (3): 138-143.

Pluess M, Velders F P, Belsky J, et al. Serotonin transporter polymorphism moderates effects of prenatal maternal anxiety on infant negative emotionality. Biological Psychiatry, 2011, 69(6): 520-525.

Poplawski G H D, Kawaguchi R, Van Niekerk E, et al. Injured adult neurons regress to an embryonic transcriptional growth state. Nature, 2020, 581(7806): 77-82.

Protzko J, Colom R. A new beginning of intelligence research. Designing the playground. Intelligence, 2021, 87.

Ramirez G, Beilock S L. Writing about testing worries boosts exam performance in the classroom. Science, 2011, 331.

Ross L A, Edwards J D, O'Connor M L, et al. The transfer of cognitive speed of processing training to older adults' driving mobility across 5 years. Journals of Gerontology Series B-Psychological Sciences and Social Sciences, 2016, 71(1): 87-97.

Sala G, Semir K, Gobet F. Video game training does not enhance cognitive ability: A comprehensive meta-analytic investigation. Psychological Bulletin, 2017.

Santrock J W. A Topical approach to life-span development (8th ed.). New York: McGraw-Hill, 2016.

Shaffer D R, Kipp K. Develop-mental psychology: Childhood and adolescence (9th ed.). Belmot, CA: Wadsworth, 2014.

Sorrells S F, Paredes M F, Cebrian-Silla A, et al. Human hippocampal neurogenesis drops sharply in children to undetectable levels in adults. Nature, 2018, 555(7696): 377-381.

van der Maas H, Snoek L, Stevenson C E. How much intelligence is there in artificial intelligence? A 2020 update. Intelligence, 2021, 87.

van Dongen et al. Physical exercise performed four hours after learning improves memory retention and increases hippocampal pattern similarity during retrieval. Current Biology, 2016, 26: 1-6.

van Ijzendoorn M H, Belsky J, Bakermans-Kranenburg M J. Serotonin transporter genotype 5HTTLPR as a marker of differential susceptibility? A meta-analysis of child and adolescent gene-by-environment studies. Translational Psychiatry, 2012, 2: e147.

van Ijzendoorn M H, Kroonenberg P M. Cross-cultural patterns of attachment: A meta-analysis of the Strange Situation. Child Development, 1988, 59: 147-156.

Vuong L C, Martin R C. The role of LIFG-based executive control in sentence comprehension. Cognitive Neuropsychology, 2015, 32 (5): 243-265.

Wager T D, Smith E E. Neuroimaging studies of working memory: A meta-analysis. Cognitive, Affective & Behavioral Neuroscience, 2003, 3 (4): 255-274.

Wang Y, Sereno J A, Jongman A. fMRI evidence for cortical modification during learning of mandarin lexical tone. Journal of Cognitive Neuroscience, 2003, 15(7): 1019-1027.

Warneken F, Tomasello M. Al-truistic helping in human infants and young chimpanzees. Science, 2006, 311: 1301-1303.

Zheng J, Schjetnan A, Yebra M, et al. Neurons detect cognitive boundaries to structure episodic memories in humans. Nature Neuroscience, 2022, 25 (3): 358-368.

Zuckerman M. Vulnerability to psychopathology: A biosocial model. Washington, DC: American Psychological Association, 1999.